講義・身体の現象学

講義・身体の現象学

―― 身体という自己 ――

B.ヴァルデンフェルス 著　　山口一郎・鷲田清一 監訳

訳者／中山純一・稲垣 諭・下 恭子・三村尚彦・家高 洋・紀平知樹

知泉書館

DAS LEIBLICHE SELBST

by

Bernhard Waldenfels

Copyright © Suhrkamp Verlag Frankfurt am Main 2000
Japanese translation rights arranged with Suhrkamp Verlag
through The Sakai Agency, Inc.

凡　例

1．原文のイタリックによる強調は傍点強調としたが，各原語での強調は，イタリックのままに残した。
2．原文の（　）はそのまま（　）とした。
3．〔　〕は訳者による補足を示す。
4．原文の›　‹，»　«は，訳文において，「　」とした。ただし，»　«の内部に›　‹がある場合，›　‹を〈　〉とした。
5．訳注は，＊で記した。
6．原注と文献表において，邦訳のあるものは，〔　〕を使ってできるだけ挿入することに努めたが，諸制約のため完全なものとはならなかったことをお断りしておきたい。

日本の読者に向けて

———————

　身体というテーマは，現象学の中心テーマなのですが，意識の哲学，ないし主観の哲学の呪縛から，少しずつ開放されてきたという経過を経ています。フッサールは，身体を「独特のあり方で不完全に構成されたもの」と理解することにより，デカルト主義に別れを告げてきました。私たちの身体が不完全に構成されているというのは，構成というときに，身体自身が，いわば，邪魔になってしまうような仕方で，普通の事物の構成に参加しているからなのです。メルロ＝ポンティがデカルト主義批判を強めるのは，身体に二つの意味をもつような「これでも，それでもない〔Weder noch〕」という特性を認めることによります。身体は，一方で，単なる自然の事物でもなければ，純粋な精神でもなく，また，何かなのでも，誰かなのでもありません。では，一体，身体とは何なのでしょうか。すでにニーチェは，飛躍をしつつ，ツァラトゥストラで，「徹底して身体であるのが私であり，それ以外のなにものでもない」と告げています。しかし，この定式もまた，謎を秘めたものです。もし私が徹底して身体であるのなら，一体どうして，身体的なもの，身体としての私を把握することができるのでしょうか。身体は，ある種の距離を自分自身に対して取っているのでないとすれば，永久に口を閉ざしたままのはずです。ヘルムート・プレスナーの言葉では，このことが，「私は，私の身体であって，また，身体を物(的身)体として持つ」と言い表されています。身体の現象学は，差異化された身体的経験の悟得に寄与するような見方と語り方を展開するという課題の前に立っているのです。

　その際，経験の三つの次元が区別されます。世界経験の多様は，ただ単に事物や道具，記号やシンボルに関わるだけでなく，私たちを触発する諸々の形態や性質にも，関わり，また，私たちの周りの諸元素〔エレメント〕とも関わっています。身体は，いたるところで，身体にまつわる「どのように」として立ち現れ，空間と時間の中で，何かが私たちに出会い，

私たちの身体に触発的に突き動かすその仕方，あり方として立ち現れているのです。身体的な自己経験では，固有の自己が発見されますが，それは，見ながら，聞きながら，触れ，操作しつつ，感じながら自己自身に関わっていますが，同時にその自分の関わりそのものから退去しているのです。身体は，物(的身)体であり，それは，それに固有の重力や跳躍力を発展させ，固有の質料性を持っています。身体的な行動は，私たちによって演出されはしますが，産出されるのではありません。結局のところ，自分に固有な経験は，他者の経験において二重化しており，他者の経験は，私たちの固有な可能性〔の領域〕を，自なるものと他なるものとが相互内属的に移行する交錯というあり方や，私たちの独創に先んじる見つめることや語りかけることにおいて，超えてしまっているのです。

身体性の領域は，様々な方向に展開しているだけでなく，異質なものがぶつかり合う交差する諸面を形成しています。まず第一に当該の問題になるのは，自然と文化のとの関係です。私たちの身体は，その存在において文化的で自然な身体であり，私たちそのものが純粋に自然的であったり，純粋に文化的であったりはしません。社会-文化的身体には，実践や習慣や儀礼が深く刻まれていて，そこで特定の意味が身体化されており，また，すべての私たちの行動や体験を特定の軌道に導く，様々な技術やメディアを通して形作られています。身体の現象学は，そのような身体技術なしには考えることもできず，この技術は，これまでに，生命科学として，思いも及ばない規模にまで拡大しています。様々な交差する面がぶつかるところでは，裂け目や分裂もみられます。それは，日常的な，言い間違いといった失敗に始まり，病理的な分裂や，自分の身体が異他的な物(的身)体になってしまうといった境界の崩れをもたらすこともあります。

身体的視点の多面性は，身体の現象学が絶えず学際的な議論に巻き込まれている現状を示すものです。ここに属するのは，様々な人文科学や文化科学，そして神経生理学やさらに生命政治学などですが，なんといっても，医学的人間学と病理学であり，とりわけ，両者は，物(的身)体の発見に寄与してきました。というのも，身体が私たちに特に差し迫ったものになるのは，不快さ，障害や傷害などにおいてだからです。身体の現象学は，身体的な内なる生に閉じこもったり，夢にさえ存在しないような全体性のヴィジョンに思いを馳せたりするのであれば，身体という事象を逸すること

になるでしょう。事象を逸してしまうのは，種々雑多の構成体やモデルを模写することで満足してしまう場合も同様です。身体と生は，構成体とモデルや解釈と構想なしには把握できませんが，それら以上なのです。

　最終的に身体は，間文化的な緊張関係の野を運動していて，この野の緊張は，内文化的な諸々の差異によってさらに強められています。すでに固有なものからして，型どおりに出来上がっているわけではありません。身体をめぐる西洋の現象学が，特定の歴史的また，地理的諸前提から出発するのは，否定すべきことでもなければ，残念に思う必要もありません。しかし，望むらくは，極東からの，特に日本からする眼差しが身体の現象学のために，それに固有なことを為すということです。エス〔das Es〕，生起，儀式，あるいは沈黙に，西洋近代よりもより大きな重点を置く文化は，それに特有な対置された比重をもつことになるでしょう。筆者は，この著作が，遠国の読者に供せられるよう努力と配慮を傾けてくださった日本の翻訳者と編者［監訳者］にお礼申し上げたいと思います。

　　　　　　　　　　2004年2月，ミュンヘンにて
　　　　　　　　　　ベルンハルト・ヴァルデンフェルス

原著編者の序言

　ベルンハルト・ヴァルデンフェルスは，在職中，身体性をテーマにして講義を，異なった年度に渡り行いました。第1回目は，1968年夏学期，ミュンヘン大学にて「身体性と空間性の現象学について」という標題のもとに，2回目と3回目は，1982年，83年にかけての冬学期，二つの講義を並行して，ボッフム大学で「身体的行動の現象学（メルロ＝ポンティⅠ）」と題する講義，ロッテルダム大学で，「メルロ＝ポンティ哲学における現象と構造」と題した講義がなされました。

　そして，4回目は，1996年から97年の冬学期，ボッフム大学で「身体性の現象学」というテーマでの講義でした。この書物は，この4回目の1996年／97年の講義の録音テープを起草したものが土台となっていて，それまでのそれぞれの講義ノートを加味しながら，編集者が草稿を作成し，最終的には，原著者による変更と補足が加えられて，原稿が完成しました。なお，ⅥからⅧの章は，1997年に，まったく新たに書き加えられたものです。

　本著を公刊するにあたって，原著者は，当初，刊行形式に関して躊躇する気持ちがありながらも，あえて，このような講義の形式での刊行に踏みきったという経緯があります。ゲルハルト・ウンタートゥルナー（Gerhald Unterthurner）さんには，共に草稿の起草に協力していただき，シュテンファン・イェーデ（Stephan Joede）さんに，図の作成にあたっていただきました。また，ボッフム大学哲学研究所のズィコラ（Sikora）さんには，校正や草稿の補足の作業を中心になって行っていただき，心より御礼申しあげます。

　録音テープの内容を文字草稿に起こすに際して心がけたのは，できるかぎり，講義の口調が保たれ，生かされるようにすることでした。このことから，多少，繰り返しが懸念されましたが，あえて，次の講義に移る前の要約の部分は，あまり，短縮することはなく，要約の際，内容が新たな表現にもたらされるよう工夫しました。末尾に置かれた詳細目次は，読者の

みなさんにとって，テキストに向かうための有効な方向づけが容易になるよう作成されたものです。

1999年4月，フライブルクにて，
レグラ・ジュリアーニ

目　次

凡　例 　　　　　　　　　　　　　　　　　　　　v
日本の読者に向けて 　　　　　　　　　　　　　　vii
原著編者の序言 　　　　　　　　　　　　　　　　x

序　文 　　　　　　　　　　　　　　　　　　　　3

I　身体の謎 　　　　　　　　　　　　　　　　　9
　1　日常的なイメージと言語形式 　　　　　　　9
　2　世界身体から自然物(的身)体へ 　　　　　　12
　3　物(的身)体としての身体と幻影肢の例 　　　18
　4　「特別な種類の事物」としての身体，「私の身体」 　27
　5　作動する身体，両義性，自己関係，自己退去，他者関係 　40

II　感覚することと知覚すること 　　　　　　　43
　1　知覚の文脈性と恒常性仮定批判 　　　　　　43
　2　形態形成および構造形成としての知覚 　　　63
　3　世界における自己感覚と自己運動 　　　　　78
　4　感覚の数多性と共感覚 　　　　　　　　　　92
　5　諸々の性質，諸事物，諸対象 　　　　　　　98

III　空間時間的方位づけと身体運動 　　　　　113
　1　身体図式と身体による場所の占有 　　　　116
　2　身体的運動の時間性 　　　　　　　　　　130
　3　摑むことと指し示すこと 　　　　　　　　140
　4　身体的運動の志向性 　　　　　　　　　　153

IV　自発性と習慣 **161**

1. 合理主義的学習理論と経験主義的学習理論　162
2. 構造の身体移入としての慣れること　178
3. 知覚構造の習得としての学習　183
4. 現勢的身体性と習慣的身体性，状況と世界　194
5. 虚像的〔ヴァーチャル〕な身体性と自発性　204

V　身体的表現 **225**

1. 内と外の間にある障壁　226
2. 意味の現実化としての表現，失声症の例　238
3. 身体言語　247
4. 表現世界といわゆるアニミズム　259

VI　転換箇所としての身体 **265**

1. 方法上の中間考察　265
2. 文化と自然の間の身体　267
3. 自分の身体としての身体　280

VII　自分の身体と他者の身体 **285**

1. 自己関係と他者関係　285
2. 自分の身体と他者の身体との交差としての間身体性　308
3. 世代性［Generativität］　330
4. エロス的で性的な欲望　342
5. 性的身体の多形態論［Polymorphismus］　358
6. 自然な性と人工的な性　390

VIII　身体的応答系 **395**

1. 志向性，コミュニケーション性［Kommunikativität］，応答性　395
2. 身体で答えること　401
3. 声と反響〔エコー〕，眼差しと鏡　409
4. 感覚のエトス　419

目　次　　　　　　　　　　　　　　　　　xv

文　献　表　　　　　　　　　　425
詳細目次　　　　　　　　　　　439
監訳者あとがき　　　　　　　　447
人名索引　　　　　　　　　　　449
事項索引　　　　　　　　　　　454

講義・身体の現象学

身体という自己

序　文

――――

（第1講義　1996年10月10日）

この講義のテーマは，身体性の現象学です。まずはじめに，この問題系のもつ歴史的な前提となる諸制約について説明しますが，それがいくつかのコメントと導入として役立つはずです。ここで身体性について語ろうとするとき，この問題は，任意のテーマの中の一つのテーマに過ぎないのではありません。そのテーマに特定の方法，例えば，現象学的方法をあてがえばいい，といった問題ではないのです。つまり，特殊な一つの現象が取り扱われ，それにスポットライトを当てるように考察の眼差しが注がれるのではないのです。むしろ，身体は，一つの根本現象を呈示します。それは，他の諸現象の構成に絶えず関わっているような現象なのです。似たような根本現象の例をあげれば，それは，時間とか言語といった現象です。時間をなんらかの一定の見解といった諸観点の中に位置づけたり，局所的問題とみなしたりすることはできません。時間はいたるところに介入してきます。例えば時間は，語るときにだけでなく，体験や決断に際して，運動のリズムに際しても，介入してきています。同じことは，言語にも当てはまります。歴史もまた同様です。このことは，他の，すべての哲学上重要な問題に妥当することなのです。身体性は，境界線で区切り取ることのできるような閉じられた領域を呈示しているのではありません。その閉じられた領域に外から入りこむといった具合にはできていないのです。そうではなく，身体は，すべての見地や見解を内に含んだような見地といわねばなりません。身体の現象は，単なる対象領域を開示するのではなく，私たちが様々な事柄に遭遇するとき，その遭遇の仕方そのものに影響を与えているような何かなのです。現象学とは何か，また一般に哲学とは何かということは，身体が本当に意味しているものを――このことこそこの講義で示したい当

のものですが——意味しうるとき，それに即して，変化するのです。

「言語分析哲学」といういい方は，既知のものですが，この名称は，冗言的〔繰り返しのいい方〕といえます。分析哲学は，言語という媒体のなかで運動する哲学とされています。同じようないい方で，身体に方向づけられた現象学ということもできるでしょうが，そのときそれは，事物についての探求や考察が，直接的ないし間接的に絶えず，身体と身体的状況に関係づけられているということを意味します。

〔このとき〕ある難しい問題がここで生じ，私たちを一つの逆説に導きます。その問題とは自己関係性の逆説という問題に関わります。なぜなら，身体について話すことは，身体的に話すことであるからです。身体について話そうとするときにさえ，すでに身体が働いてしまっています。私はここで，三つの馴染み深い現象をとりあげ，この自己の絡みをはっきりさせてみたいと思います。

1.　「ここに立っている」というある状況についての言表が，その「ここ」という指標的表現の現実の意味を持つのは，語ることを，この文が話されるその語る場所に関わらせるときだけです。さもなければ，この文の重要な部分が意味を欠くままであることになってしまいます。もしある人が電話で「ここに立っている」といい，聞く人がその人がどこから電話しているのか知らない場合，その人はこの文で新たに知ることはなにもないに等しいのです。話者がどこにいるのか知らないのだし，話者がどこにいても，まただれであってもいいのです。「ここに立っている」といった単純な文章は，いずれにしても，語る場所を指し示しており，この語ることが身体と関連しているのです。世界の中で身体が状況を生きることは，注目すべき仕方で語ることそのものに介入しています。それも命題の〔propositional〕内容にさえ，介入してきているのです。

2.　第二の事例。「起こる〔Es geht〕」（ないし「何かが起こる〔anything goes〕」と言うとき，この「起こる geht」は，単なる隠喩にすぎず，「行くこと〔Gehen〕」に関係していないのか，という問いが生じます。思惟の歩み〔Gedankengängen〕というとき，それは単に非質料的な類の，運動の隠喩的な描写にすぎないのでしょうか。それとも，行くという自己運動の契機が基本的な意味合いを持ってはいないでしょうか。このような選択肢は，隠喩理論の問題を立ち上げるのですが，そのことはここで暗示

するにとどめましょう。〔しかし〕そもそも，感性的契機と非感性的契機をこのような形で区別できるのでしょうか。「起こる〔Es geht〕」という言い方は，いってみれば，物(的身)体の場所の変化の領域を非物体的な領域へと移行させる擬似的な表現の仕方でしかないのでしょうか。それとも，私たちに問題になっているのは，はじめから，多様な形式をもつ一つの運動が，さまざまに異なった領域に分散しているといった事態なのではないでしょうか。

3. 三番目の事例。「寒い」は，もちろん，実際に凍えていなくても言うことができます。では，「寒い」と言う人間と寒暖計とを区別しているのはいったい何なのでしょうか。この問いを単純化していえば，寒暖計がある温度を指しているといっても，水銀の柱が沈むとき，寒暖計が寒くて凍えていると思う人はいないでしょう。「寒い」と言うとき，語り手が実際にどう感じているかということが言明の出発点になっているかもしれませんが，寒くて凍えていない人も，この文に意味を持たせて使うことができます。しかし，この「寒い」という文は，一般的に感じることそのものから分離することはできません。この文は，寒さを感じる存在者を前提にします。単なる分子の運動そのものは，寒さの感覚とは無縁です。

普通の日常生活から引かれた三つの事例である「立っている〔Stehen〕」，「行く〔Gehen〕」，「凍える〔Frieren〕」で明らかなように，身体性は，語ることと文の意味にまで，働きかけているのです。

アリストテレスの心理学には，「魂はある意味ですべてだ」[1]という簡潔な文がみられます。アリストテレスが考えるのは，何らかのすべてのものは，ある形式をもち，魂はそのすべての形式がそれ自身を呈示する際の，媒体である，ということです。同じようなことが身体にもいえ，身体は，ある意味ですべてであり，様々なあり方ですべてに関与しているといえます。

わたしが第二に前置きしておきたいことに，世界関係，自己関係，そして，他者関係ということがあります。身体性には，三つのあり方による多次元性が属しています。身体は，まず，世界という現象に関わり，世界関係をもっています。例えば，「寒い」という表現は，世界の事物〔ここで

---

1) 『霊魂論』3巻8章.431b21.〔邦訳『アリストテレス全集』6巻，山本光雄訳，岩波書店，1968年，108頁〕

は空気〕にも関わるのであり，単に自分に関わるだけではありません。第二に，自己関係も働いており，身体は，寒さを感じるとき，身体自身への関わりをもちます。凍えるとは，いつもそこで身体自身を感じることでもあり，単にそこにある諸々の質を登録するといったことではありません。しかし，少し理解するのが難しい次元に遭遇するのは，他者関係においてです。思慮せねばならないのは，身体ははじめから身体自身に対してよそよそしくある，ないし，身体自身よりむしろ他のもの，他者に関係しているというのではありません。私が自分の手を相手に出すのは，挨拶するからであり，他者への関連なしにはそもそも考えられません。もし私がその人に挨拶せずに通りすぎるとすれば，その人は前もって私にとっていないも同然だった，というべきなのでしょうか，その人はいなかったというべきなのでしょうか。この世界関係，自己関係，他者関係という三つの次元が，いつも働いているということは，はじめは一つの主張に過ぎず，それが的を射たものであることは，個々の分析で証明されねばならないことです。

　私がこれらの前置きをしておくのは，現在という時代が，問題を含む選択肢を私たちに突きつけているからです。私たちは身体と物(的身)体の大いなる再帰を経験しています。問題なのは，現今の理論の中で，「物(的身)体」と「身体」の意味するところなのです。多くの点で私たちは，装いを新たにした新デカルト主義と関わっています。一方で私たちは身体について述べるのを好みます。自分で感じ，他の誰も口を挟むことのできない，固有のものをまだもっていると思えるからです。身体の感じは，ある避難所，最後の室内装飾を約束します。多くの事が管理され，構築される今日，身体が内的なるものの残余をともなうことに好ましく感じるのです。「わたしが感じること」にデカルトのコギトは，最後の救いを見出します。他方，身体を——大雑把にいうと——物(的身)体のハードウエアーに還元する傾向がみられます。いかなる文化的プログラムに物(的身)体が規定され，いかなる規範に身体的行動が従うのかについて研究されています。身体性が，とどのつまり，どうでもいい，個人的な問題ということになるのは，技術的知性の力が，ソフトウエアーに依存しているからです。ハードウエアーでは，身体は，外部へ，つまり，単なる物質性に置き換えられてしまいます。このような極端な事態において，デカルト主義は，再び重版されてくるのです。

これに対して私は，先ほど述べた多次元性に重点を置きたいと思います。私が強調したいのは，外的関係，すなわち他在や事物ないし他の生き物に対する関係は，共に，身体に共属し，自分自身を，自らに対して，異他性に身をおくようにさせるということです。私は，自分の身体において，単純に我が家にいるというようにはいかず，私はつねにそこに居合わせているとはいえても，私自身に対して，ある一定の隔たりのもとにあるのです。

講義の全体的構図について

　第Ⅰ章は，一般的な方向づけと問題設定について配慮しています。それに続くⅡからⅤの部分では，様々な身体の次元を取り扱います。選択されるのは，特定の根本領域であり，それぞれにおいて，身体性が特有の役割を果たしています。Ⅵ章では，改めて，当初の問題設定が取り上げられ，私が「応答性」と呼ぶものの解釈が呈示されます。「応答性」とは，他者への関係が最も厳密なあり方で現れてくるような解答なのです。
　この講義の論述の中で絶えず——横のつながりを付けるといったあり方で——病理学的な現象に言及することになります。この可能性は，これからの考察の多くの点で，導きの糸となるメルロ＝ポンティの『知覚の現象学』で，大変模範的なあり方で受け止められており，これは，クルト・ゴールドシュタインとの結びつきで行われています。病理学的現象は，単なる障害の現象とか随伴的現象として考察されてはなりません。むしろ，非正常的なもの，病理学的なものにこそ，私たちが身体的機能を行使したり，自発的にそれが生じたりするときの正常のあり方で何が働いているかが，明確に指示されているのです。
　身体の文化史，感覚の歴史や性の歴史，そしてセクシュアリティーの歴史にはいまだ大きな欠陥がみられます。これについては，最近の研究に広範なものがみられますが，これに関しては，部分的な面を取り扱えるだけです。しかし，問題なのは，物(的身)体の歴史の豊かな拾得物の適切な位置づけを決定しうる地盤を地ならしすることなのです。文化の歴史は，いろいろなものの集まったものとして展開でき，その当時の人がどんな靴をはいていたのか，家具はどんなだったか，どんなうわさに耐えられたのか，

といったことなどをそこに見て取ることができます。しかし，文化史が興味深くなるのは，他の文化の異他性が突発的に展開してくるときです。このことは，感覚の多様性にも妥当し，私たちを，世界の様々な解釈や社会の構成の仕方に直面させます。現象学は，文化的，また，間文化的感覚系を洗練化させ，文化史的研究にある観点を作り上げるのであり，その際，ミシェル・フーコーによって先鋭化された物(的身)体の政治学と生命政治学〔Körper-und Biopolitik〕の視点は，永続的な注目に値するものです[2]。

さらに広がる問題領域として神経学の新たな研究が展開し，その高度に洗練化された方法によって，単なる物(的身)体の機構という単純なモデルは，完全に時代遅れのものとなり，「神経現象学」という形態で，身体の現象学に対応するようになっています。最後に，物(的身)体技術の広大な領野に言及する必要があり，その高度な発達は，人間が機械の中に自分自身を反映しているといった事態をもたらしています[3]。科学－技術の領域に関することは，特定の部分に重点を置き，いくつかの〔関連を形成する〕継ぎ目を書いておくことで満足すべきでしょう。なお考察すべきことが多く残っていることは，十分承知しているつもりです[4]。しかし，私が，同じように強く確信しているのは，身体の思惟（「の」という属格は，主語と目的語の二重性として理解されます）は，物(的身)体の機構の探求によって，すなわち，発生的プログラムや神経学的ネットワークの探求によって，決して取替えられるものではない，ということです。

---

[2] これについて，社会－現象学的側面から，John O'Neil（ジョン・オネイル），*Die fünf Körper. Medikalisierte Gesellschaft und Vergesellschaftung des Leibes*〔『五つの物(的身)体　医学化された社会と身体の社会化』1990年〕を参照。

[3] これに関して，現象学が息づく考察として，Käte・Meyer-Drawe（ケーテ・マイヤー＝ドゥラーヴェ），*Menschen im Spiegel ihrer Maschienen*（『機械の鏡の中の人間』1996年）を参照。

[4] 補足として，私の新たな現象学－技術論的考察（in: *Grenzen der Normalsierung*〔『正常化の限界』1998年，所収〕）を指摘しておきます。

I
身体の謎

1　日常的なイメージと言語形式

いくつか，言葉に関する前置きをしておきましょう。「身体」という言葉は日常会話でも普通に使われていて，決して哲学者が発明したものではありません。そして，この言葉を理解するのがとても複雑で難しいのは，この言葉の中に様々な可能な意味合いが響き渡っているからです。まずこの言葉には宗教的なイメージと解釈が入り混じっています。物(的身)体*)と魂は昔から，死や眠りにおける忘我，魂の乗り移りや生まれかわりと関わってきました。彼岸からかすかなものが吹き込んでくるというのです。さらに「身体」という表現は諸々の形而上学的仮定にも入り混じっています。プラトンにおいては不可視のイデアと，それと類縁関係にある霊魂〔Seele〕は可視的な物(的身)体と対置されます。これは存在様式の根本的区別です。感性から自己を解放するというのが，感性の圧倒する力に抵抗しようとする根本的動機となります。そして最後には，自由に駆使できる医学的な知識が，自然哲学的思弁と混じりあいながら身体の意味に加わってきます。また，身体の歴史は，その多くを哲学に負っているのではなく，医学にも負っています。哲学と同時期に成立したギリシアの医学は，非常に多くの知識を集め，それがアリストテレスの自然学の著作に含まれるこ

---

*)　以下 Leib を身体，Körper を物(的身)体と訳します。Körper の物体という原義と身体の物体性を表現するための訳語です。ただし Körpersprache，身体言語など定訳のある Körper の関連語は，定訳に即しました。

とになりました。身体の概念はそれゆえ，豊かな付随する意味合いを含んでいるのです[1]。

さて，私たちがいかにして身体，ないし物(的身)体について語るのか，その仕方について三つのことに注意しておきましょう。まず第一に，多くの言語では，人間の物(的身)体，ないし有機的な物(的身)体と自然的な物(的身)体を表す言葉は，ただ一つだけだということです。ギリシア語の $σῶμα$，ラテン語の *corpus* は生き物の領域でも，生きていないものの領域でも使われます。これはロマン(ス)語系の言語の中に見出される，非常に広範な言語使用といえます（例えば *corps*, *corpo*, *cuerpo* 等々）。しかしながら，ドイツ語では，「身体 Leib」と「物(的身)体 Körper」という二つの表現がありますが，これらは度々混同されて使用されてきました。ドイツ語の「物(的身)体 Körper」という語は，他の言語同様，二義的〔生きた身体と物(的身)体の二義〕ですが，「身体 Leib」は一般的には生きたものにだけ使われます。とりわけ現象学において（例えばフッサールにおいて）は，私たちの身体であり，それを生き，それを感じ，それによって動くといった「作動している身体」と，単なる空間内の物体であったり，「物体事物」と特徴づけられる物(的身)体との間に区別が立てられています。ドイツの哲学で身体は，注目に値する伝統をもっています。「身体」という言葉は遅くともフォイエルバッハのもとで，ヘーゲルとの対決を通して，諸々の感覚に特別な重要さを与えるものという固有の意味を獲得しました。その後身体は，ショーペンハウアーやニーチェのもとではっきりしたテーマとなり，フッサールやシェーラー，プレスナーの現象学においても重要なテーマであり，さらに広範に広まりつつあります。「身体 Leib」と「物(的身)体 Körper」という表現は，言語の上での財産を意味しています。私たちは「身体 Leib」を念頭におきながら，「物(的身)体 Körper」について語るというようにして，この財産を容易に無駄遣いすべきではありません。

フランス語では，ドイツ語よりも表現の困難さが見うけられます。それ

---

1) 医学史学家の見地から，Heinrich Schipperges（ハインリッヒ・シッペルゲス），*Kosmos. Anthrops. Entwürfe zu einer Philosophie des Leibes*；〔『宇宙　人間学　身体の哲学への試み』1981年〕参照。この本ではパラケルスス，ノヴェリウス，ニーチェといった著者についての多くのテキストが含まれています。

1 日常的なイメージと言語形式

はフランス語には *corps* という一つの語しかないからです。フランスの現象学者が身体を物(的身)体から区別しようとするとき，*corps propre*（＝本来の身体），*corps fonctionnant*（＝機能する身体）といったように，形容詞をつけなければなりません。サルトルは *corps subjet*（主観的身体），*corps object*（客観的身体）という補助概念について述べていますが，主観－客観の区別が働いているという点で，あまり具合の良い言葉ではありません。メルロ＝ポンティは彼の後期の仕事において，新たな言葉にたどり着きました。彼はラテン語の *caro*（＝肉）[2]に由来する肉 *chair* という言葉を使用します。メルロ＝ポンティはこの表現を，私たちが身体について述べる意味で使用しますが，ただここでは物質性が強く表現されることになります。となると，世界の「肉」，歴史の「肉」，言語の「肉」があることになります。メルロ＝ポンティはこのようにして，近代物理学や生物学的医学に源を発する，デカルトの「物(的身)体」という言葉から距離を置こうとしたのでした。

　言葉についての第二のコメントをします。「身体」や「物(的身)体」についてそれらの言葉の伝統の中で語ろうとするとき，これらの概念は常にあるコントラストを惹き起こしています。身体や物(的身)体は，精神に対して，ちょうど，文字が意味〔Sinn〕に対するのと同様に関係します。この類比は度々引き合いに出されます。私が記憶に新しいのは，人々は，メルロ＝ポンティの身体の現象学に対して，よく「それでは，意識と精神は一体どこにあるのか」という質問がなされたことです。その際メルロ＝ポンティは語り方を変え，ここに精神があり，そこに物(的身)体があるといった，通例の二元論に陥らないような，心理物理的に中立な言葉を発展させました。同様のことはすでにマックス・シェーラーにも見出せます。ハイデッガーでは，このことは間接的な仕方で語られ，身体についてはめったに語られることなく，現存在について語られます。この現存在も心理物理的には中立です。ここでは，身体的実存から，物(的身)体と魂の対立関係や自然と精神の対立関係のもとにはないような中間の領域が開示され

---

[2] この言葉に相応するギリシア語の σάρξ は，聖書における神の子の受肉のみならずアリストテレスの心理学にもよく見られます。そこでは触覚が，そこにおいて別々の器官がともに作用するのではなく，諸々の「肉」体が参与するものとしてテーマ化されています。(『霊魂論』2 巻11章参照)〔邦訳75頁以下〕

るよう，試みられています。

　最後に身体と物(的身)体という言葉についての三つ目のコメントを述べます。この言葉は学問領域からみて，物理学あるいは人間学に限られるものではありません。物(的身)体という言葉はさらに政治学や，制度論へと通じています。例えば私たちは，集団，風習，習慣化を意味するときに，団体〔Körperschaften〕，体現〔Verkörperung〕，身体移入〔Einverleibung〕という言葉を用います。社会の領域で物(的身)体の用語が用いられるのは，都市が物(的身)体で，通貨の流通が血液の循環のように考えられていた近代の初頭にまで遡ります。政治上の豊かな隠喩も，身体性と物(的身)体性の現象に支えられています。私がこの後者の点で示唆したいのは，ここでもまた，メルロ＝ポンティが特別に利用した可能性が提供されていることです。つまり，彼が身体や身体の哲学について述べるとき，常に歴史や政治の理論もまた関与しているということです。ここから，例えば行為が特定の状況や，制限された領野で起こるという意味で，身体性から行為論が生ずることになります。したがって，純粋に生理学的な領域について考えることが，身体性の主題となるのではなく，そもそも世界において生が生でありうることを可能にしているものごとを考えるのが，身体性の主題なのです。

　最後に，隣国の言葉で，この言葉の中で古い事柄と新しい事柄がどのように関連しあっているかを示してみます。オランダ語では身体を *lichaam* と言いますが，その言葉にはドイツ語で死体を意味する「Leichnam」の響きがあります。しかしそれは，ずっと前からそうだったのではありません。古来の聖体の祝日「Fronleichnam」（古高ドイツ語の *frôn-lichnam*）は，「主の身体 Herrenleib」を意味し，それは，パンとワインという形態で生き続けるとされます。言語の歴史は度々固有の古層の足跡を指示しているのです。

2　世界身体から自然物(的身)体へ

さてそれでは，身体と物(的身)体の歴史，特にその近代の歴史に移ってみましょう。古代へと目をそらしてみると，そこにもまた，ある種の二元論

2 世界身体から自然物(的身)体へ

的な表象を見出します。例えばプラトンには，身体的なものを存在の低い段階へと移しやる傾向があります。ピュタゴラス派から伝わってきた $\sigma\hat{\omega}\mu\alpha$-$\sigma\hat{\eta}\mu\alpha$ という言葉遊びがあります。ソーマ〔Sôma〕は身体を，セーマ〔Sêma〕は記号や墓標をも意味します。身体は墓標であり，身体からの開放は同時に活性化〔Verlebendigung〕を意味します。アリストテレスにおいては，心と身体は緊密に相互に結びついていて，デカルトはいつもこのことを援用しています。ここでは心は身体の形式を形成しており，心は，身体を完全に形式化します。これは確かにより内的な関係であるといえますが，物(的身)体性は形式づけられる質料のレベルにあることになります。したがって常に，ある種の階層づけが起こっているのです。しかし，このことを別にして，身体はコスモスと密接に組み合わさっています。プラトンは対話編『ティマイオス』において，彼自身のコスモロジーを詳しく述べています（『ティマイオス』は，何世紀にもわたって非常に大きな影響力をもった著作であり，唯一ラテン語に部分的に翻訳され，出版されていました）。プラトンは，$\sigma\hat{\omega}\mu\alpha$ $\tau o\hat{v}$ $\kappa\acute{o}\sigma\mu o\upsilon$（『ティマイオス』32c），つまり世界身体と世界霊魂についてはっきりと語っています。コスモス全体が生き生きしたものと考えられているのです。

さてそれでは時代をまたいで，近代へと目を向けてみましょう。世界身体から単なる自然の物(的身)体への途上で，コスモスの霊魂が失われ，魔力が奪われることになります。コスモスには様々な階層において，エレメント〔元素〕や植物，動物，人間，天体などすべてのものが含まれています。このことは，たとえプラトンのイデアやアリストテレスの不動の動者としての神が，ある仕方でコスモスを超越していると言ったとしても，なおも妥当することなのです。近代においてはこのコスモスの全体が崩壊していきます。コスモスは今や，動く本質と考えられたような生き生きした総体ではなく，単なる自然であり，機械的で，目的を失った規則的経過の総体になったのです。この結果，デカルトにおいては，二つの異質な存在領域と経験領域，すなわち（延長によって規定される）事物の領域と（思うことによって規定される）思惟の領域とが分離されることになります。思惟する実体は，延長する実体から独立に理解されうるのであり，その逆も同様です。この区別によって，有名なデカルトの二元論，すなわち，思惟する実体と延長する実体は，それ自身においてそれ自身から理解される

ような，二つの領域を代表しているという論が生じます。人間は両領域へと分かたれます。動物と植物は物理的事物の領域において示されます。それらは自動機械と考えられ，機械的に動くとされます。このことは物(的身)体を持っているという限りで，人間にも妥当します。つまり人間は思惟する本質と，物(的身)体を有する本質とに引き裂かれるのです。そのとき生じるのが，人間においてこの両本質はどのように共働しているのだろうかという問いです。そして身体を仲介者と考えるとすると，身体は両領域のいずれにも属さないことになります。かくして身体は二つに分断されてしまい，一方の側面には自己意識された体験という意味で，身体に精神的なものが見出され，他の側面には，原因と結果という法則に従った物理的物(的身)体と身体を結合するすべてのものが現れてきます。これが二元論であって，デカルトは，ここではまだ言及されない理由で，この二元論に自ら舵取りをしていったのでした。

　このように区別することによって，私の身体は，そもそもどうなるのか，私はそもそもどのようにして私の身体について語ることができるのか，という問いが生じます。皆さんは，大勢でテーブルについているとき，皆の足がしびれてしまい，どれが自分の足であるのか，もはや誰にも分からなくなってしまうという愚か者同士の争いの例をご存じですね。そのとき人々は，「机の下に足があるが，どれが私の足なのか」と考え自問するデカルト主義者の状況にあることになります。この話はある種のデカルト主義への風刺として解釈できるでしょう。なぜ私は「これが私の身体である」といえるのでしょうか。この問いは，先の愚か者同士の場合，次のように解決されます。誰かが来て，棒でその人達の足を片っ端から強く打っていきます。すると打たれた人は大声を上げ，一人一人，再び自分の足がどこにあるのか分かるようになるというのです。また別の例として，私が最近ダニエル・ブーレン展で目にしたことを取り上げてみましょう[3]。その会場である子供が垂直にそびえている鏡の壁に向かって走っていき，そして鏡にぶつかって泣き出しました。その子はこの痛みを通じて，鏡と自

---

　　3) この展覧会は1996年の夏に，ノルトライン−ヴェストファーレン〔ドイツ連邦共和国西部の州〕のデュッセルドルフコレクション館で開催されました。タイトルは「現れること。見えること。消えること。ジトゥにおける作品」(Erscheinen−Scheinen−Verschwinden. Arbeit in situ)。

2 世界身体から自然物(的身)体へ

分の身体が共に物体であることに気がついたのです。単なる像にぶつかってもこぶはできませんが,「像事物」にぶつかればこぶはできます。

さて,ここで,デカルトの構想のもとに留まってみます。この構想は極端な構想ではあっても,それが諸々の事物を良く理解させてくれる限り,興味深いものです。デカルトには,相互に独立していると考えられた二つの領域が見られました。そこからデカルトは,自分で「どのようにしてこの二つの領域の本質はお互いに関連しあうのか」という問いをたてます。デカルトはある種の相互作用理論を展開したのです。因果性とは(後になってヒュームが述べるように)結合の手段であり,宇宙のセメントです。二つの異なった現実の領域が想定されるところでは,結果として何らかの仕方で相互作用が存在しているはずであり,そして相互作用が生じているときは,それは何らかの場所で生じているはずです。この場所を,デカルトは有名な松果腺に求めました。松果腺は,精神であっても自然であってもいけないのですが,それは明らかに生理的な器官に属しています。デカルトは両領域が関連する場を,物(的身)体性に見出そうとしましたが,それは非常に思弁的な企てでした。というのもこの中間物〔松果腺〕は,両領域のうち,一方へと収まらず,また両領域を含むこともできないからです。

大胆な道を歩むヒュームにおいては,事柄はより単純になります。『人間知性の探求』[4]の中で彼も同様に「心と物はどのように関連しているのか」と自問します。ヒュームは確かにデカルトを読んでおり,心と物の結合は,行為者にはまったく見通せないのだと確信しています。行為とはつぎのようなものだとヒュームは記述します。「私はある特定の意志による意図を持つ。すると突然,世界の中で何かが起こる」。まずもって,これは,ある種の奇跡のようにみえます。もし,皆さんが今,空を飛びたいと思っても,そんなことは何も起こりませんね。けれども〔ヒュームのいう〕行為というのは「皆さんが何かを望む。すると直ちにそれは起こりもする」ということです。例えば私が本をそこに置きたいと思う。すると驚くなかれ,結果として本はそこに存在するのです。そこにあるのは物理的な経過であり,その上,私の意志です(私がそれを欲したと仮定して)。そ

---

4) 意志の我々の身体四肢への影響に関する章(Ⅶ-1)を参照。

れでは次に，内的な意志と外的な経過はどのようにして関連しているのかと，問うてみましょう。ヒュームは，そもそもこの関連への洞察などない，と確言します。行為の意志とは，それだけ取りあげれば，山々の位置を変えたり，惑星をその軌道からはずすといった望みとなんら変わるところはないのです。つまり，私が内的に何かを意志すると，あるときは世界のうちで何かが外的に生じ，あるときは生じないということです。心理生理学的な連関は行為者には見通すことはできません。同時期に生じた物理学においては，観察可能な原因など，最終的には完全に解消されてしまいます。近代の物理学は，結果－原因概念を，「タイプxという出来事が生ずるときは，いつもタイプyという出来事が生ずる」といった純粋な関数方程式へと還元してしまうのです。関数方程式に，精神的なものと物理的なものとを仲介する松果腺を求める必要はありません。「誰かが適切な条件のもとで，本はそこにあるべきだと命ずるときには，いつも，本はそこにあることになる」ともいえます。ある経過が類型化可能となり，計量可能となれば，直ちに，関数方程式が作れるのであり，今や，様々な実在性はどのようにして，お互い仲介されるのか，と問う必要はないのです。関数方程式とともに仲介の問題は解消されます。しかし，この解決には，ある短所があります。それは，それによって，もはや身体的本質としての人間について，まったく語ることができない，つまり，何かを動かすときに，それ自身も世界の中を動くような身体的な本質について，なにも語れないということです。

しかしながら，まさにデカルトは，そういった純粋で，ピューリタン的な区別の仕方に自分を身売りすることはありませんでした。彼はヒュームにみられる一貫性を貫くことはなく，医学においてさえも必要とされる日常的な行為があるということを，常に自覚していました。というのも，医学は，物理学的な形式を問題にするのではなく，身体の状態を診断し，治療するからです。心と物(的身)体の関係について扱った第六省察で，デカルトは，自分の身体を私の身体と名づける特殊な或る権利〔*speciale quoddam ius*〕，つまりある種の固有な権利について述べています[5]。デカ

5)「特殊なある権利をもって私のものと私が称していたところのこの身体が他のいかなる物体にもまして私に属している，と私が思いなしていたのも，また理由のないことではなかったのである。」AT版第7巻75頁以下〔邦訳『省察』所雄章訳，97頁以下（増補版

ルトが「コギト」，すなわち「私は思惟する」と言うとき，そこにはある不均衡性が働いています。というのは，客観的な経過と私の思惟は，私がここで思惟し，何かがそこで動く，といった意味で切り離されるのではなく，私が思惟するのみならず，それに加えて，私が両者〔思惟と客観的経過〕を区別してもいるからです。両者を目の前にして私は単に中立的に立って見てはいません。これは，デカルト自身に責任を負わせられない単純化かもしれません。「私は思惟する」と言うとき，それとともに，なぜこの足は私の足なのかという所有代名詞の問題もたてられます。所有代名詞「mein」は私を指示しています。そこでデカルトは，まずもって，次のことから出発します。それは，足が痛くて「痛い」と私が言うとき，私は世界に属する多くの物(的身)体の中から，ある特定の物(的身)体を選び出しているのであり，そしてその物(的身)体に所有代名詞を付け，「これは私の物(的身)体だ」と言うということです。このことをデカルトは，特別な権利，特別な権能と名づけます。けれどもどのようにしてこの特別な権能は生ずるのでしょうか。ここでは，痛みの経験が中心的な役割を果たしています。有名なデカルトとエリザベート王妃との往復書簡の中で，多くの医学的な事柄が話題にされています。彼女は次のように質問します。「医者に行くとはどのようなことですか。単なる機械が医者によって修理されるのですか。私の痛みとは，単なる物(的身)体の状態についての症候の一つにすぎないのでしょうか。」デカルトからエリザベート王妃への有名な返答は「心と物(的身)体の結合に属する事柄は，感覚によって非常に明瞭に知られるものです」[6]というものです。つまり，単なる思惟を通してではなく，あるいは延長する諸事物の構築によってではなく，感覚によってなのです！　そこにはさらに続けて「人は日々の生活と日常的な語り口だけ使って，すなわち，想像力を働かせて事物について熟慮し研究する事を度外視することによって，心と物(的身)体との合一について理解することを学ぶのです」とあります。したがって，人がこの結合に馴染むのは，生活やあたりまえの経験，つまり自然な身体経験や日常言語を用いることに

デカルト著作集(2)，白水社，2001年)〕

[6]　1643年6月28日のエリザベト王女への手紙〔邦訳『デカルト＝エリザベト往復書簡』山田弘明訳，21頁，講談社学術文庫，2001年〕。この点についての筆者の叙述『行動の空間』(1980) 30頁〔邦訳『行動の空間』新田他訳，44頁以下，白水社，1987年参照。〕

よってなのであり，そこでは，特別な術語をあやつることなく，また自分の身体について専門家の知識とは違ったふうに行為しているのです。したがってここには，日常の思いや日常語と名づけうるような中間領域が注視されています。ただしデカルトは「生の秩序〔ordre de la vie〕」と「理性の秩序〔ordre de la raison〕」とを区別します。「理性の秩序」においては，心と物(的身)体は実体であり，両者は互いに依存することなく，独立に存在しうるのであり，可視的な連関を示さないということが認められています。他方「生の秩序」(痛みの経験や，医師の治療，食養生など)では，両者の連関がたえず前提にされ，経験のうちで与えられもします。

身体の現象学ではこの区別が修正されることになります。つまり，生の秩序と理性の秩序をこのような仕方で相互に切り離すのではなく，身体的な生の領域に，理性の特有な秩序を探ります。すでにニーチェの『ツァラトゥストラ』の中に，身体を「偉大な理性」[7]とする定式化が見出せます。それは，身体の彼方に，精神という特有な領域に定住しているかのような理性があるのではなく，身体の内に住まわっているような理性があるということです。身体知（wisdom of the body）や物(的身)体の知恵，物(的身)体知について語られます。これらはすべて，この分離を止揚し，身体の経験から出発して，この経験を即座に思惟と延長の区分——あるいは今日よく言うように，ソフトウエアとハードウエアの区分——へと下落させることのないような哲学を展開しようとする試みなのです。

3　物(的身)体としての身体と幻影肢の例

それではここで，デカルトによって道がひらかれ，心理物理的二元論として表される，この極端な展開を，その根本的特徴に照らしてスケッチしてみたいと思います。ここで幻影肢の例を選ぶのは，このような見解の限界と，それと同時に，特定の選択肢を提示するためです。まずさしあたって，古典的な心理物理学について述べましょう。ここで古典的な心理物理学というのは，すでにデカルトにおいて予描されていた心理物理学のことです。

---

7)　*Kristische Studienausgabe*,〔学術判定版〕Bd.4, 39頁〔邦訳『ツァラトゥストラ 上』吉沢伝三郎訳, 61頁, ちくま学芸文庫, 1993年〕．

3 物(的身)体としての身体と幻影肢の例　　　　　　　　　　　　　　19

この古くから伝承されている心理物理学の図式は，今日では完全に放棄されています。この図式は線条的な因果性の軌道に従うものであり，したがってこの図における方向づけの矢印は，ただ一つの方向を示しています。この図式には「フィードバック」，つまり遡及的な関係や変転する関係はなく，区分から区分へと組みたてられた一面的な因果的有効性がみられます。

```
     知覚        入力系回路      受容器
   ┌─────────┬─────────────┬──────┐  ○
   │         │             │      │  ←──刺激
   │  ┌──┐   │             │      │
   │  │脳│   │     ▼      反射    │
   │  └──┘   │             │      │  ○
   │         │             │      │  ──→効果
   └─────────┴─────────────┴──────┘
     意志        出力系回路      効果器
     心理学      生理学          物理学
```

図式1　心理物理的モデル

この図は，物理的な刺激で始まり，その刺激は入力系神経経路を通って，脳の中心部に達します。そこで刺激は意識された知覚へと転換され，それに対して，同様に意識された意志で反応します。この意志が，今度は逆向きの出力系神経経路をたどり，最終的には物理的な効果で終了します。ですから，意識された行為は，世界から受動的に受け取る物理的な印象から始まり，世界の中で能動的に表出される物理的な効果で終わるプロセス内に収められているといえます。そこでは出発地点と最終地点は観察可能であり，意識の経過は体験可能です。そしてその出発地点と最終地点との間で，物(的身)体の力が隠れた役割を演じているのです。この間に，行動主義者にとっては，ブラックボックスが成立することになります。この遠回りに起こる経過は，反射弓を通して短縮され，いわば神経経路での短絡化を生じさせています。このことはすでにデカルトによっても見出されていました。反射弓とは，脳が介入することなしに作動する，特定の効果です。それは例えば，まばたきの反射や，足の裏の反射のようなものです。足の裏を触ると，脳がそれに相応する命令を与えることなしに，反射的に動きますね。この反射運動を除いたすべての状況においては，脳が介在していることになります。私はこのような経過で把握される研究について，これで片付いたとみなしているわけではありません。心理物理的研究には，も

ちろん注目に値する発見が多く潜んでおり，これらの発見によって，生理学的な機構への物(的身)体の還元が価値あるものとなっています。「煮えた」血液とか「煮えてない」血液，また「空気孔」，「管の経路」が取りだたされた，初期の十分に発展していないモデルが，血液と神経の循環という理論へと洗練され，これらの循環機構の自己制御は，もはや植物の心や動物の心を理解して，それに頼る必要はなくなります[8]。ですから問題となるのは，そのような研究それ自身ではなく，そのいわば僭越な自己理解であり，物(的身)体のプロセスは，まさに機械的に経過する生起に他ならないとするそこで抱かれる確信なのです。

　生理学は，一つの混在する領域で，そこには，生物学はもちろんのこと，化学も加わり，そしてさらに心理学も加わっていることから，心理−物理学ともいわれます。ところで心理的な経過と，物理的な経過は，いったいどのように関連するのでしょうか。これに関しては様々な理論があります。デカルトは相互作用理論を構想しました。精神的な意志は物(的身)体へと作用を及ぼし，逆に，自然は，知覚において精神へと作用を及ぼします。したがってデカルトは，二つの方向へ向かう一つの作用から出発したことになります。ライプニッツにおいては，平行理論が見出せます。物(的身)体と心は，神という時計職人によってぴったり一致して動くようにされた二つの時計に喩えられるというのです。さらにスピノザの有名な同一性理論があります。それによると，自然と精神は，本来，ただ二つの側面から考察される，唯一の実体を形成しているというのです。これらは三様の古典的なモデルであり，時を経るなかで，繰り返し洗練され，様々に変化してきました。しかしながら決定的なのは，常に心理的なものと物理的なものの区別が，これらの問題設定の根底にあって，それによってはじめて，どのようにして両者は関連するのかということがそもそも問題にされているということです。しかしながら，これら前提は，事象に基づいているといえるでしょうか。それとも，方法論的仮定に基づいているというべきでしょうか。つまり，非常に制限された方法的制約のもとでのみ妥当性を主

　8）　デカルト主義の歴史的な業績の評価を参照。例えば Reiner Specht（ライナー・シュペヒト）の，*Commercium Mentis et Corporis. Über Kausalvorstellung in Cartesianismus*（『精神と物体の交流　デカルト主義の因果表象を超えて』1966年）。また彼のデカルトへのローボルト双書（1980）での，より簡潔な論稿を参照。

3 物(的身)体としての身体と幻影肢の例

張しうるような,方法論的仮定に基づいているのでしょうか。

さて,これから私が詳細に取り上げる幻影肢の例は,古い歴史を持っています。この事例はすでにデカルトの『第六省察』に現れていて,後世多くの研究者が取り扱ってきました。メルロ＝ポンティの『知覚の現象学』においては,さらに詳細な幻影肢の分析を見出せます。この分析は経験的な研究に依拠してはいますが,デカルト的な先入見とは袂をわかっています[9]。まずもって事態そのものに向かいましょう。幻影肢において一体何が問題になっているのでしょうか。ここで問題になっているのは,戦傷者や交通事故の被害者で手足を失った人が,依然として,失った手足を持っていると感じている状況です。彼は歩こうとして失敗し,何かをつかもうとしても,つかめる腕はもはやそこにはありません。そのようなときに幻影の腕が奇妙にも代役を務めようとしますが,実際,物(的身)体は,そのような代役をこなす事はできません。幻影肢は,人工の装具ではありません。幻影肢の実存は,もうないにもかかわらず,本当の腕がまだあるかのように信じていることからその活力を得てきています。これが,長く知られてきた簡単なこの現象の記述です。今や,このことがいかに理解されるべきかが問題です。

デカルトは『第六省察』[10]で簡潔な説明を呈示します。彼は患者にとって幻影肢を持つのは,外的な刺激がないにもかかわらず,何かを感じることだといいます。これに従えば,幻影肢が存在するということは,患者が,自分の腕がまだあるような誤った印象を持つということになります。では,どうしたらこの幻影を説明できるでしょうか。外的な刺激は存在しません。刺激を現実にそこで受けるはずの腕は,まさに切断されています。となると,その説明のためには,物(的身)体そのものから生じる,いわゆる内受容的,ないし,内発的刺激による説明しか残っていません。つまり物(的身)体が,刺激インパルスを脳へと送り,そこでこの内受容的刺激は,外からきた刺激が取る経路と同じ経路(上記の単純なモデルにみられる)をとるので,外からの刺激と同じように転送され,脳において加工されるというものです。要するに幻影肢は錯覚から生ずることになります。すでに

---

[9] 『知覚の現象学』90-105頁,ドイツ版100-14頁〔邦訳『知覚の現象学Ⅰ』竹内・小木訳,138-59頁,みすず書房,1967年〕。

[10] AT版第7巻111頁〔邦訳同上,98頁以下〕。

この点において，デカルト主義はその盲点を現すことになります。実際には，この物(的身)体の四肢は存在しないが，腕や足を持っているという印象をもつ人は，錯覚の犠牲者であるということです。（デカルト主義者は幻覚の現象も同様に解釈します。幻覚とは，デカルトから見ると，知覚された対象が現実には存在しない，そのような知覚のことです。）これに対して，そもそもこのような解釈では，手足を切断された人々がその生活をおくる中で，幻影肢の形成がいったいどのような機能を果たすようになるのかについては，まったくいかなる解明もなされていない，と反論しなければなりません。これは〔先ほどとは〕まったく異なる問いです。幻影肢が現れるということは，そもそもどうして起こるのでしょうか。幻影肢は何らかの錯覚のようなものではありません。そうではなく，幻影肢は，まさに特定の目的づけられた箇所で生じ，そこで，特定の機能を果たすのです。

　メルロ＝ポンティは，先に取り上げた章で，様々な生理学的，心理学的理論を極めて忍耐強く詳細に検討し，幻影肢の現象を説明するには，それらでは不十分であることを示しています。もちろん彼はかなり昔の著者，例えば精神分析学の歴史に登場する有名なウィーンの医師，パウル・シルダーにも立ち返ります[11]。まず，純粋に生理学的な説明から始めてみましょう。幻影は，外縁的な神経経路に着目し，そこに何か不調和が見られることによっては，説明できません。幻影が消えない無感覚症に関する事例もいくつかあり，脳障害においてさえ──〔四肢の〕切断によらない場合にも──幻影肢のようなものが生じるからです。したがって外面的な神経経路の障害だけからは，幻影という現象は説明できないのです。生理学的説明は，脳の研究においても中心的な役割を果たしうるし，脳の痕跡を研究するのにも有効です。もちろんそれらすべては共働しているし，生理学的研究は拒絶されるべきではありません。ただそれらだけでは不十分なのです。脳の痕跡に基づく研究は，幻影肢の形成において重要な意味を持つ情動〔Emotion〕を，つまり，どのような傷害がより重いと受け取られ，どのような傷害が堪えきれないとされるのかを説明することはできません。幻影肢の現象は，ある特定の情動的状況と結びついています。例えば，腕

---

11) Paul Schilder（パウル・シルダー），*Das Körperschema*（『身体図式』1923年）参照。

がもつ意味は，生活の状態や職業によってまったく異なったものとなります。損失の状況に，ある特定の色合いや色調を与えるこうした情動的要素は，単に脳の痕跡に立ち返ったとしても，つまり，切断後，一定の期間機能し続ける，保存された行動性向へ立ち返ったとしても，十全に把握されません。注意すべきは，幻影肢が現れるとき，文化的変様もまた決定的な要素になっているということです。いわゆる文明人がこの現象により深く関係していることは明らかです。年齢の違いもまた，一定の役割を果たしています。したがって，純粋に生理学的な現象が問題なのではなく，むしろ重要なのは，身体の意味が世界における生に対して，その影響を及ぼしているということです。

逆に，記憶障害や，信念ないし欲求といった契機を持ち出す純粋に心理学的な説明もまた不十分です。良い説得や教訓によって，幻影肢を消滅させることはできません。というのも幻影肢は，意志が欠けているという問題でもなければ，単に思い違いをしているという問題でもないからです。さらにまた，入力系の神経伝導体の切断も，言及した諸体験が現に現れることに端的な影響を与えています。

ヘルベルト・プリュッゲの著作『人間と身体』[12]には，多くの幻影肢現象がみられます。このハイデルベルクの医師は，患者たちに壁へ近づくように言い，切断された方の腕を，ほとんど触れるくらいに近づけさせました。それから彼は患者たちに，切断された方の腕は，壁にぶつかって壁を押しているのか，それとも，壁の中へと入り込んでいるのかと質問しました。これはまさに生き生きと体験されるジレンマを掻き立てる，罠にはめるような質問です。患者たちは「今あなたが言ったこととは，まったく別のようです」と答えました。彼らは空想的なSFのような答えを持ってくるわけではありません。彼らは欠けた腕が壁の中にあると主張しているのではなく，何か別のことを言いたいのだ，と断言します。もちろん患者たちは，自分の腕がなく，自らが幻影肢を生み出していることを知っています。しかし，ここで問題になっているのが，知識への純粋な問いだとしたら，患者たちも「私は錯覚していた」といって，その錯覚もすぐに消えるはずです。しかしながら幻影肢は，この挑発的な質問にもかかわらず，依

---

12) *Der Mensch und sein Leib*（『人間と身体』）の特に第3章「人間の身体性と空間性の交差に関して」参照。

然としてあり続けるのです。患者は，今ピアノの前に座っても，それを演奏できないことを正確に知っています。彼は自分の欠けた手を知っているのです。ですから，純粋に心理学的な探求の仕方でも，まだ不十分なのです。というのも，そこでは，物(的身)体が共に働き，その固有の権利を妥当させてはいても，患者は，単純にこれをしたり，あれをさせたりといった具合に意のままにできるわけではないからです。

　ここで，メルロ＝ポンティが指摘しているように，心理学的な説明と物理学的な説明の両要素を受容するような「混合した理論」が必要になります。それは一方には表象と確証信念と記憶の制約があり，もちろん，他方には生理学的な制約があります。例えば，神経経路を切断することが，特定の作用をもちえます。幻影肢は心的なものの領域にだけ収まるものではなく，また，生理学的なものの領域にだけ収まるものでもありません。それではこの中間の領域とはどのようなものなのでしょうか。メルロ＝ポンティはそこに精神分析の諸表象を結び付けます。メルロ・ポンティが見るところによると，私たちはあまりにも単純に，一方で，世界において事実としての存在と不在，つまり何かが実在としてそこにあるかないか，から出発するか，他方で，事実としての存在と不在についての表象，つまり何かが表象においてあるかないか，から出発しているといいます。実はこの両方の間に両義的な現前〔présence ambivalente〕，ある二義性があるのです。それは精神分析に結びつければ，知りつつ知らないこと，「本当だと思いたくないこと〔Nichtwahrhabenwollen〕」と特徴づけられます。この「本当だと思いたくないこと」とは，奇妙な表現です。それは，すでにある仕方で欠損を知覚しています。さもなくば，それを「本当だと思いたくないこと」が不可能でしょうし，拒否することもできないでしょう。これは，精神分析で抑圧ないし固定といわれる現象を思い起こさせます。幻影肢は物理的なものと心理的なものの中間の存在様態を持つといえるでしょう。幻影肢が特徴づけるのは，単なる生理学的障害でも，誤りでも，意志の脆弱さでもありません。それが特徴づけるのは世界と生活の諸々の可能性の欠損を内に含むような，身体的欠損，身体の切断です。

　身体の切断は，医学の問題だけでなく，腕や足の喪失によって，突然世界のうちの様々な可能性を失ってしまった人々の問題でもあります。動いたり活動したりするあり方が損なわれた時に，世界は大きく変わります。

四肢の喪失は，愛した人の死や離別に際して認められるような喪失に似ています。有名な例があります。ヴィトゲンシュタインの兄はピアニストでした。彼は戦争で右腕を失いました。その後，彼は，すでにロシアの捕虜収容所にいるときから，紙でピアノの鍵盤を作って，左手で練習し，新たな状況に適応するように努めました。彼は帰還した後，ラヴェルやリヒャルト・シュトラウスといった有名な作曲家を見出し，彼らは，彼のために左手で弾く作品を作曲したのでした。さて，両手の代わりに左手で演奏するとは，いったい，どういうことなのでしょうか。手が一つ欠ければ，全体の身体運動も変わるでしょう。問題は，ピアニストとして自分が，音の領域や楽器を手にすることの中で，これからどのように生活することができ，この変化した状況のもとで，どのように活動することができるのか，ということです。ここで喪失を消化し自分のものにすることが始まっているのです。また，別の例です。先ほど私は四肢の喪失は，人を失うことと比較できると言いました。J. Sバッハに，次のような逸話が知られています。彼の妻が亡くなった時に，周りの人が，しなければならないあれこれについてバッハに尋ねました。すてばちになった彼は「私の妻に聞いてくれ！」と叫びました。彼女はまさに亡くなったばかりなのです。バッハは，妻がもういないということをまだ現実化できていなかったのです。彼女はバッハにとって幻影－妻なのでした。彼女はもはや存在しておらず，あれこれ世話できません。けれども彼女はバッハの生のうちにまだ居合わせており，だからこそ，葬儀とは，まさにこの妻から別れることに他ならないにもかかわらず，「妻に聞いてくれ！」とバッハは自然に答えてしまったのです。これを遂行的〔performativ〕な矛盾と呼ぶ人もいるでしょうが，その人は，こういった発言をする人が，他の人に劣らず，しっかり言葉を語り行動しているということを忘れています。喪失とは「何かがそこにある。何かがそこにない」といったありきたりな事柄なのではありません。失うこととは，忘れることと同様に，あるプロセスを経て進展するものなのです。逆に，新たな可能性の獲得と想起を比べることができます。ここでも同様に，物(的身)体が変化し，それと同時に諸々の可能性が世界のうちで変化するようなプロセスが表現されています。フロイトにおける悲しみの消化〔Trauerarbeit〕に比較しうるような，喪失の消化があるのです。この消化が遂行されない間は，顕在的な諸々の可能性は閉ざされたま

まです。

　幻影肢についてはっきりしてくることは，この狭い現象の領域を超えているということです。つまり，この例外的な現在は失われることを欲しないということであり，顕在的な現在を抑圧して，喪失は受け入れられない，ということなのです。幻影肢をもつとは，患者が，このような仕方ではもはや存在しないような，仮想的な「かのような」世界〔Als−ob−Welt〕を生きるということです。幻影肢とともに現れる実存のあり方は，顕在的な諸々の可能性に関係する錯覚といったものよりも，ずっと広範に達しています。当人が，何が問題となるかを知り，ただ個々のケースを取り違えているにすぎないと知っているとき，そもそも錯覚は存在しません。メルロ＝ポンティはこのことを，「私が何かをしたり，体験する」という第一人称の実存は，「実存のスコラ哲学」[13]へと変わる，と表現しました。卑下する意味で，スコラ哲学は単に学派哲学を意味します。それは，思想が実際の思考を通して，生気づけられることなく，ただ思考が拡散するといったようにとられます。ここで実存のスコラ哲学とは，新たな要求をともなう現在に対応することなく生き続けてゆくということを意味しています。

　幻影肢の理解は，身体の理論を前提にします。その理論は，上述の二元論を打破し，身体的な生に，世界との結びつきと身体の自己及び，異他的なものへの関係性を再び取り戻すのです。このような事例が〔事態を〕明らかにしうるのは，心身医学で話題となる多くは，デカルトに特徴的な視点の置き方に関係しているからです。幻影肢は極端な状況を表しており，そこではそのような視点の置き方や，処置の仕方という問題系がとりわけ明らかになるのです。〔しかし，〕「心身医学」は，あまりいい言い方ではないでしょう。霊魂〔Psyche〕と身体〔Soma〕が共働するという伝統を思い起こさせる表現だからです。ここで考えられているのは，もちろん内的な連関ではあります。例えば喘息は，単に呼吸障害であるだけでなく，不安な状態やありとあらゆる可能性と結びつき，飢饉〔食物獲得の困難

---

　　13)『知覚の現象学』99頁，独語版108頁〔邦訳同上，1巻，150頁〕。またゲーテの〈1823年の〉格言，「人が振り返ってあこがれることが許されるような過去はない。あるのはただ，過ぎ去ったものの拡大した諸要素から形態づけられる新たなもののみだ。真の憧憬は常に生産的であらねばならず，新たなより善きことを創造しなければならないのだ。」を参照。

さ〕を思いだすだけで呼吸困難に至ることもあります。したがって，物理的なものと心理的なものとの間には浸透があることになります。これによって，身体はある仲介の役割を獲得することになります。ところがこの仲介は，機械的－生物学的経過と，心理的－反省的意識の経過との間に間隙を設けることによって失われてしまうのです。

4 「特別な種類の事物」としての身体，「私の身体」

「特別な種類の事物」[14]としての身体について語ることは，デカルト的な思考のうちで始まります。そこでは，身体の特殊性を強調するといった思考の運動が示されています。私は，デカルトを引用して，ある特定の物(的身)体が，私の身体とみなす特権を享受することに触れました。私の身体を他の単なる物(的身)体から際立たせることが問題であるなら，そのときはいつも，一連の諸々の特徴が持ち出されることになります。

　私はここで，デカルトが『第六省察』で見出した四つの特質を挙げてみようと思います。フッサールはこの問題に『イデーンⅡ』で詳細に取り組みました。その第2部第3章（35節以下）には，私がここで暗示するだけに留まる事柄についての，非常に多くの詳細な記述があります。

a 存続性

まず最初の特徴として，存続性を挙げることができます。身体はいつもここに，こうあります。このことはありきたりに聞こえますが，その背後には多くの問題が潜んでいます。私がそこから遠ざかったり，間隔をとったりできる多くの事物があります。しかし，私は，身体を傘のように単純にそこに置きっぱなしにして遠ざかることはできません。自分の手袋を忘れることはあっても，自分の手を忘れることはありません。もっとも，脱人格化の現象を考え，そこで，脱物(的身)体化や分裂が生じ，ベンチの上に置かれる物のように，自分の手を感じるといったことは別でしょうが。しかし，そのような分裂の経過は，私の手が，そもそも他の対象と並んであ

14）この定式化は『イデーンⅡ』158頁〔邦訳『イデーンⅡ-Ⅰ』立松・別所訳，みすず書房，2001年，186頁〕に見出せます。

るような単なる物(的身)体的対象ではない，ということが通常の場合として前提されていてはじめて，重大な問題になるのです。したがって身体は常にここにあり，私は事物から遠ざかるように身体から遠ざかれないのです。身体は事物のように確かに記述可能ですが，すでにこの点にその特殊性が現れています。身体はこのような存続性において，特に頑強であることが判明し，常に同一の側面から自身を示しています。私は，技術的な装置なしに自分の背中を見ることはできず，常に自分の身体を，特定の角度からのみ見ています。マッハの有名な絵があります。彼はその絵のなかに，まずは自分が見たものを再現します。それから自分自身を絵の中に入れます。彼は自分がソファーに座っている様子を描きます。けれどもそこから座っている自分をみているそのところ，この「どこ」は絵の中にはおさまりません。描かれたものの中の穴として，また，像の空間内部の空虚な位置としてしか，絵の中に入り込めないのです。人は確かに自分を見ることはできますが，いつもある特定の見る角度においてだけです。他方，概して一つの対象はぐるっと回ったり，あらゆる側面から，また上方や下方から観察することができます。つまり身体は，いつも，特定の視角において与えられるのであって，私は自分の身体に向き直ることはできず，背中を見ることはできず，自分の身体の周りをぐるっと回れません。回るとき身体は影のように，私と一緒に動きます。私が動くと，身体は，自分で飛び越えることのできない影のように動くのです。

　それに対して，自分自身を，事物を鏡の中に見るように，その点で少なくとも，自分自身からの間隔を目にすることができる——すくなくとも像において——，そのような鏡をつければいいではないか，という人がいるでしょう。けれども今一度はっきりさせたいのは，身体とは，フッサールも述べたように，「奇妙な不完全に構成された事物」であるということです。私は，鏡の中の自分に，まるで前もってそこにいなかったかのように，驚くことがあります。メルロ＝ポンティは次のような事例を持ち出します。あなたがショーウィンドウのそばを通り過ぎ，何気なくそのショーウィンドウを覗き込む。するとそこにあなたが突然浮かび上がる。エルンスト・マッハにも，格好の話があります。それは，作り話ではなく，確かに彼が体験したエピソードです。彼はあるバスに乗り込んだとき，「なんてくたびれた学校の先生が乗ってくるんだ」とつぶやきました。そのとき，彼は

突然，それは，鏡のようなガラスに映っている自分自身であることに気づいたのです。この話に，ロデリック・チザム[15]のありとあらゆる分析の手管をあてがった解釈があります。その解釈によれば，マッハは最終的にはそれが自分自身ではないんだと気づいて，再度安堵したのだ，と結んでいます。学校の先生は単なる鏡像だったのであり，結局のところ，自分自身は，エルンスト・マッハであり，教授であり，枢密顧問官であって，くたびれた学校の先生ではないというのです。このチザムの解釈は，この話からその肝心なところを奪ってしまうことになります。興味深いのは，そもそもなぜ彼は，自分がまるでくたびれた学校の先生であると考えるに至ったのかという問いです。彼は明らかに鏡像の中に，自分についての何かを見つけました。彼は鏡像のうちに，他者としての自分を見たのです。このことは，始めから，自身自身のことが分かっていないことを前提にしています。そうであるからこそ，そもそも自分を見間違えることができるのであり，鏡に映っているのは他者である，しかも特定の他者であると考えることができるのです。彼は自分を，女性やトカゲと見誤ることはなかったはずです。この見誤りは，自分がくたびれた学校の先生のように見えもする，という驚きに関連しています。この驚きは，たとえそれが単なる鏡像であったと後に分かったときでも，とどまりつづけます。この驚きを単なる錯覚とする解釈は，幻影肢の生理学的な説明と全く同じように行われています。手足を切断された人は錯誤しているのだ，ここには腕はなく，幻影があるだけだというのです。

　しかし鏡には，単に同一化する機能とは別の機能があります。ショーウィンドウへ目をやり，自分自身に驚いたとき，私はある異他性を自分自身に見つけます。この異他性はまさに私が自分を，他者が私を見るように外から見たときに，姿を現します。鏡像はこのようにして私をからかいます。同様の事は写真にも当てはまります。私たちの多くは，写真に対して，どっちつかずの二義的な関係をもっています——完全に像が気に入り，幸福な思いに浸るナルシストは除いて——。自分の写真を見る人は「ここにいるのは私だ，いや，私じゃない」といった感情をいつも持ちます。とりわけその写真が古ければなおさらです。ムージルの『特性のない男』[16]の中

---

15) *Die erste Person*（『一人称』1992年）37頁参照。これについて著者の *Topographie des Fremden*（『他者のトポグラフィー』1997年）190-94頁を参照。

に，この状況に光を与える印象深い場面があります。ウーリッヒが古いアルバムを捲り，子供の頃の写真を眺めています。このことを筆者は次のようにみています。「過ぎ去った瞬間の自己満足に包まれたその人物が古い写真からこちらを見ているのは，なにか乾いてしまった，ないし取り残された接着剤のようだ，という印象を体験した者は，次のような感情を理解するだろう。それは，この接着剤は，他の人の場合には，乾いてしまうということなく有効であるのに，自分自身の場合は乾涸びてしまっているようにできあがっているのは，どうしてか，と疑問に思う感情である」。鏡や写真，またそれらに類するものは，その助けによって，自分を事物のように外から見ることができる特定の技術的手段です。けれどもそれらの手段には，いつも，ある二義性，つまり，私はそれであるが，またそれでもないという二義性を伴っています。しかし，また，鏡像は，特別ではあっても，ある種の像なのであり，単に鏡の中にすべてがもう一度出現するといった，ありふれたこと以上ではないのです。

　鏡像において決定的なのは，見る人と見られた人，見られたものが，単純に同一ではないということです。今述べた事例はある隔たり，つまり，見る人は見られた人だが，特有なあり方でそうではないともいえる，ということを示しています。というのは，彼の視線は異他的な媒介を通して折れ曲がっているし，彼はある意味で，他者の視線で自分を見ているからです。それに加えて，人は，自分の姿を鏡の中に見ることを，学ばねばならないということがあります。子供は，初めは，そもそも鏡の中の自分を自発的には見ることはありません。類人猿に関して，興味深い試みがなされました。明らかに，自分の鏡像に自分を認識する動物もいれば，認識しない動物もいます。どうすればこれがわかるのでしょうか。類人猿の額に赤い点を塗ってみます。もし類人猿がその鏡像を見，自分の額の赤い点へと手を伸ばすならば，この赤い点が自分の物(的身)体の位置と同一化されたということの証拠になるだろうというのです。もし彼が赤い点にまったく反応しなかったならば，それは自分の鏡像を異他的存在と見ていることになります。もっとも，動物にとってそもそも鏡は何を意味するのか，人間にとっては何を意味するのか，といった問いがさらに続きはしますが。オ

---

16) *Der man ohne Eigenschaften*『特性のない男』1978年) 648頁。〔邦訳，ムージル著作集1巻，加藤二郎訳，松籟社，1992年〕。

4 「特別な種類の事物」としての身体,「私の身体」

ランダの偉大な生物学者にして医師のボイテンデイクの行動の研究に関する著作は,今なお読むに値します。その著作の中には,人間と動物の行動についての本があります。そこには,人間と動物の物(的身)体性について,また,自分の鏡像にどう反応するのか,単に人間と動物の違いだけでなく,様々な動物間の違いについて多くのことが書かれています[17]。

　再び鏡について述べます。私は,すでに言及されたデュッセルドルフでのダニエル・ブーレン展において,同時に三つの自分を鏡像の中に見て驚かされました。一つの鏡は天井につけられており,その中に私は直接映っていました。そしてこの鏡はさらに,他の鏡を映しており,そこには,鏡の前に立っているように私が映っていました。この鏡の中継を通して,私は,自分の三回映っている鏡像を,上の像と背中の像と前からの像を同時に見たのです。このことは私を多少なりとも驚かせました。私は監視員を呼び寄せ,あなたはすでにこのことに気づいていましたか,と尋ねました。彼は気づいていなかったのです。つまり,自分をいくつかの側面から同時に見るのではあっても,それは,その面,その面に即して,ある特定の視角から見ているのだということです。「自分をいくつかの側面から同時に見る」とは,ここでは何を意味しているのでしょうか。もちろん見られたもののパースペクティヴは,複製されえます。鏡で謎めいているのは,いわば視野の中で何かが欠落しているということではありえません。それは,技術的に修復されうるからです。例えば食事をするとき,皆さんは,自分の胃の中で食物が消化される様子をも覗き見ることができるでしょう。このことは,技術的には可能です。視野は人為的に拡張され得るのです。にもかかわらず,事実上の要点は,――どの現象学者にとっても自明ですが――眼差し,すなわち見るという出来事と,見られたものとを区別しなければならない,ということです。見られたもの(たとえ私自身がそれであっても)は,いつも,さらに複製されうるのです。人は技術的な装置を通して,同時にこことそこにいるかのように,異なった側面から自分を同時に見ることができますが,これは,鏡なしのままでは成功しません。しか

---

17) F. J. J. Buytendijk (F. J. J ボイテンデイク), *Mensch und Tier* (『人間と動物』1958年)〔邦訳『人間と動物 比較心理学の視点から』濱中淑彦訳,みすず書房,1995年〕。鏡像行動については73頁以下を参照。著者は猿が自分の鏡像に著しい関心を示したことに言及しています。その猿の関心は,犬や猫にはみられません。

し，この複製に際して，眼差しはいったいどこにあるのでしょうか。これは，ラカンや他の多くの人々において出会われる問いです。見るという出来事としての眼差しは，ただ単に空間内部にあるのではなく，自分を空間的に鏡の中に見るときに，つねにその働きに即して存在しています。ここには特別な種類の盲点があります。このことは，エルンスト・マッハの絵にも妥当します。彼の両目と頭が存在するところに，空虚な場所が存在するということは，単に頭と両目のところに穴があいているというのではなく，むしろ見ることの場所は絵の中には存在しないということです。眼差しの場所とは，まさに語りの場所であり，語るという出来事は，単に何かを申し立て，伝達するということではありません。むしろその出来事において，何かが言語へともたらされ，眼差しへともたらされているのです。私は，単に鏡の眼差しになってしまうだけでなく，他者の眼差しにもなってしまいます。それゆえ，単に生理学的意味における盲点，つまり，受容部分のない網膜上の場所が存在するのではなく，むしろ見ることは，見られたものの一つのように，単に視野の中に局所化されているわけではないということこそ問題なのです。

　ともあれ，存続性に戻ることにしましょう。身体はいつもそこにあると言うとき，私たちは，身体はどのような仕方でいつもそこにあるのかと問います。身体は諸々の限界のなかでそこにあります。では，この身体のそこにあること〔現存在〕は何を意味しているのでしょうか。それは純粋な手元にあること〔客体存在〕を意味しているのでしょうか。ここで多くの問いがたてられます。鏡は同時に，異他性が意味するもの，すなわち遠ざかるそこをあらかじめ示しているといえます。

b 二重感覚

再三再四，触るという領域の二重感覚が，物的身体を通常の物（的身）体から区別する別の特徴として，取り上げられています。触れることにあっては，鏡という異他的な媒介を通して中断されてしまうような円環が，閉じているように思えます。自己鏡映には，何か鏡という事物が間にあって，連結操作が生じているのに対して，自分で自分の手に触る場合，間に鏡がはさまることもなければ，私から私への接触を中断するような異他的な媒介もないといえるでしょう。エルヴィン・シュトラウスが明らかにしたよ

うに[18]，ここには触れる鏡〔Tast-Spiegel〕はありません。つまり，触れることをもう一度映すような鏡はありません。これはどういうことなのでしょうか。私が何かに触れる，例えば机に触るなら，そのとき触られた対象を，触っているのであり，——デカルトの言葉で言えば——コギタートゥム，つまり，思惟されたもの，思惟する触覚や，感覚する触覚とは異なるものに触れているのです。これに対して，一方の手で他方の手に触れるならば，（フッサールが『イデーンⅡ』で述べたように）「触れられた触れつつあること」が問題になります[19]。触れている手は，同時に触れられた手であり，その逆もそうです。身体性にはある種の反射が生じています。触れられた右手は，左手が右手自身を触れていることを右手自身に感じます。それは，左手の場合も同様です。聖書の言葉をもじって，左手は右手のなすことを知っている，といえるでしょう。ここで私たちは，いわば短絡化を問題にしているのでしょうか。そうであるとすると，それは，あらゆる種類の新デカルト主義者を勢いづけることになります。純粋な感覚において，私は完全に自己自身においてあるということになるでしょう。ただし，問題は，触れることと触れられたものとは，そこに裂け目や相違などはもはや現れないといったふうに同一であるのか，ということです。また，触れているものと触れられているものとの単純一致，ないし重なり合いは，触っているときの手は，相互に互い違いになっていることから，不可能であることも，ここで指摘すべきでしょう。一つの手で他方の手にふれ，その逆も行うという，方向の転換はいつでも可能です。しかしながら，二つの手が順々に触れ合うとき，私が生きているのは，いつも，一方の手においてか，他方の手においてかです。左手と右手は，数えれば分かる単純な二つの本質存在なのではなく，特有の質を持っており，ある特定の状況のもとで，右手と左手の印象は異なってもいます。触れることにおいても，鏡の場合と同様，触れられたものと触れているものとの間に，完全な同一性があるのではなく，差異を前提にするある種の滑らかな同一化があるのです。フッサールはこの現象を『デカルト的省察』[20]において，

---

18) *Von Sinn der Sinne*（『感覚の意味』1956年）391頁。

19) 『イデーンⅡ』148頁〔邦訳同上，175頁。〕

20) 『デカルト的省察』128頁〔邦訳『デカルト的省察』浜渦辰二訳，岩波文庫，2001年，175頁参照〕。

特別な性質の反省として記述しました。それは，思考における反省（繋ぎ目のない思考の思考を目指すような反省）ではなく，身体的な反省という，身体が自己から自己へと遡及的に関連づけられていることとして記述されました。これはメルロ＝ポンティが，とりわけ後期の仕事において取り組んだ考え方です。そこで問題となっているのは，二重感覚においては，感覚することと感覚されたものが，単純な仕方で一つであるのではなく，そこには感性にまで及ぶ自己関係があるということです。鏡を見ることが一つの事例でしたが，自己自身を聞くという意味での反響〔エコー〕も別の事例となるでしょう。反響とは，自分の声を聞くということですが，このことは，すでに話すことのうちに生じています。人が身体をどうして身体と呼ぶのかということの内に，すでに，自己関係が存在します。身体は，自己感覚や自己運動等のうちで，自己自身へと関係づけられているのです。

　今一度ボイテンデイクに戻ってみましょう。そこでは，例えばイカのような動物世界のうちにも，すでに触れられることと触れることが，よく区別されていると述べられています[21]。われわれの，二つの手，二つの目，二つの足は，同じものが二つある，単に二倍にすることであると思ってはなりません。触れることの，二つの器官，二つの手への対をなす配分は，むしろ質的に新たな状況を生み出しています。身体には，完全な合致を締め出すような差異があるのです。このことは，別の手は，外から触れるような単なる別の事物ではないこと，また触れることは，完全にそれ自身から始まる，ないし，それ自身において終わるような純粋な意識のプロセスでもないということを示唆しているともいえるでしょう。

（第 2 回講義　1996年10月29日）

要　約

私は，身体が古典的心理学において，特別な種類の事物として分別されるような，いくつかのアスペクトを述べることから始めました。ここでは，フッサールと同様に，「特別な種類の事物」という表現を使用してみます

---

[21]　ボイテンデイクは眼が見えない状態のイカの実験について，次のように報告しています。「［イカの〕前腕の先をガラス棒で触れると，腕を引っ込めた。イカが自分で動いてガラス棒に触れる，すると，腕の引っ込みは生じず，たくさんの腕を使ってまさぐっていた。」『人間と動物』43頁．

が，これはデカルトの語り方でもあります。デカルトは同様にして，思惟する事物，思惟するもの〔*res cogitans*〕，すなわち思惟するなにものかについて語ります。つまりここには，ある何か，固有の身体があり，これは，別の複数の何かに対して，つまり，他の事物に対して，特別な特性によって際立っています。

　私は先回の講義で，身体の二つの特性を「特別な種類の事物」として，第一に存続性に言及しました。存続性とは，身体は常にここにあり，煩わしい衣装のように払いのけたり，失くしたりできないという意味です。第二のアスペクトは二重感覚でした。つまり身体の感性には，自分で自分に触れたり，自分を見たり聞いたりする，諸々の可能性が属しています。

c　情動性

ここで，前に述べた二つのアスペクトを，三番目のアスペクトである情動性によって補完したいと思います。痛みをとりあげます。デカルトもまた痛みを扱ってますが，それは，痛みが特殊な強度を持つような触発だからです。人は痛みをわざわざ選ぶのではなく，痛みは自らを気づかせるようにするのです。デカルトの『第六省察』では，心と物(的身)体の関係が取り上げられるのですが，痛みは奇妙な具合によじれた，もしくは厄介な仕方で立ち現れてきます。そこでは足の神経について語られています。物(的身)体の装置は，神経に基づいて作り上げられており，神経は刺激をうちに取り込み，運動刺激を送り出します。この連関において次のように言われます。「例えば足の神経が激しい，普通ではない動きをすると，脊髄を通じて脳の諸部分にまで進んでいくその運動が，精神に何かを感じるという記号，つまり痛みを与える。そうして，足のうちに痛みがあるということになる」[22]。ここで，では，なぜ痛みが，まさに足のうちで感じられるかと問うことができます。それには，刺激がそこから来たからである，ある種の投影であるようだ，と答えます。デカルトは議論をつづけ，この痛みの刺激は「足にとって危険な何かとしてのその原因を，可能性に応じて取り除くよう，精神を誘因する」と述べます。ここでは刺激は，取り除かれるべき障害を知らせる危険信号として，受け取られています。もし痛

---

22)　AT版第7巻88頁〔邦訳同上，110頁〕。

みが、ただこのようなものであるとすれば、確かに、心の機械のようなものを作ろうと試みているコンピュータの設計者は、それを難なくこなしてしまうでしょう。というのは、規則だった装置において障害を知らせる完全な機械を作ることができてしまうからです。そうすれば痛みは、何らかの繋がりが損なわれていると、ぱっと急に光るランプのようなものになります。また、もし装置が首尾よくプログラムされていれば、装置は、障害を取り除く処置をほどこすことさえできるでしょう。痛みがこのことだけで言い尽くされているのであれば、痛みを感じる機械といったものが考えられるし、痛みは単なる機能の欠陥として記述されうるでしょう。

　本当にこれで十分なのでしょうか。心理学では、痛みの空間に関して様々に語られています。痛みはそれ自身特定の空間性を展開しており、身体に媒介される空間感情と結びついている、というのです。改めて問いたいのは、いったい何が、痛みを通常の諸事物の毀損から区別するかということです。ナイフのような事物は、切り口をつけられる物（的身）体のように、痛みや快楽を感じることができるでしょうか。ある対象に痛みがあるとみなすことは、そもそもどのような意味を持つのでしょうか。

　私は、コンピュータで、シミュレーションを行い、触発的領域を設定し、組み立てる新たな試みについて言及しました。そのような試みのもとで、まずもって、再三再四、執拗に立てられねばならない問いとは、機械が痛みを持つとみなすことに、そもそもどんな意味があるのか、という問いです。ある機能が損なわれているということを超えて、痛みをもつとは、どんな意味を持っているのでしょうか。あるいは、すべてが良好に経過していることを超えて、快感を持つとは、どんな意味を持っているのでしょうか。ここで情動性の契機が関与することになります。人は、快感や痛みにおいて自ら自身を感じているのです。

d　キネステーゼ的感覚

身体を「特別な種類の事物」と特徴づける第四のアスペクトは、キネステーゼ的感覚、キネステーゼです。キネーシスは運動を意味し、アイステーシスは感覚、知覚を意味します。語に即していえば、キネステーゼは「運動感覚」という意味です。この語はもう定着していて、フッサールもこの語を取り上げましたが、彼はその意味を変えました。どのようにして、こ

4 「特別な種類の事物」としての身体,「私の身体」

の少し奇妙な概念形成に至るのでしょうか。この形成は,特別な種類の事物としての身体への問いを通じて,つまり,地面を転がる玉を自ら動く身体から区別するのは何か,という問いを通じて説明されます。

ギリシア人たち,正確にはプラトンとアリストテレスは,自己運動することこそ,生きたもの,つまり人間ばかりでなく生物一般の特徴の最たるものと考えました。生きているとは,人工的な対象とは対照的に,自らの運動の原因をそれ自身のうちに持つということです。人工的な対象は,誰かがあるいは何かが外側から原因として働く場合にのみ生成し,動きます。生きているものとは,自ら自己を動かすものです。このことは,ギリシア人にとっては自明であり,彼らはコスモス全体を自ら-動くものと考えました。プラトンにとってコスモスとは,生きものなのです。これはアニミズムめいて聞こえるかもしれませんが,ここで考えられているのは,コスモス,つまり世界にあるすべてのものは,それが石や植物や動物であれ,自然〔本性〕からして,特定の固有な運動を行うということです。

コスモスが,機械的に説明可能な諸々の経過にすぎない自然へと変転してはじめて,この宇宙論的運動力学〔kosmologische kinetik〕が終末を迎えました。ガリレオの自由落下を例にとれば,落下する物体は地面に向かって動くというのですが,アリストテレスだったら,石の落下を,だいたい次のように記述するでしょう。重い物体は,自ら地球の中心に向かって動く。なぜならその物体は,本性的な場所を地球の中心に近いところにもつからである,というようにです。ガリレオの機械論では,運動は端的に,一定の力やそれに対する抗力に従い,力の働きあう結果が形成する位置の変化だとみなされます。石が自ら動くということは,ガリレオの記述の仕方においては,厳密にはいかなる意味も持ちません。なぜなら,自ら動くことのできるような自己など存在しないからです。

さて問題なのは,身体的物(的身)体とは何なのかということです。物(的身)体は事物が倒れるように倒れることもあります。けれども何が,身体的物(的身)体を単なる事物から区別し,何が,身体的運動を単なる空間のうちでの運動から区別するのでしょうか。運動感覚〔キネステーゼ〕を取り入れることによって,運動をまずは運動についての感覚と結びつける試みがなされました。フッサールはこの考えを,さらに徹底して捉えました。運動感覚〔キネステーゼ〕とは,「そこで何かが動き,そこにおいて

感覚されもする」ということではなく,彼が運動感覚〔キネステーゼ〕と名づける自己運動は,「私が動き〔ich bewege mich〕」,「私が空間内で動ける」ということを意味するのです。これは,自分の場所を変える誰かから考えるのであって,空間内の変化する位置にある何かから考えるのではないのです。

e　意志器官としての身体

最後に述べておいた方がよいアスペクトは,意志器官としての身体というアスペクトでしょう。これもまた,『イデーンII』にみつけることができます。そこでは,身体は,それだけが「直接に自発的に動かせる」[23]という特種な客観であると書かれています。私が机を動かすとき,それを自分の手で動かします。けれども「手を動かす」のは,「机を動かす」のと同じことを述べているのでしょうか。もしそうであるなら,私たちはそこに,原因連鎖以外のなにものも見出さないことになるでしょう。そのように考えるなら,私たちは無限のなかに陥ってしまうことになるでしょう。というのも,腕を動かす何ものか,あるいは誰かが,それ自身また動かされねばならないということになるからです。もし,物(的身)体が,ある器具であるなら,物(的身)体を器具として用いるさらなる物(的身)体が必要になります。この問題に対するよく与えられる答えは,身体は,自我と物(的身)体との間を仲介するような,何らかの道具を差し挟むことなしに,直接的に動かされるということです。

これに関して,すでにアリストテレスに,手についての有名な特徴づけが見出されます。つまり,手は器官の中の器官,というものです[24]。その際注意すべきは,ギリシア語の「オルガノン」は,まずもって道具を意味するということです。医学や生物学に定着している「器官」は(「エルゴン〔働き〕」に役立つものとして)ここにその起源を有しています。アリストテレスが,手は器官の中の器官であると言うとき,手は,私が世界へと介入するときいつも関与していて,単に諸事物のなかの事物ではないという意味です。

---

23) 『イデーンII』152頁〔邦訳同上,180頁〕。
24) 『動物部分論』687a8f〔邦訳,アリストテレス全集8巻,島崎三郎訳,岩波書店,1969年,390頁以下〕

4 「特別な種類の事物」としての身体,「私の身体」

　それではここで「直接的」,「手が直接動かされる」とはどういう意味なのでしょうか。私は,自分の中に,何かを動かす自我と動かされる物(的身)体的な何かを区別できるのでしょうか。そのような二元論からは多くの問題が生じてしまいます。

　身体を事物から区別することにより〔生ずる〕様々な観点を要約すると,古典的哲学がここで試みたのは,後退する自己弁護に等しかったということです。古典的哲学は,身体＝物(的身)体,つまり自分の身体には,あらゆる事物とは一致しない何かがあり,ある特有な特性や特徴を持つということから,出発しました。どんなふうに身体が事物から区別されると考えられているのか,その如何が意味するのは,身体が第一次的には表象された身体として考えられているということです。身体とは,私が表象する事物であり,表象においてある特別な特性と結びつく事物だというのです。古典的哲学は依然として,フッサールが「補足的抽象」と名づけた[25]ことを遂行しているのです。物理的な物(的身)体のプロセスに,心理的な随伴プロセスが付け加わります。したがって,私たちは依然として二元論に囚われていることになります。事物世界と身体的な行為の間に,単純に二つの存在論的な領域へと分けることのできない連関があると指摘しても,依然として二元論に囚われているのです。

　これまでが,この講義全体の序章ということになります。以下において私は,どのようにして身体を別様に,つまり,二元論から出発してしまっているのに,完全な二元論ではないのだといった苦渋に満ちた考え方とは別様に,考えられることができるのかということを示すつもりです。特別な実存としての,そして特別な構造としての身体から出発し,その構造のなかに,世界の構造も同時に立ち現れてきます。真の身体経験から生じる,身体の現象学が目指されているのです。

　その際まず問題となるのは,「身体とは何か,それはどのような属性を持つのか,それはどのように見えるのか」という問いではないことです。このようなやり方では,依然として事物を記述していることになります。そうではなく,最初の問題は「身体は何をなすのか,何をなしうるのか,どのように機能しているのか」ということです。それゆえフッサールは,

---

25)『フッサール全集』6巻,231頁〔邦訳『ヨーロッパ諸科学の危機と超越論的現象学』細谷・木田訳,中公文庫,1995,409頁〕を参照。

物(的身)体事物〔Körperding〕に対立させて作動する身体〔fungierenden Leib〕について多く語っているのです。物(的身)体事物とは、私が記述する何かであり、作動する身体は、知覚や行為、感覚、セクシュアリティー、言語等において、特定の能作を遂行し、機能を果たしているのです。

5　作動する身体、両義性、自己関係、自己退去、他者関係

まずもって、身体性の様々な領域において生じる問題群を取り上げるのにあたって、以下の幾つかの指針が役に立つでしょう。

a　両義性、二義性、多義性

これらの概念は、メルロ＝ポンティによって繰り返し用いられています。両義性とは、身体が二義的であって、精神でも自然でもなく、心でも物でもなく、内でも外でもないという意味を持ちます。ここで、「〜でも〜でもない」という言い方をしています。デカルト以来よく知られるようになった古典的区別は、身体性に特有なものを捉えるには不十分です。にもかかわらず、この「〜でも〜でもない」という言い方は、依然として伝統的な概念性を前提にしています。物でも心でもない、と言うとき、このような区別をいまだなお、出発点にしているのです。それゆえ、デカルト的前提を特性づけることによって、それに一線を画そうとする、この「〜でも〜でもない」という言い方は、いまだなお、暫定的な修正を意味しています。それは、デカルト主義を変化させてはいますが、部分的には、なおその語り口を温存しているのです。

b　自己関係

第二段階は自己関係となります。この段階では、身体をそれ自身から考えることが試みられます。身体の特殊性は、それが自己自身に関係する、という点にあります。痛みは、私が自己自身を感じる一例です。その他の例としては自己運動が挙げられるでしょう。ここでは、経験する誰かと、経験される何かに区別される以前において、自己の契機が考察されています。「誰かが何かを知覚する」という表現は、次のように分節化できます。つ

まり、「誰か」とは主観で、「何か」とは客観である、という分節化です。誰かが何かを経験し、何かを行い、何かを知覚する、と。しかし、自己関係は、知覚される何かと、知覚する誰かが区別される以前に位置づけられます。このことこそ、われわれが自分を鏡の中に見るとか、自分の声を聞く、というときに思われていることなのです。「何かを知覚する誰かが、現に存在する」といった区別で不十分なのは、私が自分自身を鏡に見ているからであり、私は自分が話すのを自分で聞くからであり、歩く場合には、自分で自分を動かしているからです。

　この第二の観点は、私には特に重要で啓発的であるように思われます。しかし同時に、身体が触発的な主観とみなされるという危険、つまり、——近代主観理論の出発点であるデカルトのコギトが持ち越され、情動性の領域に移し込まれているという危険もあります。もし身体が、純粋にそれ自身から考察されるならば、身体は、デカルト的に言えば、感じる〔sentio〕側にあることになります。「私は考える」は、「私は自分を感覚する」に変容するでしょう。両者は同じではありませんが、感じることはデカルトにおいても、決して排除されているわけではありません。彼は、思惟しつつ遂行された感覚について考えているのです。コギトが、根源的な自己感覚の領域に移り行くことで、自己の優位とその固有領域の優位は、揺らぐことなく存続しています。

c　自己退去と他者関係

第三段階は、少し触れるだけにしておきます。この段階では自己関係と他者関係はともに起こります。自己関係には常に自己退去の契機があります。鏡について考えれば、鏡とは、私が自分を眼差しのうちで完全に捉えるということではなく、鏡の中の自分に驚き、そこに他者としての自分を見るということです。そこにはいつも自己退去が働いています。同様に、私が動くとき、動きは私から滑り落ちていて、なにか、落下、つまり、私から退去する固有の運動と関わりあっているようです。惰性とか、疲労という契機を考えてみれば、そこではいわば、運動が自立的になっており、そこでは、何かがその固有の重力にしたがうということが起きています。これらのすべての契機に私が関与してはいますが、これら契機は単に自己へと関係づけられているのではなく、同時に自己から退去してもいます。「自

己からの退去」とは，鏡をみるとき，自分の声の反響を聞くとき，疲労や，快活な運動においてさえ，私は自分に異他的でもあるということです。したがって，他者の異他性は，デカルトのように，驚きの効果といった具合に生じるのではありません。例えば，私が食卓に着いていると，突然あるものが窓のそばを通り過ぎる。それは私と同じような行動をする，人間だとわかるといった具合です。〔しかし〕自己における異他性と他者の異他性とは，私がそもそも始めから他者の視野のうちに生きているということといえます。他者は私の固有性の領域に，後から加わって入り込むのではなく，そもそも私は完全に自分自身に属しているとはいえないのです。

　私は先に，名前をつけることについて述べました。自分の名前を聞くとき，他者への関係がもともとそこに与えられています。自分の名前は自分がつけたのではありません。私は名前を他者から受け取ったままに，自分の名前を聞くのです。——あるいは皆さん，性的存在性のことを考えてみてください。性は，異性への関係を示すものです。二種類の身体があり，自分の身体があって，もう一つ，別様の身体が現れているといった単に，事後的な二重性を呈示するのではありません。男性的なものと女性的なものは，特定の他の身体性への関連のうちでのみ規定されるのです。このような，そしてこれに似た現象は，異他的なものを混えないような純粋な自己に対立しています。

　さしあたって私は，このような諸々の暗示，「一致性における不−一致性」を示唆するにとどめておきます。

II

感覚することと知覚すること

───────

次に述べられるのは、知覚に関する重要な諸理論に関してであり、とりわけ近代の思考を非常に一面的に刻印してきた経験主義と合理主義に関してです。

1　知覚の文脈性と恒常性仮定批判

私は、文脈性〔コンテクスト性〕というものが、単に言語に対してだけ当てはまるのではない（そこでは、あるテクストが他のテクストへと関係づけられるのですが）ということを、したがって、知覚は常にある特定の連関において現れるということを示したいと思います。「文脈性（contextuarity）」は〔ドイツ語の〕「連関（Zusammenhang）」を、つまり何かがある特定の連関において現れることを意味する英単語です。このことはすでに経験に対しても当てはまります。つまり見ることに対しても、聞くことに対しても当てはまるのであり、まずもって、言語に対してだけ当てはまるのではないのです[1]。

---

[1]　古典的な心理物理学への批判には、Merleau-Ponty（メルロ=ポンティ），*Phanomenologie der Wahrnehmung*（『知覚の現象学』）導入の第1部や2部〔邦訳『知覚の現象学』1巻，序論 I，II〕，さらには *Aron Gurwitsch*（アロン・グールヴィッチ），*Das Bewuptseinsfeld*（『意識野』1975年）第5部を参照。グールヴィッチは、現象学とゲシュタルト心理学の統合を成し遂げた第一人者であり、彼がパリに滞在している間にメルロ=ポンティに重要な刺激を与えました。心理学における現象学的方向づけについては、Carl Friedrich Graumann（カール・フリードリヒ・グラウマン）と Alexandre Métraux（アレ

心理物理学〔Psychophysik〕の古典的な形式において，また行動主義の現代の形式においてでさえ，したがって，すべての体験を外的な行動に還元する諸理論において，私たちが出会うのは，ある特定の根本仮定です。知覚と身体の現象学の課題とはまさに，この仮定を経験に即して調べ上げることです。

　心理物理学は，いわゆる諸々のエレメントや素材を出発点とし，それらから徐々に世界が作り上げられる，と主張します。経験主義，そしてある仕方で合理主義もまた，エレメントを出発点とする思考として特徴づけることができます。すなわち，単純なエレメントやその複合体が〔初めに〕存在しているのです。エレメントがつけ加わればつけ加わるほど諸エレメントの連関はより複合的になります。

　コンピュータの組立の例で，「まあ確かに，冗談を言うことは，単に笑う動きを作り出したり，言葉を話すことよりも複雑で〔komplizierter〕ある」，とよくいわれますが，このことについて考えてみましょう。ここで，より複雑で複合的な〔komplexer〕こと，文字通り，「より複雑に絡まっている」ことが述べられています。「複合的な〔komplex〕」という摩訶不思議な言葉が使われています。コンピュータが作成できなければ，それは，あまりに複合的だというわけです。知覚の状況は，この点に関して，数え上げうる有限の可能性が問題になるチェス盤の配置よりも複合的であるのは，当然です。単純なものが前提されれば，次に，単純なものはより複合的になっていくというわけです。動物の行動はより単純であり，人間の行動はいくらか，より複合的になるのです。このような思考様式の全体が，現象学によって改めて問いに立てられることになります。

クサンドレ・メトロー）によって編まれた *Wissenschaftstheoretische Grundlagen der Psychologie*（『心理学の学問理論の基礎』1977年）の第2章を参照。最後に，神経生物学における現象学的および解釈学的な方向転換については，Andreas K. Engel（アンドレアス・K・エンゲル）と Peter König（ペーター・ケーニヒ）によって編まれた *Das neurobiologische Wahrnehmungsparadigma*（「神経生物学的知覚のパラダイム」）所収の P. ゴールドと A. K. アンドレアスによる *Der Mensch in der Perspektive der Kognitionwissenschaften*（『認知科学のパースペクティブにおける人間』1998年），特に185-92頁を参照。この二人の著者はとりわけ，ヴァレラに依拠しており，そのヴァレラは，神経現象学という概念を使用しています。彼らはこのテーマについて，さらに新たな文献を指示しており，ここで現象学と神経科学の実りある一致が描かれています。そしてそのことはまた Philippe Meyer（フィリップ・マイヤー）のようなフランスの医学者によっても確証されています。*l'œil et le cerveau*（『目と脳』1997年）参照。

その単純性において初めに措定される諸々のエレメントや素材は，経験〔主義〕的な伝統におけるラテン語の感覚〔*sensatio*〕のことであり，英語やフランス語の感覚〔*sensation*〕のことです。*sensatio* という言葉は，通常ドイツ語では「Empfindung〔感覚〕」と翻訳されます。ところで，ドイツ語の感覚〔Empfindung〕は二義的なものです。一方で「感覚」は与えられる何か，与件，つまり感－覚〔Empfin-*dung*〔名詞形〕〕ですが，しかし他方，感じる－こと〔Empfin-*den*〔動詞から派生〕〕すなわちプロセスでもありえます。用語に関していっておきたいのは，何人かの現象学者，つまりマックス・シェーラーやエルヴィン・シュトラウス，さらにメルロ゠ポンティなどが，与件としての感覚〔Empfindung〕の代わりに感覚すること〔Empfin-*den*〕，ないし *sentir* について常に語っているということです。彼らは，動詞形を使用して，感覚において単純な構築素材が問題になっているというイメージを払拭しようとします。*sentir*，つまり感覚することをプロセスとして述べることは，他の与件によって補完されなければならないといった単純性を示唆するのではなく，感じることとは初めから，他のものへと関係づけられて存在している，ということなのです。

感覚の点性と単純性

　私たちは差し当たり，英語の *sansation* という意味での感覚にとどまることにします。そこには，いくつかの概念形式がみうけられ，〔単純な〕構築素材が，その形式においてそのようなものとして規定されています。ヒュームは，点的な印象（英語の *impression*）を出発点にします。諸々の印象のもとで，私たちは孤立した感覚与件を問題にします。皆さんが〔ヒュームの著作である〕『人間本性論』を開けば，その初めに，人がもったりもたなかったりする状態を意味する印象を見出すことでしょう。その際，興味深いのは，ヒュームがそのような感覚や感覚印象を示す例として，暖かさと同様に赤い色を挙げていることです。彼にとって，赤い色というのは，私が暖かさや痛みを感じているときと同様な，私自身がそのような状態であることだというのです。したがって，感覚は主観の状態として把握されます。その際すぐに立てられる問いは，そもそもこれら印象から事物のような何かへとどのようにして到達するのか，という問いです。

感覚の二番目の特性は単純性質という特徴をもつことでしょう。これには，同じような考え方[2]に相応した様々な表現があります。単純性質とは感覚の与件であり，それらは中間的な位置にとどまっているものです。つまりそれらは，物理的な事物にも，主観の心理的な体験作用にも属してはいないのです。

第三の概念は，単純でそれ以上還元することのできない感覚の本性を特徴づけるものであり，原子的な〔atomale〕刺激というものです。この概念は，最も強く根づいているものです。この外的刺激に関して重要なのは，物理的な与件です。ノルベルト・ビショッフによれば，内的な諸現象から出発する内的実証主義と，外的で物理的に把握可能な本性に基づく[3]外的実証主義とが区別されるべきだとされます。その場合には，諸性質はその間にある何かということになるでしょう。

ここで素描された語り口と考え方に共通なことは，それらが単純な与件を初めに設定しているということです。では，「単純な」与件とはいったい何を意味するのでしょうか。単純なということが意味するのは，与件はそれ以上分割できないということであり，それがどんな内的な関係ももたないということです。つまり，赤色の感覚は赤色の感覚であり，それでことが済んでしまうのです。それに加えて，単純な諸与件とは，どんな外的な関係ももたず，他への関係なしにそれ自身であるものです。赤色の感覚の例において，このことは次のように表されます。つまり，私は赤であることそれ自身を感覚し，しかもこのことは，他の色や形式を顧慮したり，それをさらなる粒子に分割することなしに感覚している，ということです[4]。ヒュームはこのことを次のように述べています。「世界内のすべての存在者は，それ自身で考察されるのであれば，完全に相互に分離し，非

---

2) 今日，「クオリア（Qualia）」に関して，つまり体験された性質に関して議論が盛んに行われています。以下の問いが立てられるのです。「クオリア」は測定機器を用いて技術的に図示されうるのか，もしくは私たちは単なる脳の状態の記述から，痛みがどのようにして感じられるのかを見て取ることができるのだろうか，と。

3) *Erkenntnistheoretische Grundlagenprobleme der Wahrnehmungspsychologie*（『知覚心理学の認識理論的根本問題』），in: Handbuch der Psycholigie（『心理学ハンドブック』）所収Ⅰ-Ⅰ（1966年），57頁。

4) この点において，言語はその限界に至ることになります。というのも，これらの与件が，名辞によってのみ特徴づけられるほど，比類なく唯一的であるならば，いかにしてこの与件ないし感覚について語りうるのでしょうか。

依存的である」[5]。ヒュームの思索は，単純なものから複合的なものへと進んでいきます。ここで詳細は述べませんが，連合理論の本質は以下の仮定のうちにあります。すなわち，特定の感覚は，空間と時間の中で，規則に従って他の感覚と結びつき，生起し，そして類似性を示し，かくして，一定の感覚複合が成立する，ということです。

内的に依存しないこと，内的に関係しないことは，もちろん有機体との関係にも当てはまります。感覚は，意義や，価値からも解放されているのです。つまり感覚は，あるものが徴表〔Merkmalen〕や作用効果〔Wirkmalen〕によって特徴づけられている構造化された環境世界とも関係をもたないということです。

恒常性仮定

恒常性仮定〔Konstanzannahme〕とは心理学において以下のことを意味します。すなわちそれは（ここでは知覚に限定しますが），ある刺激対象の物理的な特性と，それに相応する知覚〔Perzept〕もしくは知覚内容，つまりそれに相応する反応との間に，恒常的で一義的な秩序配列が存在しているということです。このことは，行動主義によって導入された有名な刺激－反応モデルにおいて明らかにされており，このモデルは，確かに多くの複雑な問題にぶつかりましたが，多様な隠れた仕方で生き延びてきました。このモデルには単純な方式 SfR が当てはまります。この方式は，「反応 R（*response*）は，刺激 S（*stimulus*）の関数〔*funktion*〕である」ということを表現しています。このモデルの基礎となっているのは，疑う余地のない一面的な因果性です。私が，刺激を十全的に規定すれば，それに適切な諸法則を用いて，どのような反応が期待されうるかを予測することができます。というのも，関数方程式は，ある一定の刺激のタイプが与えられるのであればいつでも，その場合それに相応する反応が期待されうるということを意味しているからです。この，もし－その場合という命題〔Wenn-Dann-Sätze〕を私たちは，物理学を通じて知っています。つまり，関数方程式は因果関係を表現しているのです。

一切の刺激が一義的な反応を引き起こすというこの仮定に対して，どの

---

5) *Ein Traktat über die menschliche Natur*（『人間本性論』）I，2，I〔邦訳，D. ヒューム『人性論』土岐邦夫訳，中央公論新社，1980年，422頁以下〕。

ような異論が唱えられるのでしょうか。〔実は〕様々な異論を唱えることができるのです。差し当たり私は、ヴォルフガング・ケーラーの試みに即した経験的な証明を取り上げることにします。ヴォルフガング・ケーラーは、クルト・レヴィンと並んで、1933年に完全に解消してしまったゲシュタルト心理学ベルリン学派の最も重要な理論家です。ベルリン学派のほとんどの構成員は、ユダヤ人としてドイツを去らなければなりませんでした。後にケーラーも彼らに遅れて後を追いました。ケーラーの試みは、今日でもなお注目に値するものです。時として、学問の進歩に関する言及は大いに疑わしいものです。重要な学問的成果がたびたび、端的に忘れられてしまうからです。

ケーラーは、恒常性仮定を検証するために、家畜の鶏を使った実験を行いました（図式2）。

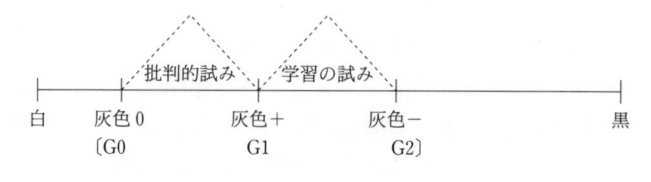

```
         批判的試み  学習の試み
  ├────┼────┼────┼────┤
  白   灰色0    灰色＋   灰色－     黒
       〔G0    G1      G2〕
```

図式2　形態の実験[6]

〔この実験において〕鶏は、二つの同じ大きさの穀物の集積から明るい灰色（G1）の紙の上に置かれた穀物を選び、中間的な灰色（G2）の紙の上に置かれているもう一方の集積を残しておくよう調教されています。この試みの第二の批判的な段階とは、G2をG1よりも明るい灰色（G0）で置き換えてみることです。もし鶏が、中立的な刺激に機械的に反応するのであれば、慣れ親しんだ灰色（G1）のもとにとどまるでしょうし、鶏に話させてみれば、「私は自分が所有しているもの〔G1という色そのもの〕を知っているのだから、この灰色のもとに留まる」とでもいうことでしょう。では、〔実際〕鶏はどのように振る舞ったのでしょうか。鶏は新しい灰色（G0）に順応した〔選んだ〕のです。このことはもちろん、鶏が特に好奇心が強く、移り気であるということなのではありません。この〔他

---

[6] W. Köhler（W. ケーラー）の *Nachweis einfacher Strukturfunktionen beim Schimpansen und beim Haushuhn*（『チンパンジーと鶏における単純な構造機能の証明』1918年）に基づいています。

の色への〕転換は以下のようにして解明されます。つまり鶏は，絶対的な与件（これこそ，経験主義に対する批判にあたります）に反応するのではなく，換言すると，一定の客観的な特性をもつ刺激に反応するのではなく，関係性に反応しているのであって，鶏は初めからより明るい灰色を選択することを学んでいるのです。そしてこの新しい状況にあたって鶏は，新しい色をまさにより明るい灰色と見て，それを優先させたということなのです。

ケーラーがこの試みによって示すのに成功したこととは，はじめから，独立した特性やエレメントの知覚が成立しているのではない，ということです。エレメントと称されるものは，初めから形態と名づけられる一定の諸関係のうちに組み込まれているのです。形態とは，常に差異化された形成体を意味します。ケーラーの実験の場合，ある灰色の色調は，様々な明るさの段階を背景にすることで他の灰色の色調から際立たされ，それら他の色調に関係づけられているということになります。

哲学者はここで次のような異論を唱えることでしょう。すなわち，「問題視されている恒常性仮定は，ただ経験的にのみ反証されるのであって，〔さらなる〕反証も期待されうるのであるから，一般的な経験構造の証明にとってはなにも獲得されない」という異論です。しかしここでいう経験とは何なのでしょう。私は，ケーラーはこの試みを決裁的な試み〔experimentum crucis〕として着手したと考えます。つまり，ただ単に，量的な方途で諸法則を細分化するのではなく，新たな見方を促す実験として着手したということです。この範例の場合，最初から知覚には差異が，つまり「〜より明るいということ」があるのであって，絶対的な明るさの値があるのではないのです。

経験主義は，範例として理解される場合，経験が，継続的に蓄積され，補完される単純な構築素材から作り上げられるとするのですが，ケーラーのもとでは，別種の範例〔パラダイム〕が働きだしているのです。

今日，背景に退いているスキナー（*Skinner*）のような行動主義の理論家は，諸関係もやはり「現実において」見出されねばならない，と異論を唱えました。しかし，この異論でいったい何をいったことになるのでしょうか。現実性とはいったい何のことでしょうか。フッサールを援用するのであれば[7]，ここでは二つの事況〔Sachlage〕が区別されねばなりません。

つまり，まず初めに「G1はより明るい」ということがあり，そして次に「G2はより暗い」ということがあります。これら「より明るい」ということと「より暗い」ということを，単純に相互に交換することができるでしょうか。一方は他方と同一であり，ただ逆に定式化されているにすぎないのでしょうか。このことは〔確かに〕，判定された諸事情〔*Sachverhalte*〕に対しては妥当しても，経験それ自身においては，両者の事況は同一ではありません*)。私がより暗い背景の前でより明るい何かを見て，そこからより明るいものが際立ってくる場合と，もしくは逆に，より暗いものが際立って，より明るいものが背景に留まる場合には，違いがあります。それゆえ，これら二つの事況は単純に諸事物へと帰属させることはできません。もしそうしてしまえば，量的な価値の可逆的な関係を諸々の事物に帰属させることになってしまいます。つまりそこでは，私が，Aから出発しようがBから出発しようが，どちらでも変わらないということになってしまうのです。しかしこのことは，経験においては，質的な種々の経験の配置が関与していることから，決して，同じとはいえないのです。

　ケーラーが色で展開した試みを，音に関しても適用することができます。私たちは，音の三度音程や五度音程を聞きますが，〔そのとき〕個々の音を聞いているのではありません。例えばパトカーは，三度音程を音信号として用いています。いずれにせよ，人は単に個々の音を聞いているのではなく，一定の音の形態を，つまりメロディーの断片を聞いているのであって，その際，注意を喚起するのは，音の諸関係なのです。ここまでがケーラーの第一の経験的な論証になります。

　さて，私は経験的な端緒に対抗する第二の論証を扱うことにします。ここで私はよく教科書の中で見受けられる有名な錯覚図形から始めたいと思います。

　ミューラー＝ライアーの図形〔図式3〕には，二本の直線があって，そ

　7）『論理学研究』第6研究の48節〔邦訳，E. フッサール『論理学研究4』立松弘孝訳，みすず書房，1999年，177頁以下〕および『経験と判断』の59節〔邦訳，E. フッサール『経験と判断』長谷川宏訳，河出書房新社，1999年，226頁以下〕参照。

　*）フッサールが「事情」という概念で考えていたのは，知覚経験それ自身に含まれているイデアール（理念的，論理的）な対象性の萌芽段階です。したがってそれは「S ist P」という構文型の形式をもちます。それゆえ，著者も指摘するように，事情にはすでに高次の抽象的操作が介在しているのです。

れら直線は，測定すると同じ長さであることが解るのですが，それら直線の長さは，正反対の角度をもつ短い線が見えることで，互いに異なった長さをもつように見えます。ツェルナーの図形においては，それぞれ個別的に観察すれば，平行なものとして描かれている複数の長い直線が，それぞ

ヘリング—ヘルムホルツ

ミュラー・ライアー

ポンゾ

ツェルナー

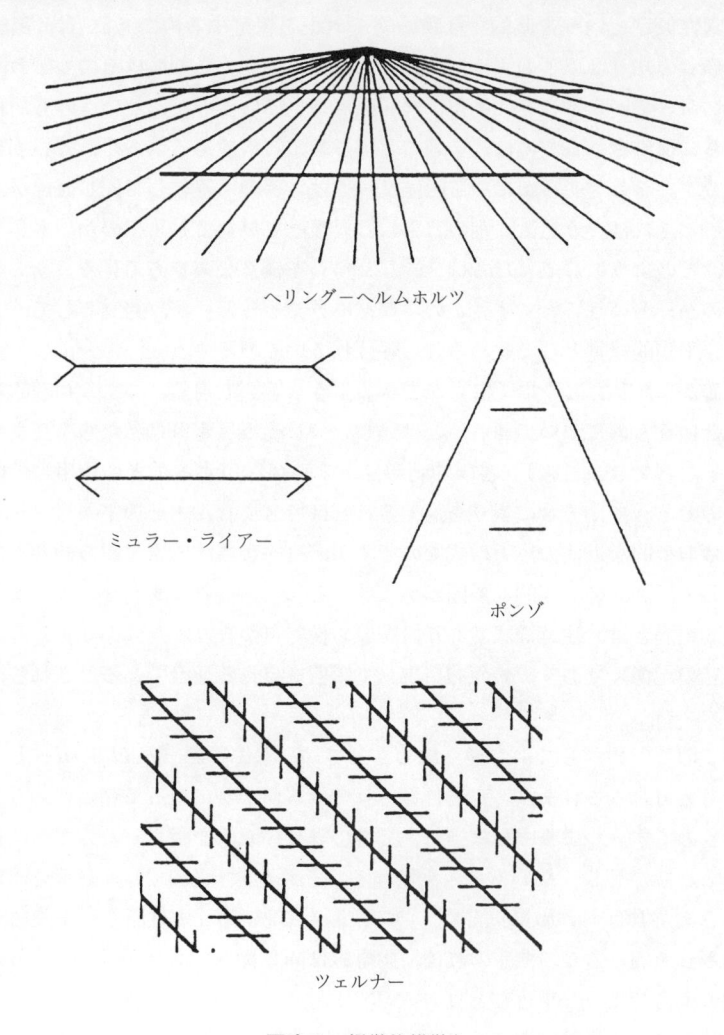

図式 3　視覚的錯覚[8]

---

8) L. E. Bourne（ブルネ）および B. R. Ekstrand（エクストランド）の *Einführung in die Psychologie*（『心理学入門』1992年），108頁に基づきます。

れ互いに傾斜しているように見えます。残りの二つの図形も同様の視覚効果をもっています。

ではここでの錯覚とは何なのでしょうか。「錯覚図形」という表現は、私にとっては引用符「　」をつける必要があると思います。もし私たちが恒常性仮定という古典的な経験論的モデルを想定するのであれば、「錯覚図形」の知覚は以下のように解釈されるでしょう。私たちはそのつどの配置において同じものを、例えば同じ直線を見ているのだ、というのも、私たちに提供されるものは、そのつど同じ刺激質料であるからだ、という解釈です。そこで明らかになる困難は、では、どのようにして同じ直線が、あるときにはこう見え、別のときには異なって見えてしまうのか、もしくは、どのようにして私たちは「同じ質料」を様々なあり方で見るようになるのか、ということです。この「様々に見えること」が、錯覚として、つまり主観的錯覚として貶められ、呼ばれているのです。

確かに、私たちを欺くことができるような客観的自然、つまり物理的刺激というものについて語ることは難しいでしょう（電気は私たちをだますことなどできません）。客観的刺激は、それが作用するままに作用しているのであって、それに誤りを帰することはできません。その結果、——それは典型的な近代の思考様式なのですが、——客観的成素を誤らせるものとして、諸々の主観的な要因が導入されることになります。そのような主観的要因とは、注意様式であり、記憶の投射（つまり私たちの知覚を歪める昔の記憶）であり、表面的に現れて影響を与える連合であるとされるのです。

このことに対して、合理主義のもとでは、虚偽判断〔*Fehlurteil*〕という考え方がみられます。正当に見られている何かが、誤って判定されるというのです。つまり、私は当然、二つの等しい直線を見ているのだが、私はそれらが等しくないものと判断する、それが誤りなのだ、（直線を測定しさえすればいいのに）というのです。もし私が、〔注意深く〕正確にまなざしを向けるか、測定すれば、両直線は同じ長さであり、——二番目の例の場合では——平行だと見えるのです。

諸々の刺激や外的な条件を X_e、主観的諸条件を X_i として記号化し、そこから帰結する知覚を P として記号化すれば、以下のような関数方程式が立てられます。

$$P = F_1(X_e) + F_2(X_i)$$

外的な条件 X_e は恒常的であり，それにもかかわらず知覚が変化する場合，注意の向きのような内的な諸要因が，錯覚が起きることに対する責めを負うことになります。そこで，それに相応する定式は以下のものになります。

$$P = const. + F(X_i)^{9)}$$

〔$const.$ は，恒常性の略であり，$F_1(X_e)$ と同一〕

しかし，ここで，問われるべきなのは，知覚の錯覚というのは，本当にそんなに特殊なものなのだろうか，ということです。決してそうではありません！——実際，上図の錯覚図形というのは人為的に考え出されたものです。とはいっても，ここであからさまに示されている，それてしまうことは，ある意味で，当たり前のことです。いってみれば，私たちは事物を絶えず誤って見て，見られたものを繰り返し修正しているのです。

オースティンが，現象学者と同じような仕方で述べている[10]，水の中にある棒〔の例〕を取り上げてみましょう。棒を水の中に入れた場合，棒は水の中では折れて見えますが，現実にはそうなっていません。——ここでも，私たちは，錯覚しているのでしょうか。これに対する解答は，人は棒が水の中ではどのように見えるかということを学び，その後，もはや錯覚することはないということです。棒をその文脈〔コンテクスト〕の中に置いておきさえすれば，絶えず修正をする必要などありません。棒を日常の知覚状況から引き離し，文脈から自由な線を見るかのようにするため，知覚に特定の構築を施すことになり，その構築からそれることを錯覚と解釈することになるのです。棒は水の中では「折れ曲がって」見え，この「折れ曲がって見える」ということが「折れている」ものとして解釈されていると想定するのです。しかし日常では子供でさえ，水中で，物は，水の外にある場合とは別様に見える，ということをすでに学んでいるのです。

次の例として，大きさの恒常性を取り上げることにします。この例として，ユクスキュルが，環境世界論において挙げる例がありますが，それは，

---

9) A. グールヴィッチ『意識野』79頁では，V. Benussi (V. ベヌッシ) を批判的に手本にしています。

10) Ayer (エアー) のセンス-データ理論への彼の批判は *Sense and Sensibilia*（『知覚の言語』1962年）〔邦訳『知覚の言語』丹治信春・守屋唱進訳，勁草書房，1984年〕を参照。また，彼の錯覚 (illusion) と幻覚 (delusion) との区別をも参照。

幼児と成人の視覚空間の違いを明らかにするために使用されました[11]。ある男の子が，ポツダムの駐屯地教会で，上方の回廊で仕事をしている人々に気づき，母親に「〔上にある〕あのペアの人形」を取って，と頼むという例です。しかし，たとえ教会の上方の回廊にいる人がとても小さく見えても，普通，「ああ！ 人が上へ登って，縮んじゃった」とは決して言わないでしょうし，普通の人間と非常に小さな人形を間違えるなど，考えも及ばないはずです。遠くを見ることと遠隔－近接空間の区別を身につけているのですから。

　あるいは，形の恒常性を取り上げてみましょう。鉄道の線路の上に立つと，線路はずっと先まで続いています。そのとき，私たちは通常の平行線を見るのでは決してなく，無限の彼方で交わる平行線を見ています。またしても私たちは欺かれているのでしょうか！ また，バケツの上の縁をみて，丸いと思いますが，もし斜めからバケツを見れば，その上の縁は楕円に見えます。またまた，錯覚なんでしょうか！ 形の恒常性の本質とはしたがって，私たちが円形のものを種々多様な状況の中で，たとえ斜めから見れば突然それが楕円形に歪められるとしても，円形として見る，ということのうちにあるのです。

　最後に色の恒常性が残っています。自然はそこで，絶えず私たちに悪戯をしかけます。事物は決して，あるいは滅多に，それそのものとして見えてくることはありません。印象派がこだわったのは，一日の時間に応じて，または一年の間で変化する色の戯れを見えるようにすること，そしてそれを即座に通常の見え方にすり替えてしまわないことでした。この色の魔術と対決させられることになった美術館の訪問者は，日常の眼差しによってよく鍛えられていますので，印象派の人々を，物がそれとして見えるように描かれていないと非難しました。しかし，印象派は，もちろん，それに反論し，私たちが物を描いている，ちょうどそのように，あなた方は物を見ているのだが，あなた方はそのことに全く気づかないだけのことで，それは，あなた方は正常な視覚のプログラムに縛られている習慣の動物のように振る舞っているからだ，と確言しました。

---

11) J. v. Uexküll（ヤコブ・フォン・ユクスキュル）および G. Kriszat（G. クリサート）による *Streifzüge durch die Umwelten von Menschen und Tieren*（『動物と人間の環境世界への散歩』1983年），30頁参照。

1 知覚の文脈性と恒常性仮定批判

　私たちが見る物に，大きさの恒常性，色の恒常性および形の恒常性を帰属させるものの一切は，本来，決して現実に現れることのない理念的な価値にすぎません。それゆえ，フッサールは——すでに知覚〔の段階〕に関係づけながら——避けることのできない正常性について述べていました。彼は，正常知覚〔Orthoästhesie〕という言葉を使っています[12]。エステジー〔Ästhsie〕とはここで知覚（$αἴσθησις$）を意味するものとして用いられています。つまり，正常知覚とは，私たちが正書法〔Orthographie〕すなわち正しい書き方について述べるように，ある正常の知覚が存在するということを意味しています。より正確にいうと，ここで何が理解されるべきなのでしょうか。正常知覚とは，正常な諸条件のもとでの知覚ということです。例えば「リンゴは赤い」というとき，私たちは正常な諸条件に基づいているとしています。そのとき私たちは，黄色い窓を通して光が変化しているような空間のうちにいることを前提にしてはいませんし，サングラスをかけてリンゴを見ているといったことを前提にしているのでもありません。ただ正常な状況から始めさえすれば，私たちは「リンゴは赤い」と述べることができるのです。正常性は，正常化の過程〔プロセス〕を前提しており，知覚の記述に際して，この過程を素朴に黙ったまま見過ごすことはできません。正常化の背景がすべての知覚を刻印しているのです。したがって，比較的似通った場合に，いつも等しくあるような客観的な刺激を想定するときには，そこで私たちは，理念化という仮定を行っているのであり，そのような仮定は，知覚においてまったく証示することができないのです。

　私は恒常性仮定に対する批判をさらに深めることで，恒常性仮定，およびそれに対抗する反対理論にさえも，隠されたままである諸々の重要な前提を，明らかにしてみたいと思います。メルロ＝ポンティは『知覚の現象学』[13]の中で，出来上がり済みの完全に展開した世界という先入観，つまり即自的な世界という先入観に関して言及しています。そのものとして存在する物理的な刺激を根底に据えると，出来上がり済みの，明確で一義的

---

　12)　『フッサール全集』4巻，66頁〔邦訳『イデーンⅡ-Ⅰ』立松・別所訳，みすず書房，2001年，77頁〕13巻，379頁参照。さらに著者による *Grenzen der Normalisierung*（『正常化の限界』1998年），222-24頁参照。
　13)　『知覚の現象学』34-40, 51頁〔邦訳同上，1巻，64-72頁，86-87頁〕。

に規定された世界を出発点にとることになります。そして，このような，実際に私たちが見るのではなく，構築を施された世界を基礎にして，現に見ているものを判断することになります。恒常性仮定の誤った前提というのは，すべてのものが規定されてしまっている出来上がり済みの世界を仮定していることと，通常の見るというあり方を，この仮定に基づいて解釈することのうちにあるのです。

　現象学が提供する修正は，以下のことの証明にあるといえます。すなわち，世界の経験は差し当たりこのような規定性を全くもってはおらず，したがって，錯誤をもたらす状態において〔そもそも〕正しく物事を見ることがどのようにして可能になるのか，という問いは欠落している，ということの証明です。ここで，ニーチェを，正当に評価しなければならないでしょう。というのも彼は，その当時，学問のある特定の形式に対して激しい論争をしかけ，もし学問が私たちに真なる世界を与え，その真なる世界は物理的な記述によって見出され，それによって，日常生活が単なる主観的特性をもつものになる，と理解されるのであれば，そのような学問は最後の迷信として暴き出されると論難したからです。そのような先行仮定にはプラトン主義の残滓が存在しています。プラトン主義者が述べる真なる世界とは，イデアにおいて示される世界です。したがってその現代版とは，真なる世界が物理的な形式で表現される世界ということになります。もちろん，現代の物理学は，このような形而上学的な仮定からは，遠く隔たってはいるのですが。

　恒常性仮定に取って代わる選択肢は，経験へと遡及すること，つまり事物がみずからを示すその仕方へと遡及することにあります。私はヴォルフガング・ケーラーに言及しましたが，彼は，鶏の行動を追究し，鶏がみずからの環境のうちで生き，その環境をある意味で形態化し，組織化していることを明らかにしました。このことが意味するのは，形態化において世界が示されている，そのような形態化への遡及は，世界がいかに私たちに出会い，世界が私たちに対してみずからをどのように示しているのか，という現実性へと通じていることなのであって，即自的な現実性に通じているのではありません。

　このことが同時に意味するのは，――ここで，現在のカオス理論にとってある役割を演じている重要な帰結へと至ることになるのですが，――未

1　知覚の文脈性と恒常性仮定批判　　　　　　　　　　　　　　　57

規定的なものおよび多義的なものは，決して主観的な変形を示しているのではなく，積極的な未規定性が存在しているということなのです[14]。積極的な意味における未規定性が存在するのは，世界が決して完全なものではなく，常に開かれた場所と未規定性を伴ってみずからを呈示するからに他なりません。それ自身において完全に規定された世界を仮定することは，私たちが経験の根底にあてがおうとする構築なのです。

　もう一度ミューラー・ライアーの図形を取り上げることにします。ここでの鍵となる問いとは，二本の直線の長さが等しいのか，等しくないのかというものです。もしそれらの長さが等しいのであれば，短く見たり，長く見たりする私たちがそれらを誤って見ているということになるでしょう。メルロ＝ポンティは，これに対して，次のように答えます。私たちは，形態の知覚に際して，存在の次元を，つまりそれ自身確固として規定されていて，適切な比較を許容するようなものの次元を動いているのではない，ということです。実際のところ，ミューラー・ライアーの図形とは，私たちが二つの異なった知覚の文脈に関わっていて，問題になる諸々の形が様々な文脈で現れてくるということなのです。そのときもし，錯覚について語るのであれば，それは，私たちが実際のところ，知覚状況を変化させているのだということなのです。まずもって，直線の長さが等しいか等しくないかと述べるのは，意味がないといわねばなりません。なぜなら，それら直線はそのつどの様々に基準の異なった諸連関の中で現れてくるからです。知覚連関は，第一の図形の場合と，第二の図形の場合とは異なっています。それは，二つの私的な知覚の文脈に直面しているようなものであって，それらの文脈は，端的に同一の世界に属してはいないのです。問題になっている連関とは，選択的に現れ，それだからこそ，唯一の世界への組み込みに逆らうような連関なのです。

　このことは反転図形に対しても同様に当てはまります。

　私たちはヤストロウによって考案された図形〔図式4〕を，あるときはアヒルの頭として，またあるときはウサギの頭として，見ることができま

---

14)　『知覚の現象学』12, 509頁〔邦訳同上，1巻，34頁，邦訳2巻，359-60頁〕。この問題についてより詳しくは，Gerhard Gamm（ゲルハルト・ガム）による *Flucht aus der Kategorie. Die Positivierung der Unbestimmtheit als Ausgang der Moderne*（『カテゴリーからの逃亡。現代の出発点としての未規定性の積極化』1994年）参照。

図式 4 反転図形

す。両者の反転は，異なる知覚世界において成立するのであり，ウサギの耳が突然アヒルのくちばしになるのであり，一方の把握は，他方の把握に適合しません。では，一体何が，両者の文脈の間を媒介するのでしょうか。二つの文脈が，形態の変転，つまり，形態変換を超えて関係し合い，この変換は，いわば翻訳を行っているのです。メルロ＝ポンティは知覚的シンタクス（構文法）[15]について述べています。つまり，ここにもまた，言語的なシンタクスと比較できるような形式的連繋規則が存在するのです。諸々の形態はいわば知覚のシンタクスを形成しており，そこで問題になっているのは，意味論や意味を持つ諸対象ではなく，丸かったり，角張っていたり，交差したり，重なったりすることなどの，したがって，先－客観的な記号連関なのです。

「二つの直線の長さは，したがって，同じであり，かつまた同じではな・・い」。このような答えは，いわゆる未開人の知覚様式の研究にも同様に，見出されます。先の反転図形を考案したヤストロウは，非ヨーロッパ圏の民族の代表者でも実験を行いました。また，ロシアの著名な神経心理学者であるアレクサンダー・R・ルリヤにも興味深い著書があります（最近，ドイツ語で出版されています）。彼は青年期の1931年から32年にかけて二度の調査団を指揮し，ウズベキスタンへと向かいました（そこにはクル

---

15) 『知覚の現象学』45頁〔邦訳同上，1巻，76-77頁〕。ヴィットゲンシュタインは形態変換の問題を扱い，ヤストロウのウサギ－アヒル－頭の図形を用いて，それを「アスペクト変換」として説明しています。つまり，変化するものは，「～として見ること」であり，このことは知覚には数えられないのです。*Philosophische Untersuchungen*（『哲学的探究』1960年），503頁以下〔邦訳『哲学探究』藤本隆志訳，ヴィットゲンシュタイン全集 8，大修館書店，1976年，383頁以下〕。同じように，構成的な「として（Als）」を扱う知覚の現象学への近さは明らかです。

1 知覚の文脈性と恒常性仮定批判　　　　　　　　　　　　　　59

ト・コフカも参加していました)[16]。そこでとりわけ探究されたことは，無学の人とある程度の教育を受けている人，あるいはまた大学で学んだ人とが，どのように形態を知覚するかということでした。その実験の成果は，〔両者の間の〕注目に値する違いが認められることであり，形態知覚がある程度，文化に依存しているという仮説を裏付けることになりました。特にこのことは以下に述べられる，分類するという課題において明確に示されることになります。

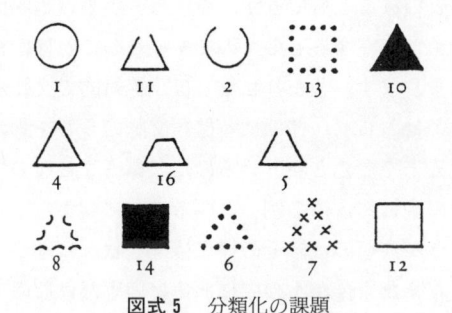

図式5　分類化の課題
被験者：年齢19才，主婦，無学。

　被験者は，それぞれ以下のように規定した。1を皿とし，11をキビトカ(Kibitka（遊牧民のテント）)，2を腕輪，13を真珠の首飾り，10をお守り，4を鍋の台，16を鏡，5を揺りかご，8を金のお守り，14を鏡，6をウズベキスタンの時計，7を銀のお守り，12を鏡として規定した。それぞれの図形を分類するよう要請された際，彼女は7と8を（「これらは高価なお守りである」）ひとまとめにし，12，14そして16を（「鏡」を）ひとまとめにした。そしてそれ以外に似た図形はないと説明した。

　ここで知覚の文脈にはっきり現れているものは，歴史に関わる学問論の領域において，パラダイム〔範例〕の共訳可能性，あるいは，翻訳可能性の問題として，かなり以前から究明されています。ここでは，同様の問題が理論形成に関する高次の段階でも現れているのです。いわゆる観察の項目は理論に依存するという有名な命題は，あらゆる点でヤストロウが知覚連関について指摘していることと比較対応できるのです。もし非依存的な

---

　16)　A. R. ルリヤ, *Die historische Bedingtheit individueller Erkenntnisprozesse*（『個々人の認識過程の歴史的条件性』1986年），幾何学的－視覚的錯覚に関しては64-70頁を参照。分類に関する課題については62頁で述べられています。

観察項目となれば，それは理論的な加工に先行しているということになるでしょう。となれば，それ自身でみずからの存続成素を持つような測定データが存在し，理論がそれを取り扱うものとは，依存関係にないということになるでしょう。

　これに対立する命題は，観察項目が，まさにある測定システムや測定方式を前提しているからこそ，常にそしてすでに，理論に取り込まれているのだと主張します。原子について記述することはできず，そしてそこから理論を形成するということもできず，原子は一定の理論的仮定に関係づけられてのみ，初めて存在するものなのです。このことは，経験のレベルにも同様に当てはまります。つまり私たちは，絶対的で文脈から独立したどんな与件ももってはおらず，様々に多様な文脈のうちを動いてこそ，諸々の事物がその見え方を変化させているのだということなのです。

　もう一度，水の中にある棒の例へと戻ることにしましょう。私たちがそこで欺かれることがないのは，その棒に様々な状況に基づいて馴染んでいるからであり，たまたま棒が水の中にあるというだけなのです。そして，私たちは棒が水中においてそのように見えるということを学ぶのです。こう見ることは，錯覚なのではありません。錯覚について述べることができるのは，特定の偏狭な学習状況を不当に一般化し，知覚を十分に特殊化していない場合にだけです。このことは文脈の諸条件を軽視することにつながります。

　さらに話を進めましょう。当然私たちは，これまで行ってきたように，諸々の文脈を互いに比較することができます。それぞれの文脈を度外視して，先に述べた〔ミューラーの〕図形から角度の異なる矢の部分を取り去り，二つの直線の部分だけ受け取り，「角度の異なる矢の部分がなければ，二つの直線は等しい」と確定することができます。ある特定の観点からして，諸々の事物は実際等しいのですが，ただしそれらはそれ自体で等しいのではなく，それらを比較するときにだけ，等しいものなのです。私は様々な仕方で比較をすることができます。例えば，言語比較，性の比較，文化比較といった具合にです。そのような比較学は十分可能です。比較学が成り立つのは，ある何かを孤立させ，同一化するからであり，それによって，「様々な文脈において同じものが現れる」と確定できるのです。

　しかしこのように諸文脈を抽象することは，つまり脱コンテクスト〔文

脈〕化は，アダムとイブの堕罪のように，突然振りかかってくるものではありません。というのも，この脱コンテクスト化を行うことなしに，いかなる学問も可能ではないからです。考えても見てください。ガリレイが自由落下の物理学を発展させる際，ゴールドパニーという特定のリンゴやウイリアム梨という特定の梨が，どれくらい速く空中を落ちるのかを探究したとでもいうのでしょうか。彼が事物に対して関心をもったのは，その事物の重さだけでした。重さをもった物体の進行運動が問題なのであって，空中を飛ぶのがリンゴや梨，あるいは爆弾であれ，それはどうでもよいことなのです。

　こうした抽象が行われるとき，空中を飛んでいる対象が食べられるものであることやその他の特性をもっていることは，度外視されます。1968年〔学生運動時〕に何度かトマトが空中を飛び交いました。これは当事者にとってはかなり不快な，しかし興味深い形態の変化でした。食べ物が，突然飛び道具として使用されたのです。このようなことは常に繰り返し起こりうるし，〔そのとき〕どのような味がするのかは，ここでも度外視されています。

　すべての学問は，文脈を体系的に絞り込み，遮蔽し，そこから一般的視点を獲得することで成り立っています。問題になるのは，そのやり方が，出来上がった構築体を現実に当てはめ，抽象の産物を事象それ自身とみなす場合です。同一化と比較のプロセスを，単純に原初的な知覚とすり替えてはいけません。比較や同一化は，二次的段階の操作であり，すでに具体的な経験の文脈を前提にしており，それに取って代わることはできないのです。

　さらにひとつ付け加えたいと思います。講義の休み時間に，聴講している方から，絶対音感というものがあるのではないか，との示唆を受けました。絶対音感とは，ある音を音の関係に依存せずに聞くという事例なのですが，この絶対音感をもつ人は決められた三度音程や音の間隔を学ぶことが難しい状況にまで至ります。このような困難さは，絶対音感をもたない通常の人には分からないものです。ここでは，私には詳細に渡って見通すことのできない特殊なあり方が問われています。しかし，ここで注意を向けたいのは，形態理論家が再三指摘するある一般的な観点です。それは，発生的にみて，経験主義が想定するような孤立した与件や孤立した能力

（例えば絶対的な色の価値の知覚）が初めから成立しているのではなく，それらは，事後的な産物として，まさに，音と音の絶対的な知覚を孤立化するそのときにこそ，立ち現れてくるということです。成人やいわゆる文明人は，どちらかというと動物や子供，またはいわゆる未開人に較べて，絶対的な色や形の価値を，よりはっきり，その連関から切り離すことができます。このことはしかし，何よりもまず，文脈を比較し，事物を文脈から独立に考察するに至るということが，そもそもどのようにして成立するのかを明らかにする必要があることを意味しています。誤りは，単純な与件を引き合いに出して，「それからさらに何かが付け加わる」と述べることにあります。しかし経験が始まるのは，繰り返される特定の状況の中で何かを同じものとして知覚することとともになのであって，これを基礎として初めて，切り離された事象が解明されうるのです。人工的な実験室という条件下において，還元された周囲世界を作り出す抽象作業が試みられるのです。「単純な刺激の形態」とは，単純に存在しているのではなく，実験的に作り上げられ，それとともにある種の人工的な経験が設定されることで成り立っているのです。しかし，病理学的な解離という意味での統合失調症の疾病のように，自発的に生きられた抽象というものもあります。そうした疾病においては，文脈からの解離が方法的にもたらされるのではなく，身体的実存の断片化や分裂の経過に基づいて起こるのです。最終的には，特定の刺激形態の本能的な選択を「生きられた抽象」に帰属させることもできます[17]。

　先の問題に今一度立ち返って，絶対音感の解明すべき点とは，ある音がどのようにして，このように音の周囲野から切り離されることになるのか，という問いにあります。経験主義が仮定するのとは異なり，初めにあるのは，単純なものではなく，分節化された連関なのです。はっきりいえば，単純性は，まさに単純化によって初めて成立するということです。経験主義の根本的な過ちは，単純化がどのように成立するのかを探究する代わりに，単純なものから出発することにあるのです。単純化とは，特定の生の経過において，ないし，方法に即した実験の中で起こるものです。ヒュー

17）　メルロ＝ポンティ，*La strueture du comportement*（『行動の構造』178頁），〔邦訳『行動の構造』滝浦静雄・木田元訳，みすず書房，1981年，244-45頁〕参照。そこではベルグソンを手本としています。

ムからの引用を思い起こすと，そこには，同様のことがみられます。つまり，諸々の個体的な与件や本質性は，一切の他のものに依存せずに存在するということです。しかし，このヒュームが狙いを定めた個体的なものというのは，単純化によって初めて成立するものなのです。

ところで，同じような考察をカール・マルクスにも見出すことができます。マルクスは，ただ単に自分自身の興味に即して，気の向いたときに契約を結ぶような個人が存在するという考え方に反対しました。マルクスにとって個別的人間とは，社会的な孤立化によって成立するのであって，孤立化は歴史的に変化するプロセスなのです。したがってこうしたことは，もともと感性的経験にも妥当し，この経験は初めから，特定の秩序に即して生成しているのです。

2　形態形成および構造形成としての知覚

完成して与えられている世界という先入観が崩壊するときに生じるのは，メルロ＝ポンティが示唆した，経験における世界の発生学〔Genealogie〕と特徴づけられうるもののための余地です。私たちは，ニーチェの「道徳の系譜学（Genealogie）」やフッサールの「論理の発生学」について知っています。そこで重要なのは，単に現存する諸法則の記述でも，法則性の正当化でもなく，理念や法則，責任などの由来とその成立条件なのです。この意味でメルロ＝ポンティは「存在の発生学」について述べています[18]。ある仕方で世界は，それ自身で生成してくるのであり，いかなる事情も介せず，私たちが引き合いに出すことができるものとして，単純に完成してそこにあるのではありません。それゆえ経験は，諸々の完成した諸形式，つまり，外的世界や精神のうちに現存しているものを登録し，再び産出することができるような諸形式の単なる再生を意味するのではありません。知覚はすでに，メルロ＝ポンティが明確にクリエーション〔création〕として，つまり創造〔Schöpfung〕として特徴づけているものと関わっているのです。創造が，すでに経験の領域において生じていると

---

18)　『知覚の現象学』67頁〔邦訳同上，1巻，107頁〕。

いうのは，ここでは，構造変化が，例えば未規定的なものから規定的なものへの移行のうちで起こっているからなのです。知覚はまた特殊化をも意味しています。すなわち，何かが経験において，それであるところのものとして規定されるのです。私たちは，単純に，事物はそれ自身，一義的で，決定的なあり方で，それそのものとしてある，ということを出発点とすることはできないことからして，規定するというプロセス〔そのもの〕が，まさに創造の諸契機を含んでいるのです[19]。

　メルロ＝ポンティはこのことを，しばしばスポットライトといったふうに記述されてきた注意の例に即して解明しています。これは，〔注意という〕スポットライトをあてることで，空間内にあるすべてのものが見出されるというものです。メルロ＝ポンティと彼に先立つアロン・グールヴィッチが，この注意理論に強烈な批判を浴びせました。注意は，野〔Feld〕の形態〔ゲシュタルト〕変換および組織の再編として自己の働きを示します。すなわち，あるものが突然重要になり，際立ったり，他のものが背景へと退いたりするのです。注意が目覚めること，ないし，ヴィトゲンシュタインが述べるアスペクトが輝くことは，経験の場が変化することを意味しています。注意とは，あるときはこれを，またあるときはあれをというように，現存する一切のものを照らすスポットライトなのではありません。事物は，常に一定の組織化の様式においてのみ私たちに与えられているのであり，この様式は注意の変転とともに変化するものなのです。有意性の基準は変化するものです。それゆえ，すでにそこにあるものを現れるようにすることが問題なのではなく，原初的な現れ－に－もたらすこと〔Zur-Erscheining-bringen〕が問題なのであって，その経過を通して諸々の事物がそれであるところのものになるのです。

　例えば色を見ることの発達について考察する場合，その問題についてもゲシュタルト理論家は，極めて詳細な記述をしています[20]。色を見ることの発達は，任意に起こるものではなく，ある規則性の形式に基づいています。〔つまり〕もろもろの差異が習得されるのです。差し当たりまず，明

　19）『知覚の現象学』37頁以下〔邦訳同上，1巻，68頁以下〕参照。
　20）K. Koffka（K. コフカ）の *Die Grundlage der psychischen Entwicklung*（『心の発達の基礎』1966年）, 198-212頁，また，このことについて，著者による *Der Spielraum des Verhaltens*〔邦訳『行動の空間』新田義弘他訳，白水社，1987年〕134-37頁参照。

2 形態形成および構造形成としての知覚

るさと暗さの区別が学ばれ，次に有色なものと無色なものとの区別が，そして，さらに様々な色のうちで，暖色と寒色の区別が学ばれ，暖色のうちでは，赤と黄色の区別が行われるといった具合です。そして最後には，文化的に変移する差異化がみとめられます。例えば，ティツィアーノの赤色（Tizianrot）や，プロイセンブルー（Preußischblau）について語るとき，そこには特定の伝統のうちで役割を演じる色のニュアンスがみられるのです。しかしそれにもかかわらず，常に繰り返し現れる根本的な区別があるのも確かです。色を見ることを習得することは，すなわち，区別することを学ぶということであり，ある色を他の色から区別することを学ぶことを意味しています。色の世界の構築に関して興味深いのは，幼児には，例えば黄色の知覚を成り立たせる生理学的な器官がすでにそこに現存しているにもかかわらず，差異化の一定の度合いがまだ十分ではないということです。同様のことを，私たちは言語においても見出すことができます。ヤコブソンは，音韻論的な音声システムの構築を色のシステムの習得と並置して論じました[21]。音韻論的な音声システムの構築は，〔まず〕開口音と閉口音の区別に従い，それから唇音，さらにその後に鼻音等々が区別されていきます。それらは，習得される差異化なのですが，幼児がそれらを生理学的な意味で，いまだ習得できないのだ，ということはできません。ヤコブソンが示しているように，言語以前の幼児はいわゆる小児語〔喃語〕の段階で，生理学的にすべての能力を備えています。幼児は，自然にすばらしい舌音のＲの発音をしているのですが，成人は，例えばイタリア語を始める際，その発音を後でもう一度骨を折って学ばなければなりません。言語の習得が一定の年齢になって初めて起こるということは，生理学的な意味での成熟の問題ではなく，構造的な問題なのです。すなわち，ある音声を学ぶということは，他の音声を学んだことを忘れていくということなのです。差異は習得されるのであって，単純なエレメントが次から次へと拾い集められるようなものではないのです。

　メルロ＝ポンティはこの意味で，知覚の原テクストを繰り返し産出することについても述べています。これは興味深い定式化であり[22]，すでに言

---

21) *Kindersprache, Aphasie und allgemeine Lautgesetze*（『幼児言語，失語症，および一般音韻法則』1969年）参照。そしてこのことは明確に，C. ストュンプやW. ケーラーなどの著者に結びついています（110頁参照）。

及された本来的な知覚のシンタクス（構文法）に適合するものです。メルロ＝ポンティは，この経験の原テクストを，経験主義が知覚状況を単純な与件へと解消してしまうことに対して，または合理主義が秩序を取り仕切る一定の悟性形式へと遡及することに対して防御しようとします。彼はある箇所で，すでに知覚において，上から損なわれ，また下からも損なわれていると主張するカッシーラーを引き合いに出しています。上から損なわれているというのは，基礎的な次元で生成しているものに〔高次の〕知的な能力を負わせていることを意味し，他方，下から損なわれているというのは，特定の諸与件から出発することで，経験をすでに最も基礎的な段階で単純化してしまっていることを意味しています。

　マックス・シェーラーも同様に，早い時期からこの二重の歪曲を示唆していました。彼によると，もし世界をアトムからなる所与性へと分解するのであれば，秩序をその同じ所与性に導入するためには，莫大な秩序機能が要求されることになります[23]。〔このように〕合理主義はある仕方で経験主義の補完なのであり，それに対して，知覚の現象学は，中間に位置する道を歩み，経験それ自身のうちに，常にすでに，一定の組織化の諸形式が働いていることをその出発点にしているのです。

　しかしでは，この組織化の形式とはどのようなものなのでしょうか。この問いに答えるために，これまで私が述べてきた中で繰り返し用い，『知覚の現象学』でも重要な役割を演じている二つの根本概念を手短に紹介することにします。すなわちその二つの概念とは，・構・造〔Struktur〕と・形・態〔Gestalt〕のことです。メルロ＝ポンティは，経験主義的な対処の仕方から離脱することを強調する箇所で，直接的なものとは，印象ではなく，意味構造と形態であると述べています[24]。つまり，諸々の構造と形態は，私たちが分析したり，綜合したりするときに，常にそこから始めるところのものなのです。

　まず初めに構造の概念について述べることにします。ここでは，通常なされる諸規定に従います。この規定は，部分的には形態に対しても当ては

　22）『知覚の現象学』29頁参照〔邦訳同上，1巻，57頁〕。
　23）マックス・シェーラー，*Der Formalismus in der Ethik*（『倫理における形式主義』全集2巻），85頁。
　24）『知覚の現象学』70頁参照〔邦訳同上，1巻，112頁〕。

2　形態形成および構造形成としての知覚

まる最小の規定です。1．重要なのは，構造化された全体性です。つまり，この全体性とは，そのエレメント［要素］が単純に即自的に規定されることなく，それぞれの位置を通じて，全体のうちで相互に規定される総体性を意味しています。その有名な例はメロディーです。メロディーは，互いに並びあい前後しあう17音から成立しているのではなく，個々の音が規則づけられた連関の中にあり，構造化された全体性を形成することによって成立しているのです。ここで私が，はっきり，「構造化された全体性」と述べるのは，いかなる諸エレメント［要素］も存在しないような曖昧な全体性が問題になっているのではないからです。もし曖昧な全体性を問題にするのであれば，それは，全体性それ自身を再び諸事物へと移し替えるといった非常に非合理的な仕方でしかなく，むしろ〔ここでは〕，様々に変化する配列の中で浮かび上がり，変転する諸々の連関において立ち現れる個々のものが問題になっているのです。

2．諸々の形態と構造は，置換〔Transposition〕や変換〔Transformation〕を許容するものです。これらは，個々のエレメントを足したり引いたりすることに従事する経験主義に対立します。単純な諸エレメントから始めるとき，「新たなエレメントを付け加えると，それによって全体はより複合的になる」ということを常に確言することができるし，「あるエレメントを取り除くと，全体はより単純になる」と確言することもできます。それゆえ，個々の与件から始める思考が，全体を加減法によって獲得するのに対して，構造に基づく思考は，ある与件が他の与件と連関していることから始めるのです。そこでの変化は，置換や変換を通じて起こり，例えば，あるメロディーが他の音の種類や他のリズムへと転換する場合のように，代置〔Substitution〕によっても起こります。

この最後の代置という契機は非常に重要なものです。というのも変化は，単なる外からの影響や介入によって生じるのではなく，まずもって，自己組織化や自己規則化の途上で生じるものだからです。

もう一度，注意の野に関する例を取り上げることにします。例えば，見知らぬ場所へ立ち入ったり，もしくは通常のイメージに合わないような街に行って，奇異な感じを持つ場合，まずは，思考の上での努力が課せられるのではありません。必要とされる組織の再編は，考えの及ばない何かに出会うや否や，自発的に生じるのです。突然，通常は背景に退いているは

ずの何かが重要さを増し，それによって全体野が別様に秩序づけられます。すなわち，新たな道がおのずから開けるのです。障害が無くなったり，新たな障害が積み重なったりします。ゲシュタルト理論家が言及する自己組織化は経験のレベルで遂行されます。この自己組織化は，思考作用によって起こるのではありません。つまり，経験野へと入り込み，方法に即して何かを把捉し，観察し，判断することによるのではなく，自己組織化のうちで，経験野が変化するのです。このことは歴史上の変化にも当てはまります。この変化は，歴史家によって捏造されたり，政治家によって布告されるようなものではなく，変化それ自身が行為の領野や社会の領野の内部での移り変わりやズレに基づいて起こるのです。それはちょうど，1989年のベルリンの壁の陥落においてそうであったように。

　さてここで，形態概念に移ることにしましょう。形態概念は非常に広範囲に渡って使用されています。これまで，たいていは，知覚の形態を，したがって知覚世界に基づく例を挙げてきました。しかし他方，運動の形態や運動のリズムについても語られます。このことが意味するのは，継起する多様な運動の歩みが（例えば歩行したり，泳いだりする際に）加算的に，つまりいわば運動のエレメントが他の運動のエレメントに付け加わることによって生起するのではなく，運動の形態は緊張が産出されることで，つまり，急ぐことや慌てることや躊躇することによって特徴づけられる，ということなのです。そして，これら運動のリズムが特定の形態へと形成されていきます。そうであるからこそ，誰かの歩き方がそれとして分かるのであり，歩くことが単なる運動の足し算から成り立っているのであれば，それを分かろうとしても無理なことです。特定の歩みのリズムがあるのです。フランク・ヴェーデキントは，女性が通りを歩いて行くのをある男性が見ることから官能的な冒険が始まる，そんな物語を書きました[25]。この歩行，歩行の形態，すなわち歩き方への気づきが，物語全体で，官能的なものが結晶化するその核となっています。「人間の歩行は偶然的な何かではない」。そのように著者は述べています。「歩行は，選択の余地もないほど，物(的身)体が作られているあり方に，条件づけられている」。したがって形態概念は，何かがある連関において現れるすべての領域で，使用可

---

25) Frank Wedekind（フランク・ヴェーデキント），*Die Liebe auf den ersten Bkick*（『一目惚れ』）。

形態形成の根本契機（これは形態理論の ABC に属しています）は，差異に，つまり図と地という根源的な差異にその本質があります。これは非－経験主義的な経験への接近の仕方です。何かを聞くということは，何かが際立ち，それと同時に，聞くことのできる他の何かが背景へと退くことを意味します。形態形成は常に差異に帰するといえます。つまり背景があって，何かを聞き，何かを見るのです。もし同質的な平面を目の前にすれば，何かを見るということはないでしょう。ゲシュタルト理論家のコフカは以下のように述べています[26]。単調な知覚はそもそも知覚ではない，と。私たちは，物音が静まるということを知っており，これは，音楽や路上の騒音をあまりに長く聞き続けて，ある点にまで達すると，もはや何も聞こえなくなり，騒音と一緒に通りが無へと沈み込んでしまうといった現象です。生理学的にみて，音や騒音が完全に消え去ることはありません。そうであればいいと思っても，刺激は去ることなく，なおそこに留まるのであり，存在しているのです。それは，身の周りの事物が，眠っているあいだ，背景へと退いているのと同様です。このことは一般に，私たちが物事に集中して行動している際にも起こり，そのとき，背景は一様の色調を帯びて，物音は背景の舞台装置に似てきます。一方，集中して聞くということは，特定の諸構造を聞き取るということを意味するのです。

　　ここではまた，野の概念（何かがある野から際立つということ），ないし地平という現象学の概念が役に立つでしょう。地平とは，何かが何かとして経験されるときに，それと一緒に経験されている一切のものを特徴づける概念です。

　　エルヴィン・シュトラウスはヒュームの立場に反対して，ある箇所で，経験主義との対比を大変明確に定式化しています。そこでは，「区切ることこそ，第一の問題である」[27]，と述べられています。そこで問われているのは，差異が知覚野に筋目をつけるということが，どのようにして起こるのか，ということであり，また，どのようにしてあるものが他のものに対して優勢となり，それが知覚されるに至るのか，ということです。同様

---

[26] *Die Grundlagen der psychischen Entwicklung*（『心の発達の基礎』1966年），104頁。

[27] *Von Sinn der Sinne*（『感覚の意味』1956年），21頁。

に，学習に際しても，差異の形成が決定的な契機なのであって，徐々に蓄積される与件を集めるという事実が決定的なのではありません。経験主義に対立する考え方を明確に打ち出した，知覚理論史上の最初の著者は，私の知るところでは，ウイリアム・ジェームズです。彼は，『心理学の諸原理』の中で，知覚は，差別〔discrimination〕すること，すなわち，区別の作用である[28]，と述べています。見ることを学ぶことは，差異を見ることを学ぶことなのであり，このことはすべての学習に対して当てはまるのです。

　さらにここで，形態理論と構造主義との親密な関係が示されることになります。偉大なスイスの言語学者であるソシュールの根本思想は，記号とは，弁別的な〔diakritisch〕ものであり，他のものから際立たせられることによってのみ，その意味，すなわち，機能をもつのである，というものです。それゆえ記号は，個々独立には記述されえません。Aは，それがOあるいはEから区別されることによってのみ，言語的な音声なのです。ここでも，弁別的なもの，すなわち，区別が，そもそも言語的な音声が存在することにとって，本質規定的であるのです。しかもこのことは，知覚にとっても当てはまります。したがって，単純な与件というイメージを抱くことからは別れを告げるべきなのです。

　さらによく知られている概念に相貌〔Physiognomie〕という概念があり，事物には相貌がある，とされます。「Gnômê」とは解釈のことです。「Physiognomie」とは，物理的な現れが，例えば顔に似ていると解釈されるということです。もし経験主義の基準に即して顔について考えるのであれば，次のような，事実として疑いえない現象が不可解なものとなります。幼児は，普通，およそ8ヶ月後には，母親を他人から区別できる，という現象です。というのも，顔は，決して単純なものとはいえないからです。経験主義的な解釈を出発点に取れば，幼児はまず，単純なものの区別，例えば赤いコップを青いボールから区別するのだ，と推測することになります。

　顔が複雑な事象であるということは，顔を記述するのは難しいということにすでに現れています。ある人がどのような顔をしているかを言わなけ

---

28) *Principles of Psychology*（『心理学の諸原理』）第8章。

2　形態形成および構造形成としての知覚

ればならないとき，彼はかぎ鼻で，青い眼をしているといったふうに言うことはできます。しかし，これらは，単なる特徴にすぎません。幼児が顔を再認するには，いわゆる人見知りを前提とすることで，幼児は母親の顔を他人の顔から区別しています。したがって，幼児の最初の知覚に与えられているのは単純な何かではなく，一定の配置〔図〕なのです。相貌に関する他の例として，直線の配列があげられます。孤立した線は，直角の線とは異なって見えます。直角の線は，その内側と外側をもっていますが，それに対して孤立した線は，完全に同価値の両側をもっています[29]。あるいは，静止において見える事物，ないし，運動の最中で見える事物について考えてみてください。転がっている輪が見えるのは，注目すべきことです。アルバー・ミショーによって行われた実験があり，そこでは諸々の因果性や他のものへの影響，そして運動を見ることが，研究されています。ここで言われる，このような見ることは，常に，知覚の全体的で状況的－文脈的な形式を前提にしているのです。

　意味〔*Sinn*〕と意義〔*Bedeutung*〕という二つの概念に関して述べて，今日は終わりにしたいと思います。これらの概念はたいてい行為と言語に関係づけられますが，それらは，すでに，経験や知覚においても役割を演じています。意味と意義について述べるとは，初めにアトムのような与件や素材があって，それが，その後，二次的に意義を受け取るというのではなく，初めから何らかのものが意味をもっているということです。通常「意味」という言葉で考えられるのは，現れているもののうちに，そこに顕現化しているもの以上の多くのことが告げられている，ということです。私たちが特定の意味で見るということは，逆説的に言うと，絶えず，見ているものより以上を見ているということを意味します。私たちは，目に入ってくるもの，すなわち，端的に現勢化されているものよりも多くを見ているのです。例えば私たちは，羊毛のような赤や鋭い黄色を見ます。色を見るとき，私たちは特定の質料性も一緒に見ているのです。色とは，視覚的なもろもろの性質を取り除くのでなければ，決して単なる視覚的な色とはいえません。諸々の色は常にある特定の付価（例えば触覚的付価）をもち，また，諸々の音への近似性ももっています。したがって，意味は，フ

---

29)　この例はコフカに基づくものです。引用は，『知覚の現象学』45頁〔邦訳同上，1巻，77頁〕。

ッサールの言葉で言うと，常に「何かを証示すること」を意味しています。経験に現れる何かが意味をもつということは，何かがある連関を形成し，他のものに関係づけられているということなのです。私が一本の線を見るときでさえ，それが更なる諸連関を，例えば波の運動や交差などへの，また絶えざる他なるものへの諸連関を証示しているのです。したがって，単なる形態の構文法的な段階においてさえ，顕在的に与えられているものを超過する諸々の連関が際立ってくるのです。意味は最終的には，何かが特殊な仕方で触れてくるという有機体にとっての生命的な意義をも示しているのです。

さて，最後に述べておきたいこととして，知覚の構文法について述べてきたことがあります。現代芸術に，確実にこれと関連する，ミニマル・アート〔Minimal Art〕というものがあり，そこでは，最小限の差異が重要な役割を果たしています。抽象絵画は，対象が描かれていないと理解されるのであれば，あまり意味をなさない概念です。抽象絵画に描かれている諸々の線は，空間のうちに配置され，突然折れ曲がったりして，期待されるように先へと進むことはなく，〔私たちは〕別の空間へと移行させられるのです。これは一つの基礎的な構文法なのです。ステラのようなアメリカの芸術家たちは，興味深いことに，形態理論やメルロ＝ポンティの『知覚の現象学』を引き合いに出しています。『知覚の現象学』は，特定の芸術家のグループにとって教科書として役立っているのです。非常に徹底した還元の形式によって，ただ，色の斑点や線や点などに関わっているだけにみえる知覚の次元で，どのような複雑な秩序のプロセスが働いているのかが，〔そこでは〕明らかにされます。創造の報告書である創世記は，線を引くことで始まっており，神の言葉は暗闇と光明を切り離すのです。非対象的な芸術において重要なのは，単なる形式の戯れではなく，様々な思いから生成する世界の誕生なのです。今日はここまでにしておきます。

(第3講義　1996年11月5日)

要　　約

先回，問題になったことは，知覚を形態化および構造化の経過として記述する，ということでした。決定的なのは，知覚にはすでにある種の創造の様式が働いている，ということです。知覚では，単に一定の諸事物が，前

2 形態形成および構造形成としての知覚

もって与えられた秩序に即して仕分けられたり，諸事物に規則が適用されたりするのではなく，常に繰り返し新たな意味が創設されています。これまでメルロ＝ポンティの中心的な思索が示されましたが，この考え方は，ある意味で，すでにフッサールに見出されるものです。すなわち，積極的な未規定性というものが存在し，それは，経験がまだ十分に進展していないということから生じるのではなく，事象そのものが，なんらかの仕方で規定されてはいても，決して，最終的，一義的に，それがそうあるものではない，ということから生じているのです。したがって，知覚の形態化，あるいは知覚の組織化において問題になるのは，諸々の特定の選択肢なのであり，それは学問論で馴染んでいるように，事物を考察し，記述し，解明する，そのつどの特有のやり方としてのパラダイムについて語ることと同様なのです。

　先回の講義で，構造や形態，相貌，意味および意義に関して述べられました。さてここで，規範という概念についてさらに述べてみようと思います。メルロ＝ポンティが，知覚においてすでに，規範という概念を，秩序の概念との近隣関係にあるものとして導入していることは，驚くべきことかもしれません。近代哲学における神聖不可侵な区別の一つが，ヒュームのもとで見出される存在と当為の区別です。存在というのは，存在するなにものかであり，認識にもたらされ，記載され，解明される何かのことです。他方，当為は人間の実践領域に該当し，それは，何であるかにのみ根拠づけられうるものではありません。自然は，それが存在するように存在はしても，どのように行為すべきかという指示を与えることはありません。この前提，ないし区別は，メルロ＝ポンティによって，すでに知覚のレベルで修正されています。その際彼は，すでに繰り返し言及した著者，すなわち，クルト・ゴルトシュタインに強く結びつけて考えています。ゴルトシュタインは，生物学の入門書として，『生体の機能』というタイトルの本を著しており，生物学と医学そして哲学の間に場所を占める研究を行いました。ゴルトシュタインが出発点にするのは，医学といった学科が，ある特定の諸規範なしに，いかなる固有な立場ももたないだろうということです。すなわち規範のないところに健康はないのです。癌の転移を純粋な科学的経過として記述するのであれば，そこで，そもそも病気が問題になることはありません。病気や健康について語ることは，生においてみずか

らを維持し，それによって規範性の特定の形式をも含むような有機体をすでに前提しています。自然科学に帰するとする医学全体は，全体として見て，そのような規範的先取なしには考えられえないのです。

　メルロ＝ポンティは，知覚との連関で，「事実それ自身の中に書き込まれている規範というものが存在する」[30]，と主張します。その際問題なのは，形態，すなわち，諸々の事物が知覚において受け入れる秩序なのです。ある新たな形態が立ち現れるということは，前もって存在している理性が展開することで説明し切れることではありません。形態は，世界それ自身が現れることを意味しており，世界の単なる可能性の条件ではないのです。形態は，新たな規範を創設するのであり，すでに成立している規範に即して実現されるのではありません[31]。しかしここで，規範ということで理解されているものは何なのでしょうか。私たちは，一般に使用されている規範という概念を解き明かさなければなりません。それは，行動の指針を，すなわち，人がどのように振る舞うべきかを意味する指針（例えば，正書法や，礼儀作法，道徳的なタブーもしくはそれらに類したもの）を含んでいます。法則や規則ということでここで考えられているのは，行為者に発せられる指針ではなく，感性的経験において働いている法則性の特定のあり方です。単純な例として，黒板に粗雑に描かれた円を取り上げてみましょう。その円の輪郭は，正確にその出発点と結びついてはいません。そしてその輪郭を形作る諸々の点は，必ずしも中心点から等しい距離にはありません。しかし，その円は粗雑に描かれているといっても，この言明は決して道徳的な判断ではありません。ある特定の形態があるとき，この形態はどこにみずからを方位づけているのかと問うことができます。円を粗雑に描かれていると見るのは，その円が，近似値的に達成されるだけのひとつの図形へと方向づけられているからです。したがって，規範性は，事象それ自身においてすでにともに与えられているのです。根本的に問題になるのは，プラトンがエイドスとして特徴づけ，しばしば「理念」，ときに

---

　　30)　『行動の構造』134頁参照〔邦訳同上，186頁〕。
　　31)　『知覚の現象学』74頁参照〔邦訳同上，1巻，116頁〕。この引用は，ベームによる翻訳では以下のようになっています。形態が現出することは，「先存在的理性（präexistente Vernunft）の外的な展開ではない」。形態は，「世界の可能性の条件ではなく，世界それ自身の現出であり，充実ではなく，規範の成立であり，内的なものを外的なものへと投影することではなく，内的なものと外的なものの同一性である」。

「概念」とも翻訳されてきたものです。しかし，まずもって，エイドスは，直観的な形態を意味しています。数学的な構築物，例えば，理念的な円を，私は決して黒板に描くことはできません。たとえどんなに円を描くことに熟達していようとも，数学的な円は理念的な図形なのですから，描くことはできないのです。知覚において重要なのはまさに，精密な公式によって再現される数学的な図形ではなく，多かれ少なかれ，図形のおのずからの特徴に達しているような形態なのです。

さらに他の例として，人の顔を再認することが挙げられるでしょう。ときとして，その人を同じ人として再認できないこともあります。諸々の類型的な現れの形式，すなわち横顔や正面の顔という典型的な眺めが明らかに存在し，そこへと人は方向づけられています。また，私たちを不確かな気持ちにさせる違いもあります。その違いは，「あの人は，私が見知っているその人なのであろうか」とか，「そもそもあの人を知っているのであろうか」と私たちを迷わせます。このように，顔を知覚する際にも同様に，知覚それ自身の中で，一定の統制化のプロセスが存在するのです。このプロセスとは，他者を再認する際，私たちが何かへと方向づけられているということを意味しています。ここボッフム大学の研究所で，顔を認識するコンピュータを設計する研究が行われています。この研究の中心的問題は，どのようにして正面の顔と横顔といった様々な顔の現れ方が相互に結びつけられるのか，という問題です。これは，類型化〔Typisierung〕を前提しています。つまり，重要で決定的な契機と重要ではない契機とをそれぞれ区別することを前提しているのです。意味をもつ形態を際立たせるこの類型化の傾向のうちで，統制化が起こるのですが，この統制化はすでに経験それ自身に入り込んでいるのです。知覚が習得されるということは，ある特定の形態が，様々に変転する諸々の状況下で繰り返し生じることなのです。その際，人は，いわば経験を，それ自身に即して，つまりより正確には，一定の秩序を導入する原型的な形態に即して測るのです。このことこそ，メルロ＝ポンティが「形態はある規範に即して実現されるのではない」というときに，意図されていることなのです。というのも，形態が規範に即しているというのは，ただ，私が再認する周知の形態に対してだけ当てはまることだからです。

ここで私は，諸々のカテゴリーをめぐる考察を締めくくることにします。

知覚の記述においてすでに用いられている諸々のカテゴリーに関して明らかになるのは，どのようにして分割できない第三の次元が形成されてくるのか，ということです。この次元とは，単に現存するものとして受け取られる諸々の事物もしくは事実的な諸関係と，それらの事実がそこへと向けられる理念とには分割できない，それらの間にある何かなのです。私たちはある合理性に，すなわち生まれてくる状態にある〔in statu nascendi〕世界に，関わっているのです。

　ここで明らかになることは，恒常性仮定への批判は，現象学的な意義のみならず，存在論的な意義をもつことでもあります。ここで指摘されたのは，アロン・グールヴィッチがこの批判を初めて哲学に持ち込んだということです。その際重要なのは，この恒常性仮定への批判は，単に科学内部での論争ではなく，グールヴィッチが示すように，すでにある種の現象学的還元を行使しているということです[32]。こうしたことが言われるのは，どうしてでしょうか。単純で恒常的な所与性が現に存在しているということからではなく，そのような恒常的なものは形成されてくるということから始めるとき，経験の現実性は経験の審判に照らして考察されるということを意味しています。このことは，自然が即自的にどう存在するのかといった，自然の客観的分析を意味しません。形態とは常に，誰かにとっての形態，つまり誰かにとって何かが様々に現れるのであり，たとえその誰かが，匿名的なままであるとしても，そのことに変わりはないのです。

　さらにここで，通常，自己制御系モデルを用いて研究を進める現代の諸知覚理論に立ち入ることもできます。それらの理論は，コンピュータによる研究に方向を定め，同形式の効果をもたらすような物理的な刺激から始めるのではなく（それではいわば古典的な唯物論モデルになってしまいます），むしろ刺激は常に認知的に処理される，ないし，情報理論の用語で言うところの，コード化されるということから出発します。心理学上におけるこの認知論的転回は，認識するものが，すなわち知覚するものが，絶えず，ともに関与しているということを含んでいます。その上，この前提から始めることで，どのようにして恒常的な刺激が突然全く別様に見えうるのか，という問題系の全体がその問題性格を失います。というのも，刺

---

[32] 『知覚の現象学』58頁〔邦訳同上，Ⅰ巻，96頁〕。さらにそこでの，グールヴィッチによるフッサールの『イデーン』の後書きに関する論評を参照。

激は常にすでに加工処理され，コード化に従っており，このコード化は，部分的には私たちの自然の歴史へと遡及し，その大半は文化的な歴史を担っているものであるからなのです。人は，特定の文化の中で見ることを学ぶのであって，すべての文化に先だってそうするのではないのです。

　このことは，人が言うほど当たり前のことではありません。アリストテレスのニコマコス倫理学では，実践的な行為と感覚器官による認識が区別されています。それに従うと，人は，実践的な態度を反復する諸々の行為を通じて学ぶのですが，見ることを学ぶことはできないし，学ぶ必要がないということになります。眼を，つまり感覚器官をすでにもっているだけで，何かを世界のうちに見て，知覚することができるというのです。したがって，どんな感覚器官の習得もありえず，それらの能力は，生得的なものだと考えられています。つまり，人は五感とともに世界に生まれ，ただ一定の条件が満たされさえすれば，それにより感覚器官は現勢化されるのです。これに対して，今日では，多くの文化の歴史に関する分析があり，形式や形態の形成が，いかに深く文化に依存しているかということを示しています。色の文化に関してエスキモーの有名な例があります。彼らは，雪の中で生活していることから，白色に対して非常に多くの名称をもっています。エスキモーは，彼らにとって生活に不可欠な白のニュアンス，しかも世界を形作っている，最も繊細なニュアンスをつけることができるのです。白色を見ることはそれゆえ，純粋な生理学的な事象でも，物理学的に測定可能な明るさの度合いの問題でもありません。そうではなく，それには，予め自然によって与えられているのではない，生活様式に由来する一定の有意性が関与しているのです。ロシアの心理学者ルリヤの研究が紹介されましたが，彼は，コーカサスの民族における知覚行動を，教養をもっている段階に応じて研究し，その際，意味深いズレに出くわしました。もし今日私たちが，認知モデルや，自己制御系モデルを出発点とするのであれば，形態形成の問題系は，コードのレベルへと移されることになります。つまり，コード形成もしくはプログラム化の問題は，どのようにして新たなプログラムが成立するのか，という問題を意味するのです。自己制御系モデルにおいて，創造性の問題が消滅することはなく，それはただ，非常に多くの技術的な手続きと結びついた特有の形式をもつということになるのです。

3　世界における自己感覚と自己運動

　私にとって決定的な洞察とは，感覚について語ることが，単に私自身について語ることではなく，むしろそれは世界と他者について同時に語ることを意味するということです。感覚することは，世界，自然および社会的な世界がともに関わる複合的な出来事なのです。

　さて，感覚主義を批判する際にすでに示唆していたひとつの観点を取り上げることにします。その観点とは，すでに述べたように，形態理論や知覚の現象学は，原子論的で，それ以上分割できない個的な与件を初めからもっていることから始めるのではなく，すでに諸差異が予め立ち現れていることから始めるということです。このことを有機体と関係づけると，感覚することにおいて初めから関係性が，つまり有機体との関係が，ともに考慮されるべきだということなのです。すなわち，初めに成立している感覚は，決して中性的なものではなく，意味づけや広義の意味での価値なしで存在しているのではないのです。しかし，このこともまたそんなに当たり前のことではありません。感覚を主題化するために古典的なテクストを参照してみましょう。カントの『純粋理性批判』によると，現実性が私たちを「触発する」のですが，この触発は，少なくとも，とりわけ知覚が問題になる純粋理性の批判において，情動を考慮することなく考察されています。触発とは，その根源的な言葉の意味によると，諸々の情動，欲情，感情に関わるものです。しかし『純粋理性批判』では，この触発概念が中性化されています。「何かが私たちを触発する」ということは，私たちによる形式化を待つ，ある種の粗雑な質料が前提されていることを意味しています[33]。したがって，私たちは中性化された領域に関係することになり，物自体に発する発起は，——この連関をいかに考えようとも——理神論的な神を私たちに思い起こさせます。それは，その神が世界にきっかけを与え，その後世界をその固有な法則に委ねるかのようです。それに対して形

---

33) 「質料」と「形相」は，すでにアリストテレスの場合と同様に，機能的な諸前提を言い表し，独立した本質を示すのではないような反省概念として把握されているということが理解されます。

態理論，さらに知覚の現象学は，初めから感覚の形態が私たちに語りかけるということから始めるのであり，ここではある種の対話が起こっているのです。カントが使用する組立モデルは充分ではありません。ある種の質料が前提されていることしか語っていないのです。そこでは，私たちが世界を質料から組み立てますが，質料を産み出すことはなく，もし生み出せるのであれば，私たちが絶対的な世界の創造者になってしまうでしょう。〔カントに従えば〕世界には，決まって予め与えられているものが現にありますが，それは，ある秩序を待つ，諸感覚の粗雑な混沌以上のものではないのです。より近代風に言えば，非特殊的な刺激以上のものが，私たちに予め与えられることはないのです。

このような見解に対立する私の見解は，次の問いに表現されます。すなわち，私たちは最初から，本当に，感覚の粗雑な混沌を，つまり非特殊的な刺激の形式をもっているのか，むしろ，初めからある連関が，つまり意味がそこに働いているのではないか，という問いです。ということは，感覚することと自己運動のレベルで，感官感覚論への批判が継続されることを意味しています。sensatio，すなわち，先に述べられた意味での感覚は，抽象の産物であり，触発性や，感情に即して有機体が訴えかけられていることからの孤立，あるいはまた運動系からの隔絶によって成立しているのです。単なる sentatio の意味での感覚は，中性化された感覚であり，それはもはやどんな生の意義ももってはいません。というのも，そのような意味での感覚は，それに相応する諸連関から切り離されてしまっているからです。

この感覚理論を修正する際に最も重要な契機となるのは，感覚が再び，触発的な感覚することの領域，および運動論的な領域へと組み込まれることです。ヴァイツゼッカーは，形態環〔Gestaltkreis〕について述べ，その内部では，運動が感覚へとそして感覚が運動へと移行する，としています[34]。ここで，感覚することとは，事物の側からの働きからか，もしくは有機体の行為から始める，線条的因果性のモデルに即して記述されるものではありません。ヴァイツゼッカーは，諸事物を起点とする働きが，行動を変化させ，そして，その行動が知覚を変化させるという円環的モデルを

---

34) *Der Gestaltkreis*（『ゲシュタルトクライス』1940年，新版1973年）〔邦訳ヴァイツゼッカー『ゲシュタルトクライス』木村敏・濱中淑彦訳，みすず書房，2001年〕。

使用しているのです。

　この形態環〔ゲシュタルトクライス〕は，ユクスキュル[35]の知覚標識と作用標識という二重の区別によって，予め準備されていました。これらの概念は，動物の環境世界の領域ですでにその適用が見出される，ユクスキュルにとっての二つの基本的なカテゴリーです。知覚標識と作用標識は，原因と結果のように，〔線条的に〕相互に関係づけられるのではなく，両者は一つの円環を形成します。作用標識は知覚世界を変化させ，知覚標識は再び事物への作用に影響を与えるのです。

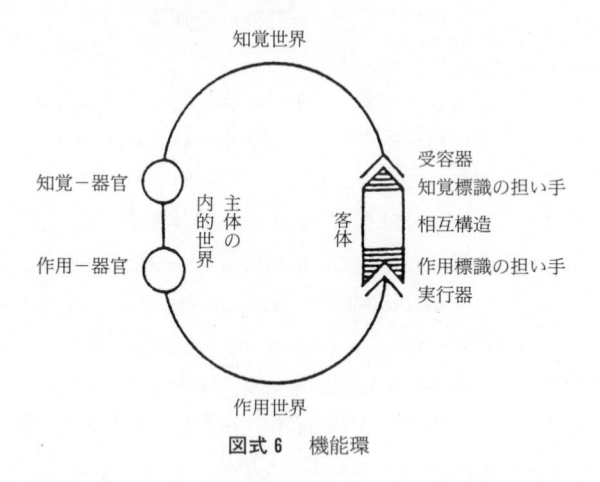

知覚世界

知覚－器官　　　　　　　　　　　　　受容器
　　　　　　主　　　　　　　　　　　知覚標識の担い手
　　　　　　体客　　　　　　　　　　　相互構造
　　　　　　の体
　　　　　　内　　　　　　　　　　　作用標識の担い手
作用－器官　的　　　　　　　　　　　　実行器
　　　　　　世
　　　　　　界

作用世界

図式 6　機能環

　何人かの著者（シェーラー，エルヴィン・シュトラウスそしてメルロ＝ポンティ）は，感覚ではなく，感覚することについて語っています。この動詞形の活用が意味するのは，感覚するというとき，有機体が自己について感じたり，感じなかったりする状態ではなく，ある種の活動，すなわち生起すること，プロセスが問題になっているということです。

　再び経験に基づくいくつかの例証を用います[36]。こうした経験への遡及は，様々な仕方で起こりうるものです。もし，単なる経験的な実験を拠り所にするだけなのであれば，哲学的な洞察は，諸々の科学的な仮定ともはや区別することができない，という困難に陥ることになります。それと異

---

　35)　*Theoretische Biologie*（『理論的生物学』1928年，新版1973年），158頁参照。
　36)　以下のものは，メルロ＝ポンティの『知覚の現象学』における感覚することに関する章を参照〔邦訳同上，2巻，9頁以下〕。

3 世界における自己感覚と自己運動

なるのは，有意義な事例を選び，それらの事例に，私たちがどのようにして経験について語るのかという種々のやり方そのものを語らせる場合です。まさにこの段階が，『純粋理性批判』では，感覚とはいったい何であるのかという問いが問題になる箇所で，飛び越えられてしまっているのです。いつの間にか気づかれずに，退化した心理学が持ち込まれ，まともに議論されていません。それに対して現象学はここで，一段階後戻りして，私たちが色や音，堅さ，柔らかさなどのようなことについて語ることのできる，そのような言語は，そもそもどこから獲得されうるのかを問うのです。

　このことについて，私たちの経験からいくつかの重要な例証をひいてみます。例えば諸々の色は，記録したり，形式化することで，最終的に諸対象が産み出されるといった単なる感覚の質料や感覚器官の性質なのではなく，ここにはより多くのことが関与しているのです。メルロ＝ポンティは，色知覚の記述に際して，科学的研究の先端の全体に踏み込み，多くの刺激を受けています。

　色知覚にみずから従事した，非常に影響力のあるドイツの著者の一人が，『色彩論』で知られるゲーテです。ゲーテはそこでニュートンと対決しています。この対決は確かに，ゲーテが物理学を彼の議論でもって単純に土台から覆すことはできないという意味では，無意味な対決です。しかし，ゲーテが『色彩論』で擁護しようとするのは，物理学者のもとでは現れることのない色の性質の存在なのです。ここで，ロックが第一次性質と第二次性質について述べる際，いかに多くの先入観が枚挙されねばならないかを考えてみるのがよいでしょう。ロックによると，第一次性質は，延長を有する測定可能な諸性質であり，したがって，物理学がそれらに関わります。二次的でしかないのが，色の性質であり，それは，その性質が現実そのものと無関係であるからであり，特定の仕方で限界づけられ，主観的なあり方で世界を開示する有機体にのみ，関わるからだというのです。ゲーテとともに，まずもって，ここでの二次的なものと一次的なものとはいったい何であるのか，という問いを立ててみましょう。色の性質は，そのものとして二次的なのではなく，それが二次的な特性になるのは，物理学者が取り扱うように，物理学的な色の法則，つまり色の波長の記述に即してそれを測定するときなのです。ゲーテが企てるニュートンとの対決は，正確に見れば，異なった事柄について語られていることからして，不適切な

ものになっています。それにもかかわらず、ゲーテの色彩論は、経験を基礎的な段階へと復帰させ、その固有の権利を擁護しているということができます。

諸々の色に関していえば、画家にとって当然なのは、色価や色の単価について語り、色を単なる質料とは考えずに、色に特定の表現質を割り当てるということです。体験された色へのこのような問いかけは、インテリアデザイナーにとっても重要であり、空間を色で装飾する際に、明るい、落ち着いた、また、どぎつい色調をもつ空間の中で人がどのように感じるのか、ということに注意が向けられるのです。空間性はそこに住む人を形づくり、刻印します。

私たちはみずからの伝統の中で、堅固で明確な色の象徴系を持つ一方、色の実用的表現ももっています。色の象徴系についていえば、誰でもが知っているように、赤は政治上の信念のシンボルとして、また、交通規則のシンボルとして使われています。ここでは人は人工的な記号のレベルで動いています。交通信号は、たとえ色のもつ意味が逆になっても、例えば赤が、車が進んだり、歩行したりする記号となり、緑が、停止や、立ち止まる記号になっても、機能しうることは明らかです。しかしここで問われるのは、停止に対して赤が選ばれたことは、全くもって任意なものであるのかどうかです。任意だと肯定する見方もあるでしょう。車を運転する人のほとんどは、青〔ドイツでは、緑〕が進めを、黄色が停止を意味するといえば、それを知的に了解することに何の問題もないでしょう。しかし、立ち止まることに赤を選ぶことは、おそらく全くの偶然とはいえません。というのも、赤は緑より、人に対して迫ってくる色だからです。赤は、青や緑よりも、高度の警告機能をもっており、青や緑は、どちらかと言えば鎮める効果を放っています。交通信号の色の分配においてでさえ、特定の色の性質が特定の傾向性を発揮しているのであり、全くもって偶因的な選択によるのではないのです。あの名高い闘牛の赤い布も、簡単に青い布に交換することはできません。なぜ闘牛士は青い布を使用しないのでしょうか。青い布の刺激閾〔刺激になる閾価〕が、より高い位置にあるからなのです。

たとえ色の象徴系が、慣習性に依存しているとしても、一体なぜ、まさにこの特定の色が選ばれたのか、という問いが立てられねばなりません。自然な色と慣習的な色との区別は往々にして、即座に信じられるほど、一

義的なものではありません。悲しみの色としての黒を取り上げれば，白に悲しみを見る文化もみられます。色の象徴表現を，単純に自然のプロセスへと還元することはできません。黒と同様，悲しい色として白について語ることもできるのです。二つの色は，無色性とコントラストの上での両極端な形式をもっています。とはいっても，また自然性に取って代わるものとして，色の象徴系を，難なく変化させることができる人工言語のように扱うこともできません。ここで，メルロ＝ポンティが文化と自然との関係について述べていることが当てはまるのであり，人間にあって，すべては，自然的であり，かつ同時に作り出されるものなのです[37]。確かに色の象徴系は文化的に刻印されていますが，自然は常に文化的なものに入り込んでともに関与しています。というのも，色を見ることは全くもって文化的に産出されるものではないからです。非常に極端な構成主義者でさえ，色が技術的な原的産出を通して，実験やコンピュータからのみ派生する，ということはできないのです。

　クルト・ゴルトシュタインは，色の知覚と運動の連関について，興味深い医学－生理学的な研究を引き合いに出しています。問題となっているのは，感覚と運動が色の知覚のレベルですでに相互に関わりあっていることを示す実験です[38]。色は一定の運動上の価値をもっています。すなわち色の知覚は，有機体の一定の運動様式と関連しているのです。クルト・ゴルトシュタインは，脳障害者を診察したのですが，その患者においては親しまれた文脈が損なわれているので，まさにそのような障害を通して，正常な結合をはっきりと示すことができるのです。

　ここでいくつかの基礎的な事柄を取り上げることにします。普通，冷たい色や暖かい色について語り，青や緑は寒色で，赤や黄色は暖色といいます。ゴルトシュタインの患者は，この基本的な区別をすることができません。患者は，個々の色について，多様な差異化を行うことができても，この基本的区別ができないのです。このことは，色のシステムの成立に際して，この基本的な区別が決定的な役割を演じているということを指し示しています。ゴルトシュタインは，実験を通して，この色の性質（もしくは

---

37) 『知覚の現象学』222頁〔邦訳同上，1巻，312-13頁〕。
38) *Aufbau des Orgnismus*, 167頁参照〔邦訳『生体の機能』村上仁・黒丸正四郎訳，みすず書房，1957年，194頁〕。

複合的な色のグループ）に特定の運動の仕方（例えば，滑ったりする運動，途切れ途切れの運動）が相応していることを示しました。つまり運動の仕方が変化し，それと一緒になって，——このことは生理学にまで及ぶのですが——特定の筋肉の運動がより強くなったり弱くなったりすることになるのです。暖色の場合には伸張運動が支配的になり，寒色の場合には屈曲運動が支配的になります。物(的身)的な全体行動からみれば，身体を伸ばすことと曲げることは，ゴルトシュタインが，単なる生理学以上の意味を与える行動の様式なのです。どのようにして筋肉が弱められたり，活性化したりするのかを生理学的に記述することも確かに，可能ですが，ゴルトシュタインは，そのような生理学的に把握可能な伸張と屈曲の行動の様式が，生の有意義性をもっていることを出発点にするのです。伸張運動では世界へと向かうこと，世界に開いていることが具現化し，屈曲運動では，自分の物(的身)体へと向かうことでむしろ世界からの退去が現れています。本を読む場合を考えてみれば分かるように，本を集中して読んでいるとき，本に被さるようにからだが内向きになり，世界に対して自分を閉じます。複雑な歯車やねじを取り扱う時計職人も同様に，身体を曲げる体勢が支配的であり，フェルメールが描いてくれるレースを編む人の場合もそうなのです。したがって，二つの運動の仕方が二つの世界に対する態度と結びつくとき，〔例えば〕単に青を見ることだけではなく，特定の青の行動が存在すると言うことができます。青は単に受け止められ，それが事後的に特定の運動と連合するのではなく，青それ自身にある特定の運動の形式が相応しているのです。

これに関連することとして再び『知覚の現象学』[39]から何か所かを取り上げることにします。メルロ＝ポンティは，青は遠ざかるように見え，赤は目に飛び込んでくるように見えると述べるゲーテを引用しています[40]。ゲーテはまた，色のアスペクトを一定の物(的身)体感覚と結びつけています。青は遠ざかるように見えるのですから，その色は周知のように空間を開き，広げます。一度，鮮やかな赤い空の下で生活しつづけることを思い

---

39) 『知覚の現象学』244頁〔邦訳同上，2巻，14頁〕。
40) *Farbenlehre*（『色彩論』）Nr.780〔邦訳，ゲーテ『色彩論』木村直司訳，筑摩書房，2001年，385頁〕。「私たちが高い空や，遠くにある山が青いのを見るように，青い表面もまた私たちから遠ざかるように見える」。

3 世界における自己感覚と自己運動

浮かべてみてください。赤い空は空間を完全に変化させるでしょう。赤い空は，極度に人をうろたえさせる何かをもっていて，人を有色の世界の檻に囚われているように感じさせるでしょう。したがって，ゲーテが言うように，青が遠ざかる色であるならば，このことが私たちの固有な空間的情態性を巻き込み，青色のもとでは圧迫を感じさせないように仕向けるのです。

クルト・ゴルトシュタインは，同様の発言を彼の患者がするのを認めます。患者は「赤は引き裂く」，「黄色は突き刺さる」と言います。このような記述は，経験について精神豊かな解釈がなされたということではないのです。

感覚的性質と運動が結合していることは，音の領域にも当てはまります。皆さんご存知のように，音楽治療では，リズムが使われ，特定の運動を呼び起こして，硬直を弛めるようにされています。したがって私たちは，こちらが認識論，そちらが行為論といったように，別々に述べることは，避けねばなりません。というのも，知覚それ自身の中で両者のアスペクトが，常にすでに，結びついているからなのです。私たちは事物を受け取るように，まさにそのように，行為しているのであって，行為は，前もって受け取り記録したものの二次的で事後的な帰結ではありません。

適切な図式によって，ここで考えられていることを明確にすることができます。円環モデルは，確かに，一方で有機的組織があり，他方で色や音ないし他の諸性質がある，ということを意味してはいます。しかし，知覚と運動は円環をなし，知覚が運動を変え，逆に運動が知覚を変えるというようになっています。それを形態クライス〔円環〕と呼ぶのは，一方が他方とともに比類のない生の形態の円環を作っているからなのです。これに対して線条的モデルが意味するのは，因果的に引き起こされた感覚的結果から始めて，それが二次的で運動的な結果を引き起こすということなのです。

聴覚的印象に妥当するものが，触覚的印象にも当てはまります。これに関する好著が，フッサールとも面識のある，ダビッド・カッツというベルリン学派の心理学者によって書かれています。彼は，『触覚世界の構成』[41]

---

41) この著作 *In Der Aufbau der Tastwell* は，ライプチヒで1925年に出版されています〔邦訳『触覚の世界』東山篤規・岩切絹代訳，新曜社，2003年〕。

という著書の中で、触覚印象とは、ある抵抗にぶつかり、その際一定の堅さを感じる、という単純な仕方で成立しているのではなく、むしろ触るプロセスにおいて成立していることを印象深く示しています。すなわち、人は手を素材の上を滑らせることで、その素材に滑らかさを感じるのです。手は単純に物質の表面に静止して、同じ触感覚を受け取るのではなく、触覚することが経過すること〔Vor-gang〕なのであって、そこで感じられるのはいかなる点的な状態でもないのです。

さてここで、この経験的（医学的そして心理学的）領域から生じる成果の解釈に移ります。知覚と運動の連関を考察することのできる三つの観点について、その概要を述べるつもりです。

1. 感覚的性質とは、実存様式の具体化を意味しており、そこにおいて特定の実存のリズムが具現化されるのです。赤という色は、別のものに対する単なる記号ではなく、青や赤という色の中に、平和もしくは暴力が具体化されます。暴力は、色それ自身から私たちに発生しうるのです。色は、慣習的で人為的な秩序づけという意味での、意義の担い手なのではなく、すべての色、ないし、性質が、具体化の契機をもっていて、私たちは赤や青という色の中で生きるのです。

メルロ＝ポンティは、感覚的性質の実存様式を睡眠と比較しています。睡眠については、哲学の中で、ほとんど記述されていません。というのも、哲学者が喜ぶのは、いつも、寝ぼけている人をまどろみから覚醒できるときだからです。それに対してメルロ＝ポンティはプルーストの熱心な読者であり、プルーストの『失われた時を求めて』では、周知のように、語り手が眠り込んだり、もしくは目覚めることで物語が始まります。つまり語り手は、目覚めと眠りの境界を行き来しつつ、寝つきや目覚めが難しかったりすることを語り始めるのです。メルロ＝ポンティは、感じるものと感じられたものとの関係、すなわち性質と性質を受け取ることとの関係を、眠り込むことと比較して次のように述べています。「感じるものと感性的に感じられたものとの関係は、眠るものと眠りとの関係と比較できる。眠りが訪れるのは、ある特定の意志的な眠ろうとする態度が、突然外部から、期待していたような確証を経験することによる。私は眠りをもたらすために、長く、深い呼吸をする。と、突然私の口は、私の呼吸を引き寄せ、押

し戻す，外部の巨大な肺と通じ合い，たった今まで期待されていた，私の呼吸のリズムが，私の存在それ自身になる。予め意味として思念されていた眠りが不意に現実の状況となる」[42]。ここで明らかにされるのは，どのようにして眠りが眠るものを訪れるのか，ということです。眠り込むことは，私が取るある態度から，ある状況が生成し，私がそこに捕らわれるといったように生じます。眠り込もうと意志するとき，私たちは眠り込むことはありません。意志は私たちを目覚めさせておくからです。これは興味深いプロセスであり，私たちは眠ろうとし，睡眠薬を飲むことさえして，眠りを呼び寄せようと試みますが，眠り自身は，この意志的な活動性が止んだとき，初めて生じるのです。眠るのは当の私であり，私が眠りに入るのであって，その他の誰でもありません。しかし寝入ることはそれ自身，もはや，私の手中にある何かとして，私に帰属するどんな作用でもありません。そして，ここでメルロ＝ポンティは，この眠り込むという経過を感覚と比較します。「同様の仕方で，私は，感覚に，期待をもって耳を澄まし，眼差しを向ける。すると突然，感覚的なものが私の耳や私の眼差しを捉え，私は，私の身体の一部，ないし私の身体全体を，青や赤が成立する揺動と空間充実のそのあり方へと委ねるのである」[43]。

色の知覚，すなわち性質の知覚は，ここでは活動性としては記述されず，また，純粋な受動的状態や単なる外的な出来事としても記述されません。そもそも能動と受動という対立性へと知覚が押し込まれるのではなく，ある特定の実存様式全体が形成され，そこに私が陥るわけです。

『知覚の現象学』では上述の引用の直後に，おそらく神学者を喜ばせるような奇妙な箇所が続きます。そこでは，何世紀もの長きに渡って人間にその意義の謎を課してきた，聖餐式に関することが述べられているのです。宗教戦争で問題とされたことの一つに，パンと葡萄酒をどのように理解すべきかという問題があります。「秘蹟は，恩寵の働きを感性的形態において象徴化するだけではなく，それを超えて神の現実的な現前なのであり，この現前を空間の一部に住み込ませ，聖なるパンを食べる人々に――彼らが内的に準備されている場合に――伝達するのと同じように，感覚的なものは，運動的および生命的な意味をもつだけではなく，世界に-属する-

---

42) 『知覚の現象学』245頁〔邦訳同上，2巻，15頁〕。
43) 前掲書，同頁。

存在〔Zur-Welt-sein〕の特定の様式に他ならないのである（……）」[44]。感覚は，文字通りのコミュニオン（共－生）＝聖餐式〔Kommunion〕なのです。ここでの問いとは，パンと葡萄酒は，ただ主の身体を意味するだけなのか，それともそれらが主で・あ・る・のか，というものです。後者は，実在的な現前となります。この実在的現前は，象徴的意味に対して常により原初的なものとされてきました。メルロ＝ポンティはここで実在的現前を擁護しています。しかしこのことはもちろん，実在論の意味でそうなのではなく，感覚において意味が実・在・化・さ・れ・るというあり方でそうなのです。それは，表記されたものが表記することを通して表記されるという意味でのみ，実在的現前なのではありません。聖餐式についての同じような論評がヴァレリーにもみられます。アドルノは，彼の『ヴァレリーの逸脱』という小論の中でこの論評を取り上げ，ヴァレリーの見解を——脱神話化との対決における——第二段階目の唯物論として評価しています[45]。宗教的儀式について考えられたことは諸々の感覚において実現されているのであって，感覚は単なる外的な付属物ではないのです。こうした比較が示しているのは，宗教的領域においても感性の問題が浮上しているということです。メルロ＝ポンティの比較はふつう芸術の領域にとどまるのですが，とはいえ，ここでの彼の根本思想は明確です。すなわち，感性的な与件および記号的な性質は，何かを示唆し，もしくは質料化する単なる記号ではなくて，感性的な気づきのうちで意味が実現しているということなのです。

　ドイツ語には，類縁的な言葉として「感覚〔Sinne〕」と「意味〔Sinn〕」があります。この言葉の使用には，意味が感覚と一緒になって考えられているという可能性，すなわち，感覚が外的な実在化する野としてだけ考えられるべきではないという可能性が示唆されているのです。

　感覚と運動の関係が考察されうる三つの観点へと話を戻しましょう。これまでのことから感覚的性質のもとで問題となるのは，1．実存様式の具体態であり，単に意味の事後的で外的な象徴化ではないということです。

　2．私たちは感覚するものと感覚されたものとの循環を問題にしています。私たちは，もう一度，デカルトによって導かれる古典的な図式を取り

---

44) 『知覚の現象学』245頁〔邦訳同上，2巻，15頁〕。
45) アドルノ, *Noten zur Literatur, in Ges. Schr., Bd. II*（『文芸評論』全集2巻）184頁。

上げることにしましょう。そこで常に問われているのは、どちらが活動的になるのか、私なのか他者なのか、事物なのか、有機体なのか、という問いです。作用〔働きかけ〕と受苦は、分割され、一方が活動すれば、他方が受苦を被るということになります。しかし、それに対する私たちのモデルに従えば、作用〔働きかけ〕と受苦は相互内在的に働いています。私を触発する青色はすでに有意義であって、特定の答えに対応しています。逆に答えは、特定の性質を求めています。メルロ＝ポンティは、ある種の問いと答えの様式について以下のように述べています[46]。「こうして、感覚的なものがまさに感覚されようとするとき、私の身体にいわば混乱した問題を立てる。私は、青になるように自らを規定することを身体に可能にするような態度を見出さねばならない。私はうまく表現されていない問いへの答えを見出さねばならないのである」。ここでメルロ＝ポンティが問いと答えの遊戯について述べているとはいえ、それは裏で予め画策されているゲームという意味ではありません。そうしたゲームでは、ジグソーパズルのように何かが探し求められてはいても、探し求められているのは、わざと隠され、謎めかされているのであって、それに見合った想像を通して繰り返し、取り出すことができるものです。問いと答えは、現実に何かが私と世界の間に起こることとして理解されなければなりません。すなわち、何かが動き出すこととして、逆に、色や音ないし触覚的徴表の世界が身体的運動の中でおのずから目覚めることとして、理解されるべきなのです。有機体と周囲世界とは、相関的な審級〔Instanz〕なのであり、有機体が有機体であるのは、特定の周囲世界に関係づけられてのみ、そうあるのであり、逆に周囲世界も、常に、特定の有機体にとっての周囲世界なのです。このことは、人間と世界の関係にも等しく当てはまります。即自的な周囲世界は存在しません。それゆえ、有機体を度外視する物理－化学的考察においては、周囲世界は、現れえないのです。

3. こうした交換は、相互に関係しあう領域を前提にしています。メルロ＝ポンティは、ここで古い形而上学的な問いに直面します。ギリシア人のもとで自然と心は、セウゲネイス（$\sigma\upsilon\gamma\gamma\varepsilon\nu\varepsilon\tilde{\iota}\varsigma$）であり、字義通りには「ともに成立している〔mitentstehend〕」こと、つまり、一方は他方とと

---

46) 『知覚の現象学』248頁〔邦訳同上、2巻、19頁〕。

もに成立していることを意味しています。トマス・アクィナスには，——メルロ＝ポンティも同様に用いる——共－自然〔connaturalitas〕という概念があります。人間も有機体も自然とともに存在しており，人間は自然から完全に切り離されてはいないのです。メルロ＝ポンティは注目に値する箇所で，身体と自然の間の根本契約〔contract primordial〕[47]，について述べています。ミシェル・セールにも，自然契約の思想が，すなわち自然とともに締結された契約の思想が見出されます[48]。しかしメルロ＝ポンティの場合は，この思想が政治的－生態学的レベルで取り上げられるのではなく，経験それ自身のレベルへと遡及的に関係づけられるにとどまります。メルロ＝ポンティが根本契約について語るのは，人間と自然が，自然と有機体の場合と同様に，単純な統一を形成しているのではなく，両者の間にある連関が成立し，それなしでは感覚することが理解できないという限りにおいてなのです。

エルヴィン・シュトラウスは，すでに彼の『感覚の意味』という著書で，感覚が交流する仕方を引き合いに出し[49]，特に重要と思われる箇所で，「感覚することにおいて，感覚するものは，みずから自身と世界を，世界のうちで，世界とともに体験する」[50]と述べています。ここで，どのようにして連関が考えられるのかが，明確にされています。つまり，感覚することと感覚されるものとは，主観と客観のように互いに向き合い，両者がどのようにして互いに交流しあい，どのような規則に従って，それが起こるのかを問わなければならない，というように関係しあっているのではありません。そうではなく，感覚することはそれ自身，いわば，感覚されるものへと越え拡がり，その感覚することにおいて，感覚するものは，みずから自身（ここで自己関係が述べられます）と世界とを体験する，すなわち，感覚するものは，世界の中で，世界と共にみずからを体験するのです。

情動的世界から，例として喜ぶことを取り上げてみましょう。「嬉しい〔Ich freue mich〕」というとき，私〔mich〕は私の喜びの対象なのではな

---

47) 『知覚の現象学』251頁（邦訳同上，2巻，23頁）。
48) *Michel Serres* (M. セール)，*Le contrat naturel*（『自然契約』1990年）〔邦訳，及川・米山訳，1994年〕参照。
49) 『感覚の意味』(1956年)，208頁参照。
50) 前掲書，372頁。

く, この再帰代名詞の sich は, ある種の反省性, すなわち情動それ自身における自己関係性を意味しています。そこに含意されているのは, 自分がどんな気分の況位にあるのかに応じて, 感覚することが世界へと越え拡がり, 事物が様々な色合いを帯びるということなのです。

ここで人は, 次のような異論を唱えるかもしれません。つまり, 自然とのそのようなコミュニケーションを通じて, ある種のロマン主義が蒸し返され, それは, あと戻りできない世界の脱神秘化の進展によって破綻せざるをえない, というものです。この異論はフランクフルト派からの異論といえるでしょう。メルロ＝ポンティは, 感覚によって世界が魔法にかけられる〔envoûtement〕とはっきり述べています[51]。彼が,「魔法をかけること」という言葉を使うのは, 感覚の経験というのは, まさに, 私が出会うものを, 特定の規則に従うか, 従わないかによって, みずからの手中に収めているのではないことを示唆するためです。魔法にかかるとは, 他なるものの影響の下に何かをすること, しかも, この他なるものから隔たることができないことを意味しています。私たちに何かが起こり, 意のままにならない何かを行うのです。魔法にかかることにおいて人は, ある意味で自己の外にいるのであり, 完全に思いの内に留まってはいないのです。

ここでいわれていることは, 簡単にいうと, 再度, 世界を魔法にかけることを意味するのでしょうか。これに対する, 再三再四繰り返される異論は, 人は近代化以前の自然に戻ることはできない, というものです。遅くともデカルト以来, 私たちは, 単純に自然の一部なのではなく, 逆に自然は私たちによって絶えず加工されるということを知っています。このような異論に対してメルロ＝ポンティが与える答えは, 次のような反問になるでしょう。つまり, 感覚することと感覚されるものとの間の交換が遂行される媒体とは, 一体どのようなものなのか, というものです。この媒体は, 物理学的自然とは異なることは明らかであり, このような自然は, 性質に関わる経験様式において現れることはありません。このことから帰結するのは, 感覚論はある種のコスモロジー〔宇宙論〕といった形式を, つまり, 先学問的自然という仮定を, 自明のものとして前提することになる, ということです。確かに, 身体性の理論は, 古いコスモロジーへと差し戻され

---

51)『知覚の現象学』247頁〔邦訳同上, 2巻, 17-18頁〕。

ることはなく，また，身体がピュシス〔Physis〕に分類される——ピュシスのうちで私たちは部分として現れ，私たちに予め規定された道を進む——のでもありませんが，しかし，ある種のコスモロギーの形式は，現代においても不可欠なのです。身体的本質としての人間について語ることは，同時に自然について語ることでもあるのです。さもなければ，いつまでも文化の世界とそれに並ぶ自然という二重性，つまり，文化の世界では，私たちは事物を整え，自然は現代物理学と技術によって取り扱われるという二重性だけが残り続けることになります。しかし，有機体と自然とを相互に内属するものとして把握することは，こうした二元論から出発するのでは理解されえません。このことが意味するのは，文化と自然とは，すでに感覚のレベルで相互内属的に絡み合っているということです。メルロ＝ポンティはこのことを「自然の贈与」[52]と名づけています。〔ただし〕このような暗示的な定式化は問題がないわけではなく，少なくとも以下のことが付け加えられねばならないでしょう。すなわち贈与は，負担でもありうるのであり，自然の贈与を受け入れることそのことは，いかなる自然の経過でもない，ということです。メルロ＝ポンティが，いずれにせよ，改めて視野にもたらそうと試みるのは，世界との交わりは，私たちに固有な主導権には還元されえないということ，さらに，私たちが動き始めるとき，常にすでに他なるものがともに働いている，ということなのです。

4　感覚の数多性と共感覚

私は，繰り返し，音の世界，触覚世界，視覚世界からの事例を挙げてきました。ここで，問われるのは，この感覚（触ること，聞くこと，見ること等々）の数多性はどのように考えられるべきか，ということです。私たちが感覚の諸性質について述べるとき，絶えず，考えにいれておかねばならないのは，様々な感覚的性質が存在し，私たちの知覚世界は，単純に同質のものではないということです。近代の古典的な諸理論を，およそカントまで，概観してみると，私たちは，感覚の数多性の本当の問題提起を，合

---

[52]　『知覚の現象学』251頁〔邦訳同上，2巻，23頁〕。

理主義の側にも，また，経験主義の側にも見出すことはありません。経験主義を取り上げれば，彼らは数多性を常にすでに前提しています。ヒュームは，私たちが痛みの感覚，色の感覚，音の感覚などをもっていることから議論を始めます。したがって問題はただ，感覚が多様であるにもかかわらず，どのようにしてこの数多性から，ひとつの世界が成立するのか，ということであるにすぎません。例えば，黄色くて，ある程度の重さと，鋭い味覚を具えているこのレモンを例にとってみましょう。どのようにして，いったい，この性質上，様々に異なった諸感覚から，突然，統一的な事物が成立するのでしょうか。よくみると，そこには，様々に区域分けして，分類される大量の感覚与件の全体が現れているにもかかわらず，統一的事物が成立しているのです。ヒュームは，それに答えて，連合的な結合が，様々に異なった諸感覚与件を反復された連関へともたらすことで，最後にレモンと名づけられる物がそこにあると言えることになる，と述べます。したがって，ここでは，感覚の数多性が前提されているのであり，なんとも素朴なことと言わねばなりません。逆に，合理主義的な，もしくは主知主義的なモデルによって感覚の多様性を考えようとすれば，いわばあまりにも高次の，問題をまったく含まない統一のレベルから議論を始めることになります。カントは，『純粋理性批判』で空間と時間という感性の直観形式について語っていますが，そこでも，また，——経験主義と一致しているのは，注目に値するといえますが，——数多性が前提されています。カントのもとで，ほとんど根拠づけられることなく，絶えず繰り返し立ち現れる根本前提のひとつは，多様性が与えられていることであり，問われるのは，いったい，どのようにしてそこから統一が成立するのか，という問いにすぎないということです。カントはこの問題を次のように解決します。つまり，統一は規則に即して設けられ，そうすることで多様なものが一定の統一形式へともたらされる，という解決です。したがって，感覚の数多性は，同様に与えられているのです。この数多性は，私たちの物質的で，生物学的に備わっているものの偶然性に属します。とはいえ私は，ここではもちろん，『純粋理性批判』について述べているのであって，カントの『人間学』には感覚の数多性に関する幾つかの言及があり，それが今述べられたことを，決定的に乗り越えていることは，承知しています。そこでは個々の感覚が，生の有意義性の観点から論じられているのです。

H. プレスナー，E. シュトラウスのような著者たちは，この著作を援用してきました。しかし，カント主義者がカントを読む場合，人間学が本当に重要な問題となるとき，それが副次的なものとみなされている，つまり決定的な前提がすでに解明された「第二の哲学」とみなされていることは，目立って明らかなことです。これに対してプレスナーは，感性論に関して，カントを人間学から遡って読んでおり，これは，プレスナー以外には誰も行っていません。

　カントの思考様式に代わるものとして，単純にそこにあるとされる数多性から始めるのではなく，数多性がどのようにして差異化のプロセスにおいて成立するのかを記述することがあげられます。私たちが，感性的気づきの全体，ないし感覚系の全体から始めるとき，この感覚系それ自身が，差異化，すなわち自己差異化を経験することになります。これに加えて，自己組織化がみられ，この差異化は，外的な基準もしくは規則に従うのではなく，身体的な出来事みずからの秩序づけ，みずからの配列を行うプロセスの中で成立するのです。五感から始めるのであれば，単純にそこに数え上げることのできる何かがあるとすることはできません。諸々の感覚は等しい形式をもつ諸エレメントではないのです。それを度外視したとしても，いったい，どのようにして数えられるというのでしょうか。五感があると言いますが，もしかするともっと多くの感覚があるのではないでしょうか。五感があるという主張は，あまりに慣習的な外からの考察に終始しているのです。感覚の哲学に立てられる問いとは，どのようにして感性がみずから自身で様々な感覚領域へと差異化していくのか，というものです。この感覚の差異化は，メルロ＝ポンティが述べるように，すでに二つの眼球で物を見ることとともに始まっています。そもそも二つの眼球は単純に同じものを見ているのではなく，斜視において特にはっきりするように，そこにはある種のズレが示されています。二つの眼球で見るとは，見ることそのものの中に差異が存在して，すでにこのことが共働することを必要としているのです。

　感覚の連関と差異に関する試金石となるような事例として，著名な共感覚があります。例えばそれは，色彩のある音や，響く色，見える滑らかさなどのことです。互いに異質で，孤立した感覚領域から出発すれば，共感覚は問題を含んだ現象であり，奇妙な越境であることになります。音がど

うして色と関係するというのでしょうか。高い音や低い音，とは何なのでしょうか。このことがすでに問題を含んでいるように見えるのは，時間において生じている音が，空間内の上や下で現れるはずの「高い」もしくは「低い」音として表されるからです。このように，この語り方は，本来的でなく，二次的な意味の転用から生じているように聞こえます。しかも，なお問いとして留まるのは，そもそもどのようにしてこのような語り方がよりによって選ばれることになったのか，という問いです。たとえ鳴り響く音が，単純に空間的に「高い」もしくは「低い」音としてみなされないとしても，この問いは未解決のまま残り続けます。

諸々の共感覚という現象はそれゆえ，まずもって非本来的な奇妙な現象として現れます。メルロ＝ポンティは，〔そうした見方から〕矛先を変え，エルヴィン・シュトラウスや，ハインツ・ヴェルナー，ヴィルヘルム・シャップなどの著者たちに従うことになります。彼らは，共感覚的な知覚を，知覚の例外的な場合，つまり，そこでは様々な感覚領域がいわば無秩序に陥り，何かがある領域から他の領域へと密輸入されるといった例外とはみなさず，共感覚的な知覚は通常の事例であると仮定するのです。諸々の事物は，共感覚的な構造をもっているのです。そのことを示すのに，シャップの例がいくつか挙げられます[53]。「金の輝きが，同質の形成物を感覚的に現前化させ，光沢のない木の色がその非同一的な木目を現前化させる」。ここで問題になっているのは，感覚を越え拡がる物質の特性です。さらに「諸々の感覚は，事物の構造にみずからを開きつつ，相互に入り交じって交流しあっている」。「事物の構造」によって，様々な感覚領域間の連関を形成するものが正確に言い換えられているといえるでしょう。「人はグラスのもろさと壊れやすさを見る。そしてこのグラスがクリスタルの響きを立てながら壊れるとき，この音をも担っているのがその可視的なグラスなのである。鋼の可塑性，燃えて赤い鉄の形作りやすさ，鉋の刃の堅さ，金属片の柔らかさを，人は見る」。つまり，私たちは初めから，ある感覚が他の感覚に，ある性質が他の性質に入り込んでいくような感覚領域のうちで動いているのです。問題は，黄色，酸っぱさ，丸い形，特定の重さなど

---

53) W. Schapp（W. シャップ），*Beiträge zur Phänomenologie der Wahrnehmung*（『知覚の現象学への寄与』1910年あるいは1926年）。引用『知覚の現象学』265頁〔邦訳同上，2巻，40，42頁〕参照。

が，どのようにしてレモンに取り集められ，結び合わされるのかではなく，私たちが目の前に見るレモンが，どのようにしてこれら様々な領域へと分割されるのか，なのです。したがって問いは，逆転するのであり，経験主義の問題は新たに定式化されなければならないのです。

この感覚の共演に身体の側で対応するのが，メルロ＝ポンティが名づけた，共働（ジネルギー〔Synergie〕）というもので，この概念は今日，生物学的なジネルギー研究の領域においても見られるものです。ジネルギーはアリストテレスに遡る古代の言葉です。身体は，ジネルギー的システム〔ergon＝Werk：作品，活動，syn＝mit：共に〕であり，これは，あるものが他のものとともに活動していることを意味しています。

諸々の感覚は，メルロ＝ポンティが述べているように，翻訳者を介すことなしに相互内属的に翻訳され，媒体的な理念なしに，おのずから相互内属的に移行するのです[54]。すべての正常な知覚は，こうした移行を内含しています。このジネルギー的システムの一例は，空間的な方位づけに関するものです。人は鏡の中に逆転して写る自分を見ます。人は鏡に逆さになった自分を見るのですが，逆転して写るというのは，また奇妙な言い方です。というのも，私の左側は鏡の中にそのとき右側に現れて見られねばならないからです。空間の方位づけに関するある特定の障害が存在します。それは，他の人と平行に並んで鏡を見るか，他の人の隣に立ちながら鏡を見る場合，他の人の運動を模倣することができるのですが，他の人に向かい合う場合，この模倣ができなくなってしまう，というものです[55]。あなたに向き合って立っている他人の運動を模倣することは，ジネルギー的システムの他のジネルギー的システムへの強力な転移を引き起こしていることになります。その際あなたは，他者の運動をいわば，あなた自身が居るその位置へと翻訳せねばならず，このことは全く自明なこととはいえないのですが，奇妙なことに，子供は特にこれが上手にできるのです。私たちはいつも複雑なものは遅れてくると考えています。〔その反証として〕興味深いのは，子供は鏡に逆に映る文字を読むのにほとんど苦労しないことです。鏡の前に書かれたものが置かれると，私たちは鏡にすべて「間違っ

---

54) 『知覚の現象学』271頁〔邦訳同上，2巻，47頁〕。
55) ゴルトシュタイン学派による脳病理学研究を参照。引用は『知覚の現象学』164頁〔邦訳同上，2巻，236-37頁〕。

た」ものを見てとり，それを読むことはできても，とても努力しなければなりません。他方子供は，よく，初めから鏡字のように文字を書いており，文字は度々逆になります[56]。このことは，ある種の不安定性，すなわち，空間的配列におけるある種の柔軟性が存在するということを前提にしており，それゆえ，空間の転移がどちらかといえば正常なものであるということを前提にしています。子供が楽器を演奏するのを学ぶとき，教師に向かって立って，〔例えば〕フルートの運指法を学ぶのに，特に難しいと感じませんが，しかし成人にとっては，とても難しいことです。こうした身体的な方位づけは，規則に即して遂行される翻訳のプロセスによって解明することはできません。

最後に，極端な共感覚がみられ，これが本来，共感覚と呼ばれるものなのですが，そこでは，諸々の感覚領域がほとんど交換するように現れます。幻覚剤を飲むと，こうした感覚の混乱が起こります。これは病理学的な症例や，いわゆる原始人，もしくはオリビア・メシアン〔Olivier Messiaen〕やウラジミール・ナブコフ〔Vladimir Nabokov〕のような芸術家にも見出されるものです。どのような人種のグループに共感覚が特に頻繁に現れるのかについての経験科学の研究があります。どうして芸術家やいわゆる未開人が特に頻繁に共感覚に見舞われるのか，と問えば，感覚の差異化のプロセスや感覚を分割する作業が未だそれほど進展していないからである，と答えることができます。単純に，「これを目で見る」とか，「これを耳で聞く」というとき，このことには，多かれ少なかれ，確実に脱落してしまうような分割作業が前提にされています。諸々の機能が強く相互に働き合う作業プロセスが存在するのです。境界がはっきりしなくなる陶酔状態や，感覚系がニュアンスや移行に敏感に反応する芸術家において，頻繁に共感覚が見出されるとすれば，それが意味するのは，ここでは，二次的な様態の諸々の障害が問題になっているのではなく，まさに，経験の組織化の様式が別様になっているということが告げられているのです[57]。

最後に，広大な隠喩（メタファー）の研究について，ここでは，言葉が

---

56) ここからキリール文字が成立します。不意に鏡に映る宛名を見る場合に私たちに起こるように，Rはロシア語のjaに，そしてNはロシア語のiになります。

57) 行動の観察がEEG-データで探求される新生児についての新たな研究で，この段階において，一般的に感覚領域が大きな融通性をもっていることが明らかになっています。

問題となる隠喩について，示唆することにします。「色のある音」とは言語的に見て隠喩であり，よく知られているように，隠喩理論は，伝統的に，ある感覚領域の意義が，他の感覚領域へと転用させられることを出発点とします。つまり，「暖かい音」や「高い音」について語ることは，空間的，もしくは異質なモードの性質が聴覚的領域へと転用させられることによって成立している，というものです。これに対して新たな隠喩理論が仮定するのは，他のものへと転用させられるような本来的な意義はもともとなく，隠喩法は，なによりもまず，連関が創設されるような領域を形成する，というものです[58]。一体，本来的な意義とは何でしょうか。本来的な意義，すなわち純粋に概念的な意義とは，隠喩的なアスペクトが薄れてしまうような意義なのです。概念とは色あせた隠喩のことです。このことを私たちはすでにジャン・パウルやニーチェに見出します。感覚に関係づけていえば，本来的な何か，例えば聴覚的なものがあって，それが他の領域へと転用されるのではなく，初めから感覚の共演が存在している，ということなのです。感覚と言語そのものには，諸々の連関を成立させる何かがあるのです。ボードレールは，同様の現象を指し示す相応関係〔*correspondances*〕について語っています。私たちが「高いC音」や「深い青」，「叫ぶような黄色」などについて語るのは，様々な領域において相互に交換される等しいものが示されるからなのです。これらすべてのことは，私たちが初めから多くの領域で動いているとするとき，それほど奇妙なことではなくなるでしょう。

5 諸々の性質，諸事物，諸対象

私は，感覚を回復するにあたり，何が本来的に問題になっているかを示すため，もう一度カントを参照することにします。カントは経験判断と知覚判断とを区別しています。知覚判断とは，例えば，私が「このトランクは

---

58) P. Ricœur（リクール）はこの連関で，アリストテレスの命題を引用しています。「良く転用する（字義通り，隠喩化すること）とは，類似したものを見ることである」（『詩学（*Poetik*）』1459a8）。リクール，*La métaphore vive*（『生きた隠喩』1975年），34頁〔邦訳『生きた隠喩』久米博訳，岩波書店，1984年〕参照。

5 諸々の性質，諸事物，諸対象

とても重い」と述べるような場合のことです。ここで問題になっているのは，特定の主体の身体的能力に関して相対的であるような性質ということになります。他方，「このトランクの重さは30キログラムである」という判断は，特定の身体的本質の状態に依存せず，その意味で，客観的に妥当するものとなります。経験判断が脱コンテクスト化され，すべての可能な状況へと関係づけられるのに対して，知覚判断は，そのつどの特定の状況や文脈に関係づけられています。この区別は差し当たり，分かり易いものですが，「このトランクの重さは30キログラムである」と述べる際，常にある種の相対性に，つまり取り決められた尺度の体系に捕らわれているという異議を唱えることはできます。しかしこの問題は今は後回しにします。ここで問題なのは，知覚が，暫定的な仕方とはいえ，単に主観的なものとして考えられていることです。このことは，カントが『純粋理性批判』で，対象そのものの条件を，つまりどのようにしてその条件が特定の状況から独立して判断における妥当性に至るのか，ということを目指していたことに関連しています。単に私にとって妥当する判断は，誰にとっても妥当する判断に較べてより限定されたものです。知覚判断は，私にとって真なのであり，トランクがとても重いのは，他の人々にはおそらく，もはや妥当してはいないのです。

　感覚の回復というのは，「単に主観的」そして「客観的」というこの区別が修正され，「単に主観的なもの」が「単なる」という評価から解放されることにあります。トランクの重さは，当然特定の物(的身)体の能力へと関係づけられていますが，どうして「単に主観的なもの」として，知覚判断の価値が貶められるのでしょうか。逆に疑問視されねばならないのは，この経験〔判断〕のレベルがそもそも可能になるのは，ある種の距離化や差異化，そして脱コンテクスト化などを通して，状況から遊離した客観的特性を獲得してからのことではないのか，ということです。それゆえ問題なのは，感覚から単なる主観的なものという臭みを抜き取ることなのです。

　この連関において，これまでの感覚についての論述ですでに現れている三つの段階を区別することができます。

1　感覚すること：性質，変転する諸元素〔エレメント〕
2　知覚すること：事物，変化しない特性

3　認識すること：対象，述語の担い手としてのX

1. 感覚することについて。感覚することとは表現質〔Ausdrucks-qualität〕に関わるものであり，空の青，水の温かさ，毛皮や肌などを撫でるときの柔らかさなどのことです。感覚することは，みずから変化する変動的な媒体に伴うものです。ここに，現在の哲学で新たな注意を喚起しているソクラテス以前の元素論（Elementenlehre）への繋がりがみられます。「温かさ」や「堅さ」は名詞化された形容詞であり，特定の性質を特徴づけるものです。これらは，同様に，いかなる対象でもない元素〔エレメント〕を想起させます。水を取り上げてみましょう。水は，対象として目の前に浮かんでいるのではありません。水が容器に入れられれば，水の入ったグラスを見ることになり，すでにそれによって，私たちは事物の次元にいることになります。空気についても同様です。したがって，水と空気は元素であり，私たちはその中に浸かったり，それを呼吸したり，それに取り囲まれていますが，そうした元素が私の面前に〔物のように〕存在するのではないのです。

　元素に関するさらに重要な観点は，非－可算性，〔つまり数えることができない〕ということです。ルール大学〔ボッフム大学のこと〕の下にある池の中の水は，どのくらいの水の雫からできているのでしょうか。もともと，元素について語るとき，分離した本質や，可算的な個々の部分の集積を前提しているのではありません。そのような数えることのできる部分は，例えば機械にあてはまります。機械は分解して，その部分に番号をつけることができるのです。あるいは盤ゲームでは，いくつの駒でゲームをするか，決めることができます。このことは，アルファベットの字母にも当てはまり，ギリシア語において，字母は，元素と同様に，ストイケイオン（$\sigma\tau o\iota\chi\varepsilon\~\iota o\nu$）という言葉で呼ばれます。もちろん，化学上の元素は，離散的な素性の組み合わせや原子価と配合による特性とによって規定され，同様に数えることができます。しかもどういうわけか，それらの元素は102種類存在するのです。空間の中にいる人物も，別々に数えることができますが，〔上述の〕元素の場合，問題は別のようです。水の場合，水が動いて波が立ち，一定の複数の波があるということはできますが，可算性は，より多くのことを前提にしています。諸元素の場合，何が強調される

かという重点の置き方が異なっており，波の場合は，高低が相互に変化するものであるために，可算的な部分をもちません。類似したことを，他の領域，例えば夢の領域にも見いだせます。昨夜自分がいくつ夢を見たか，と問うことができるでしょうか。夢を数え，夢に番号をつけるよう試みることができても，いったい夢のどこに境界線を引くというのでしょうか。いったいどこから新たな夢が始まって，古い夢はどこで終わったのでしょうか。空気を元素と考え，私たちがその中を動くと考えるとき，空気は水よりもさらに捉えがたいものになります。それにもかかわらず，空気を呼吸することなしに，いかなる生物も考えられないのです。空気中の湿度や風向きを規定したとしても，このことに変わりはありません。私たちは空気の微粒子を呼吸するのでも，感じ取っているのでもなく，地球を包む特性を示す空気を呼吸し，感じ取っているのです。

私は，ソクラテス以前の哲学者について言及しましたが，同様に，パリ在住の著作家であるガストン・バシュラールにも言及する価値があります。彼は科学論の専門家として名を上げ，元素〔エレメント〕に関するいくつかの著書も残しました。例えばそれは，火の精神分析や，空気に関する研究でした。

元素は感覚と関係しています。なぜなら，諸性質は，自ずから拡がっているものであり，特定の何かに帰属しうるような特性ではないからです。

ヴァレリーは彼のエッセイの中で，浴槽（バス）に浸かることについて，身体が流動する元素に委ねられると記述し，ダンスの動きの軽やかさについて，心がその動きとともに引きつけられると記述しています[59]。泳ぐことや踊ることは世界－内－存在の特定の様式であり，いまだ，「あるもの」と「誰か」という対立に還元することはできません。ヴァレリーは常に繰り返し身体性へと遡及します。ヴァレリーは，メルロ＝ポンティにとって，プルーストと並んで最も重要な文学の上での助言者だったのです。

2．次に知覚について述べますが，知覚とともに私たちは第二の段階，すなわち事物の段階へと向かうことになります。私たちは「事物」を，変

---

[59] *Le bain*（『浴槽』）と題されたエッセイを参照。それは次のように始まります。「均整のとれた，華やかな石棺（逐語的には肉の消費者）の中で，安らかに横たわる水。それは，生ぬるく，ぴったりと，からだの形に寄り添っている」。（著作集1巻，1724頁）。ダンス／踊りについては *L'âme et la danse*（『魂と舞踊』2巻，148頁以下）参照。

化することのない特性をもち，相対的に文脈から独立している何かと名づけます。例としてトマトを取り上げれば，トマトは熟すると初めて赤くなり，それ以前は青い色をしています。「トマトは赤い」，というとき，私たちは，決して，今見ているままのトマトの任意の状態を記述しているのではなく，特定の色，つまり，この場合では熟した状態の色が取り出されているのであり，その色が対象にとって典型的なものとみなされているのです。また，このような事物でさえ，意識にとって，孤立した諸々の特性が綜合を通してあるものへと統合されるような，意識にとっての単純な対象なのではなく，むしろある事物〔の本質〕に属すのは，正常な状況が与えられるときにのみ変化しないものが維持されるということです。私は照明の例を取り上げました。対象には，変化する光に左右されて，様々に異なった色が帰属するのでなければなりません。しかし，私たちは正常な昼間の光を出発点としているのです。このことは，決して自明なことではありません。私たちは，しばしばそれが全く別様に見えていても，「それは赤い」といいます。そのとき前提にされているのは，状況の正常性であり，身体の状態が正常であることです。サングラスをかけると，色は再び変化します。事物の知覚に際して私は，フッサールが名づけた正常知覚〔Orthoästhesie〕，つまり，感性〔*Aisthesis*〕において正当なもの〔*Orthon*〕が立ち現れているということに言及しました[60]。この正当なもの，そしてこの基準となるものは，特定の正常な状況を考慮しているということを前提にしています。このようにして，ある事物にその色を確固とした事物の特性として帰属させます。しかし，私たちは，事物の確固とした色を帰属させることで，すでに，慣習的な単純化を企てているのです。

　セザンヌは，色に関して，物の特徴として取り扱うことよりも多くのことに着手しましたが，彼は，絵画は風景の芳香を吸い込んでいて，人は絵画の匂いを嗅ぐことができなければならない[61]，と述べています。セザンヌは，共感覚について多くのことを考えており，リンゴは触れるように，

---

60)　上述55頁を参照。

61)　Gasquet（ガスケ）との会話に基づきます。引用は『知覚の現象学』368頁〔邦訳同上，2巻，169頁〕。セザンヌから始める現象学的なインスピレーションの詳細は，以下を参照。*Paul Cézanne, Montagne Sainte-Victoire*『ポール・セザンヌ，サント・ヴィクトワール山』（ゴットフリード・ベームによる『セザンヌ研究』1988年）。

つまり，諸々の感覚領域が相互内属的に移行し，相互に入り込んでいくように描かれねばならない，と考えています。

したがって，事物の領域では，相対的な不可変性が用いられ，その不可変性は，正常な状況と正常な文脈へと関係づけられているのです。

3. 第三の認識することとともに，私たちは，ようやくカントにおける経験判断のレベルに至ることになります。ここで初めて，対象が作り上げられます。対象とは，新カント派の伝統でいうところの述語の担い手としてのX，すなわち，周囲領野や主観の特性から独立して対象に帰属させられる客観的な属性の担い手としてのXのことです。このことが，いわゆる第一次性質を優位とみなす傾向と結びついていることも，あまりに明白です。というのも対象の延長は，視力の弱い人や盲目の人にとって当然，害されてしまう色の知覚ほど主観に依存してはいないからです。対象を規定することができない人はそもそも何者でもないのに対して，感性上の特殊領域の機能の幾つかが機能しなくても，それにより主体の主観性の地位が揺らぐことはないのです。

ここで，三つの階層が示されましたが，これらの階層は，諸々の問題の系列を明らかにしています。これら三つの世界への関係は，どのように，一つの連関へともたらされうるのでしょうか。次の講義では，このことについて述べるつもりです。

感覚することと知覚すること（II）の補足

（第4講義　1996年11月12日）

最後の節で，性質，事物，対象という三つの区分が導入され，まずもって，感覚することが，感覚的性質に関係づけられると述べられました。知覚には特定の事物が対応し，認識すること，もしくは経験することには，カントの意味での対象が関係づけられます。この三つの区分とともに感覚論と認識論との間の連関が立てられるべきなのです。この区別が重要なのは，私たちは身体性に関するものすべてを，あまりに早急に認識論的に解釈しがちであり，どのように事物を認識するのかという問いに集約しがちであるからなのです。しかし感覚することについての問いは，世界における単

なる認知的な方位づけを越えて広がっています。認知的方位づけに私たちは，様々な段階を経て近づきました。それとともになされた区別は，まず，a）諸々の感覚的性質の間の区別であり，この性質において私たちはみずからを事物のうちで，そして事物それ自身とともに経験しています。エルヴィン・シュトラウスは，「(……) 感覚することにおいて，感覚するものは，みずからと世界を，世界のうちで，世界とともに体験する」，と述べています[62]。－b）事物の知覚においては，すでに，不可変性の現象が問題になります。つまり，何かが繰り返し現れ，例えば，ある特定の色を特徴としてもつものと再認されるのです。－c）認識の対象において問題になるのは，もはや，繰り返し現れる状況における不可変的な現象ではありません。カントとともに，認識するすべての存在にとって規定されるように，対象について語るという試みがなされるのです。以下において，この三つの区分について，三つのコメントを付記したいと思います。

付記 I 感覚的性質の第一の段階で，私たちは先－世界〔Vorwelt, prémonde〕を問題にしています。メルロ＝ポンティはこの表現を，明確に形成され作り上げられた世界に先行する世界に対して用いています[63]。彼は，先人間的世界についてさえ語り，それは，未だ完全に文化的ではなく，文化それ自身の根底に位置する世界なのです。第二の段階で私たちは，生活世界をもっており，それは，常にすでに特定の仕方で解釈され，実践的に有効な仕方で形成されています。そして第三の段階で，抽象的な手続きによって，即自的な自然そのものが形成されるに至り，それは，特殊な生活世界的諸前提への一切の関係から解放されて，例えば，物理学的世界として存在します。私たちは物理学について，ドイツの物理学もしくはアメリカや中国の物理学が存在するとは言いません。物理学はある仕方で諸文化を越えてしまっているのです[64]。

---

62) 『感覚の意味』（1956年）372頁。
63) 『知覚の現象学』372頁〔邦訳同上，2巻，175頁〕。
64) 私が「ある仕方で」と述べたのは，文化的な諸々の制約を越えることの条件それ自身が，再び文化的に形成されているからです。特に甚だ極端な仕方でこのことが明らかになる例として，中国の核兵器がアメリカの核兵器と同じように，発火し，同様の荒廃を引き起こすことを考えてみるとよいでしょう。ここには文化主義の限界があります。核兵器はすべての兵器のシステムと同様に，特定の文化の発明に属しているが，その兵器がもたらす破

この三つの段階は，様々な中間段階，ないしは，移行を許容します。このことを幾つかの例によって説明しましょう。第一段階から二段階への移行では，動物もすでに事物と関わっているのか，という問いが立てられます。これに関して，W・ケーラーによる詳細な研究があり，彼は実験を通してチンパンジーの行動のレベルを細かく区分します[65]。ある意味でチンパンジーは，いかなる「事物」も見出してはいません。チンパンジーが棒を，道具として用いることはないのです。というのも，道具を用いることは棒の脱コンテクスト化を前提にすることになるからです。つまり，チンパンジーはその棒を，様々な状況に合わせて予め用意でき，場合によっては，それに相応する道具を制作できるのでなければならないことになるからです。棒のような「事物」は，チンパンジーにとって，一定の機能価値をもつにすぎません。本来的な道具の使用は，反復可能性を保証する創設という意味での発明を前提にします。〔そのとき〕猿は「バナナが高いところにぶら下がっていれば，棒を使う。だから何本か棒をとっておくか，将来起こりうる状況のために用意しておく」と言えるのでなければなりません。しかし事実は，チンパンジーはその「道具」をそのつど新たに発明せねばならず，その状況を常に繰り返し新たに克服するように，棒に手を伸ばさなければならないのです。さらにケーラーの記述によると，猿は，座っている箱を上に積み重ね，バナナに手が届くように梯子のようなものを組み立てる，ということです。しかしこの梯子もまた，常に繰り返し新たに発明されるのです。それゆえケーラーは，事物の機能価値について述べるわけです。箱や棒は，機能価値を，そのつど変化しうる状況の中でもっていて，その価値は，例えば，座る器具からよじ登る器具へとそのつど変化しうるのです。確かにこの機能価値の間にはある連関が成立しています。しかし，私たち人間がその箱を箱として同一化し，その箱があるときは座るための道具として，またあるときはよじ登るための道具として使用される，そうした同一の箱について述べるような意味で，猿が道具を同一化することは，決してないのです。そのときに初めて，私たちは，同一の対象を，つまり様々な状況に様々な仕方で適用可能な事物をもつことになるのです。人間を道具を作る動物〔*toolmaking animal*〕[66]として語ること

──────────
壊は特定の文化の文脈に境界づけられることはないのです。
　65)『行動の構造』122-30頁〔邦訳同上，171頁以下〕参照。

は，人間が個々の状況で打開策を切り開く何かを行うということを意味するだけではなく，潜在的使用という観点での道具としての道具の発明と創造を指示していることも意味するのです。

「動物は事物をもっているのかいないのか」，という問いは，私たちを特定の選択肢の彼方へと導くことになります。つまり，動物は，すべてが自動的に経過する工学的機械ではなく——というのもケーラーが示しているように，チンパンジーもその環境の中で，発明を通じて状況を克服するのですから——，また，道具を作る動物でもない——動物は，状況に対して距離を，すなわち可能的に規定された事物をその状況から独立に把握するための距離を，もってはいないという意味で——ことになります。この本来的な人間性を形成する可能性や虚像性〔Virtualität〕の契機に関しては後に語ることになるでしょう。

より細かな差異化を問題にするために，エルヴィン・シュトラウスが用いた図式について指摘したいと思います。彼は，「感覚のスペクトル」という章において，スカラー〔尺度〕で表現された様々な感覚の連関を呈示しています[67]。その際，彼は二つの極を出発点にとっています。すなわち，一つの側面は状態性であり，他方は対象性です。この図式は，シュトラウスが，カントの人間学から借用し，それを相応しく転用したものです。すでにカントが出発点に取るのは，感覚は多分に状態的であり，強く，私の情態性に関わっているか，もしくは，多分に対象的であり，高度に，認知的ないし認智的〔グノーシス的〕機能を果たしているということです[68]。極端な両極は，一方では痛みの感覚であり，他方ではいわゆる遠隔感覚としての視覚と聴覚ということになります。それらの間に中間に位置づけられる触感覚が置かれます。痛みもまた，——これはもはやカントの解釈で

---

66) ベンジャミン・フランクリンがそう述べています。カール・マルクスは，人間を「道具の制作者（Instrumentmachers）」として規定するこの定義について，「国家市民（Stadtbürgers）」としてのアリストテレスによる人間の定義が，古典的な古代の人々に対して特徴的であるのと同様に，この定義は「ヤンキーと呼ばれる人々（Yankeetum）」にとっても特徴的である，と述べています。Das Kapital『資本論』MEW 23, 346頁。更なる詳細は，Hannah Arendt（ハンナ・アレント）の Vita activa（『活動的生(活)』1981年），145頁参照。

67) E. シュトラウス『感覚の意味』（1956年），390-403頁。

68) I. カント『人類学』「五感について」（B45ff., Ausg. Weischedel, Bd. VI, S. 445ff.）〔邦訳『人間学』渋谷治美訳，カント全集15，岩波書店，2003年，62頁以下〕。

はなく現象学的な解釈ですが，——私たちを傷つける事物と関係しているのです。快感の場合も同様に，事物が快感を起こす限りで，私たちに関わっていますが，事物の特性は，いわゆる遠隔感覚である視覚や聴覚において何かを見たり，何かを聞いたりする場合のようには，際立つことはほとんどありません。痛みはいかなる志向的対象ももってはおらず，身体的な情態感に関わっています。つまり，私は特定の身体の場所に痛みを感じるのです。「私は何かを見る」と言えても，「私は何かを痛む」ということは不可能であるのに対して，見ることや聞くことは私たちが世界において出会う何かを明らかにするのです。

そうは言っても，見ることや聞くことも，言われるほど単純に遠隔感覚であるわけではなく，ここでも形態形成（例えば，時間の要因）の様々な形式が強く関与しているのです。再び見ることは再び聞くことと同じではありません。再び見ることは，あるものが，私が別の場所にいる時間にも，視覚的にとどまっていることを前提していますが，音響の形態は絶えず新たに産出されます。私たちは確かに，「これは同じメロディーだ」と述べますが，音響やメロディー，音楽などの音一般の反復は，空間内で視覚可能なものが再び現れることに較べて，より時間に拘束されているのです。ここには多くの問題が隠されています。例えば，時間性と空間性はどのようにして関わりあっているのでしょうか。すべての感覚ないしすべての感覚の種類が，単純に一つの段階に置かれるわけではないことを示唆しておきたいと思います。

触覚が特に興味深いのは，それが二つの方向性に，つまり状態性の方向と対象性の方向とに傾向づけられているからです。触覚感は，例えば痛みなどに移行します。ナイフで手を切ったとき，「ナイフに触った」とは言いません。自分の指が出血するのを見るとき，認智的なもの〔グノーシス的なもの〕は消えさってしまいます。ここでは知覚することはけがに結びつけられます。両者は繋がっており，私が知覚するナイフと，そして私を傷つけるナイフは，同じナイフなのです。したがって，知覚はいつでも，障害，ないしけがへと転化しうるのです。

似たことが視覚と聴覚にも当てはまります。激しい騒音や耳をつんざく音は，痛みを喚起する強い音へと高まりえます。「何かを聞く」という聴覚も身体的なけがへと移行しうるのです。激しい騒音に相応するのが，視

覚の領域で，強い光に目が眩むことです。私たちは，「何かを見る」というとき，意味へと志向的に向かっていること，つまり適切なコード化から始めています。目が眩むことは，視覚が突然中断し，盲目に陥るほどの強い明るさによって生じます。プラトンの洞窟の比喩を，失明についての二つの形が語られていると読みとることができるでしょう。一つは，洞窟から光へと歩み出ると，はじめは，何も見えないことです。まずは光に慣れなければならないからです。他方，同様なことが，光から洞窟の暗闇へと戻るときにも起こります。視覚は単に特定の性質を受け取るのではなく，それは絶えず，そのつど妨害されるかもしれないある正常な条件の下で，遂行されるのです。目が眩むとは，ある限界状況を意味しており，そこでは，見ることが何かを開示することが端的に拒絶される出来事へと移行することになるのです。

　触感覚は正確に，状態性と対象性の間にあるものです。私はこれまで触覚における痛みという一つの方向性を強調しました。しかし触覚はもちろん触－診〔*Be*-tasten〕ないし手－探り〔*Er*-tasten〕という意味ももっています。私は触診することで何かを明らかにします。しかし触覚は私自身も変化させます。温かい対象に触れると，温かさが知覚されるだけではなく，知覚する手それ自身が温かくなります。私の手が熱せられることで，火傷をすることもありえます。ここで，知覚された性質は直接有機体の固有な状態へと移行し，遂には有機体のけがや，消滅にまで至るのです。

　最後に，対象の認識についてさらに付け加えたいことは，対象性のもとでは，理念化の一定の度合いがあり，それがメートル化にまで行き着くということです。例えば空間は，初めは歩く人や農業に携わる者，兵士などが用いる言葉の中で分節化したものです。距離は，日毎の道のりで算出されます。つまり計測とは差し当たり，身体の運動に従っているのであり，野原の周囲や道の長さは身体の運動が代弁するものなのです。他方，「20ヘクタールあるとか，120キロメートルある」というようなメートル化は，対象化を文脈的な記述よりも，さらに一層進めるものなのです。「3日かかる」というとき，この尺度は，私の移動の手段に依存していますが，それに対し，「120キロメートル」といわれるときには，その距離を歩くのか，自転車で走るのかは，どうでもいいことです。したがって，そもそも対象化は，決して一義的な大きさなのではなく，多かれ少なかれ相対的に，文

脈や状況から切り離されているのです。もちろん，絶対的に文脈から自由な対象性というものは，単に限界状況として考えられるにすぎません。物理的な測定でさえ，観察者の立脚点，つまり観察者の運動の仕方に依存しており，このことはアインシュタインによる現代物理学の諸認識の一つに属しているのです。

付記 II ここで述べられた（感覚すること，知覚すること，認識すること）段階づけは，私たちが感覚し，知覚し，経験し，認識することに当てはまるだけではなく，感覚する主体それ自身にも該当します。このような尺度化〔スカラー化〕は，何かが私に現れるその仕方を変化させるだけではなく，私にもしくは誰かある人に，何かが現れるその様式をも変化させるのです。

バシュラールは，新たな学問的精神に関する彼の著作の中で，自分の思索部屋にこもり，絶えず変化する蠟の塊について記述するデカルトに言及しています。蠟の塊の変化はデカルトにある考えを，つまり蠟が本来そうであるところのものは，その延長のうちにのみその本質をもつという考えをもたらしました。というのも，性質は絶えず変化するからであり，蠟はそもそも，恒常的な事物や計測可能な対象という意味での規定可能な何かではないからです。それに対してバシュラールは，固まった蠟と軟らかい蠟がどうして同じものといえるのか，というコメントをします。蠟が変化するとき，蠟を知覚する当の者も同様に変化するといっては，どうしていけないのか[69]，この何かを経験する者へと越え拡がる変化が存在してどうしていけないのか，というコメントです。私たちが用いた火傷の例も，同様の方向性を示しています。

付記 III 感覚すること－知覚すること－経験することという尺度〔スカラー〕に矢のような方向性を与えて，このスカラーを様々に解釈すること

---

69) G. Bachelard（G. バシュラール），*Le Nouvel Esprit Scientifique*（『新しい科学的精神』1973年），172頁〔邦訳『新しい科学的精神』関根克彦訳，筑摩書房，2002年，207-08頁〕。「蠟が変わると私が変わる。つまり，蠟を考えているこの瞬間に，私の思考であるところの私の感覚とともに私が変わる。というのも，感覚することは，コギトについてのデカルト的な広義の意味おける思考すること（penser）だからである。」

ができます。例えば，植物から人間的なものへの一義的進歩と解釈して，感覚することは，おそらく植物にも当てはまり，動物には当然それがいえるが，人間になると，理性〔ratio〕が，つまり理性的な思慮が付け加わり，私たちは，動物性という出発段階を決定的に背後にするという解釈です。このような見方によれば，一義的な増加，すなわち，状況に没入している単なる情態性から，対象性の形式における距離をとる認識に至るまでの一義的な進歩が認められることになります。しかし，ここで，本当に，一義的な進歩が問題になっているのでしょうか。それとも，こうした変転は進歩と同様，退行をも，ないし，獲得と損失を示しているのではないでしょうか。こうした進展を適切に評価するための唯一の統一的基準が存在するのでしょうか。もし〔進歩の〕目標点が，事物を，それがそれ自身で即自的に存在するように認識することにあるとすれば，感覚することは単なる前段階にすぎなくなり，アリストテレス的に言えば，私たちは事物を差し当たり，それが私たちにとって〔für uns〕という状況において存在するように経験するが，徐々に，即自的に〔an sich〕存在するような事物へと近づいていく——ないし神が事物を思惟するように——，ということになります。しかし，こうした一義的な考察の仕方は問題を孕んでおり，獲得と損失がそれぞれ内在的に関与しあっていることが明らかにされうるのです。もう一度，感覚することと知覚することのそれぞれの段階における色の性質を，例として取り上げましょう。色は，初めは性質や特徴であるものが，最終的に，例えば金の黄色のように事物の特性となります。こんな単純な例でも，色の性質は，事物の特性によって表現されるものより，内容的に豊穣なものであることが示されます。というのも，もし，金の黄色が単に中性的な色の特性とみなされるのであれば，それにより，なぜ金がまさにそうした価値を有するに至るのか，という問いが見落とされてしまうからです。いったい，どうして，金が，硬貨になったのでしょうか。なぜ金が集められ，鉄は集められないのでしょうか。金の稀少性だけでは，十分な説明にはなりません。カール・マルクスは，経済の交換システムから始めて，どのようにしてそもそも金が一般的な価値の市場へと参入するのかを正確に記述していますが，その彼でさえ，この物質がその象徴的な付加価値をもつのは，とりわけその特別な光を放つ力による，と示唆しているのです[70]。

すべての色は，それぞれ特別な価値を帯びているのであり，煽動するように刺激する赤や，輝く青や，満ち足りた緑がみられ，こうした性質は諸対象の諸特性を遙かに越えていくものなのです。文脈依存性は，単に限界づけられていることを意味するだけではなく，指示連関に満ちていることであり，指示連関の多様性を意味しているのです。

動物や幼児の行動において，諸対象が詳細に規定されればされるほど失われていってしまう，特に大きな指示連関の豊穣さや多義性に出会います。チンパンジーは，ひとつの対象を様々な仕方で使い，子供は，木片を手にして動かし，機関車や自動車にして遊んだり，積み木にして使ったりして，木片にまつわる様々な可能性を楽しむのであり，その中には，火をおこして遊ぶといったことも含まれます。大人になるということは，私たちにとって事物の機能がたえず一義的になるということであり，世界の一義化を意味する，と風刺的に述べることができます。諸々の対象は，精密な機能をもつ，同一物として扱われ，それにより，事物の多様な価値が失われていくのであり，それらの価値は，ときとして，私たちの夢の中に姿を現したり，芸術の形式の戯れにおいて容認されていたりするのです。

ですから，知覚へ戻るということは，事物がなおも多くのことを意味しうる世界に戻るということを意味するのです。今日，この世界の一義化は，正常化や同質化という諸概念のもとで議論されています。諸感覚の同質化や正常化が行われており，そこでは特定の状態〔Status〕が絶対化され，それ以外の一切が余計で重要ではないものとして脇に押しやられるのです。すでに感覚のレベルで世界の豊穣さが表現されているのですが，その豊穣さは，規則化され，法則化された諸経過の見通しのよさと衝突することになります。ここでも，合理化の問題が立てられているのであり，この問題についてメルロ＝ポンティがピアジェと議論しているのです。ピアジェは，ハーバーマスと同様，普遍化の一義的運動を擁護する立場に属します。それに対して，普遍化なしの普遍性について，つまり一般的なものへの圧力を欠いた普遍性について考える必要があります。そのとき，一般的なものとは，多くの中の一つの契機なのであり，この契機がある役割を演じているのは，疑いの余地がありません。というのも，これまで何度となく述べ

---

70) *Grundrisse*（『概要』），II：金／通貨に関する章，例えば83頁参照。「それ（貴金属）は初めから，過剰さを表しており，そこにおいて豊穣さが根源的に現れている」。

られたように，問題なのは物理学をコンテクスト化することではないからです。そんなことは，実に馬鹿げたことです。怪物化しているドイツ物理学を考えれば，コンテクスト化の無意味さは明瞭です。したがって，普遍性が，擁護に値する意味を持つことは明確であり，それは諸々の状況や文脈を超えていくものなのです。ただ，問題なのは，普遍性を普遍化，つまり，文脈や具体的な連関を単なる前段階として扱い，それらを単に主観的なものや個別的ものへと押しやってしまうプロセスと結び付けていいのか，ということです。ここで明らかになるのは，諸感覚への問いが単なる心理学をどの程度越えていくのか，ということです。なぜなら，人間という存在とともに，私たちの世界の成り立ちも問われることになるからです。合理性に関する問いはすでに，感覚の領域において始まっているのです。感性上感覚することは単なる先行段階ではありません。もしそうなら，私たちは，感覚することの段階で，単に認識のための素材を拾い集め，そこからある一般的に妥当するものを組み立てるということになるからです。むしろ認識することこそが，一切の偶因的なもの，多義性および非閉鎖性をともなう形態形成と構造化の感性的プロセスへと遡及的に関係づけられているのです。

III

空間時間的方位づけと身体運動

———

　本章では，世界のうちで身体がとる方位づけが問題となります。自発的な運動は，私たちが行為したり特定の活動をなす場合に，たえず働いています。その際決定的なのは，私たちが循環と関わるのであって，直線的な因果性に関わるのではないということです。すなわち，私たちが注意を払うものは，私たちが行うことに働き返しているという循環です。

　簡単に古代を振り返ってみると，このテーマの難しさが示されます。プラトンとアリストテレスにとって，自己運動はまさしく生の定義に属しています[1]。生命を有するといえるのは，それ自身で動くものなのであり，ギリシア人にとって全自然（自然と宇宙の全領域）とは，万物が自ら運動するという意味において息づいていました。星々さえも自ら運動するのであり，天文学者や時計職人——神とよばれようと人間と呼ばれようと——によってその運動が起こされているのではありません。一切は，植物，動物，人間，天体，それぞれ自分なりの仕方で動きます。——プラトンは霊魂をオート　キヌーン〔$αὐτὸ\ κνοῦν$〕自分－自身で－運動するものと規定します[2]。彼は世界霊魂，すなわち生命を吹き込まれた宇宙から出発します。これはアニミズムに見えますが，それが意味するのはより初原的で根本的なもののことです。自然〔Natur〕と対立する，フュシス〔自然〕と対立するのはそれゆえ，ギリシア人にとってはテクネー〔技術〕の全領域です。この領域に属するのは手仕事の技術ですが，私たちが今日芸

　1）　本書36頁を参照。
　2）　Platon, Phaidros（プラトン『パイドロス』，245c）〔邦訳，藤沢令夫訳，田中美知太郎・藤沢令夫編集，プラトン全集5，岩波書店，1974年，177頁〕。

術と呼ぶものも含まれます。アリストテレスは技術を，次のような事物の領域と定義します。すなわち，それらの事物は，その運動ないし変化の原理を自己自身の外部に持ち，自ら運動することができない，そのような事物の領域なのです。机はそれ自身で出来上がるのではないし，机に子供があるわけでもありません。生命を有するものは，それ自身で子孫を残すということによって定義されます。「人間は人間を生む」[3]というアリストテレスの命題は随分平凡に聞こえますが，現代の遺伝子工学を考えてみると，それほど平凡でもありません。机は，誰かが材料を調達し，それから形を与えたときにはじめて成立しますが，一方動物は私たちによって製造されるのではなく，自ら栄養を摂って生殖するのです。――仮にアリストテレスが自然へ介入する可能性を考慮しぬくとしても，事態は変わりません。アリストテレスが述べているのは純粋な自然ではなく，技術が自然に役立っているのであり，自然がその目的に至りえないとき，自然に力を貸すということなのです。自然に優しい技術という，今日，それを理解するのに大変骨折らねばならない考えは，アリストテレスにとっては自明な事柄でした。なぜなら技術も，自然に与えられているものとともに働くからであり，技術は自然を模倣し，それと同時に自然を完成するからです。フュシスはそれゆえ，自ら動くものの領域として考えられ，テクネーは外側から動かされるものの領域として考えられます。自己運動は生命を有するものの一切，宇宙に属するものの一切に該当します。今日私たちが，特別な身体的自己運動について語るとき，プラトンとアリストテレスなら，す・べ・て・が運動に満ちている（「すべてが神々に満ちている」というように[*]），と述べるでしょう。自己運動は，世界に関して最も自然なものなのです。

　同じようなことは空・間・についても当てはまります。今日，苦労しつつ考え改められている，その内部を私たちが動く空間というものは，ギリシア人にとっては，同様に自明な事柄です。ギリシア人たちは空間を，点と線を持った空虚な空間図式とは考えず，トポス，すなわち，生けるものが住

---

　3) Aristoteles, Metaphysik, XII（アリストテレス『形而上学』第12巻，第4章1070 b34他を参照）。〔邦訳，出隆訳，出隆監修，アリストテレス全集12，岩波書店，1968年，410頁〕。

　*) タレス（B.C.624-546頃）の言葉と伝えられる「すべてのものは神々に満ちている。」（DK, A22）を念頭に置いていると思われる。『初期ギリシア哲学者断片集』（山本光雄訳編，岩波書店，1958年）7頁を参照のこと。

まう空間として考えます。プラトンの場合（『ティマイオス』*)の後半で顕著ですが)、上記の空間のほかにコーラー〔Chôra〕があります。コーラーは現代物理学に近しい考え方です。というのは、コーラーは測定可能な物体をそのうちに受容するからですが、これに対して、アリストテレスのトポスは、「場」ないし「場所」と訳すのが最適です。事物は特定の場所を所持していますが、これは自然の事物に妥当し、何かがその場所にあるといわれます。これに対し、空虚な空間図式という言い方は任意の複数の空間点から出発しており、どの点にも何ものかがありはしますが、いかなるものも、固有にその場所を持っているのではありません。他方、ギリシア人は、存在するものの一切はそれに固有で、そのものに属する場〔οἰκεῖος τόπος〕を持つと考えました。石でさえ、地球の中心に近い、自然に即した場を持つのであり、それは、重力場があるからです。石は地球の中心点のほうに向かって下方に押し進むのであり、火と空気は上方へと逃れ去ろうとします。諸元素〔エレメント〕も、このようにして、この自然上のトポスの説に関与しているのです。

　ギリシア人は、時間も、そのうちに特定の出来事が書き込まれるような空虚な図式とは考えてはおらず、プラトンの場合、カイロスという有名な言葉がみられ、これは「時宜を得た瞬間」を意味します（聖書ではこの表現は救済史的な意味を持ちます）。地上における生命は、すべて、「自らのとき」を持つのです。農民の場合、いつでも、どんなことでもできるわけではなく、どんな活動であれ、それに都合のよい時期があります。種まき、干草の取り入れ、果実の収穫などの時期です。機械技術は、これまでに、大規模にこの宇宙論的な時間のリズムに介入してきており、温室は工場と同様に、天候や季節に依存しません。ギリシア人の場合、労働作業はほとんど、自然に則って行われます。正しい瞬間、カイロスが見出されなければなりません。同様のことは行為、例えば、適切な瞬間が訪れるのを待たなければならない戦略にも当てはまります。人間の自己運動（と同時に行為の自己運動）は、こうした思考にとって、一切が自ら動く以上、馴染みのないものではないのです。

　困難が伴うのは、自らに空間を作り与えるような身体的な自己運動をど

---

*)　Platon, Timaios（プラトン『ティマイオス』）〔邦訳、種村恭子訳、田中美知太郎・藤沢令夫編集、プラトン全集12巻、岩波書店、1975年〕

う考えればいいのか，ということにあります。身体的な自己運動は空間への特定の関係を持ち，この関係は身体的な自己運動のほうから考えられるはずであって，書式のように，そのうちへと諸々の運動が書き込まれるような空虚な図式として前提されているのではありません。空間を自らに作り与えるような身体的自己運動は考えられるのか，しかも，その空間をことさらに表象することなくして。ヴァレリーは，私たちが人を観念を通じて歩けるように試みるとすれば，どうなるか，と問います[4]。この問いはムカデの場合，強烈過ぎてどうしようもない問いですが，人間の場合にも同様の困難をもたらします。皆さん，試しに，前に向かって歩くときの諸規則を挙げてみてください。私たちは，歩行を，音楽を学ぶように，つまり，手で一定数の楽器操作を行ったり，口に特定の形と位置をとらせたりするようにして，学ぶことはできません。「あそこを誰かが歩いている」という自己運動は，それを単純に驚異として考察する他，考えようがないのではないでしょうか。確かに特定の規則性が働いてはいても，どのようにそれを把握し，誰がそれらの規則性を認可して，責任を負えるといえるのでしょうか。

1 身体図式と身体による場所の占有

現在に目を向けると言語論と同様，行為論の過剰さが目に付きます。行為論は，幾重にも，伝統的な図式に即して展開しています。すなわち，自然主義的基盤が存在し，それは，全くもってデカルト主義的に見えるのです。なんとも性急に，「機械的運動」としての「反省」が持ち出されることでしょう。この後には慣習的な上部構造が設置され，人間の行動に特殊なものとして，意識された志向が，ないし規則に従うことが際立たせられることになります。人間の行動というものは，このように規則づけられた行動，志向的に方位づけられた行動のように，あるいは——コンピュータモデルに方向を取れば——プログラムされた行動のように現出しています。これらすべての契機は，当然，働いており，一切の身体的な行為と行動には目

---

[4] 本書180頁を参照。

的，規則，何らかの類型が備わっています。ただ，問うべきなのは，そこで規則づけられるはずのこの行為そのもの，つまり一つの方向に即して，ある程度プログラム可能であるような，この行為そのものは何かという問いです。

　ハーバーマスの行為論，特にその最も差異化の行き届いた体系（私は彼の壮大な『コミュニケイション的行為の理論』*) "*Theorie des kommunikatives Handelns*" を参照します）において，行為は，人が妥当性の要求を立て，特定の規則に従ってというように，形態化され，それに付け加わって——まさに奇跡のように！——この行為が物(的身)体の運動に伴われるという状態になるというのです5)。こうした語り口は，全くデカルト的です。私が誰かに挨拶するとき，その挨拶は，それに並存するある特定の物(的身)体運動が遂行されることにある，というわけです。いったい，挨拶するという行為は，挨拶というソフトが運動という特定のハードの中で，その物質的実現を見るといった意味で，手や頭の運動において単に現実化されている，ということができるのでしょうか。それとも，身体性そのものが挨拶という行為の目的と諸規則を同時に作り出しているといわねばならないのではないでしょうか。求められているのは第三の立場であり，それは，このような新デカルト主義的なモデルから出発するのではありません。この新デカルト的モデルは，行為を物(的身)体運動とそれに諸規則を加えたもの，ないし妥当性の要求を加えたものへと配分しているのです。

　身体に特徴的な空間性を素描するために，単純な例から始めましょう。私の腕が机の上にあるのと，鉛筆が机の上に転がっているのとは同じではありません。空間内で諸事物が並んでいることと私が空間の中にいることとの間の相違は何でしょうか。私は確かに，空間内の事物のように自分を考え，測定することもできます。しかし，そこから生じる根源的な空間性をいったいどう理解すればいいのでしょうか。ハイデッガーが存在者の世界内部性と名づけるものと6)——したがって，空間内に現れている諸事物

---

5) 本書257頁を参照。
6) Heidegger, M. (M. ハイデッガー), *Sein und Zeit*（『存在と時間』1953年），§22〔邦訳『有と時』辻村公一，ハルトムート・ブフナー訳，第22節，159頁以下，（辻村公一・茅野良男他編集，ハイデッガー全集2巻，創文社，1997年）〕。
*) Habermas, J. (J. ハーバーマス), *Theorie des Kommunikation Handelns*, 2. Bde（『コミュニケイション的行為の理論』1981年），〔邦訳『同（上・中・下）』，河上倫逸

や実在と——，その他の著者とともに，空間のうちで住まうと名づけられるようなものと，これらの間の相違を生み出すのは何なのでしょうか。私たちは家と同様に空間にも居住します。しかし，この住まうことと身の回りのことをすることとは，いったい何を意味しているのでしょうか。

さて，ここで，自己運動の記述から，自分自身で感知するところのものへ，実に性急に移ることもできるかもしれません。私は，すでに一度，ヘルマン・シュミッツの最近の理論を示唆しておきました。それによれば，身体とは人が観察するものではなく，根源的には，目前に見るものではなく，それは，内的な感知に開示され，ということは，運動知覚にも開示されるものです。以下，私は，この直接的な方途を進もうとは思いません。というのも，この方途は，半ば叙情的になりつつ，半ば問題を含む直接的な記述の仕方に陥ってしまうからであり，むしろ，メルロ＝ポンティもそうするように，特定の生理学的なモデルを介した回り道を取りたいと思います。この道が薦められるのは，生理学，医学，神経生理学のような分野が日常言語にまで浸潤しているからでもあります。前もって与えられているこの浸潤を忘れ，単純に，まるで「お腹の底から」直に私自身を言明しうるかのようにすることは無意味です。できるのは，ただ間接的にのみ，自己存在について語ることであって，諸事物の記述の後に自己存在について語れるのです。

私たちは，ある意味で私たちの運命ともなっているデカルトの没後350年記念を祝っています。「非－デカルト主義者であれ」と単純に言うことはできません。なぜなら，デカルトを攻撃するまさにそのとき，私たちはデカルトに依存したままだからです。身体についての考え方を改め，新しく考え直すということも，何らかのデカルト主義を前提していて，このデカルト主義は私たちの文化に属しており，したがって，端的にアジア人となることができるとか，デカルトについて何も聞いたことなどないかのように振る舞うこともできません。そうすることのなかにも，諸問題の抑圧が含まれているのです。身体性の理論は単純に，あたかもデカルトが存在したことがなかったかのようにしたり，無造作に，再び，ギリシア人となりうるかのようには論ぜられません。確かに，そうした方向に目を向け，

他訳，未来社，1985-87年〕

諸々のコントラストを認め，私たちのもとでは何かが失われてしまったことを見て取り，注目することも，可能ではあります。しかし，新たな言語を求めることで，今日私たちが抱える諸問題を単純に飛び越えることはできないのです。

さて，物(的身)体の統一性はどのようにして規定されうるのでしょうか。私は一つの物(的身)体を持つと，そもそもどうして，言いうるのでしょうか。物(的身)体は五官を持ち，そこには10本の指があり，皮膚やその他多くのものがあります。物(的身)体の統一性の問題が平凡な問いではないのは，精神分析の深みにおいて，原初にみられる身体の細断の問題やそれに相応する統一形成の問題が浮上することを考えれば，明らかです。私が自分を一つの身体的本質とみることは，ラカンの研究がこのテーマについて示すように，すでに特定の統一の創設を意味します。どのようにして統一性が実現され，その結果，私は「私の身体」と言いうるようになるのでしょうか。どのようにして私はこの単称のものに達し，なぜ，私は私の身体については機械のように，特定のねじや導線からなる機械のように述べることができないのでしょうか。機械の場合，私は機能から出発します。ここでフッサールが問うのは，私はいつ一つの機械について語り，いつ，複数の機械があると言うのか，ということです。一つの機械部品（例えばねじ）が特殊な機能を果たすとき，私はこれをいまだ，小さな機械と名づけることはせずに機械全体の部分とみなし，それは，機械が機能することに役立っているといえるものです。機械の統一性に達するのは，機能という観点からしてなのです。このことは，人間の場合も同様なのでしょうか。身体なるものの特定の機能といったものがあるのでしょうか。栄養摂取機能があり，視覚機能があり，運動にかかわる諸機能もありますが，身体そのものは機能の束，単純に機械と同様に記述可能な機能の束に過ぎないということになるのでしょうか。デカルトは確かにこの記述を試みました。機械モデルはある特定の機能から出発し，この機能が保証されるためには，どのような諸条件が満たされなければならないのか，という問いを立てます。

私は以下で，メルロ＝ポンティも引いているよく知られた理論である身体図式の理論に関連づけてみることにします[7]。この理論の主要な論者は，イギリスの生理学者，ヘンリー・ヘッドとポール・シルダーです。シルダ

ーは，ウィーン精神分析派として知られており，フロイトの学派に属します。身体図式の採用にあたって問題となるのは物(的身)体の統一的な表象であり，したがって，いかにして，またどのような状態の下で私の物(的身)体がそもそも統一的な物(的身)体として体験されうるか，という問いです。その際，様々な契機を区別することができます。四肢の相互の位置関係や物(的身)体内の刺激の局所的な位置づけ，ないし，個々の運動の総括がそれです。ノルバート・ビショッフはその入門書の項目で，四肢の部分の位置に関わる・位・置・感・覚と，刺激の局所的位置づけが問題となる・局・所・感・覚と，最後に，実際の活動にかかわる・力・動・感・覚を区別します[8]。ここで集中的に扱うのは，前の二つの感覚である位置感覚と局所感覚です。

　身体図式の下で何を理解することができるのでしょうか。ヘッドの場合，物(的身)体の中枢神経による代表像であり，したがって，人が物(的身)体について持つ・表・象が繰り返し問題となります。ポール・シルダーは，これに加えて現象として出現する物(的身)体の体験を問うのであり，したがって単に脳内の神経生理学的な代表像だけが問題にされているのではありません。この図式を介して，物(的身)体の統一はどのように規定されているのでしょうか。ここでは三つの接近方法ないし端緒が区別されます。

　・連・合・主・義・的な端緒は経験主義の伝統に対応したものです。この説明モデルに従えば，身体図式にあたっては，像表象の連合が問題とされ，それらの像表象が，総体として，統一的なあるもの，つまり物(的身)体を構成するとされます。こうしたやり方に対してメルロ＝ポンティが批判するのは，この連合主義的図式では，物(的身)体の表象が構築されるような規則ないし法則を提示することはできないという点です。問題なのは物(的身)体の統一である，空間的－時間的な，そして感覚相互間の，また感覚－運動的な統一なのであり，この統一は，体験と行動の発展がみられる中で細かに差異化していくものなのです。しかしながら，この統一形成を説明しうるような統一法則があるわけではないのです。

---

　　7)　『知覚の現象学』1945年，114頁〔邦訳同上，中島盛夫訳，法政大学出版局，1982年，176頁以下〕「自己の身体の空間性，および運動機能」の章を参照。私は以下でこの章に繰り返しかかわります。

　　8)　Norbert Bischof（ノルバート・ビショッフ），*Handbuch der Psychologie* I/I（『心理学ハンドブック I / I』1996年），411頁以下。

1　身体図式と身体による場所の占有

　形態論的な接近方法は、全体的形態としての身体から出発します。とはいえこれも十分ではありません。というのも、いったいいかにして、まさにこの形態に至るというのでしょうか。幻影肢の例をとってみると、幻影肢の出現と結び付けられるのが常である外的刺激が、もはやどこにも見出されないにもかかわらず、その幻影肢が身体図式に数え入れられるということになるのは、どうしてなのでしょうか。

　力動的な接近では、実存する物(的身)体部分の単なる似像や総体意識が問題となるのではなく、現実の、ないし可能的な諸課題によって決まる身体のとる特定の姿勢が問われます。統一はそのつどしなければならない事柄の方から規定されます。それによって、統一はもはや、もともと理論的な統一として（例えば、私たちが図式とみなす視覚的な何かとして）考えられるのではなく、営為や行為そのものの中で確立されるような実践的統一が問題となります。

　例えば幻影肢が存続するのは、患者が消え去った現在とその現在の投影に固執する限りにおいてであり、ピアニストとして引き続き、失われた片手がなおもそこにあり、その働きを果たすことを予測する限りにおいてなのです。身体図式は、この3番目の端緒に即せば、もはや私自身についての直接的で視覚的な表象をではなく、身体的な実存が何かに向けて極化することを意味します。最終的に、身体とは私に固有な物(的身)体が世界に－向かって－存在することの表現なのです。

　ここから、状況空間性と地点空間性との間に重要な区別が生じます。地点空間性は、諸々の所在地点を、したがって空間内の位置を示し、一方、状況空間性は、状況との連関で考えることができます。

　状況空間性について簡単に、この語が使用されてきた歴史の説明をしておきましょう。状況という語はラテン語の *situs* に遡り、これが空間内の状勢の表現とされ、状勢は諸事物にも認められるもので、この規定だけでは不十分です。古代の行為論（例えばアリストテレス）では「状況」と対応するような語はありませんが、それでもエン オ〔ἐν ᾧ〕という単純な概念があり、これは字義どおりには、そこで行為が営まれるところを意味します。それが後に、場合、事情〔*circum-stantiae*〕となり、これは字義どおりには、「事態、状態〔Um-ständen〕」と訳されます。エン オ〔ἐν ᾧ〕とは、行為を「取り囲む」当のものであることになります。状況空間

性は常に身体的なここと結びついています。状況空間性は身体的なここから構築されるのであり、こことは単に客観的空間内での位置だけでなく、また、他の空間点と相並ぶ空間点だけを構築しているのではなく、——厳密にいえば——「ここから」として特徴づけるべきなのです。こことは、厳密にいうと、場所なのであり、そこから運動や活動や経験、触れることや見ることが始まる場所なのです。ここから運動が発し、ここからそこに向かって運動が起こるのです。状況は特定の課題に直面することによって規定されます。状況は特定の空間野を開き、そこではあれこれのものが近接し、あるものはより遠くにあり、またあるものは障害物によってさえぎられたり、あるいは空間野の境界によって閉ざされたりしています。

　さてこの種の空間性について諸々の説明がありますが、まずはフッサールによるそれから始め、次にハイデッガー、最後にメルロ=ポンティの順で取り上げることにしましょう。これに関して、特に有意義な『イデーンII』の中で、フッサールは、「同質的空間」に対置する「方位づけられた空間」について語ります。方位づけられた空間は、特権化された点に向けて、まさにここに向けて整えられており、フッサールはここをゼロ点とも特徴づけています。というのは、この場合、空間システム（空間の座標システム）は、その基準点そのものが、座標軸には書き込まれえないという仕方で、発現しているからです[9]。方位づけられた空間から、上－下、右－左、前－後というよく知られた諸次元が展開しています。カントでさえ、注目すべき箇所（『空間内で方位づけられるとは何を謂うか』という小論の中）で、この問題系を示唆しています。この方位づけられた空間から区別されるのが同質的空間であり、そこでは、絶対的空間形態の間で規定された諸関係が存続しており、その際、それらは一つのここに根ざすことなく、また、一つのここから立案されているということもありません。メートル空間の中では、空間の間隔が測定されますが、この空間は、さらに同質的空間の形成へと導かれます。デカルトはそこから延長〔*extensio*〕という根本的属性を獲得するのです。つまり、どの事物も、それが空間内で現れ出る限りは、延長を有するというのです。カントにあって私たちは拡がり〔*spatium*〕という周知の意味でのこうした空間形式を見出

---

　9)　『イデーンII』（フッサール全集4巻），79頁から90頁及び158頁以下。

1　身体図式と身体による場所の占有　　　　　　　　　　　　　　　　123

すことになります。直観形式としての空間は空虚な図式であり，これは特定の質料によって満たされるのです。

　このような古典的な空間表象は，古典的な数学的物理学にその後ろ盾を見出しますが，観察者が中心的な役割を果たす現代物理学では修正を受けます。それとともに，ここが，物理学の中でさえ，したがって，具体的な生の諸連関を度外視するとする理論の中でさえ浮上するのです。ここは，観察者の形態において現れ，観察者は単純に抹消されてしまうことなく，計測体系の中に組み入れられるのです。

　ハイデッガーは『存在と時間』のある章（§§22-24）の中で現存在の空間性について述べています。そこで言われるのは「ここは事物的に存在するもののどこではなく，（……）の下で隔たりを取っている存在の，下でということであり，これはこの隔たりの－奪取と一緒になったものである。現存在はその空間性に相応して差し当たりはここにいるのなどではなく，あそこにいるのであって，このあそこから自分のここへと帰ってくるのだ」[10]。この箇所で，「ここから」ということで何が理解されるべきかということが，明瞭になります。「ここから」とは，他の位置で始まるような運動に印をつけるものなのです。空間性はハイデッガーにあっては手許に有るものによって，私たちが従事しつつ関わりあうものによって構築されます。したがってここに私がいるというのは，ここでするべき何かがある，私はそれに向かって動くということを意味しているのです[11]。

　活動空間に関するメルロ＝ポンティの記述は，再度，ゲシュタルト心理学の認識に遡って捉えようとします。身体性が空間性に関して意味するのは，すべての形態は二重の背景，つまり，形態が描かれている外的空間という背景と，ともに前提にされている物(的身)体空間の背景とに基づいて現象するということです。これは「上に，基づいて〔auf〕」といった前置

　10）『存在と時間』107頁。
　11）　メルロ＝ポンティにおいては，このことについての考えは，私がここにいるときには，同時に他の場所にもいるのであり，他の場所にいることが第一次的な場合さえ可能である，つまり，私は，私の関心や愛や実存がある場所にいるという考えです。遠方にあるものは，最も近いところで私を取り囲んでいるものより近くにありうるのです。『知覚の現象学』330頁〔邦訳同上，467頁〕。『見えるものと見えないもの　付・研究ノート』311頁〔邦訳，滝浦静雄・木田元訳，みすず書房，1989年〕の中でメルロ＝ポンティは，精神感応（テレパティー）や遠方からおとずれる知覚について述べています。

詞(何かが他のものの上にある,コップがテーブルの上にある)を考察すれば,明らかになることです。この「上に」は「上」と「下」を前提します。けれども「上」と「下」の差異は同質的空間においては意味を持ちません。なぜなら,同質的空間では「下」とはただ,「上」ではない場所に過ぎないからです。——人間の実存と人間の身体性には,直立歩行が属し,「上」(頭と目があるところ)とは,単に相対的な空間の差異が認められるだけではなく,空間をともに形成し,空間を見通しのきくものにする差異なのです。——同様のことは,「並んで〔neben〕」,「中に〔in〕」,「前に〔vor〕」といった前置詞にも当てはまります。これらの前置詞は身体的な諸々の差異を前提にしています。私が「銀行が家の前にある」という場合,もし同質的空間から出発すれば,全く同様に,「家は銀行の後ろにある」ということもできるわけです。なぜ私はこれとは逆に,「銀行は家の前にある」というのでしょうか。空間の居住可能性からみると,建物の体積量は特別な意義を持っています。古いことわざに「猫が皇帝を見る」〔社会的地位の大きな違いを表現する〕というのがあって,「皇帝が猫を見る」ではことわざにはなりません。「前に〔vor〕」とはこの場合,単純にひっくり返すわけには行かない,非対称的な社会的地位を特徴づけているのです。

　二人の著者はこの思想をさらに根本的に,空間の内部とは何か,そして空間の外部とは何かという点に関して展開しました。内部と外部とは,「ここ」に由来する運動の遊動空間からのみ考えることができます。この点を周到に述べているのが,既に何度も言及した,エルヴィン・シュトラウスによる著書『感覚の意味』です。しかしガシュトン・バシュラールもその著書『空間の詩学』において,「から〔Aus〕,〔Ex〕」の現象学を展開する必要があろう,と述べています[12]。「から〔Aus〕」は生きられた空間性を示唆するのであり,「外部〔Aussen〕」は,空間における単なる諸関係から出発するのであるなら,〔それを〕考えることはできないのです。

---

12) Bachelard, G. (G. バシュラール), *La Poetique de l'espace* (『空間の詩学』1957年), 178頁〔邦訳,岩村行雄訳,思潮社,1969年,242頁〕

身体図式に関する補足的注解

(第5講義　1996年11月19日)

この節では空間時間的方位づけと身体運動に関して，どのようにして身体から自己運動が考えうるのか，そして，この身体運動が，人がそこで動く生きられた空間をともに成立せしめるのか，ということが問題となります。身体図式にも，さらに若干の補足的な注解を付け足すことにします。身体図式の問題系は通常の哲学的諸論文ではほとんど登場しません。ここでは，いかにして身体が自己を統一として経験するか，ということに関わります。メルロ＝ポンティの基本的考えは，身体図式の場合，私の世界知覚の客観に，さらに何か他のものが付け加わる，つまり常にそこに居合わせているものとしての私の物(的身)体が付け加わるという意味で，一つの知覚を問題とするのではなく，固有な身体の統一は，その諸活動を通じて設けられる，というものです。身体性の構造化ないし形態化は，ある活動領野から発しており，その領野では身体が役割を果たし，その領野からして身体が一つの身体として経験されるのです。

　a)「上」，「並んで」，「下」，「中」といった空間前置詞はどうでもよいもののように見え，私たちの知覚を分節する他の諸規定のうちの言語的規定であるかのようです。しかしそのような前置詞には既に，一定の生きられた空間性が隠れて働いています。なぜなら，「何かが他のものの上にある」と言うことは上と下との次元を前提にするからです。あるいは，「何かが他のものの中に（家の中に，箱の中に）ある」と言うことは，内と外との区別があることを前提にするからです。これらの区別は，同質的な空間野から始めるのでは，全く展開できません。というのは，同質的空間においては，どの空間位置も原理的に他の位置に対して，交換可能だろうからです。空間の前置詞は，「この」「あの」といった指示代名詞の意味での単なる指示語的な表現ではありません。また，直接，話者の状況にかかわる，「ここ」「今」といった場所的ないし時間的副詞の意味での表現でもありません。空間の前置詞は，事物間の関係を再現するのですが，間接的に，身体的なここからする方向の意味を受け取ってもいます。身体がここにあ

るという場合，そこでは，明らかに，話者の場所，つまり，発話状況の身体的構成が問題になっています。「ここ」は，たとえばカール・ビューラーの言語論で登場しますが，彼は，言語の指示野と，記号運用と記号付与の根源的野を，言語的なゼロ点をめぐってグループ分けしており，このゼロ点において「ここー今ー私ーシステム」が発生しています[13]。「ここ」は，話者の場所として立ち現れ，身体がここにあるということなしには，そもそも表現されえないのです。意識，すなわち，どこか，空間の外部にあり，延長を持たずに存在するような意識（これらの古典的な区別が示すような），そのような意識，ないし精神はここにはありえないといえましょう。ここにあるという，言語論もこれなしでは立ち行かないこのことは，それゆえ身体的なここ，つまり，話者の場所を示唆します。いわゆる指示語と指示野にあって，知覚と発話の間の興味深いつながりが生じています。「このこれ」という語は，これは既にアリストテレスにおいても見出されます（個体とはこの－これである）が，この語は常に指示的な身振りを含んでいます。誰かが「このこれ」と言い，「このこれ」と言った人がどこにいるか分からなければ，この語は空虚であり，使用することのできない記号のようなものです。「このこれ」という表現は，ある方向を与え，この方向が理解されるのは，対話者が状況を共有する場合のみなのです。こうした場合には，それゆえ，指示と発話は互いに移行しています。ある人が「家」について語るとき，私は，まず，あなたの言うその家はどこにあるのですか，と聞く必要はありません。私はその語〔家という語〕を理解し，その語によって何が考えられているのか，だいたい思い浮かべることができます。これに対してある人が「このこれ」，あるいは「ここ」と言う場合，私が理解するのは言葉の上では，それによって何ものかが指し示される，言語的な道具のようなものが問題となっているということだけであって「ここ」がどこであるのかは全く分かりません。無論，この語が用いられる状況を私が共有している場合は別ですが。興味深いのは，空間性が発話に一つの条件として働いていること，この条件は，発話をともに担うのであって，単に語りの対象として現れるのではないことです。この点

---

13) K. Bühler (K. ビューラー), *Sprachtheorie*（『言語理論』1982年），149頁〔邦訳，『言語理論：言語の叙述機能』脇坂豊他訳，クロノス，1983-85年〕，「時間野の起源」について，詳細は§7を参照。

に関して，分析的な言語哲学にある裂け目が走り，この裂け目の開きは，身体性の現象学によってのみ満たされうるのです。

b) 身体図式の文化的，社会的視点について。身体図式の問いは，図式化の社会的，文化的観点と差異を顧慮することによって，さらに探求されうるといえるでしょう。身体図式はたえず同一のままであり続けるのではなく，常に身体のもつ象徴の契機をも含んでいます。比較的早い時代の医学的生理学は身体をいつも質的に差異化し，それに応じて，例えば心臓を情念の座とし，頭部と腹部を，それぞれ知性的な覚醒と感情の激動とに結びついているように解釈しました。このような地勢図には，大変豊かな変化に富む，文化的な諸々の解釈が，流れ込んでいます。身体図式を硬化させる物(的身)体の象徴系の極端な事例は，軍隊の教練，行軍です。これは，特にドイツの兵士の場合（ドイツばかりではありませんが）とりわけ強く刻印されたものであり，そこでは，両脚を並行に，角張った，機械のような動きをつけて，操り人形のように動かし，刺しこまれるような「閲兵式歩調」で行軍します[14]。この身体図式では，両脚と真っ直ぐに伸ばした物(的身)体の特定の部位とが極端に誇張されています。軍隊式の歩行というものがあり，職業として過剰なまでに学習されたものは，日常生活にも入り込みます。物(的身)体の姿勢は，物(的身)体の修練の特定の仕方を通じて刻み込まれています。このことは歩き方一般や，またその他の多くの習慣化された運動にも当てはまるのです。性差の物(的身)体の記述にも，トマス・ラクエールが示したように，自己の像と行為の規範が入り込みます[15]。——さらに，絵画や彫刻での物(的身)体の表現の仕方には，文化による差異がみられます。ブルーノ・スネルはその著書『精神の発見』の中で，古代ギリシア人たちにおける物(的身)体の表現の仕方について述べています[16]。その際興味を引くのは——これは身体図式と一定の関わりをも

---

14) 物(的身)体の軍隊化に関しては，Urlich Bröckling (U. ブレックリング), *Disziplin*（『軍紀』1997年）を参照。

15) Th. Laqueur (Th. ラクエール), *Auf den Leib geschrieben. Die Inszenierung der Geschlechter von der Antike bis Freud*.（『記述された身体：古代からフロイトまでの性の演出』1992年）。

16) B. Snell (B. スネル), *Die Entdeckung des Geistes*（『精神の発見』1955年「第1章 ホメーロスにおける人間把握」）〔邦訳『精神の発見－ギリシア人におけるヨーロッパ的思考の発生に関する研究－』新井靖一訳，創文社，1974年，15頁以下〕。

ちます——「物(的身)体」に当たる幾多の語を表現するホメロスのギリシア語で，そのほとんどが，四肢の複数形〔μέλη〕のみを使っているということです。物(的身)体については，私たちがするように，単数形では言い表しません。私たちは「私は一つの物(的身)体を持つ」と言いますが，ホメロスの時代には，この統一性は未だそれほど強くは強調されません。同じようなことは，古代の幾何学的な壺絵にも見受けられます。ある時点から人間の姿も登場してきますが，それは角張った，マリオネットのように組み立てられた姿なのです。これらの例は，人間があらゆる時代を通して同じ程度に統一体として考察されてはいなかったことを物語っています。

　c)　身体図式の成立について。物(的身)体について持たれる表象である身体図式は，単純に生得的に備わっているのではなく，習得されるものです。ジャック・ラカンは鏡像段階についての小論の中で，どのようにして自我が初めて鏡の中に自己を発見するかを示しています[17]。彼が指摘するのは，始めは何らかの物(的身)体の細断されたものが現れ，私たちの夢の中でその現れに気づくという点です。この細断は，鏡像においてはじめて，ある種の統一にもたらされます。この統一は，常にいくぶんか幻想を有し，何らかの人為的なものを含む表象を伴っています。メルロ＝ポンティはその後期の著作『見えるものと見えないもの』において，身体図式をあらためて捉え返しました。同書で彼は，精神分析について語り，見ることと見られること，また，無意識について論じ，「(道で人が自分の胸を見ているように感じ，自分の着付けの具合を確かめる婦人)。彼女の身体図式は，自分に対し，また，他者に対してあるものであり，——これは対自－対他の間の蝶番である——」[18]，と述べています。身体図式，つまり，物(的身)体が自己を分節するその有様や仕方は，はじめから他者のほうから考えられており，どのように私の身体が私に対して自己を呈示するかということだけでなく，どのように他者が私を見ているか，また，私自身，他者が私を見ているということそのものと，どのように他者が私を見ているか，ということを，どのように経験するか，その有様や仕方が考えられている

---

　17)　J. Lacan（J. ラカン），»Das Spiegelstadium als Bildner der Ichfunktion«, in Écrits（「自我機能の造形者としての鏡像段階」，『エクリ』所収，1966年），〔邦訳『エクリ』宮本忠雄他共訳，弘文堂，1972-81年〕。

　18)　『見えるものと見えないもの　付・研究ノート』243頁〔邦訳同上，269頁〕。

のです。上の例の女性は、ぶしつけな眼差しを通して自分が観察されていると経験し、感じるのです。メルロ＝ポンティはこの事態を、同じ箇所で「身体を持つとは見られることであり（これに尽きるわけではなく）、可視的であるということだ」、と言い添えています。身体図式、すなわち、身体が自己を分節する有様や仕方は同時に、他者が私をどのように見るかということの表現でもあるのです。――服飾文化について考えてみましょう。衣服なしには文化は考えられないでしょうが、「裸である」ということも単純に、「衣服なしでいる」、あるいは「着衣していない」ということを意味するわけではなく、自分を示したり、示さなかったりする特定の形式なのであり、自己隠蔽と同時に、自己露呈を意味するのです。モードは物(的身)体性に様々なアクセントを与えます。そのような事例によって明らかになるのは、身体図式とは、単に一度習得され、それが利用されるようになるといったものではなく、徐々に発展する身体性の分節化と分岐化を意味するということです。――これは、また、単に私自身が自分を特定の仕方で経験するその仕方の発展だけでなく、見られるということ、すなわち、他者の眼差しがこの身体図式化に参入してきている、ということなのです。かくして、メルロ＝ポンティの定式化、つまり、身体図式とは、どのように私が「自分自身に対して」あるかということと、どのように私が「他者に対して」あるかということの間の蝶番であるという定式化がよく理解できます。「自分に対する私」と「他者に対する私」とは、サルトルにおけるようなアンチテーゼをなす極端な形式なのではなく、身体性は、すなわち、私に－対して－あるということは、他者に－対して－あることを含蓄しているのです。なぜなら、見る存在〔Wesen〕は、同時に見られる存在だからです。他者の眼差しは、いつか偶然に付け加わってくるようなものではなく、身体的に－あるということは可視的で－あるということであり、見るということは可視的で－あるということなのであり、触れるとは可触的で－あるということ、また、傷つくことが可能で－あるということでもあるのです。他者へのこのような関係は、常にそこにあるのであって、たとえこうした関係が個別的な状況において表立って現れないとしてもそうなのです。

2　身体的運動の時間性

以下，体験される時間性が，身体的運動から，したがって，特殊な観点から解明されますが，——こうした考察の仕方は，先に身体的空間性について述べられたことと平行しています。空間性を扱った際に，私は同質的空間と方位づけられた空間の間に区別を設けました。時間についても同様のことが当てはまります。

運動：出発点	—	中間状態	—	目標	
空間：どこから	←	どこ	→	どこへ	
時間：たった今	←	今	→	すぐに	

図式7　方向をもつ運動

空間的方位づけの際，決定的なのは，私たちが「ここ」を持つ，つまり，「そこから」私たちが何かを経験するような出発点を持つという点です。この出発点は空間位置の多様性から際立っています。このここは単に他の空間位置と並ぶ一つの位置なのではなく，いわば「ゼロ点」であって，そこから空間が開示されます。ゼロ点とはそこからすべての次元が展開されるような点です。ここには，様々なあそこの可能性が属しています。

さて，時間性はどのようにこの空間的方位づけに関わってくるのでしょうか。その答えは，すでに与えられているといっていいでしょう。空間的方位づけの場合に，「あそこ」，つまり，私がそこにいることのできる他の諸々の位置，ないし場所は，私がそのつど行う運動の遊動空間に属します。あそこは潜勢的なここなのです。したがって，私たちは顕勢的なここと潜勢的なここを持つといえましょう。あそこは，私がいることのできるようなところなのです（これは，端的にそうあるのではなく，何らかの諸条件のもとでそうありうるということです）。それによって，すでにここは運動関係を持ち，私の運動の遊動空間に属するような，別の場所への関係を持つのです。「ここ－あそこ」という一般的な図式が具体化されると，時間が直接に入り込んでくるような一つの形式，つまり方向をもつ運

動が与えられます。方向をもつ運動は，出発点と目標点との間を経過し，そこ−から〔Von-her〕とそこ−へ〔Wo-hin〕の間で，つまり，私がたった今いた場所から，すぐにいるつもりの場所との間を経過します。

　方向をもつ運動と区別されるのが円環運動であり，その場合，場所は変えても，もとの出発した−場所に還ってきます。出発点と目標点は合致し，私がすでにかつていた場所にいることになり，円環は閉じられます。円環運動とは反対に，方向をもつ運動は線条的な運動，すなわち，出発点から遠のいていく運動です。円環運動は注目すべき箇所に現れており，すでにしてギリシアのコスモロジーでは，星々の運動はもっとも完全な運動とみなされます。なぜなら，最も完全な運動は——まるでパラドックスのようですが——最も動くことのない運動，最も変化することのない，最もそれ自身に留まる運動だからです。ここに示されているのは，留まることに向けられた形而上学的思惟の固有性なのです。運動が存在しはしますが，最も完全な運動とは，最も運動でないような運動であり，これがまさに，円環運動なのです。円環運動は自己に帰ってくる限りで，その位置に留まります。同一物の永遠回帰という思想はニーチェにも見出され，——もっとも異なる物理的諸条件のもとでのことではありますが，同様に倫理的な含みを伴って，つまり，生の投げかけるあらゆる影にもかかわらず，もう一度それを意志する，生の肯定として見出されます。ニーチェは思惟の運動にも大きな意義を与えています。魂は運動するのであり，この魂の運動は，単に比喩的な意味でいわれているのではありません。諸々の思想は成り行くものであり，場所を占めるようなものであるべきではないのです。太古の，また日常的な現象でもあるダンスにおいて，円環形式は，同様に，特別な役割を果たします。ヴァレリーは『魂と舞踊』についての美しいエッセイにおいて，この主題に新たな息吹を吹き込みました*)。

　諸々の瞑想も円環する運動を行い，それ自身の周りを「巡る」事柄は，私たちの言い回しにもあるように，その回りを「巡られる」のです。目標が決められた思惟の過程，例えば，特定の前提から結論に至り，そこで停止する三段論法に対して，瞑想する思考は，事象の回りを巡ります。デカルトがその『省察』において自我について語るとき，注目すべきことは，

---

*) P. Valéry (P. ヴァレリー『魂と舞踊』カイエ篇所収, 1957年),〔邦訳, ヴァレリー全集カイエ篇, 筑摩書房, 1980-83年〕

本来は公理や演繹を重視する彼が，思惟する自我を，それらと同様にどこかからか導いてくるようなことはせずに，その回避不可能性においてのみ証示していることです。そこにおいて自我は，自身の軸を中心として回転する限りで存立する独楽に等しいのです。

　さて，ここで，方位づけられた時間と同質的な時間との違いについて述べることにします。今は，特権化された時間位置の標となります。空間性の場合，ここが常に出発点を形成しているのと同様に，今が，それに対応して，一連の時間点から際立つのを見て取ることができます。私たちが，方位づけられた時間について語るのは，私がそのうちでそのつど生きる現在が特権に与る限りにおいてのことですが，それは，過ぎ去ったものと未来のものが現在を遡示するからです。「私にとってあることが過ぎ去った」と言うとき，それは今生きる私にとって過ぎ去ったものであり，もし，私が100年以上前に生きていたとすれば，私が今体験するものは未来ということになります。過去であることと未来であることは絶対的規定ではなく，その絶対的規定がある出来事自体に認められるというのではなくて，何かがそこから経験されるような場所，つまり，ある特定の現在に関係して，その何かが過ぎ去るのです。同じことは未来に関しても当てはまります。未来は私たちの未来であり，いま未来としてあるのです。この単純な思想を，現前の形而上学に対するあらゆる批判に対面して，まずもって，一度はフッサールとともに，一貫させてみなければなりません。この思想が語るのは，未来的なものと過去的なものの一切は現在を指し示し，その現在においてこそ私は，私あるいは他の誰かが体験したことへと遡るような仕方で関わっており，私あるいは他の誰かが期待し，懸念し，計画することに先取りするような仕方で関わっているというものです。

　同質的な時間は——同質的な空間と同様に——時間直線として叙述されます。時間は時間矢に後続して，時間系列を形成します。諸々の出来事は直線に書き込まれ，一つの時間継続を形成しており，この継続は，複数の時間点からなり，かつ時間間隔によって分離されています。皆さんは，なにかが「どれだけ長く」続くと言うのであり，そのとき適用される図式に応じて，それは3世紀とか，3時間とか，3分間続くということができます。適用される時間の尺度は，時間の刻みであったり，1日や1年，あるいは1世紀というリズムといった具合に，多かれ少なかれ，幅に即して選

択されます。微視的物理学で適用されるクオーツ時計や時間測定は，私たちの日常的な時間評価とはまったく異なった精密さの基準に従っています。「この講義は45分続く」という場合，微視的物理学におけるようにコンマ一秒が問題となっているわけではありません。同質的時間のモデルで私たちが関わっているのは，時間の系列であり，また相対的な時間間隔なのです。

　方向をもつ時間と同一形式の時間との区別に関して，以上で事が済んでいるわけではありません。目的に即した考察そのものを物理的領域からだけでなく，人間の領域から析出する試みが，スキナーの行動主義によってもなされています。この試みでは，内在的目標というのは，もともと存在せず，分離した時間点を伴う時間の系列があるばかりで，この系列は前方に向けても後方に向けても，無限に続いています。

$$Z(t^0) - Z(t') \text{----------} Z(t^n)$$

図式 8　時間直線

　上の図式もすでに，空間性と時間性の古典的な図式に属します。時間とは潜在的に無限であり，私は先へ先へと進むことができ，時間が尽きることはありません。私が一つの時間点を仮定すれば，さらにその先の時間点をも仮定することができます[19]。このことからカントは，経験から出発する限り，世界の始まりあるいは終わりを考えることはまったくできない，と確定するのです。「世界がそこで始まった」といえば，子供が無邪気に言うように，さらに続けて「世界が生まれる前には，何があったのか」と問うことができます。あるいは「世界は没落する」といえば，「そのあと何が来るのか」と問うことができます。私たちがこの時間図式を根底に置くならば，時間の系列は二つの方向において開かれています。なぜなら常にその前とその後があるからです。私は上の定式で，t^0を始めに立てました。つまり，t^0としてある時間点を設けましたが，即自的には，そのようなゼロ点は存在しないのです。行動主義的な行動研究では，単純に任意の時間点から出発し，さらに観察を進めるだけなのです。

　直線的な時間図式に従えば，常に，相対的な後のものがあるだけで，あ

---

19)　『純粋理性批判』のアンチノミーの章を参照のこと。

るものが他のあるものの後に続くのであって、ここでは統一的な時間方向が前提とされています。この時間系列の終結（目標と名づけることもできるでしょう）は、純粋な終了状態と考えられます。運動がどこで終了するか、過程がどこで閉じるのか、ということは、どこで刻みをいれるのかにかかっています。終了状態は目標とは関係ありません。なぜなら、終了状態とは単に、そこで特定の出来事の連鎖が絶たれる状態だからです。ここで指摘したいのは、ギリシア語のテロスとラテン語のフィニス〔finis〕は、多義的であるということです。「テロス」は、目標、目的、そして、終りをも意味します。終りからだけ出発するのであれば、このような多義性は失われます。行為の規定は、もし終りという契機のみを取り出すのであれば、規定不足ということになります。どうしてこのような奇妙な考察になるのでしょうか。以下で述べることは、わき道にそれるように聞こえるかもしれませんが、方法〔的考察〕を内に含んでいます。

　アリストテレスの場合、目的因があります。私はある経過を目的から考えることができるのですが、そのように考えることができるだけでなく、そうしなければならないのです。したがって、アリストテレスは原因に数多くの類型を区別しました。形相因と質料因（これらはひとまず脇におくことにします）があり、目標、ないし目的因（これが、それに向かって経過が展開するものであり、植物が育って、実りをもたらし、認識の歩みが、問題を解決するという目的に至るまで続く）があり、また作用因は、運動を始動させるものということになりましょう。アリストテレスにとって決定的なのは、生命を有するものが自己自身を動かすものであるという点であり、それだからこそ彼にとっては目的因が最も重要なのであり、何をめぐり、どこに向けて運動がおこっているのかが、重要なのです。『ニコマコス倫理学』には次のような見事な定式化があります。思考することは、それだけでは何物をも動かさない、常に運動の根拠や動機や目的がともに働いているのでなければならず、このことによってそもそも何事かが生じるのである、というものです[20]。

---

[20] 『ニコマコス倫理学』第6巻第2章1139a35f.〔邦訳、加藤信朗訳、出隆監修、アリストテレス全集13、岩波書店、1973年、186頁。なお該当箇所の訳文は「思考の働きそのものは何も動かさない。ただ、それが何ものか〔目的〕を目指して、好意のために働くとき、動かす。」〕。

2 身体的運動の時間性

このようなアリストテレスの考察の仕方に対する異議は，ヒューム以来沈黙したことがなく，繰り返し目的論的な行為の説明に対置させられてきましたが，手短にいえば，目的は原因ではありえない，なぜなら目的とは，いまだなお，現実化されていない何かであるのだから，というものです。目的が行為の原因だとすれば，いまだなお現実ではないもの，ないしおそらくそもそも決して現実とならないもの（確かに目的に至らないような諸運動もある）が，現実に生じていることの原因として考えられることになります。となれば，――簡単にいって――現実でないものが，現実のものの原因であることになります。私がこの点に言及したのは，これが，考えても簡単に解けない，私たちを悩ませる見事な議論となっているからです。けれどもこの異議にはどこかおかしなところがあるのではないでしょうか。――手引きにできる示唆として，例えばヴォルフガング・シュテークミュラーが著した科学論と分析哲学についての書物の第1巻をさぐってみることができます[21]。原因として考察されるのは，人間の行為の場合も同様ですが，現在の契機のみとされます。行為の未来は，行為者の現在の状態から考察されざるをえませんし，そうすることによって，未来は現前的な〔現在時称の〕信念と欲求の形式のうちに現れます。信念ということで，弱い意味での確信が考えられ，仮定という意味での信念の表象が考えられています。また欲求は，願望の，あるいは――否定的に用いれば――恐れのあらゆる形式を包括します。とすれば，心的状態は，それがどのようであるのか，あるいはありえるかについての確信ということができ，願望とは，もしそれが達せられれば，それを優先させるであろうような状態をさし示しています。私は今，願望を持ち，確信をも持つのであって，したがって，私はいかなる未来も，このような仕方で「持つ」未来の他には必要としません。このような洗練された解決法によって，未来の未来性は，それが純粋に現在的なデータと一般的な規則性から構築され，予期されるこ

---

21) W. Stegmuller（W. シュテークミュラー），*Probleme und Resultate der Wissenschaft und Analytischen Philosophie*, Bd. Ⅰ（『科学と分析哲学にみられる諸問題とその帰結』第1巻，1969年）〔邦訳『現代哲学の主潮流2』竹尾治一郎・森匡史・藪木栄夫訳（中埜肇，竹尾治一郎監修，法政大学出版局，1981年）〕284頁以降。530-55頁。同書に対する批判的な議論としてはG. H. v. Wright（G. H. フォン　ウリクト），*Erklaren und Verstehen*（『説明と理解』1974年）〔邦訳，G. H. フォン・ウリクト『説明と理解』丸山高司・木岡伸夫訳，産業図書，1984年〕。

とによって，除外されることになります。このことによって，目的の思想も消え去ります。このように考えることは，行為に関して，ある種の，不合理な帰結をもたらします。目的をもつ運動を徹底して考察し，格闘したアリストテレスは，ゼノンと議論を戦わせました。皆さんは，明らかにおかしいのですが，見事に考え抜かれたゼノンの考えをご存知でしょう。ゼノンは飛んでいる矢は動いていない，なぜなら矢はたえず・こ・こ・か・あ・る・い・はそ・こにあるのであって，常にどこかの一点にあり，したがって矢は静・止・し・て・い・る・からだ，と主張します。ゼノンはここで興味深い思考実験を行って，直線を潜在的に無限な点にまで分断します。私はある時間点を再度分割し，分割された時間点も，さらに分割できるような時間の広がりをもつことになります[22]。飛ぶ矢が問題となるとき，アリストテレスはゼノンに対してどのように反論するのでしょうか。彼はどのようにして，矢は常に・ひ・と・つ・の・位置にあるという議論の効力をそぐのでしょうか。ゼノンの議論は同質的な空間と同質的な時間に関する見事な例証です。なぜなら，矢は常に，それがどこにあるのであれ，何らかの・空・間・位・置・や時間位置にあるからです。これに対抗してアリストテレスはゼノンに言います。いや，矢は決して一・つ・の位置にあるのではなく，・移・行・のうちにある，と反論するのです。アリストテレスは運動をここからそこへの移行として，すなわち，こことそこの差異として捉えますが，この差異は，絶えず，橋渡しされています。矢は厳密な意味で，ただここと今にあるわけではなく，すでにそれが向かっているそこへの移行において存在します。アリストテレスが導入する潜勢態という概念は，顕勢的に生じるものは，すでに今，有効であるような諸可能性に満ちていることを言っています。

　さて，ここで，物(的身)体性や身体運動，そして身体的な行動と行為にもどってみると，ここには，まったく異なった種類の難点がみられます。その難点を3つ取り上げることにしますが，この難点は，目的を完全に除外してしまうことから来る困難であり，行動主義者がその説明モデルでこの除外を行ってしまっているのです。

　1　経験主義のモデルでは，すべての・終・了・状態は，別様にもありうるのですから成功や失敗について語ることはできないことになります。グラス

---

[22] 他の例ではアキレスと亀が扱われる。これについては後に触れることにする（287頁以下を参照）。

が床に落ちて割れているとき,グラスは一つの終了状態に達するとともに,砕けた状態になっているわけです。皆さんが,今晩どこかへ出かけようとするとして,そこに行き着かないとします。駅や空港で立ち往生してそれ以上進むことができないことがあります。〔いずれの場合も〕ある一つの終了状態には到達しています。なぜなら,すべての状態が終了状態ということになるからです。となると,皆さんは,何事かが成功したとか,失敗したとか,いうことは,決してできないことになります。病気でさえ,単なる一つの終了状態ということですので,「病気になった」と言うことさえできないことになるでしょう。ある状態が常に他の状態に代替されるだけであれば,「病気になった」ということは,意味を持たないからです。行為には表象が属しており,目的が達成されるときに行為は成功し,目的が達成されないときに行為は失敗するのです。

2 二つ目の問題は,すでにして,行為の記述に関わります。そもそも行為を,特定の目的へのかかわりを度外視して十分に記述することができるのか,という問題です。たとえば,映画のとても短い一コマに物(的身)体の運動,いわゆる基礎行為が写っているとします[23]。このような前後の文脈を欠いたごく短い断片では,行為者が何をしているのかさえ述べることができません。私たちはある程度のコマ数に達したときに,慌てた様子で動く人物が電話へと急ぐのを見ます。出来事の経緯を語ろうとすれば,「そこに誰かが登場し,電話へと急ぐ」と言うでしょう。しかし,その短い一コマの中では,大急ぎで歩く姿しか見えません。もしこの大急ぎの人物だけしか見ないのであれば,物(的身)体運動だけを記述できるのであって,何が起こっているのか分かりません。私たちは,その一コマを見て,その運動がどこに向かっているのかを知らない限り,その一コマを一義的に解釈すれことはできません。別の例を引きましょう。ちょっとした手の動きが,物(的身)体の動きとしてのみ記述され,その運動が向かう目標点が記述から落ちている場合,その手の動きは大変多義的なものとなります。それは何かを確かめるしぐさ,撫でさするしぐさ,示すしぐさでもありうるでしょうし,他のしぐさであってもおかしくありません。運動の目的は,ある人が行うことの記述の際に,すでにその役割をともに果たしています。

---

23) A. Danto(A. ダントー),*Analytical Philosophy of Action*(『行為の分析哲学』).

歩行者を記述するとき,「彼は片足を他方の足の前に置く」とは言わず,「誰かがゆっくりと,あるいは急いでどこかへ歩いている」と言ったり,「誰かがぶらぶらと歩いている」と言うのです。

　3　三つ目の問題は時間的運動にリズムをつけることと,この時間的運動の分節化に関わります。どのような時間の単位とどのような時間の要因から始めるのでしょうか。時間を個々の点を伴う直線と考えるならば,この点は時間,日,世紀でありえます。時間直線は非常に形式的な図式です。けれども時間的な運動を捉える場合,特定の時間の単位を選び,それを操作するのでなければなりません。歴史を描く際,どのような時間間隔〔Zeitraum〕が取り扱われるべきかが問題になります。一日一日を描くこともできますし,たとえば4年間続く世界大戦といった,まとまった経過に携わることもできるわけです。4年間,これが区切りを意味するのは,そこに,どこかで途切れる空虚な時間図式があるからではなく,戦争というこの災害が4年の後に終わりを迎えたからであり,暫定的にしか過ぎない講和条約によってであれ,とにかく終わりを迎えたからです。——記述に際しては,多かれ少なかれ詳細に立ち入ることができます。例えば特定の出来事として7月20日のあの事件[*]の記述では,一刻一刻の時間が重要です[*]。いつ爆弾が爆発し,どれほど迅速に「総統〔ヒットラー〕」が反応し,いつ東プロイセンからベルリンに宛てた最初の電話があったのか,等々。——フランス革命の場合は,詳細なマイクロフィルムのような記述が行われ,そこでは一日の経過が詳細に記述されています。——歴史の別種の記述は,広範囲にわたる長期に及ぶ,長い時期の経過の考察にみられます。——例えばF. ブローデルによる地中海文化圏の叙述がそれで,そこでは世紀をまたがって発展が追跡され,これは静態的にのみ捉えることが可能なのです。これらの例が示すのは,すでにある種の選択が行われ,時間を分類する時間の分肢化がなされているということです。時間の分岐化は（これは個人の伝記にも,公の歴史にも当てはまりますが）有意義性,すなわち,そのつど問題になる運動のあり方にその基礎を置いています。なんらかの問題となることのあり方なくしては,この分岐化はまったく恣意的となるでしょう。形態論者は,したがって,運動のメロディーとか,

---

　[*]　1944年7月20日に決起し,未遂に終わったクーデターを指し,俗に「ワルキューレ作戦」と呼ばれる。

タクトの単位とか，運動のリズムについて語るのです。両足での歩みもすでに特定の運動リズムを生み出しています。このリズムは，同質的な運動から出発して，それを好きなだけ断片に分割していくのでは，捉えることはできません。

　以下の引用は，ゼノンの議論とその理念のすべてが，近代的な諸条件のもとで，どのように再び蘇っているかを示しています。ヒュームを読むと，「時間は，それが時間として存在するのは，それ以上分割されざる諸契機から作り上げられたものと考えられるのでなければならない」という箇所が見出されます[24]。時間は分割不可能な諸契機，諸瞬間，諸時間点から組み立てられるものとして考察されなければなりませんが，それは，私が常に何らかの点に存在するからです。——現象学者なら，これに反論するでしょう。フッサールが，ヒュームに対して与える解答は，「このような分割不可能な時間点は，ある絶対的な構築物ではないのか」というものです。——フッサールが示しているのは，純粋な今としての，つまり過去的なものや未来的なものをそれ自身に所持しないような契機としての今だけなら，そのような分割不可能な契機といえる，なぜなら，この今が過去的なものと未来的なものの契機をそれ自身のうちに担っているとすれば，このような今はすでにそれ自身において分割されているということになるからです。私は，確かに，分割不可能な今に——ゼノンの場合と同様に——極限値という意味で，近づくことはできますが，それに到達することはできません。なぜなら，今であるものは，それ自身においてすでに別のもの，すなわち，過去的なものと未来的なものを指示しているからです[25]。今は指示連関の中にあるのであり，今の中にはたった今あったものとすぐにあるものが生きています。つまり，今という時間はこの意味で決して分割不可能であるとはいえないのであり，いつもすでに，何らかの脱自を通して，自己自身から引き裂かれているのです。私は，ここと今において私の外にいます。このことのうちには，ヒュームに見出される，また何らかの仕方でデカル

---

　24)　「時間は，存在する限り確かに不可分の瞬間から構成されなければならない。」David Hume（デイヴィド・ヒューム），*Treatise of Human Natur*『人性論』I，2，2〕〔邦訳『同(1)』大槻春彦訳，岩波文庫，1948年，67頁〕より引用。
　25)　E. フッサール『内的時間意識の現象学』40頁〔邦訳，立松弘孝訳，みすず書房，1967年〕。

トに（彼の神学に）見出されるこの図式の現象学的修正がみられるのです。デカルトは，興味深くはあっても疑わしい思想を追跡して，神は瞬間瞬間世界を新たに創造するのでなければならず，さもなければ世界は無に埋没する，すべての瞬間に世界は――連続創造〔creation continua〕によって――いわば新たに始まる，というのです。すべての瞬間が新たに創造されるのでなければならないというこの思想も，時間の分断を前提にしています。しかしながら，人間の行為にはある時間的な拡がりが属していて，今生じることは別のものを指示し，時間野において拡がっているのです。

　本節最後の引用は，エルヴィン・シュトラウスからのものであり，彼は，経験主義の全伝統に対して，簡単な命題，すなわち，「区切りが第一の問題である」[26]を対置させました。シュトラウスは，まさに，時間系列と様々な諸点から出発するのではなく，区切りを問題とすることが反対に位置する問題，つまり，どこに区切りが入るのか，という問題に導きます。切れ目を入れることは，遇然性の契機を含み，複数の選択肢を許容します。出来事の無限な経過といった意味での歴史は存在せず，出来事が分割される場合にのみ，歴史はあるのです。このことはすべての歴史記述の形式にも，したがって，口承による歴史にも当てはまり，そこでは，伝統がもっぱら口承により伝承されますが，そこにも諸世代があり，一生の間の節目があります。時間の秩序は，もろもろの区切りから帰結します。分離可能な個々の個別性は，単に構築物か，あるいは極限値として捉えられるのです。

3　摑むことと指し示すこと

摑むことと指し示すことの相違は，哲学的論述において注目されることはあまりありません。摑むことと指し示すことは両者ともに運動です。介－入する〔Ein-greifen〕という言い方は現実の変化を指示しますが，他方，指し示すことは，一般的に象徴的身振りとされ，慣習的な記号や規則がそこにともに働いています。摑むことにあっては――粗野な言い方になりま

---

　26)　Straus, E.（E. シュトラウス），*Vom Sinn der Sinne*（『感覚の意味』1956年）21頁。

すが——私たちは実在領域にいますが（クレーン車のアームも「摑む」ことができます），他方，指し示すことの場合は，何らかの仕方で知性，ないし，意識が関わっているように見えます。以下，摑むことと指し示すことがどのように相互に錯綜し合っているのかを示そうと思います。このことは，再度，身体性の性格に属するものであり，摑むこと（つまり現実性への介入）と指し示すこと（つまり象徴的な行動様式）が相互に働きあっているのです。私はここでクルト・ゴルトシュタインを参照します——メルロ＝ポンティも，『知覚の現象学』のこの問題に相当する章で同様に参照しています[27]。ゴルトシュタインは，1915年から1930年まで心理学者アドエマル・ゲルプと一緒に率いたフランクフルト脳障害専門病院において，共同研究者とともにシュナイダーという患者を診察し，この患者は，常に「シュナイダー症例」として引用されることになります。この症例の場合，患者であるシュナイダーは戦傷者で，彼の後頭部の視覚野に手榴弾の破片があたり，負傷しました。シュナイダーはおよそ6年以上にわたって診察され，治療も受けましたが，これは，症例研究の古典的な例なのでした。シュナイダーは，最後にはもはや患者とはいえず，幾らかの制限はあっても，再び生活能力を取り戻し，職業につくこともできました。フランクフルトのこの病院はリハビリセンターと結びついており，その意味で，実践的観点が問題にされてもいました。クルト・ゴルトシュタインの関心はとりわけ，シュナイダーの傷害の場合，単に局所的な障害——対応する脳の領野が損傷を受けたことによる視覚の障害——が問題なのか，あるいは，その損傷によって，傷害が行動の全体に及ぶのか，ということに向けられていました。ゴルトシュタインが重要視した二つ目の可能性は，人間の能力を一つ目の可能性のような仕方で脳の局所化によるとすることができないことを意味することになります。クルト・ゴルトシュタインは神経医学においてもこのダイナミックな見解を擁護して，彼は，常に一種の有機体の自己組織化から出発し，そこでは，たえず，全機能が参与し，関わっていて，単に特定の機能が部分的に働きだしたり，働かなくなったりするのではないと主張しました。ゴルトシュタインの研究は反経験論的思惟の古典的な例なのです。もし，行動が諸々の個別的なものから作り上げられて

---

27) 『知覚の現象学』120頁以下。〔邦訳同上，183頁〕。

いるとすれば，病気の障害は，何かが欠けている，つまり，特定の諸機能が抜け落ちていることを意味することになるでしょう。失明は経験論的には，五感のうちの一つが抜け落ちることとして記述されます。これに対して，クルト・ゴルトシュタインの見方は，形態理論と独特に結びつきながら展開されたもので，孤立した機能として数え上げられるような五感から出発することなく，知覚系と運動系は，常に全体として作動するのです。もし，何かが抜け落ちると，残りの諸器官が新たな機能を請け負い，知覚系と運動系全体の構造変換にいたります。失明は単に一つの感覚の脱落などではなく，失明によって触覚は，特別な重みを得ることになります。失明した人が探るように道を進む際に頼りとする杖は，目が担っていた課題を負い，耳も同様に新たな，これまでとは異なった役割を果たします。失明するということは，全感覚が変化することを意味するのであって，——単に一つの感覚が抜け落ちることを意味するのではないのです。

　クルト・ゴルトシュタインは，医学ないし，精神医学の一つの伝統，すなわち，構造連関から出発するという伝統の中にいます。傷害とは，したがって，全体の行動が変化することをいいます。失明者は機能の代替によって知覚系全体を構造変換しなくてはならず，これは，失明者として生きることを学ばなければならないということを意味しているのです。

　ゴルトシュタインによる諸研究の歴史的な文脈について，なお一言加えたいと思います。というのも，医師たちとの対話のなかで，クルト・ゴルトシュタインはほとんど知られていないことが分かったからです。明らかに，医学史を問題にすることや医学上の発見を記憶にとどめることは哲学者たちに委ねているようなのです。ゲルプは心理学者，ゴルトシュタインは神経科医で，二人は一緒に仕事をしました。ゲルプはまた，マックス・ホルクハイマーの先生の一人で，ホルクハイマーはゲルプのもとで博士号を取得しました。ゴルトシュタインその人はエルンスト・カッシーラーの従兄弟でした。また，アロン・グールヴィッチも同じ時期にフランクフルトにおりました。グールヴィッチはフランクフルトで教授資格を得ることを望んでいましたが，クルト・ゴルトシュタインと同じくユダヤ人でしたので，1933年，亡命を余儀なくされ，二人はアメリカへ移住したのです。アメリカにはゴルトシュタイン学派があります。例えばオリバー・ザックスは彼に依拠しています。ドイツにもゴルトシュタイン学派がありますが，

3　摑むことと指し示すこと　　　　　　　　　　　　　143

それは孤島のようなものです。

　メルロ＝ポンティはG.カンギレムと同様に，その早い時期に，そして，再三再四ゴルトシュタインに言及しました。メルロ＝ポンティは，正常な行動の記述が病理学的障害をも考察に入れなければならないということから出発します。なぜなら，病理学的な逸脱と対照することによって始めて，正常性は現実の能作として現れるからです。それとともに，私たちが正常性ということで理解しているものも変化して，正常性はもはや，いずれにしても当たり前に常にそこにあるようなものではなくなり，そこでは障害が医師または警察によって取り除かれうるようなものではないということです。メルロ＝ポンティは正常性をむしろバランスを取ること，つまり，安定を巡る絶えざる努力と捉え，この安定は，フロイトやその他多くの人々が想定するように，常に何らかの病理学的な契機が混入しているのです。問題なのは，むしろ力点や重点であって，病人と健康な人との厳密な区別立てではありません。なぜなら，両者は交錯しているからです。障害を手がかりとしてこそ，正常なあり方では何が生じるのかということが見えるようになるのです。社会学，特に民族学方法論〔エスノメソドロジー〕では，方法上綿密に考え抜かれた，社会に固有な正常性についての研究のための疎外化の方策があります。ある人がその事情に通じていない，自分にとってまったくなじみのない状況におかれ，例えば自分自身では決して立てたことのないような問いに直面させられ，それによって，自分の正常な世界像や自己像が突然揺るがせられるのです。シュナイダーの症例では，正常性の疎外化は，正常な知覚を疑問視させるような負傷から結果したのです。

　摑むことと指し示すことの分析は，診察の場でしばしば用いられる簡単なテストから始まります。患者はいわゆる鼻指し実験を受けさせられ，自分の鼻先を指で指し示すように求められます。このまったく簡単な，「いったい何のつもり？」と問うてしまうような実験で，幾つかのことを示すことができます。シュナイダー症例では，興味深い，奇妙な二重性が示され，シュナイダーは鼻を摑むことはできても（例えば蚊を追い払うような場合に），鼻を指で示す実験の場合には，指し示すことができないのです。

　別の機会に，シュナイダーは，軍隊式の挨拶をするように求められます。シュナイダーはもと，兵隊でした。それに対して彼は，「私にはできませ

ん。今，兵隊ではないのですし，軍服も持っておりません。そう単純に軍隊式の挨拶ができるものではありません」と答えました。もし私たちがこのような状況で上記の行為を求められたとすれば，多分，「自分が兵隊で・・・・あるかのように，そうします」というでしょう。シュナイダーの行動は，彼が仮想的状況に身をおくことができないという点で，損なわれています。シュナイダーがその時実際に兵役についていたのなら，彼は兵隊式の挨拶をするのにまったく困難を覚えなかったでしょう。しかし彼は，文脈が欠けている場合には求めに応じられないのです。彼は，自分が舞台上の人物であるかのように，行動することができません。同様にして，「鼻を指し示す」ことに失敗するのも，それがはっきり分かる意味を持たずに，「単にそう」するべきだといわれるからです。

　どのようにしたらこのような能作の違いを説明できるでしょうか。シュナイダーの運動器官はまったく完全で，生理学的に見て，摑むことと指し示すことの間には何らの相違もありません。指し示すことを遂行しないことは，運動経過の生理学的な障害とは関係がなく，したがって，能作の違いは，こうした基準に即して説明することはできません。摑むことと指し示すことは，明らかに，物(的身)体位置を「識別する」際の異なった二様の仕方です。私たちは自分の鼻がどこにあるかを「知って」おり，鼻は身体図式の中にその場所を持っています。私たちがこの図式を知らないと想像することもできるでしょう。幼児に「自分の鼻をつまんでごらん」といえるのも，一定の年齢に達してはじめてできるのであり，その子供は話せたり，聞いて分かったりできるのでなければなりません。鼻を指でさし示すということは，鼻がどこにあるのか知っているのでなければならないことを意味しています。鼻を見ているのではないのですから。注目すべきこ・・・・とに，私は鼻を即座に見出します。あるいは，目をつぶってみても，何らの困難を感じることなく，自分自身の身体の表象を呼び出せるでしょう。シュナイダーの場合，傷害は，明らかに物(的身)体の方位づけという領域にあり，その結果，特定の秩序づけを遂行することができず，特定の指図に従うことができないのですが，状況そのものによって運動が要求される場合は別だ，ということなのです。このことは，どのように説明すべきでしょうか。以下，私は，メルロ＝ポンティとゴルトシュタインによる批判を取り上げます。様々な説明の仕方がありますが，それらは，身体運動に

3 摑むことと指し示すこと

何が関わっているのかを，間接的に示しているのです。

a 経験論的解釈

指し示すこと：視覚領野〔visuelle Sphäre〕
摑むこと：触覚領野〔taktuelle Sphäre〕
因果的説明：内容の抜け落ち

図式 9

経験論的解釈は指し示すことと摑むことを異なる感覚領野に関連づけます。指し示すことは視覚領野と，摑むことは触覚領野と結び付けられるわけです。こうした見方では，シュナイダーの鼻指し実験に現れるような障害は，視覚領野の障害によって，まさに，脳における視覚野の損傷によって説明され，他方，触覚領野にはなんの欠損も見られないとされます。シュナイダーは摑むことができても指し示すことはできない，触覚的なものは完全で，視覚的なものが損なわれている，ということになります。指し示すことは，それによれば，視覚的なものと，すなわち，空間内の視覚的方位づけと関わります。経験論的な記述は，因果的な説明形式を持ち，内容が抜け落ちるという記述になります。指し示すことは隔たりをもった視覚的解釈であり，私が何かを指し示すとき，私はそれに手で触れる必要はなく，指し示すことは，見ること，伝統的にいう遠隔感覚に関わります。類型的な経験論的解釈は，したがって，特定の視覚による経験データが抜け落ち，触覚的なものはなおそこにある，というものです。

こうした解釈に対し，経験論的理論一般の問題性を光にもたらすような問いが頭をもたげます。知覚は，そもそもどのようにして，単なる個別的なものから全体を生み出すことができるかという問いです。この全体はそもそも，個別的なものから構築されうるのでしょうか。個別データへの分割に際しても，すでにある連関が前提されているのではないでしょうか。このような異議は，経験論的な方策の立て方に，原理的に向けられているのです。

　二つ目の異議は，様々な機能を個別的に探求して，変容させることができるのかということを，根本的に疑問にします。そのように単独に切り離した方策が成果をもたらすのは，諸感覚が現実に，物理学の実験で行われうるような仕方で，個々別々にできるように存在する場合であって，その

ような実験では，特定の要因が切り取られ，なおざりにされ，脇へ放り置かれることになります。しかし，このようなことは，人間の行動の場合に可能なのでしょうか。経験論は暗黙裡に，視覚的なものと触覚的なものとは，相互に別々に，完全に非依存的に探求できるという前提から出発しているのです。

とはいえ，三つ目の異議こそ，決定的な反証を含んでおり，問題となる障害は，決して，単に見ることに関わっているのでなく，シュナイダーの場合，純粋な視力障害が問題なのではないという反証です。彼は確かに脳の後部に損傷をこうむったのですが，そのような損傷が示されていない他の患者の場合にも，指し示す能力に関して非常に似通った欠損が見出されるのです。

b 主知主義的解釈

二つ目の解釈は，ゴルトシュタインの立場に近づけます。彼は，経験論的な考察法を修正しようとしましたが，彼自身の解釈もまた，幾つかの問題を投げかけることになります。

指し示すこと：意識した作用	＝	抽象的あるいはカテゴリー的な態度
摑むこと：物(的身)体の機構	＝	具体的な態度

反省的分析：認識形式の喪失

図式10

主知主義的な解釈では，指し示すことは意識された作用として，これに対して，摑むことは純粋な物(的身)体の機構として理解されます。シュナイダーという患者の障害（自分の鼻を摑むことはできても，指し示すことはできないという障害）は，特定の認識形式の欠損と解釈されます。ここで反省的分析，つまり反省の道を経由して遂行される分析がみられるのであり，私は，自分がすることや経験することを，考え，内省しており，何かを知覚するときもそうしているということになります。シュナイダーの場合の障害は，すると，特定の認識形式の欠損にあるということになりましょう。

ゴルトシュタインは，まずもって，経験論的な解釈を，唯一，特殊な諸

能力だけによって規定されているのではない障害全体から出発することを通して，修正しようとします。見る，話す，注意を向ける，想起する，思考する，これらは，そのつど単独に障害を受けるのではなく，——この点がまさしくこの研究の要点ですが，——障害全体が常に問題であり，この全体に，諸機能のすべてが何らかの仕方で参与しているのです。様々な能力－水準が人格全体に関わっています。ゴルトシュタインとその学派のこうした解釈の枠組みは，メルロ＝ポンティが『知覚の現象学』で示した解釈に近く，自己差異化する身体行動があるのであって，機械の諸部分の継ぎ合わせがあるわけではないということです。ゴルトシュタインは一連の諸研究を通して，シュナイダーの場合，全領域——数える，書く，読む，性行動，社会儀礼，そして当然，知覚も——が独特なあり方で働いていることを示しました。領域のすべてにおいて，正常性からの注目すべき逸脱が見出されるのです。

　具体的態度と抽象的あるいはカテゴリー的態度。ゴルトシュタインは，シュナイダーの行動の記述に際して，具体的運動と抽象的運動とを区別しますが，これらの運動には具体的態度と抽象的態度がそのつど対応しています。抽象的態度は，ゴルトシュタインにおいて，カテゴリー的態度ともいわれます。彼の諸研究が結果として導くのは，様々な態度の中には様々な状況関与が含まれるということです。具体的態度において人は，顕勢的状況の中に完全に没頭し，外界や自分の身体や自分の諸体験に対して隔たりを取っていません。受動的に，自分に固有な諸体験に引き渡されているのです。もし例えば，かゆかったり，あるいは蚊に刺されてたたこうとする場合，これらは，ほとんど反射です。具体的な諸事情が私の行為を規定し，具体的態度は隔たりをおいた思慮とは関係なく，蚊によって私は特定の状況に陥り，この状況を思案することなく，単にこれに反応します。不安を覚える状況や，あるいは日常的な状況において，私たちは多かれ少なかれ意識して行為します。自転車や自動車に乗るとき，私たちは具体的な態度をとっており，道路状況に反応し，特に考えることなく，道路状況に多少なりとも没頭します。

　これに対して，抽象的あるいはカテゴリー的態度において人は，状況を見渡します。人は，出会うものをより大きな連関へと組みいれ，可能性の野を展開させ，外界や自己自身に対する隔たりを獲得します。「抽象的」

という言葉は，適切な選択とはいえませんが（「抽象芸術」という表現が誤解を招きやすいように），この言葉で考えられているのは，具体的状況が含む様々な特徴を意図的に度外視することです。これを通じて，より多くの可能性が考察されうるような可能性の野が成り立ちます。反対に，「具体化された行為」（このように言うこともできるでしょう）では，私は，ここと今という現実性に拘束されているのです。

　俳優という職業ではまさしく可能性の野が主題的になります。私は挨拶をする兵隊の例を持ち出しましたが，挨拶を演じる俳優は，いわば，かのような‐実存を実演し，舞台では，何かを飲むかのように，渇きと飢えをおぼえるかのように，怒りに燃えるかのように，振る舞うのです。俳優は可能性を演じとおします。観客の興味を引くのは，まさしく，自分の前で演じられること，つまり日常においては行わないようなこと，行うことができも許されもしないことが演じられることです。シュナイダーという患者の場合，この可能性の野が害されているのです。「兵隊であるかのように行え」という要求の実現は，自分の行うことに対する隔たりを前提にします。つまり，私は自分が行うことを単に行うだけではなく，単にここにいるだけなのではなく，他の場所にも，つまり可能性の野にもいるのです。私は，自分が今南ドイツの町にいると思ってみます。私はこのように思ってみることができますが，それは，私が単にここにいるわけではなく，私の現在の野が変化することもでき，考えの中においてではあっても，他の場所にいる，ないし，身を置きいれることができます。したがって，カテゴリー的ないし抽象的行動には可能性の野が属するわけですが，この野は顕勢的所与をも包含しています。――蚊に対する反応というありきたりの例の場合のも，蚊を手でたたくかわりに，防蚊薬を塗っておくというところですでに，抽象的態度が始まっているのです。――ケーラーの実験で，猿が空腹になって，バナナを取るために棒を使う場合，同様に，きわめて具体化された行動ということになります。猿が空腹でないとき，棒は猿にとって消え去っていて，もはや，何の意味もあるわけではありません。それに対して，抽象的態度とは，人がその状況を，何かを手に入れるために道具を使うという状況だと解釈し，その状況にふさわしく形態化し，準備するのだ，ということができるでしょう。実際の日常において私たちは，抽象的態度の中で生きることが多く，決して現実に生じることのないよう

な実に多くのことに対して準備がなされ，私たちは無限に多くの事物に予めの配慮を行いつつ，多くの不安を抽象的態度によって払いのけるように仕向けられています。これに対し具体化された行動の仕方は，状況のうちにほぼ完全に没頭することのうちにあり，距離をとる可能性が与えられていません。

　ゴルトシュタインは，はじめは，カテゴリー的態度と具体的態度という概念を病理学的な症例に関係づけることなく，これらの概念は，正常な行動の内部でのある種の極性を記述するものであるとして，一方の側で，距離を取ることができ（＝抽象的態度），とはいえそうしないことも多々ありますが，他方，私は，いろいろ考えることなく，行為します（＝具体的態度）。ゴルトシュタインは，正常な個人の場合，両方の態度が同じ程度に現にあり，しかも図－地－関係という形式のうちで結び付けられている点，すなわち，一方の態度の退きは同時に他方の態度の現れ出であるという点から出発します。もし，カテゴリー的態度のうちで（ある状況を熟慮したり，分析したりしながら）生きることが優勢になれば，抽象的態度が図であり，具体的態度は背景へと引き下がります。——しかし，その逆で，距離を取ることが背景にとどまり，状況の中で生きることもあります。どちらの態度が支配的かということは，一般的に，状況の要請する事柄に依存します。具体的態度は，したがって，たえず抽象的に断たれ，——前にも触れたように——習慣的に行為している場合，そのつどそうするわけではないにしろ，距離を取ることができるのです。

　例えば，もし，話し相手から，話している文章を文法的に分析するよう頼まれたとして，何の問題もなく，それをすることができるでしょうが，これは抽象的な，カテゴリー化する態度のはっきりした一例ということができるでしょう。「私はまさに陳述命題を作った」，とか「私は接続法を用いた」，とかいう具合で，このような分析を極端にまで行うことができます。けれども一般的に私たちは，会話するとき，その文章を分析することはなく，何かをいって，何かで関心を引き，何かを口約束するのであって，その際，どのような規則を適用しているかを常に明瞭にしているわけではありません。言語行為論は，様々な種類の言語行為の間にカテゴリー上の区別立てをします。「私は約束する」，「私は脅迫する，「私は願望する」，「私は陳述する」という次第です。けれども具体的な言語上の出来事は，

常に興味深い混合であって、そこではこのようなカテゴリー的区別はあいまいなものとなります。何かを約束するといっても、その約束がほとんど脅迫に近く、当事者にとって、そもそもよいことなのかどうか、不確かなような約束もあります。約束とは、普通、相手もその約束を好意的に受け入れることが期待されているはずです。また、「純粋な」陳述も脅迫へと転じることがありえます。普通、私たちは分析したり、言語行為を分類したりはせず、そのようなことをするのは、例えば裁判となって、「あれは侮辱でした」と認めなければならないような場合です。——しかし正常性に属するのは、具体的な状況において、分析することができるようなことを行う、ということです。正常性とは——これはゴルトシュタインの、大変納得のいく思想ですが——たとえ、それをしばしば行わないことがあっても、人が隔たりを取ることができるということ、人が分析することができるということにあります。

このことは、私たちの身体意識にとって何を意味するのでしょうか。身体性は、私たちに、多かれ少なかれ意識されています。身体性が意味するのは、何かを行うこと、何かを見ること、何かを経験することであり、特に注目しなければならないのは、何かをするということを意味するということです。極度に、またひたすら、観察が行われるとき、そのような観察は病理学的なものに転じてしまいます。もう一方の極端な状況は、私が自分の瞬時の諸体験に完全に引き渡されてしまい、何をしているのか、どんなふうなのか、まったく言うことができない場合でしょう。

病気は、ゴルトシュタインのこのような見方においては、統合−破綻として記述されます。シュナイダーの場合、思考や意識に近い関係にある抽象的態度が害されて、当事者は物(的身)体の機構の段階、つまり、摑むとの段階へと後退するのです。ゴルトシュタインは、したがって、意識された作用の領域が害されているということから出発します。この解釈で疑問が残るのは、物(的身)体の機構の領域が動物的なものの領域に割り当てられ、これに対して意識された作用が種としての人間的なもの、シンボル的なもの、及び「高次の」能作として取っておかれている、という点です。とすると、統合破綻の症例において解体とは、この高次の能作の損傷にあるということになり、その結果、患者が動物的な段階へ後退するということになります。

c　メルロ＝ポンティによるゴルトシュタイン批判

さて，シュナイダー症例に対するゴルトシュタインの解釈とは反対にメルロ＝ポンティは別の解釈を提示します。——私はここでは示唆するだけに留めますが[28]。メルロ＝ポンティの解決案は，経験論的処置と主知主義的な処置の間にあります。彼は，主知主義的な解釈が，ある意味で，経験論的なそれとの対応物であることを示します。経験論的な処置では抜け落ちるものが認識内容であるのに対して，主知主義的な考察方法では認識形式が，抜け落ちている当のものであることになります。後者の場合，生理学的な種類の原因が，思考と反省の障害に代替されています。ゴルトシュタインの解釈において，まず生理学的次元，その上に心理学的次元を構築するという傾向があります。それによって，人間的なものを成り立たせているもの（シンボルと指し示すことの使用）が，再び，上部構造として把握されるのです。メルロ＝ポンティはこれに対して，ある中間の可能性，つまり，彼が「実存」と名づけ，それに実存的な解釈を加えようとする中間的な可能性から出発します。

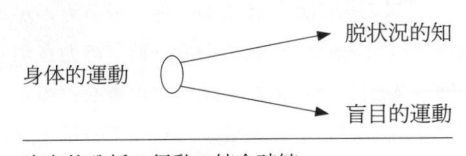

```
                      → 脱状況的知
    身体的運動 ○〈
                      → 盲目的運動
───────────────────────────
    実存的分析：行動の統合破綻
```

図式11

実存は生理学的なものと心理的なものとの間にあり，摑むことと指し示すことが正常な行動の中でも，多様に互いに嚙み合わさっています。この場合病気は動物的な層への退行にあるのではありません。病気を逆戻りとする解釈は，まさに同時代の精神医学に再三見出されるものであって，人間は動物になるというわけです。これはまったく，非構造的に考えられています。というのも，こう考えれば，再び，「その上」から何かが剝がれ落ち，ないし，文化というニスが消え落ちて，再び自然の何かが表に出るといったことになるからです。もし——メルロ＝ポンティがそうしたよう

---

28)　私はこの主題をすぐ後の講義で再び取り上げることにします。

に──厳密に構造的に考えるならば，下部構造や上部構造で操作することはできず，「第三の次元」[29]を考慮に入れざるをえず，この次元は，純粋に生理学的でも純粋に心理学的でもないのであり，その次元の内部で，分離や解離，そして分割のプロセスが立ち現れ，こうしてあれやこれやがまちまちの方向で入れ替わったりしているのです。今一度，幻影肢についてのメルロ＝ポンティの解釈を想い起こして見ましょう。幻影肢は意識における錯覚，すなわち，（全く存在しないものを思い浮かべるという）誤った表象としては理解されず，また，純粋に生理学的に，特定の神経系が機能しない（しかもこれが突然うまくいくのです）という意味でも捉えることはできません。そうではなく，そこにあるのはむしろ，実存の損傷なのです。病気になった人，あるいは喪失を蒙った人は，その人が今体験することと，以前現にあったこととの間の内的な分裂の内で生きるのです。病理学的症状が立ち現れるのは，喪失が強化され，現在がかつてあった過去によって，完全に影に隠れてしまうときなのです。そのようにして初めて解離が成り立つのです。正常な場合，過去，未来，現在は相互に働きあっています。病理学は，或るものが欠けるが，他の或るものがあるということから始まるのではなく，全体の行動の中で，特定の力点がずれてゆき，自分の歴史の一部が分割し，その過去が過剰な重点を占めることから始まるのです。苦悩する人格は，現在の諸要求に対して，望まれ，求められるような仕方で答える能力を失うのです。

　摑むことと指し示すことという問題は，第三の可能性を待ち受けているのであり，メルロ＝ポンティが持ち出すその可能性により，経験論的解釈かあるいは主知主義的解釈かという選択肢を避けることができます。経験論的解釈では指し示すことは，視覚的行動として，また摑むことは，触覚的行動として考察されます。これと対応する因果分析は，鼻を摑み－示す実験に表れる障害を，特定の生理学的条件，ないし特定の感覚素材が抜け落ちることによって説明します。主知主義的解釈は，これはこれで，ゴルトシュタインに立ち返り，指し示すことを意識された作用と結びつけ，摑むことを盲目的な物的身体の機構と結びつけます。この反省的分析は特定の意識能作を引き合いに出し，そこから特定の欠損を指摘するものです。

---

29) これについては拙著 *Phaenomenologie in Frankreich*（『フランスの現象学』1998年），148-50頁を参照。

4　身体的運動の志向性

(第6講義　1996年11月26日)

　反省的分析と因果的分析という区分けを通して，メルロ＝ポンティは第三の可能性として「実存論的分析」を適切とみなします。メルロ＝ポンティは，しばしば，サルトルと並んで実存哲学者に数えられますが，しかし彼は一度も狭く捉えられた実存主義を主張したことはありません。実存ということで彼が理解するのは，具体的なことと豊かな関係性のことであり，実存とは彼にとって，生理学的なものと心理的なものとの間の第三の術語です。この身体的実存という概念から出発して，メルロ＝ポンティは，生理学的機構と心理学的な意識の経過という二元論を回避します。実存はかくして，メルロ＝ポンティにあっては身体性が何を意味するかということの顕現化にほかなりません。

　シュナイダーという患者の障害は，いつでも自分の鼻から蚊を追い払えてるのに，鼻を指し示すようにいわれて，その要求には応じることができないという障害であり，これをメルロ＝ポンティは，部分的な統合破綻と規定します。この説明は二元論的なやり方を取るのではなく，クルト・ゴルトシュタインと同様に，何らかの解離，諸機能の分離が立ち現れるということから出発します。シュナイダーは手を動かすことはできますが，しかしこの同じ手は求められた象徴的しぐさを行うことができません。ここで特定の機能が解離し，統合破綻しており，それだからこそ，メルロ＝ポンティは部分的に統合破綻した行動について語るのです。では，このような解離をどう記述すべきなのでしょうか。

　主知主義的な諸理論に対してメルロ＝ポンティは，これら諸理論が非常に古い模範，つまり階層モデルで作業していると非難します[30]。このモデルには上方と下方があり，伝統的に，上方に理性が，下方に動物的なものが位置します。思い出されるのは，ラテン語で伝えられるアリストテレスの定義で，人間は *animal rationale*，つまり理性を持つ生き物であるとい

---

30) 階層モデルについては，拙著 *Topographie des Fremden*（『他者のトポグラフィー』1997年），42, 68, 92頁を参照のこと。

う定義です。これは様々な仕方で解釈されえます。主知主義的理論に従えばそれは——幾分雑な言い方ですが——，私たちは動物と分かち持つ一定の動物性があり，それに加えて，人間には上のほうから動物が持っていない何か，つまり，ロゴスがさらに付け加わるというように見えます。私がここで単純化するというのは，階層モデルが，下層が上層に統合されるという点で，より複雑であるからです。ロゴスは様々なものを意味しえます。意識，計画能力，言語，その他類似した契機のことです。病気とは，主知主義的な見地からいえば，患者が以前の動物的な層へと後退するということになります。こうした記述では，病気は逆向きの発展と理解されます。なぜなら，理性は，意識された，ないし象徴的な作用を遂行するために要求されるものですが，その理性が働かなくなり，それとともに了解や目標に向けた方位づけが作動せず，残っているのは，動物にもみられる純粋な身振りであるからです。反射は動物も示すような経過であり，したがって，種としての人間を作り上げているものではないというわけです。病気は理性の消失ないし減衰として現れ，動物的なものが後に残されるだけだというのです。

　この階層モデルに対してメルロ＝ポンティは選択肢として円環モデルを導入します。彼は志向弓について語ります。思考の経過と運動の経過とは互いに組み込まれており，層化という意味においてではなく，円環という意味において，私が経験することの表象が運動そのものに同時に入り込んでくるのです。私が経験することの表象は，いつもまた，すでに運動を通してともに規定されています。表象と運動，感知と働きかけは，すでに言及された円環モデルにおいて，互いに組み合わさっています。私が何かをまず感知し，それから二番目の作用として働きかける，行動を起こすという風になっているのではなくて，感知する，いわゆる見やることがまさしく既に一つの行うことなのです。見やることと見ることは，一定の刺激が訪れ，それに反応が起こるということにあるのではなく，見ることはすでに，私が何物かに態度を取っていること，私が注意を向け，その意味で活動的となろうとしていることを前提にしているのです。

　さてメルロ＝ポンティによると障害は，これら二つの機能が統合破綻という意味で，分離してゆき，ふたつの契機が何らかの仕方で保たれてはいるものの，もはやともに働きかけあわないということにあります。そのよ

うな統合破綻の例として色名喪失症，虚構的行動ができない無能力，空間感覚の障害があげられます。ここで，これらの例に立ち入ってみることにしましょう。

色名喪失症，つまり，色名記憶の喪失は，ある特定の言語障害です。この喪失に陥った人は色に対して反応はしますが，色名を挙げることが，いわば，自立化してしまったのです。色名〔そのもの〕はまだ残っていて，患者は「赤」や「緑」と言うことができるのですが，いままでのように，状況に即してこれらの言葉を使うことができないのです。しかも，多様な色を区別しているにもかかわらず，です。

ゴルトシュタインの虚構的行動の例は，先に言及しました[31]。ゴルトシュタインが，軍隊式の挨拶動作をするようにと患者に指示したあの例です。患者はこの提言に取り合わないわけですが，かといって「私は体が動かせない」と言うわけでもありません。もっともこういっても誰も信じないでしょうが。また，「おっしゃってる意味が分かりません」と言うのでもありません。これは，知性上の障害を表現することになるでしょうから。シュナイダーは何が言われているのか分かっていますし，挨拶動作を行う生理学的な手段も意のままにできますが，それでも，「私にはできません，この挨拶ができません」と言うのです。ゴルトシュタインはこうした事態を解釈して，シュナイダーは「仮想的－状況」に身を置くことができないのだといいます。一方での特定の知と，他方での物(的身)体の特定の能力が，もはや互いに同調しておらず，知と力能とが異なる機能として互いに分離しているのです。こうした例が示すのは，私たちが虚構として挨拶をする際に，どれほど多くのものが働いているのか，ということです。演技としての挨拶は，何らかの象徴性，習得された行動，それに即した物的(身体)的能力を含んでいます。障害は，知性の機能不全であるとか意志の決断力が欠けているというのではなく，これらの諸契機の間に裂け目ができてしまうことにあるのです。

もう一つの別な例は，ミンコフスキーの空間の現象学によります[32]。ユ

---

31) 本書143頁を参照のこと。
32) Minkowski, E. (E. ミンコフスキー), *Le temps vecu*, (『生きられる時間』1968年，257頁)〔邦訳『生きられる時間II』中江育生・清水誠他訳，みすず書房，1973年，125-26頁〕

ジーン・ミンコフスキーは現象学を学んだポーランドの精神医学者で，ドイツを経てフランスへと亡命した人物です。彼は統合失調症の患者と進行麻痺性の患者に実験を行いました。この実験ではそれぞれの患者に，自分がどこにいるのか，と問いかけます。患者の反応は正反対なまでにかけ離れています。麻痺性の患者は言葉を発せずに，そのまま自分がいる場所を示して，答える際には，言語を使おうともしませんが，それは，この患者にとって言語を話すことはすでに自己自身に対する隔たりを置くことになるのだからです。この患者はその場所に釘付けにされているかのようで，僅かにそこを指し示すだけです。――統合失調症の患者は「あなたはどこにいるのか」という問いに対して，「私は自分がどこにいるかは知っていますが，自分がそこにいるように感じられません」という答えを返します。この言表は，分裂をうかがわせるものです。患者は自分がどこにいるかを知っていますし，「私はボーフムのクヴェーレンブルク地区にいます」と答えることもでき，文脈から自由な申し立てをすることもできますが，そこで告げられている知はここにいるという感情とは結びつかず，このような感情は，元来，作り上げることのできないものなのです。この例でも理性がただ抜け落ちているわけではないことが示されます。なぜなら患者には方位づけが可能なのであり，それにふさわしい言語的な場所の規定も用いているからです。しかしこの規定は，ここにいる，あそこにいる，自ら動くといった生の運動と結び合わせられていないのです。分裂のこうした契機の故にスキゾーフレニー，分裂－錯乱とも言われるのです。

　メルロ＝ポンティはこうした観点を一般化して，これらの患者の場合，様々な諸機能の共働が害されているというのです。先に論じた主知主義的モデルでは，諸機能は互いに引いたり足したりされ，それによって，障害は「何かの欠如」あるいは「何かの付加」と解釈されます。このモデルが結果するものにはその他にも，動物が愚鈍と説明され，動物的「でしか」ないものと性格づけられます。この場合「動物的」ということで何が考えられているのでしょうか。ヴォルフガング・ケーラーは行動そのものが動物の領域において微妙なニュアンスの違いを呈示することを証明しています。動物的という言い回しそのものが乱暴な単純化であるのは，動物も「上手な」行動を取ったり，あるいは「愚かな」行動を取ったりするからです[33]。

4 身体的運動の志向性

　メルロ＝ポンティが提言し，「実存分析」という語を与える解決案は，病理学を通じて正常な事例をめざすものであり，身体的な運動，すなわち，「運動と運動の意識」が一致している身体的運動を見極めようとするのです。メルロ＝ポンティは，反デカルト的な仕方で運動概念を獲得し，その運動概念は空間内の運動（これは場所の運動や，あるいは質の変化，その他として記述されうるものです）と，この運動の意識へとは分割されません。デカルト的な思惟においては，単なる運動が，それを知る者と空間内の或るものに働きかける者によって二重化されるのが常です。ここでは当初から，分割が設けられているわけです。これに対してメルロ＝ポンティは，運動とこの運動の意識が一致しているような身体的運動というものを置くのです。彼はドイツの著者達にならって，「運動的志向性〔motorische Intentionalität〕」，あるいは「運動的意義〔motorische Bedeutung〕」と，すなわち運動そのものが意義ないし志向性をもち，運動の投企，運動の志向がある，と語ります。

　これらの障害について，文学作品の中にもとても徹底した試みがあり，例えばサミュエル・ベケットの最晩年の物語にはドイツ語で『いまなお，もはやなく』というタイトルの作品です[34]。この作品ではだれかが監獄のような空間に座って，自分自身を観察します。その自己観察では，意識がモニターのように全く外側に現れ，その〔宙に浮いた〕意識に対して物（的身）体が空間内で動きます。この非常に簡潔で印象深い記述において，通常は同時に進行するものを，分離という観点〔パースペクティヴ〕から経験します。主人公は自分自身を綿密に観察し――物語はベケットに典型的な簡略さと乾いた筆致で著わされており――，墓穴を掘ることと墓穴とが互いに接するといった奇妙な分割の経過が取り扱われています。

　メルロ＝ポンティは運動能力と感覚能力と思考との統一を身体的な運動，あるいは志向弓と捉えます。彼は反射弓という概念を捉え返し，それを志向弓へと変じるのです。この共働において感性，悟性および運動能力が絡み合い，このような共働は，私たちが一つの世界の内で動くというそのこ

---

　33) この点に関してはヴォルフガング・ケーラーの猿を用いた実験及びそれに対するメルロ＝ポンティの適切な評価を参照。メルロ＝ポンティ『行動の構造』122-30頁，〔滝浦静雄・木田元訳，みすず書房，1964年〕。
　34) S. Beckett（S. ベケット），*Stirrings Still*（『なおのうごめき』1988年）。

とに導いています。——始原的な運動能力，運動というものがあって，これは「動く」と「私がそれを知る」という二重性としては捉えられえず，「私が動く」として捉えるべきものです。すでに，フッサールの記述は，はっきりとこのような方向を指し示しており，例えば彼は，「私が動く」というとても単純な命題を，——彼はいつも好んでそうしますが——取り上げます[35]。こうした命題は，だれもがいつかはいうことですから，それが極めて注目に値するものだと考える人はだれもいないでしょう。けれども難しいのは，この「私が動く」ということで何を謂わんとするのかを，二元論に陥ることなく考えることにあるのです。「私はできる」ということがあって，これははじめから「私は考える」と結びついており，「私は考える」の下に置かれているのではありません[36]。したがって，「私があることを考える」，私は主観，考えるものがあることを考えるというのではなく，考えることそのものが，「私はできる」であり，それは，諸々の可能性と同様，不可能性をも内含しているのです。私が行うことのすべては，すでに諸可能性の遊動空間のうちで動いているのです。こうして，思考も運動として考えられます。私たちは「思考の歩み」あるいは「思考の動き」と言い，この言い方は隠喩であると考えますが，しかし隠喩というのはほとんど無意味といってよいでしょう。脳内で何らかの運動が実際に起こるとでもいうのでしょうか。だとすればそれは，純粋に生理学的な経過ということになります。メルロ＝ポンティとフッサールが理解を示しているのは，まさに「私が考える」ということそのもの，したがって近代の出発点の一つであることが，初めから，できること，すなわち運動，「世界の中で身の回りのことをすること」と結びついている，ということなのです。空間内の運動と運動についての意識という二元論は，このような仕方で，回避されています。

　ウィトゲンシュタインに同様の考えが見られます。例えば『哲学探究』で，彼はそこで意志の問題と取り組み，「手を上げる」，「手が高く上がる」といった行為の記述と取り組みます[37]。クレーンでもアームは上が

---

[35] E. フッサール『イデーンⅡ』§38, 60a；および（『デカルト的省察』）128頁〔邦訳『デカルト的省察』浜渦辰二訳，岩波書店，2001年，174頁〕参照。

[36] 同上ならびに『知覚の現象学』160頁〔邦訳，166頁〕を参照。

[37] L. ウィトゲンシュタイン『哲学探究』〔邦訳同上，藤本隆志訳，ウィトゲン

4 身体的運動の志向性

ります。とはいえ、〔人間の〕行為と物体の単純な運動は区別されており、何がそれを区別しているのでしょうか。「私が自分の腕を上げる」という行為の場合、さらに何か他のものが加わっているはずで、さもなければクレーンが登る際に、「クレーンが行為する」といってもいいことになり、あるいは種が発芽する際に、「草が行為する」といってもいいことになります。ウィットゲンシュタインはこのことを皮肉な口調で記述し、「人は欠損した状態から、例えば生き物の運動からではなく、機械的でもありえるような運動から出発して、しかし人間にはその他にさらに意識を持つのだ、なぜなら人間はその上に自分がそこで行うことを知っており、その行動を意志するからだ、という」[38]、と述べています。ウィットゲンシュタインの記述は時折 SF 小説のように響きますが、彼が目指しているのは、身体的運動がそれ自身ですでに一定の方向を持っていて、外側から目標が定められ、規則に従うことに依拠するのではないということなのです。というのも、規則に従うということもまた、「何事かを行う」ということであって、「何事かが生じて、これに加えて規則が意識される」ということを意味するのではないからです。ウィットゲンシュタインの記述は身体性の現象学と非常に緊密な関係を持ちます。ウィットゲンシュタインは、メルロ=ポンティが病理学的な行動の仕方の分析から獲得するものを、言語のほうから展開するのです。

　最後に、どれほど私たちが、二元論を引きずっている伝統という重荷を背負っているかについて、注解しておきましょう。チリの生物学者であるヴァレラが他の著者とともに著わした著作『身体化された心〔The Embodied Mind〕』ですが、これはドイツ語版では『認識の中間の道〔Der mittlere Weg der Erkenntnis〕』というタイトルを付されて出版されています[*]。より納得いくタイトルは、『身体化された精神〔Der verkörperte

---

シュタイン全集8, 大修館書店, 1976年〕§614.「私が自分の腕を〈恣意的に〉動かす場合、私は運動をもたらすような手段を使用しているのではない。私の願望もそのような手段ではない。」―§616.「私が自分の腕を上げる場合、私は（腕が上がるようにと）願望したのではない。恣意的な行為は、この願望を排除する。無論、〈私は、円を完璧に描きたい、と期待する〉ということはできる。その際、手がかくかくに動くようにという願望を表現している」。

38) 同上。§193f.

[*] F. J. Varela, E. Thompson, E. Rosch（F. J. ヴァレラ他）, *The Embodied Mind: Cognitive Science and Human Experience*（『身体化された心：認知科学と人間の経験』

Geist〕』とできたはずです。しかし，ドイツ社会は，身体概念を用いるのに，明らかに抵抗を感じるのです。『身体化された心』というタイトルが明らかにするのは，同書で，精神は，物(的身)体に単純に付け加えられるのではなく，むしろそれ自身，身体化〔verkörpert〕されることが問題にされていることです。このタイトルはメルロ＝ポンティも同様に，いつでも，使用しえたものといえるでしょう。

1993年）〔邦訳『身体化された心―仏教思想からのエナクティヴ・アプローチ』田中靖夫訳，工作舎，2001年〕

IV
自発性と習慣

　慣れること〔Gewöhnung〕と習慣〔Gewohnheit〕という言葉の中には，住むこと〔Wohnen〕という言葉が含まれています。メルロ＝ポンティとハイデッガーは，私たちが空間と時間のうちに，すなわち世界のうちに住んでいるということについて語ります。このような語り方に対する異議として，ここでは隠喩が使用されているのであって，それであってこそ，身体的実存が，個別的な人間の行為や状態との連関にもたらされるのだ，と唱えられるでしょう。けれどもこの異議に対して逆に問わなければならないのは，「それでは住むこととは，本来どういう意味なのか」ということです。

　皆さん，通常の建築の学業を修了した建築家に，住むこととは何なのかと尋ねてごらんなさい。建築家はおそらく皆さんに，図面やスケッチのようなものを見せて，「私がデザインしたこの家は，住むことと何らか関係があるはずです」と言うでしょう。では，皆さん，いま一度，住むこととは何なのかと自分に問いただしてみてください。住むことは，身体的な自己－運動と，空間のうちにとどまることから出発してのみ記述できるのです。もしこの関連がなければ，家を建てることは，単なる箱の製造になってしまうでしょう。このことは，実は，家の建築にあたって，しばしば起こることで，単に箱が製造され，きっと誰かがやってきてそこに住むのだ，と考えられてしまいます。けれども，優れた建築家は，住むことの身体性から出発します。ここでは，住むことと建てることという概念を現象学との連関のうちで発展させようとするおおくの努力がなされています[1]。ハイデッガーにも，大きな注目を集めた，「住むこと，建てること，思惟す

ること」という良く知られたエッセイがあります[2]。私がここで反論してみたいのは、一つの嫌疑、すなわち「身体が時間と空間に住む」という言表は単なる隠喩にすぎない、という嫌疑に対してです。住むことは字義通りに受け取られねばなりません。住むことがむしろ身体性から考えられねばならないのは、「身体が時間と空間に住む」という語り方が、ある領域から別の領域への単なる二次的な意味の転送のようには思われないからなのです。

　身体の固有な運動性から出発して、自発性と習慣というアンチテーゼ〔反定立〕を解明したいと思います。このアンチテーゼは、綜合、ないし、主観や客観、あるいはよく名づけられるように、即自と対自が一つになるような自由の領域へと向かいません。私の考察は自発性と習慣という極在性〔Polarität〕の方向へ向かいます。それでは、まず、事象から逃れてしまう、あるいは事象を非常に一面的にしか解釈しないような理論から始めましょう。

1　合理主義的学習理論と経験主義的学習理論

合理主義的学習理論は、知の契機を強調し、学習において、見解や理念が現実化されるということから出発します。獲得された見解や理念が、行いへと転用されるなどして、知識は、応用され、現実化されます。このような応用された知や現実化された知への素朴な関連づけは、往々にしてよく見られるものです。この関連づけは、例えば、実践哲学においてもよくみられ、応用倫理への性急な要求と結びついています。「応用倫理」という表現は人を当惑させるものです。私はよく自問しますが、そもそも倫理とは、応用される以前に、何かを意味するのでしょうか。倫理とは何らかの行為の文法を内容とするのでしょうか。ただ見解を応用すればそれでよいといった仕方で見解は行為に、先行しうるのでしょうか。

---

[1] これに関しては、特に E. Fuhr, H. Friesen, A. Sommer（E. ヒュール、H. フリーゼン、A. ゾンマー編集）, *Architektur in Zwischenreich von Kunst und Alltag*（『文化と日常の中間領域にある建築』1997年）参照。

[2] 『講演と論文』（1954年）所収。

1 合理主義的学習理論と経験主義的学習理論

　古い学校教科書や学習教科書の教訓「我々は学校のためではなく，人生のために学ぶのである〔*Non scholae sed vitae discimus*〕」は，「我々は学校を学ぶのであって，人生を学ぶのではない〔*Scholae non vitae discimus*〕」へと言葉をみごとに逆にすることができます。問われねばならないのは，そもそもここにある種の風刺漫画のような仮定，つまり先行するロゴス〔論理，言語〕，獲得された見解がなければ責任のある行動はないのかどうか，ということではなく，ただ盲目的な出来事のみあって，自分の衝動や他者の権威に追随するだけなのかどうかということです。このロゴスと衝動の二者択一的な選択に，改めて二元論的な見方が示されています。つまり，衝動的であることか，あるいは権威への従属か〔という二者択一〕です。この衝動という盲目性は，人が本来の行動において，ある特定のロゴス，すなわち理性に従うときにのみ，克服されるというのです。

　初めに見解をもち，それからこの見解を転用するということから出発する理論に対して，異議がとなえられています。それはすでに非常に古く，アリストテレスの『ニコマコス倫理学』に見出されます。このテキストは，行為の習得に関して，いまだ最も影響力のあるテキストの一つです。そこには，人が学ぶというのは，行いを通してであって，知識の活用を通してなのではない，と書かれています。何かをすることによって，人は学ぶのです。アリストテレスはこのことを，楽器の習得に関して示します。「人はどのようにキタラの演奏を学ぶのか。人はキタラの演奏を，キタラの演奏によって学ぶのである」。この単純な命題に続いて「人はどのようにして正しくあることを学ぶのか。それは正しく行為することによってである」とあります[3]。このテキストにおいて初めて，——ある意味でプラトンに対抗して（それがいかに正当であるか，ということは保留しておきますが）——知がそれ自身，実践的な知であることが，はっきりと表現されているのです。この知は行為において獲得され，行為において確証されます。アリストテレスが排斥しようとするのは，実践的な知を，数学的知や，後に形而上学と名づけられるような知に適応させようとすることです。公理と定義から出発して，演繹を行う数学的な知には，生の経験なくして達することができます。それゆえ，アリストテレスが述べるには，数学は，

---

[3] 『ニコマコス倫理学』2巻1章〔邦訳，アリストテレス全集13巻，加藤信朗訳，岩波書店，1973年，39頁〕

非常に速く習得可能で，そのためには，多少の知能と利発さが必要とされるだけですが，他方，倫理と政治が，時間をかけてのみ学ばれうるのは，ここで必要とされる能力が，生の経験に基づいているからなのです。このように，アリストテレスは，知を無媒介的に開始点におくような主知主義的な見方を疑問視するのです。

　他の極端な〔理論〕は，行動主義的学習理論でしょう。「我々は行いから学ぶ」と言うとき，それはどういう意味なのでしょうか。ここでの行いとは何を意味しているのでしょうか。20世紀には行いから出発する一連の理論がありますが，これらは，しばしば非常に狭く限定された行い，すなわち behavior という意味での行動から出発する理論です。行動主義は，合理主義的理論や主知主義的理論と正反対に対立する学習理論を発展させています。

　行動主義は，基本行動と名づけられた，多かれ少なかれ生まれつきの行動から，より複雑な行動と特徴づけられる，より高次の行動への橋渡しを，学習理論のうちに探ります。「経験主義」を蔑視的な意味で使用すべきではなく，その思考の構造に注意を払うべきだというのです。経験主義には単一な要素と，単一な要素から成る複合や集合があります。階層モデルにおいて「より高次の」行動とされるものは，経験主義においては「より複雑な」行動を意味します。

　コンピュータ理論においてもより複雑な行動について語られ，機知に富むことは，当然，「a＝a」よりも複雑だというのです。しかし，複雑さとは，ただ，諸々の要因を加えたような事象であるだけなのでしょうか。この加算モデルに対する選択肢として，次々に諸々の要因が関与してくる構造変換の仮説が提示されます。示すことは摑むことよりも複雑であるという主張が，何ら正当な意味をもたないのは，摑むことは，——生理学的にみて——同様に，大変複雑な経過だからです。象徴的な身振りとしての示すことは，摑むこととは別の構造，行動水準をもっているのであり，「何かがさらに加わり，より複雑になる」，とは言えないのです。示すことは，摑むこととは何らかの点で，異なっているのであって，どちらかがより多く，どちらかがより少ないというのではないのです。

　行動主義という経験主義的モデルにおいて，諸々の要因の加算は，基本行動からより高次の，ないしより複雑な行動への橋渡しを行うとされます。

1 合理主義的学習理論と経験主義的学習理論   165

　この関連をロシアの生理学者パブロフが，条件反射，無条件反射の理論によって発展させました。無条件反射とは，人が習得するものではありません。例えば瞼の反射は，言葉のように習得はされません。胃液の分泌といった反射も，生理学的な経過です。経験主義的理論モデルは，そのような無条件反射を条件反射と結びつけ，行動の習慣化を条件づけとして記述します。

　私はここで，〔このモデルに対する〕最も重要な反証となる議論のみを選びます[4]。行動主義は還元された行動概念を使用し，経験主義的な考え方に従います。このことは，学習に関して，二つの還元の形式に即して明らかになります。

　1. 行動は部分的な反作用の連続として考えられ，この連続は，まずもって，目的や状況への内的な関係なしに生じます。ここでは，ヒュームの経験主義的モデルが間接的に影響しており，そのモデルは，感覚は他の感覚への関係づけなしに規定される，〔例えば〕赤は，他のものと関係することなく赤である，ということから出発するものです[5]。この感覚質料のアトム化〔Atomisierung〕に対応するのが，行動のアトム化です。この理論に従えば，行動は，まずもって，相互に内的な関係を持たない個々の反作用から成り立ち，先に述べたように，目的や状況への関係なしに生じます。状況と目的は，まさに行動にある統一を与えることができるといえるでしょう。身体図式としての身体に統一を与える何か，すなわちある状況において持つ課題について考えてみましょう。もしこの課題がなければ，身体的な出来事は，瓦解して，ただ外的にお互い結びつけられているにすぎないような個々の機構になってしまいます。

　それでは学習は，経験主義的な視点からはどのようなものになるでしょうか。まさにこの奇跡は，単に感覚与件だけでなく，快と不快も，またそれだけでなく報酬と罰をも議論に引き入れられることで生じるのです。また，この理論のABC〔基本〕に属すのは，赤さや固さといった感覚を持つだけでなく，感じのいい，快い，不快な，痛いといった感覚も私が持つ

---

[4] ここでは個々の点まで立ち入って考察することはできません。すでにエルヴィン・シュトラウスやメルロ＝ポンティの初期の仕事『行動の構造』に，行動主義の仮定の基幹への徹底的な批判があります。

[5] 本書，II, 3を参照。

ているということです。

　行動の条件づけが生じるのは，快と不快，ないし，報酬と罰が，行動を強化したり，行動を阻止する諸々の要因として組み込まれてくることを通してです。快いこと，飴玉や褒め言葉を与えられるような行動は強化され，他の行動は，不快な印象や叱責と結びつけることによって，抹消されます。学習は，有名な試行錯誤〔traial and error〕モデルに従って起こります。それによると，学習は，何かを行い，何が生じるか見てみる，望まれる成果が達成されるまで，やり方を変えてみる，といったふうに記述されます。ここで問題になるのは盲目的な試みです。というのは，そこではまずもって行為するものとしての私は，私が何を行うか分かっていないからです。錯誤とは盲目を意味しており，私は繰り返し間違え，成果のない試みを取り除いていくというようにして学ぶのです。賢くなるのは，損害をとおしてだ，というわけです。

　2.　行動主義理論の二つ目の性格づけは，学習の成果に関係します。私が何かを学び，学んで成果を得るとはどういうことなのでしょうか。成果とは，基本的な行動から，より複雑な行動様式への反省を引き起こすような力の，単なる転送，と定義されます。反省態〔Reflexogene〕，反射を生じさせ，引き起こすような力が，基本的な行動からより複雑な行動へと転送されます。パブロフにおける有名な例は，犬が肉に反応するというものです。この反作用が無条件反射といえるのは，この反作用を犬に教える必要がないからです。実験の第二段階として，ベルの音が鳴る時にいつも，犬に餌が与えられることによって条件反射が結果します。ついには犬は，ベルの音に反応し，餌に喜び，胃液の分泌によって反応します。それは犬が，ベルの音と餌をもらうこととが結びついているのが分かるからです。この条件反射において，障害が起こることもありえます。例えば，ベルがなっても，肉が現れない場合です。けれども，まずもって，両者が結び合わされることが肝要です。

　この条件づけの実験において，二つのデータが連合され，その結果一方のデータは他方のデータと常に結ばれて生じ，犬はベルの音が「肉」を意味するということを学ぶのです。この学習の成果は，単なる適応を意味します。実験者は犬にベルの音に反応するよう教えます。行動主義的学習モデルは適応モデル〔Anpassungsmodell〕です。そこでは実際に新た

1 合理主義的学習理論と経験主義的学習理論

なものが学ばれるのではなく，学習において，ある特定の尺度や，すでに前提にされているような特定の所与性に適応しているのです。

　主知主義的学習理論と経験主義的学習理論は，二つの極端な立場を形成しています。主知主義的学習理論では，学習は第一に見解から生じ，それが第二に行動や運動へと転換されます。経験主義的なないし，行動主義的な理論やその変容理論においては，学習は第一に盲目的な機構を媒介にして遂行され，それについて本当は何であるかわからないような何かが，学ばれるのであり，能力〔Können〕とは，ただ，望まれた仕方で反応するということだけなのです。

　はたして，学習は，このような二分法なしに，つまり，一方で機構による外的な規定から出発し，他方では，行為に先行する見解による過剰規定から出発しようとする二分法なしに，どのように考えられることができるのでしょうか。

　ここでパブロフとワトソンへの科学史的な考察を少し加えます。科学の歴史を問題にするとき注意しなければならないのは，科学のイデオロギーを念頭に置きながら，科学そのものを批判してはならないということです。パブロフは生理学者として，医者として，偉大な研究者でした。彼は自分の世界観の地平や，自身の理論の実践的な観点に関して，他の多くの人々よりも慎ましく，注意深い人でした。彼はなぜソビエト連邦の古典的な学者へと登り詰めたのでしょうか。それは彼が，環境の変化によってあらゆることが達成される，すべての行動が条件づけられるように思われるということを，証言する主要な証人とみなされたからです。この理由からパブロフは，いたるところで自由に活動できました。もっとも，彼自身，自らが因るイデオロギーより，はるかに慎重であり，10月革命以後の新たな権力者達に，若干の抵抗を試みたのではありますが。

　アメリカのワトソンは，こう言うことが許されるなら，最も単純な行動主義者であり，自分の行動主義から，世界幸福化計画のようなものを作成しました[6]。ワトソンの後を継いだスキナーは，この理論を方法的に洗練し，ワトソンよりも技術的に熟達しました。彼は大胆な理想郷を構想しました。彼のもたらしうる素晴らしい成果は，「すべての関連性のある変転

---

6) J. B. Watson (J. B. ワトソン), *Behaviorism* (『行動主義』1930年，独訳1968年) 参照。

要因が整備されるとき、有機体は反応するか、反応しないかのいずれかとなる。反応しないということは、できないということである。できれば、それが欲するということである」[7]、というものでした。願うこととできることとの間の繋ぎ目は、ハクスレーの『素晴らしき新世界』のように、うまく漆喰で塗り固められています。これは、自由の国の大衆通俗版といったものです。けれども、パブロフは、この退化した、いずれにせよ実用主義的に短絡化した行為の見方から除外されるべきでしょう。

この行動主義的な学習理論に対して、いかなる異議を持ち出すことができるでしょうか。ここにはヴォルフガング・ケーラーとパブロフの間でなされた論争があります。パブロフは、チンパンジーの実験に関するケーラーの著作を読んでいました[8]。以下、私は、特にケーラー、ボイテンデイク、エルヴィン・シュトラウスの行動主義的、条件主義的取り組みに対する異議を取り扱います。根本的な異議は、試行錯誤による学習はない、ということなのではありません。もちろんそのような学習もあります。問われなければならないのは、そのような学習が通常の規則を提示しているのかどうか、学習がこのような一貫した仕方で記述しうるのか否か、ということです。同様の問いは、独立した刺激、ないし独立した反射に対してもたてられます。パブロフは、多くの犬に対する実験に際して、この論点を出発点にしているのです[9]。独立した反射、ないし刺激は、確かに、特定の実験室の諸条件のもとで作り出すことはできますが、それらは、作為的な生産物であり、原初的なものなのではありません。

経験主義の疑わしさの核心は、独立した刺激が初めにあり、後になって複雑化、つまり、複合的なものへと至るという主張にあります。逆に問われるべきは、そもそもいかにしてこのような独立した刺激、お互いへの働きかけを持たない単純な刺激へと至るのか、ということです。ケーラーのような著者はこの問いに、厳密に互いに独立しているような刺激は、専ら、よく知られたねずみの実験のような、実験室の状況のうちでのみ生じると答えます。ねずみは、知性を働かせる（知性という概念を、動物の行動に

---

7) *Science and Human Behavior*（『科学と人間の行動』1965年）、112頁。

8) 「生理学者の心理学者への応答」、全集第3巻2、427-29頁を参照。

9) I. P. Pawlow (I. P. パブロフ), *Zur Physiologie des hypnotischen Zustandes beim Hund*（『犬における催眠状態の生理学』M. K. ペトロワとの共著）、388-98頁を参照。

おいても使用しています）ための制限された機会しか持っていません。ねずみが戸口の向こう側に行くために，その戸を開けねばならない場合，取っ手で開く機構はほとんどの場合見抜くことはできません。この見抜く
・・・・・・・・・・・・
ことが－できないという状況は，私たち人間にもあります。その状況は，そのドアはひょっとしたらいつかは開くかもしれないが，どうすればいいのか分からず閉じられたドアを突き動かしてみることだけしかできないという状況です。

行動主義的学習理論に対する二つ目の異議は，そのような動物実験で取られている状況設定は，おそらく，動物の生に何の関係も持っていない，ということです。例えば，餌が黒い円板，あるいは，白の円板で与えられるといったとき，このような状況は，まったく作為的状況といわねばなりません。実験室の状況は，動物が普段の周囲世界から切り離されるということが意味するのは，このような実験室の諸条件が，動物の周囲世界で，全く生じることがないということです。独立した刺激が構築される実験室の状況は，したがって，生の状況と短絡化することはできないのです。このような状況から，動物が行動するのと同じように人間も行動すると，結論を下すことはできません。刺激が独立化するような特定の解離〔Dissoziationen〕は，他を探せば，発病の場合において生じ，ここに，作為的に実験室で生じた行動様式との並行関係がみられます。

パブロフの犬とねずみの実験と，ケーラーのチンパンジーの実験とを対照させてみましょう。ケーラーはチンパンジーを，僅かに作為的な環境に――この点，慎重に述べねばなりませんが――置きました[10]。動物は，自由な原野で観察することもできるのであり，それは，現に動物行動学において実践され，今日では様々な機械装置を使って簡単にできるようになっています。けれどもケーラーは，中間の道を歩み，より作為的でない環境をつくり，そこで猿が自分の自然な能力を使う可能性を保てるよう試みました。その際彼は，愚かな誤りと良い誤り，ないし，偶然うまくいく場合と学習の成果とを区別します。ここで問われるのは，偶然がそもそもある役割を演ずるのか否か，なのではありません。偶然が度々役割を演ずるのは明らかで，偉大な発見もしばしば偶然に基づくものです。問われている

---

10) W. Köhler (W. ケーラー), *Intelligenz prufungen an Menschenaften*（『類人猿の知性試験』1917/18年，再版1963年）。

のはただ，偶然がいかなる役割を演ずるのか，ということです。

　ケーラーは，何かを建てる場合に，チンパンジーが犯す「愚かな誤り」の例を示します。ここで扱われるのは，良く知られた天井から吊るされたバナナという例です。実際，猿がバナナを食べて生きていて，高木からバナナが摘まれるということは猿の生の状況に属しています。もし，高木に何らかの棒切れがぶら下がっていれば，猿はそのような苦労〔箱をつむ〕をきっとしないですむでしょう。ケーラーが示したように，猿は，高くぶら下がっているバナナに届くために，自分が座っている箱を積み上げるという可能性を利用します。棒だけでなく，組み建てることによっても，猿はバナナを手に入れるのです。けれども猿はこの組み建てることに，稀にしか成功しません。ケーラーは，動物の物理学について，とても上手く語っています。実は，動物に過大な要求がなされることになるのは，静力学が始めて可能になるような，動物自身の物(的身)体に対する距離を〔動物が〕欠いているためなのです[11]。ここで静力学というのは，箱が部分部分うまく重なって，猿がよじ登ってもくずれないようにしっかり組み立っているということです。けれども猿は箱を，めちゃくちゃに，上下に積み上げ，箱はすぐに崩れてしまい，そのまま壊れずに積みあがったままであることはありません。したがって，やはりここには，ある盲目性の契機が働いているのであって，猿は，安定が良いかどうか，箱が正確にお互い合わさっているかどうかと，見やることはないのです。ケーラーはこのことを——すでに述べたように——猿は自分の物(的身)体に制限された関係のみもち，距離を獲得できていないこと，そしてこの距離こそ，私たちが，何かを上へと－建て〔auf-bauen〕，何かを建設し〔er-richten〕，安定性を保証する垂直なものと不安定な斜面の情勢とを区別するときに必要とされる，と説明します。

　人間にもまた盲目的な試みがあります。からまった針金を解かねばならないとき，私たちはどうするでしょうか。どうすればうまくいくか分からないとき，なんでもいいからやってみるだけということになります。突然，運良く，からまり，ないし，結び目が解かれることもあります。——同様のことは，ボッフム大学の校舎でも起こります。ここの校舎は，方向感覚

---

11) この点に関して，メルロ＝ポンティ『行動の構造』122-30頁（独訳128-35頁）参照〔邦訳『行動の構造』滝浦・木田訳，みすず書房，1964年，171-181頁〕

をとるのが難しいのです。私がボッフム大学へやって来たとき，自分が檻の中のねずみのように感じ，校舎の作りがわかりませんでしたし，どこにGAがあり，どこにGBがあるのか分からず，校舎が斜面に建っていて，南側では北側よりも下にさがるようにできていることがわかりませんでした。──もちろん，時とともに分かってきたことではありますが。けれども，詳細な大学の校舎の地図をもって，校舎に入ろうとする人がいるでしょうか。また日常の状況においても，私たちは困難に突き当たって，試行錯誤によって，状況に対応できることもあります。多くの状況は，学習で克服できるので，難なく対応できますが，より困難な状況は，人間でもいろいろあてずっぽうにやってみるという段階を超えることができない場合です。コンピュータを使うときにも，事務仕事の日常が示しているように，よく，予測しがたい問題が生じます。

けれども試行錯誤して，運良く，針金のもつれがほどけたとき，人は何を学んでこのようになるのでしょうか。これは学習の成果ではありません。人はそのとき学んだものは何もなく，運よく解答が見つかっただけです。この見つけることは，学習ではなく，ついていた，だけです。次はうまくいくとはかぎらないわけです。アリストテレスは，偶然の見つけものについて，素晴らしい事例を出します。ある農民が畑を耕しているときに偶然，幸運にも，宝を見つけた，というものです。これに対して，もし，彼がそのような宝を見つけようと，畑全体に鋤をいれて掘り起こそうとしていれば，自分の人生を台無しにしていたことでしょう。彼の幸運は，学んだものではありませんでした。運は，学べるものではなく，まさに出くわすものなのです。ギリシア人は $τύχη$（私に到来するもの）について語り，それが $εὐτυχία$ や $ἀτυχία$（幸運な状況や不幸な状況）でありうる，といいます。幸運は不運と同様に，習得可能ではありません。人生の多くの状況において，私たちはそのような運，不運にさらされています。それどころか，人生における最も重要な事柄が，ギリシア人によって $ἕρμαιον$ と名づけられ，ヘルメスに帰せられる幸運な発見と何らかの仕方で関係しています。けれども，盲目的に手探りで歩き回ること，すなわち試行錯誤は，学習とは全く別事なのです。

盲目的な学習のもう一つの例は，機械的な学習，盲目的に暗記することで，これは子供でもすでにできることです。子供は，その単語が何を意味

するかを予め知らなくても，単語を暗記して復唱できます。暗記は以前は，学校で，非常に慣例的に行われていましたが，教育学者が，廃止してしまい，付随する成果をも失うことになりました。人は，意味論的レベルで，何かを「盲目的に」暗記してはいるのですが，詩やきまり文句は，非－意味論的な側面，例えば言葉のリズムの形態を持っています。子守唄が歌われるとき，子供がその歌を理解するとは，誰も考えません。文のリズムは，単語の意味と重なりませんが，単に無意味ではないようなある力を持っています。「盲目的に」暗記するとは，したがって，あらゆる先－意味論的なものが無くなり，ただ機械的なものだけが残っているということを意味するでしょう。けれども学習において多くのことは，意味論の段階以下で動いており，詩の言葉の響きの場合や誓いのきまり文句の場合や子守唄，童謡においてもそうなのです。

　さてもう一度，動物を弁護することにします。動物でさえ，言葉の響きに反応します。犬は，自分に関することを人が話しているのを，聞き分けることができ，言葉のリズムや重要な鍵になる言葉，その中でも自分の名前に反応します。またさらに，有名な奇術師もいて，数に反応しながら，計算する馬を見世物にしています。もちろん馬は数には反応せず，算数を理解することもありませんが，調教師の動きに非常に正確に反応し，先言語的な領域で，調教師と了解し合っています。この了解のし合いは，家庭のペットに見受けられ，人間と動物とがともに生きることが成立し，往々にして，まさに共生に達しているのです。

　今述べられた事例は，もう一度，偶然学ぶことと，見解を伴いつつ学ぶこととの相違を，明らかにすることになります。メルロ＝ポンティは『行動の構造』の中で，子供による単純な実験について報告しています。子供の前に箱が並べられ，子供はその中からチョコレートを探さねばなりません。「子供の前に八個ずつ一列に並んだ箱を等間隔に離して置きます。そして子供が見ないようにしながら，まずは一番目の列には一番初めの箱に，それから二番目の列では二番目の箱に，そして三番目の列では，三番目の箱に，というようにチョコレートを入れていきます。すると子供は，二回目に試した以降は，決まって，直前にチョコレートが見つけられた箱に目的のものを探そうとはせず，その次にある箱にチョコレートを探すのです。下等な猿は，ここで失敗します。」[12]子供は自発的に，まずもって，前にあ

った順番の箱にチョコレートを探しますが、そこには、チョコレートが見つかりません。子供はさらに探して、「次の」箱にチョコレートを見つけます。子供はもう一度このように試してみます。すると再び「次の箱に」チョコレートが入っているのです。子供はこうして、まったく単純な規則を、つまり、「チョコレートはいつも〔前列の箱の〕次の箱の中に隠されている」という規則を発見し、学ぶのです。子供たちは、そのことを知るやいなや、難なく、次の箱に行くようになり、もう前に〔チョコレートが〕あった箱にチョコレートを探そうとはしません。興味深いことに、子供たちはこの規則を比較的速く発見しますが、猿にはこのことはうまくゆきません。猿は繰り返し、前に一度チョコレートがあった箱へと向かうのです。ここから何が学べるでしょうか。子供は質料的な特質や、「チョコレートが今ここにあるのなら、多分次もそこにあるだろう」といった仮定という意味での経験的な場所の規定を学ぶのではありません。そうではなく子供は、ある構造を学ぶのです。子供は変容することを学ばねばならず、このことにこそ本来的な学習があるのです。この基本的な事例は、どのようにして秩序が成立するのかを示しています。私たち大人にとっては、一度そのことを知ってしまえば、まったく単純な事柄ではありますが、猿がこのことに失敗するというのは、興味深いことでもあります。ケーラーはそのような事例に即して、子供と猿では、異なった構造化の遂行が進行するということを指摘します。問題は、どのくらい、学ぶ者は状況から切り離されうるのか、どの程度その状況を変容する能力があるのか、という点です。チョコレートを探す時、「いつも次の箱に行く」という規則が意味するのは、いつも、すでに、他の状況がともに考慮に入れられているということです。このことから、いつも、予めすでにあった場所に何かを探すという状況よりも、大きな可能性の野が生じるのです。この事例においては、学習そのものが差異化されます。それは、あれか−これかという意味、ないし、規則に基づいて学ぶのか、あるいは、偶然によって学ぶのかという意味ではなく、変容する陰影という意味で差異化されるのです。

　今日、様々な学習理論の主要な関心は、再び主知主義、ないし、合理主義という方向に向けられており、発生的なプログラムやプログラム一般に、

---

　　12)　メルロ＝ポンティ『行動の構造』118頁。独訳版124頁〔邦訳『行動の構造』滝浦・木田訳、みすず書房、1964年、167頁〕

あらゆるものの責任が負わされています。この主知主義的転換は，チョムスキーの言語学とともに始まりました。彼は行動主義者たちを痛烈に批判し，彼らは，いまでも，この批判から完全に立ち直ることができていません。チョムスキーは非常に簡潔に，言語の規則が存在し，この規則が正しいことと間違ったことを決定する，と指摘しました。規則の存立それ自体は，生じたり生じなかったりする出来事の頻度とは何の関係もありません。チョムスキーはさらに一歩，歩みを進め，自らの規則の発見を，端的にデカルトの生得モデルによって裏付けます[13]。彼は，本来的な言語の構造は生得的であり，その生得構造を通して，言語能力と言語行為〔Performanz〕がこの規則の存立の遂行を呈示するのだ，と主張します。ここで私たちは再び合理主義的モデルに関わることになり，言語行為は規則の遂行へと還元され，その規則は前もって形態化されているのです。このモデルが認知主義的なコンピュータプログラムにとって，非常に魅力的であったのは次の理由によります。それはこの場合のプログラミングが，「ひらめき」や，「あ！　そうか」という納得の体験，といったある新たなアスペクトが生じるとき獲得するような見解ではなくて，このような見解の主だった特質が，すでに予めプログラムされている，とするからなのです。コンピュータのモデルには，注目すべき一面性があります。この一面性は，私たちがラジオをつけたり，学術的記述を追ったり，新聞を読んだりするとき，その特定の記述の仕方に現れています。字を読み書きできないという疾患をもつ患者は，読み書きの際，文字の再認ができません。このような疾患は，このモデルでは，脳内において特定のニューロンの接続が弱まったり，正しく発達していないことによるとされます。読むことと書くことの経過は，プログラミングーモデルへと遡及されて記述されます。コネクション〔結合主義的〕モデルは，例えば，結合モデルに依拠し，それによって脳が電話装置のように機能するとします。しかしながら，〔重要なのは，〕神経学的記述そのものは，私たちが色とはなにか，音とは何かを

---

[13] N. チョムスキー『デカルト的言語』(1971年) 参照。形式主義的な言語モデルの限界については，Hans Hörmann（ハンス・ヘルマン），*Meinen und Verstehen*（『思念することと理解すること』1978年）参照。この本は最良のビューラーの伝統のうちで執筆され，言語モデルの系列の内に言語現象が回収されるのを拒みました。ここから，メルロ＝ポンティの身体的言語への実りの多い関連が生じました。ハンス・ヘルマンは，彼の死までボッフムで教えていました。

あらかじめ知っているときにのみ，理解することができるということです。「色はあるニューロンの接続によって生じる」という記述を読むとき，色とは何かということが分かっていなければ，その記述を理解することはまったく不可能でしょう。完全に形式的な言語であるコンピュータ言語において，日常の経験が，その開かれた意味を伴いながら，暗黙のうちに前提されているのです。

　ここで重要なのは，どこに現象学が，自らの場所を見出しているのか，ということです。ときとして現象学は，表層的現象の記述として性格づけられ，本当に真剣に取り扱われねばならないのは，神経学者が登場するときであると受け取られています。これは，まったく無意味な主張です。皆さん，プラトンの『パイドン』で，ソクラテスが原因究明という問題について述べていることを読んでみてください[14]。ソクラテスは，「なぜ私は今，監獄にいるのだろうか」と自問します。周知のように彼は，逃げることができたのですが，そうしませんでした。彼はそこに居合わせている人達に，「今こそ，なぜ私がここにいるのか，説明してみてください」と要求します。その当時の生理学者なら，それを説明して，「ソクラテスがここに座っているのは，脚の筋肉と腱が緊張していないからだ」，というでしょう。これに対してソクラテスは，「そうです，その通りです。脚の筋肉がなければ私はここに座っていられないし，座るためには，生理学的に機能する自分のからだを必要とします。しかし，なぜ私がここに座り続けているのかという問いは，まったく別の問いです。私がここに座っているのはまさに逃げるよりも法律に従うことの方がより善いと思うからです」[15]と答えるでしょう。ここでソクラテスは，善を，すなわち，行為の目的意志を関与させます。この行為の目的意志がなければ，なぜ私が行為

---

　14)　『パイドン』98c「それはちょうどこう言ったら一番近いたとえになるだろう。つまり，誰かが，ソクラテスはそのすべての行為を知性によっておこなうと言っておきながら，彼の行為の一つ一つの原因を説明する段になると，こんなふうに言うのだ。つまり，僕がいまここに座っている原因については，まず，僕の肉体が骨と腱からできていて，骨は硬くて関節によって互いに分かれ，腱は伸び縮みして肉や皮膚と一緒に骨をつつみ，この皮膚がこれら全部がばらばらにならないようにまとめている」。

　15)　「なぜなら誓って言うが，もし僕が逃亡するよりも国の命ずる罰に従うことの方がより正しく立派なことだと考えなかったとしたら，思うに，これらの腱や骨は，それこそ最善なりとする考えに動かされ，ずっと前にメガラかボイオティアあたりに行っていたことだろうからね」(『パイドン』98e-99a)。

するのか，なぜ私がここに座っているのか，ということを説明できません。『パイドン』には，今日まで事象に妥当する言表がみられ，ソクラテスはそこで，生理学的な経過は *sine qua non*〔それなしに不可能〕，つまり，ギリシア語では，ἄνεν οὗ οὐκ「それなしには不可能である」[16]，と語ります。座ることと監獄の中にとどまることが現実化するための必然的条件がありますが，この sine qua non は，監獄の中に座り続けることに対する十全的な説明でも，記述でもありません。もし，ソクラテスが監獄に座っている写真を見ても，彼が監獄にとどまり逃げなかったとは言えません。そう言えるのは，私たちが行為の状況を知っているときだけです。何が見えるかについての純粋に生理学的，あるいは視覚的記述は，いまだ行為の状況をつかんでいるとはいえないのです。

このような異議が，神経学的モデルに対しても向けられているのは，昨今，このモデルが，途方もない要求をかかげていることによります。もっとも，このモデルは，ソクラテスやデカルトの時代の古代の生理学的モデルよりもはるかに細かに差異化してはいるのですが。けれどもここでも同様に問われるのは，ここでは，幾度となく，単に現実化に寄与する必然的条件が与えられているだけで，痛みとは何か，赤とは何かといった，簡単に言えば，私がすでに経験している日常の経験を常に前提にしているのではないか，という問いです。

階層モデルの枠における理性と生き物という二面性についての最後のコメントをしてみたいと思います。階層モデルは，時代遅れの感じを受け，まるで私たちがとうの昔に過ぎ去ったものとみなしているかのようです。それにも関わらず，このモデルは，いかにして死を定義するのかという問いの解明に際して，大きな役割を果たしています。最近，話題にされている「脳死」という問題は，脳の停止に関係づけられ，人間が死ぬことにはもはや関係づけられていません。この脳死の取り扱い方は，古代ギリシアの学説への生理学的な風刺のように，つまりある生き物が理性とロゴスを持つだけでなく，今や「脳を持っている」といったように聞こえます。「脳死」の問題は，生の肉体を切断します。つまり，まだ引きつっている物(的身)体の四肢があり，まだ温かく流れる血液があるが，しかし上の方

---

16) 同様に，99b。

の脳の中には，命令系統が含まれており，その脳が死んだのだから，内臓を摘出できる，といっているのです。臓器摘出の問題がどのように決定されようとも，それについていかに語られているか，ということそのものが，大変，独特であるといわねばなりません。哲学者も含めて多くの専門家が呼ばれ，いつ人は死ぬのか，と問われます。このテーマに関して，本当に真剣に哲学的に検討されるとすれば，熟慮されねばならない問いは，自分の身体性と死すべき定めをもった人間とは，いったい誰であるのか，また，身体性とは何を意味し，意識された部分とその他の純粋に生理学的経過の間に，そのような切れ目を引くことができるのか，という問いです。

命令機関である「脳」を，残りの物(的身)体から切り離すことによる他の帰結は，知性が宿っているとはいえない障害者は，「本来の人間的な」命令機関が欠けている以上，本来は人間ではない，という仮定を導くということです。私がここで描こうとする，この理解に反対する見解は，このような厳格な裁断を回避します。ときとして，専門家は，そのような裁断によって，生の裁判官を僭称しようとしているのです。蒙古症の人は，例えば容易に「精神薄弱」に数え入れられますが，彼らは単に知性を僅かしか持たないというのではなく，大変敏感な情動性をそなえており，いわゆる多くの正常な人は，そこからかなりのことを学ぶことができます。一面性は，「知性を欠くことは，欠損を意味する」と言うことにあります。しかし，正常な日常生活で感情をまったく示さないような人がいても，それは欠損とは受け取られず，批判もされません。クールさ〔感情を欠いた知的かっこよさ〕は，まさに正常とみなされるのです。普段行われている，人間の上下へのクラス分けにあたって，私たちの文化の好みが介入してきています。生や死が問題となる病気の領域においては，少なくとも，多くのことが，哲学的領域において，新たに討議されるべきです。種々雑多の委員会には，過度の要求が突きつけられており，むしろ，委員会をより実用的〔pragmatisch〕に見るべきです。真理を見つけるための委員会としてではなく，いかにして，すべての状況を比較考量するような処置が，どのように行われるべきか，という問題を委任されていると見るべきなのです。

私の最後のコメントは，運動というテーマに向けられており，このテーマに関して現象学は非常に多くの寄与をなすことができます。判断と態度

決定がなされる以前に，世界が知覚において構造化され，形態を受け取っている以上，知覚が固有の意味をもつ，というが認識の領域に妥当します。行為においても同様であり，運動とは，単に行為のために運動という質料を提供するような下部構造なのではありません。行為はすでに運動のうちで準備されているのです。運動が自由にどう関連するのか，後に改めて問題にすることにしますが，自由で倫理的な行為も，まずもって運動の形式において記述することができます。さもないと，内的に構想された自由が外的な経過と連結するといった二元論的な戯れに陥ることになってしまうのです。

2　構造の身体移入としての慣れること

さて，再び中間に位置する可能性，つまり，先に述べた〔認識論的〕見解か〔機械的〕機構かという一面性の強調を避ける可能性について述べたいと思います。これまで述べられたモデルのコントラストにおける学習を特徴づける，次のような二つの中心的な契機があります。つまり，学習とは，
1．一般的な能力の獲得を意味し，したがって学習は，単に繰り返し生ずるということで特徴づけられるような個別的活動の単なる訓練ではありません。一般的な能力の獲得とは，質料に関して同一であるとはいえない典型的状況にあって，様々に変化できる手段を通して解答を与えることができる，ということを意味しているのであって，繰り返し同一のことができ，長期に渡ってそれが刻印されるということを意味するのではありません。試行錯誤〔traial and error〕理論は，点的な能力から出発しますが，この理論に対峙するのが一般的な能力であり，ここにおいて，学習が常に一般的な構造の養成を意味する以上，ある一般化が達成されるのです。

　2．学習はまた常に，新たな創造を意味します。学習によって世界は変化し，世界は別の意味を受け取ります。というのも，学習は単なる世界への適応，すなわち，すでに出来上がってそこにある，ないし，他者による生産を通して私に与えられているような世界への適応を意味するのではなく，学習そのものが，特定の条件性のもとでではあっても，創造的な契機を内に含んでもいるのです。したがって，獲得としての学習と習慣の行使

2 構造の身体移入としての習れること　　　　　　　　　　　179

としての学習は，諸理念の知的なレベルに位置づけることができないばかりか，刺激と刺激の複合態という機構的なレベルに位置づけることもできません。

　簡単な事例で，この一般的な能力が何を意味するか示すことができます。オルガン奏者は〔いろいろな会場での〕コンサートの準備のために，自分にとって初めてのオルガンを弾いてみることがあります。彼はどのようにしてこれをするのでしょうか。決してすべての鍵盤とペダルを一つ一つ弾き試して，細かな違いを書き留めるようにするのではありません。初めてのオルガンに慣れようとするとき，古いモデルが別のモデルと個別的に一つ一つ対応づけて取替えられるのでもなく，またオルガン奏者は，新しい楽器の完全なイメージを手に入れるのでもありません。新しいオルガンを，すべての個別的なものにいたるまで学ぼうとするなら，楽器の弾き試しは非常に長く続くことでしょう。オルガン奏者はオルガンを弾き試してみるとき，「腰掛に座り，ペダルを操作し，音栓を引き，自分の体のサイズへと楽器を合わせ，方向と寸法をからだに合わせ，家に住まうかのように，オルガンを整えます」[17]。私たちは自分の家の中を動くとき，すべての個別的なものを調べるのではなく，台所や浴室，客間といった，典型的な部屋に向かいながら動いています。オルガン奏者も同様な方位づけを行い，音栓とペダルに触ってみては，習得された構造を新たな条件のもとで再び活性化しようとしているのです。

　オルガンの演奏だけでなく，概して音楽の演奏は，大変複雑で，複層的なものです。紙に総譜が書かれており，鳴り始め，鳴り渡る音楽があり，それを聴衆は聴きます。この間には，身体と楽器が入り込んでいて，メルロ＝ポンティは，このことについて，身体と楽器は通り抜ける場所〔*lieu de passage*〕である，と述べています。というのも，身体と楽器は，互いに調整しあっていて，譜面台のスコアーからコンサートホールに響き渡る音楽との間の通り抜けの場所だからです。したがって学習とは，特定の構造を習得すること，連関を習得することを意味するのであり，個々のものを段階的に訓練することではないのです。

　身体図式の習得に関する別の事例として，婦人と帽子の例があげられま

---

17)　『知覚の現象学』170頁，独訳版175頁〔邦訳『知覚の現象学Ⅰ』竹内・小木訳，みすず書房，1967年，244頁〕

す。婦人が帽子をつけてドアを通れるか分からないという場合です。かなり以前、帽子の飾りが大きくてドアを通るのが難しいといった時代がありました。また、トラックの運転手は、その大きくて重い車がどこを通りぬけられ、どこが通りぬけられないかをよく知っています。彼は車の幅の感覚をもち、空間内での車の向きの感覚をもっています。どこから、彼はこのことを知るのでしょうか。彼は特定の幅を測定することなく、予測することを、車とともに働くことによって学ぶのです。

また別の例は、有名な盲人の杖です。そこでは眼がいわば杖の中に、杖の先端にあって、杖は盲人の物(的身)体を伸ばし、直接、器具を使うことによって、方位づけができます。ここでもまた、物(的身)体が器具と結びついているのです。ここに属するのが、また、あの有名な拡張された身体としての道具の定義であり、この定義はすでにマルクスにみられます[18]。

さらなる事例はヴァレリーに見出せ、歩くことが取り上げられています。「歩くために、そのすべての構成要因とほんの僅かな動きさえ、明瞭な理念の形式のもとに表象し、それを自由に使いこなすようにしなければならないのであれば、歩ける人は、誰もいないでしょう」[19]。プログラムされた歩みを思い浮かべてみてください。そのプログラムは、個々の運動をすべて考慮しなければならないのです。私たちが歩くことを学んだときに、いったい何を学んだのかよく考えてみれば、今日でもなお、自分自身の生理学ついて明確に表現できるものを除いて、大変わずかしか知っていないことがわかります。歩くことは、個々のものがともに働くことの中から生じます。特定のはっきりした契機があり、どう踏み出すか、どのようなテンポか、どんなリズムに即しているかなど、それらが相互に調整しあっているのです。経過としての歩みは、プログラムされた装置の場合のように、個々の契機に分解することはできません。少なくとも従来のようにプログラムされた装置においては、コンピュータに、簡単に、「だいたいそんな感じにしろ」とは言えないのです。

---

[18] このことに関して著者の Die Reichweite der Technik (「技術の射程」, *Der Staschel des Fremden*『他者の棘』1990年所収)参照。私は同書でとりわけ、近代技術が、先述した定義を広く超えているということを示そうとしています。

[19] P. ヴァレリー全集1巻(1957年)1365頁。またこのことに関しては、I. Kohler (I. コーラー) の *Handbuch der Psychologie* (『心理学ハンドブック』) I/1, Thomae 1966年)167頁以下の頭の運動の詳細な精神生理学的記述を参照。

2 構造の身体移入としての習れること

　さてそれでは、学習が一般的な能力の獲得と理解され、新たな状況に相応する能力と理解された場合、このような知が局所づけられているところは、どこか、という問いが立てられます。この知は、一定の仕方で、リストアップできます。オルガン奏者が、自分の楽器のことについて尋ねられれば、当然、「この音栓とこの音栓があります」、というように答えることができます。しかし、どこに、オルガン演奏者の知は所在するのでしょうか。答えられるのは、ただ、この知は手や足、つまり、身体に身体化されている、という答えです。身体とはまさに、「私はできる」ということ、しかも、それをはっきりと表象する必要もなく、また、部分的には表象することはできずに、「私はできる」ということの総体なのです。

　タイプライターで文字を書ける人が、黒板にタイプライターのキーボードを描きなさいと言われたら、おそらく、うまく書ける人は少ないでしょう。確かに多くの人が、形相的な記憶を意のままにできますが、その人でも、普通、このことはうまくゆきません。けれどもタイプライターのキーボードを前にすれば、皆さんは造作なく、あらかじめキーボードを調べることなく、書き始められます。この身体化した知は、部分的にしか顕現化できず、言葉にすることができません。それで、マイケル・ポランニーは、暗黙知〔tacit knowledge〕について語るのです。私たちは確かにキーボードには24の文字があることを知っています。しかしながら方位づけに役立つような、眼前にできる配置表は、おおよそのものでしかありません。眼前にすることなく、書く空間を自由に支配しているのは、まさに指そのものなのです。器用で上手なのは、身体なのです。苦労してキーボードのキーを一つ一つ探さなければならないのなら、その人は、タイプができると言いたくても言えないでしょう。

　習得されたものは、身体化された知であるということは、言語の獲得と話すことそのものにも妥当します。一文一文を話すとき、どんな規則があてはまるのか考えなければならないのなら、私たちは何も話せなくなってしまうでしょう。ある言語をよどみなく話すということは、困難が生じるような状況においてのみ、規則の存在が際立つということです。いろいろな難しさは、外国語と同様、母国語にもあります。けれども、一つの言葉ないし、外国語を話すのを学ぶことは、諸規則を知り、個々の場合にそれを応用するということではありません。このようにするのであれば、非常

にたどたどしく話すことになり，会話の相手は我慢できなくなるでしょう。子供は，まったく文法なしで話すことを学びます。子供の学習は，野生の学習です。子供はドイツ語を話すことを学びますが，ドイツ語には四つの格がある，と語ることはできません。それにも関わらず，多かれ少なかれ子供はその格を正しく使っています。規則は効力を発揮するのであり，話すことそのものを規定しており，そのことは，私の話すことが理解されるということに，示されています。絶え間なく間違って話すなら，私はまったく理解されません。諸規則を顕現化させることは，事後的な経過なのです。

　私たち西洋文化の最初の文法は，ヘレニズムにおいて起こりました。ギリシア人がその当時ほとんどすべてのことを生み出していたことを考えれば，比較的遅く生じたというべきでしょう。ギリシア人は，おそらく，文法書を書くよりも，重要なことがたくさんある，とにかく，話すことはとりあえず，十分にできることなのだから，と考えたのでしょう。文法は興味深くはありますが，人は文法を知るのみでは，言語を上手に話すことはできません。これらの事例は，活動や話すこと，ないし，行為自身のうちで効果を発揮している知を明らかにします。したがって，メルロ＝ポンティがいうように，「運動する意味」，すなわち，運動それ自身のうちで獲得され，練習されるような分節化について述べることができるのです。意味は，私が動くことで，つまり，特定の手の使い方をしたり，話したりすることで学ばれるのです。習得されるのは，諸々の構造と形態であり，それらは，ある特定の運動空間をあらかじめ描き出し，その空間の内部でそれら転調や変調が可能となります。

　さてもう一度オルガンを取り上げてみます。この場合，構造と形態とはどういう意味でしょうか。オルガンは一つの運動空間であり，そこでは特定の装置，例えば鍵盤，音栓，ペダルなどが整備されていて，手や足はそれらを操作できます。自動車のハンドルやクラッチにも同様なことがあてはまります。何かができたり，何かを学んだということは，このような空間のうちで方位づけがなされうるということです。したがって人は，諸々の構造と形態を学び，空間の内部で自由にふるまえるのです。しかし，このことは，個別的なことが可算的に繋ぎ合わされるということを意味するのでなければ，また，知性的に理解できる知が獲得され，運がよければ，

それが応用されもする，ということも意味しません。それでは今日はここまで。

(第7講義　1996年12月3日)

最後の節で私は，構造の身体移入としての慣れることを扱いました。このような端緒を，とりわけ経験主義的な理論から区別している重要な観点は，次のとおりです。すなわち学習とは，一般的な機能を習得するということであり，したがって，類型的な状況に答えることを学ぶということであって，一点一点を追うように経過するのでもなければ，ゼロ点から始まるのでもないということです。私はオルガン奏者の例を選びましたが，奏者はオルガンを演奏するのであって，ジルバーマンオルガンといった特定のモデルのみを演奏できるというのではありません。さらに，慣れることに属するのが，新たな創造であるのは，学習が，単に存続する構造への適応を意味するだけでなく，存続する構造の変化をも意味するからです。

3　知覚構造の習得としての学習

これまでの例では，私はとりわけ動きの上での学習を，すなわち私が遂行して習得するような諸々の運動を出発点としました。ここで，付け加えたいのは，運動と同じくらい重要な知覚上の (*perzeptiv*) 習慣のことですが，それは，知覚の習慣もまた学ばれるものであるからなのです。運動と知覚は，分離されてはならず，学ぶ際には，遂行される運動だけが問題なのではありません。慣れることは，ある意味で知覚的な方位づけを意味しているのです。世界の内での気づきや覚知は，運動的な馴染むことと練習とに結びついているのです。

　この気づくことと為すことがともに関連していることを示す古典的な身体にとっての紋章は，目と手であり，それらは，完全に異なる二つの索引のように，何らかの仕方で単に結びつけられているのではなく，相互に密接に働きあっています。手は眼差しによって導かれ，眼差しそのものは，事物に接し，触れあう中で自らを試されているのです。

　知覚的な学習の例として，すでに三回目の講義でも扱った，馴染むこと

を通じて学ばれる色の知覚を取り上げます。色を学ぶことは，経験主義的なモデルに即せば，人は一色一色を学ぶことで，最終的に枚挙可能な個々の色を自由に使用できる，ということになるでしょう。それに対し，形態心理学や，ローマン・ヤコブソンなどの構造主義的な言語学者においても見出される構造的なモデルでは，色を学ぶことは，人が差異を学ぶということにその本質があるとされます[20]。色を習得する際の進歩とは，人が差異化するのを学ぶことにあるのです。まず最初の差異化は，「有色のもの－無色のもの」という差異化であり，次に，有色の内部で暖色と寒色（赤と黄色に対する青と緑）とが区別されます。さらに暖色の内部での差異化が起こり，例えば，赤とオレンジが区別されるのです。差異は多様化されていきます。学習それ自身は，個々の色を見たり，同一化することで成立するのではないのです。ここで問題になるのは，個々のものを収集することではなく，コントラスト〔対照〕を作り上げることなのです。

メルロ＝ポンティがある箇所で指摘しているように，眼差しは事物に触れていくのであり，それは，盲人の杖が，事物に触れるのと同様であって，眼差しは単に個々のものを細かく記載していくのではありません。このことは，知覚的な学びの全体的な領域に当てはまります。色の学習は，ひとつの感覚の記載から他の感覚の記載へと越え拡がっていくのです。セザンヌが追求したのは，リンゴを触れられるように描くということでしたが，彼はまず視覚的な特性を選び，それを他の感覚印象に結びつけ，最終的にリンゴが出来上がるように描くのではなく，リンゴが現れるがまま，それが描かれるがままというあり方に，絶えずすべての感覚が参与しているように描きました。この意味でセザンヌは，そもそも触覚的な特性を色を用いて現実化しようとしているのです。

このことは，以前，共感覚について詳しく述べられた論点を示唆しています[*]。感覚系は，学習のプロセス全体を貫いており，学習は，個々の感覚系統に分割され，それが後になって何らかの仕方で合流するように生じるのではありません。

私はもう一度，F. J. ヴァレラとE. トンプソンによって著された『身体化された心』を取り上げたいと思います。その著作の第8章で，色を学ぶ

---

20) 『幼児言語，失語症，および一般音韻法則』(1969年) 参照。

*) 上述94頁，4参照。

3 知覚構造の習得としての学習

ことは，世界の内で自分を経巡ること〔Sich-umtun〕として，もしくは世界の内で自分を－見知ることを－学ぶこと〔Sich-aus-kennen-lernen in der Welt〕として解釈されていますが，これは，認知主義的な諸々のモデルに対立するものです。認知主義的なモデルは，外的な与件が内的に代表象され〔repräsentieren〕，規則やコードに即して計測されるということを出発点とします。それに対してヴァレラが示すのは，――彼はそのさい現象学に近づき，現象学に依拠することを明示しています――，そもそも色を学ぶことは，世界内の行為であるということです。私たちは，色と関わりを持ちつつ，世界の内で運動するのであり，世界の内で色は私たちに立ち現れてきたり，背景にとどまったりするのです。色は，世界が私たちに好意的に向かってきたり，私たちから退去するという仕方に参与しているのです。色は，単純な特定の個別的与件，すなわち，視覚的，聴覚的，触覚的，もしくはそれ以外のものでコード化される，特定の類の領域における個別的与件なのではありません。コード，つまり形式的な規則は，その際，役割を演じているひとつの要因ではあっても，現実性の基礎的な構造化の責任を負うことはできないのです。

こうした熟慮に基づいて，学習は，身体図式を豊かにし，新たに組み替えることを意味する，という帰結が導かれます。メルロ＝ポンティは，身体図式を視覚的な代表象〔Repräsentation〕として把握するのではなく（したがって，私が私の身体を見るという仕方ではなく，というのも見るということはすでに，多くのものに媒介された間接的な把握の仕方なのですから），まずもって運動的な図式として把握します。この図式は，世界内の課題に基づいて，つまり，見たり，聞いたり，活動することから生じるのです。それによって，身体は分節化され，手や眼差しや聴力が際立つことで，図式化されるのです。この図式化にはまた，特定の物(的身)体部位の触発的な布置や性的な領域も属しています。

ピアニストが楽器に触れるさいのタッチについて考えてみるのも良いでしょう。そこでは，圧力や強さは，極度に繊細化されてゆき，運動は抑制されたり，引き戻されたり，突然飛躍したりするのです。またはフルート奏者の唇の緊張と呼吸の制御について考えてみるのも良いでしょう。私は，習慣を構造の身体化として特徴づけてきました。この身体化という言葉は，フロイトの後継者である昔の著作家達も使用しているのですが，この言葉

が意味するのは、身体は単に道具として活用されるのではなく、世界の事物それ自身が、身体において現れ、呈示されるということなのです。世界－内に－存在することが、学ばれることを欲しているのです。

　この連関において、さらにジャン・ピアジェの理論的側面への批判的考察を加えたいと思います。身体図式を豊かにすること、つまり、この一般的な諸能力を習得することは、ピアジェが彼の発生的な構造主義において取り上げるものとは、区別される必要があります。学習に関する主要な理論家であるピアジェは、合理性の理論を発生的に構築することを試みました。合理的な、すなわち、反復可能で、状況に依存しない構造が、あるプロセスにおいて習得されるというのです。これは示唆に富む観点であり、それだからこそ、ピアジェは、次のようなすべての学習理論において重要な役割を演じているのです。この学習理論が出発点にとるのは、世界の構造は私たちに対して構築されてくるのであり、質料や与件の集積が単純にあてがわれ、設定されているわけでないということです。ただ問題とされねばならないのは、ピアジェが非常に一面的なモデルを選択しているということです。

　まず初めに、伝記的なことにまつわるコメントがあります。メルロ＝ポンティは、1949年から1952年までソルボンヌで、幼児心理学の講義を行いましたが、このような経緯になったのは、彼の哲学が実存主義的な嫌疑をかけられ、また政治的にも受け入れ難く思われたことによります。彼は、幼児心理学に関して期待され、信頼されていて、彼自身、実際授業を行いました。昨今、このソルボンヌの講義は、ドイツ語でも公刊され、この講義は、社会学や言語学、教育学に関する哲学的な背景に携わるすべての人々にとって、豊かな知の宝庫となっています。この講義のタイトルは、ドイツ語では『理性の萌芽〔*Keime der Vernunft*〕』となっています[21]。そしてそのメルロ＝ポンティの後任者が、ジャン・ピアジェだったわけです。ピアジェはそれ以前はジュネーブで働いており、メルロ＝ポンティの後任として教授職を得ました。このことは非常に奇妙な影響をもたらし、ピアジェの講義を聴いた学生達は、ピアジェを突然メルロ＝ポンティの反論と正面から対決させることになり、彼らは長い間、すでに〔メルロ＝ポ

---

21) Merleau-Ponty à la Sorbonne (1988年), 独訳 *Keime der Vernunft*（『理性の萌芽』1994年）。

ンティの反論を超えたピアジェという〕他の人の講義を聴いているのだということを，理解することができなかったのです。ピアジェは，このことに平然として耐えていたということが報告されています[22]。

メルロ＝ポンティとピアジェの間には，学習と習慣を正確にテーマとする対決があります。ピアジェは合理性の構造の発展を，徐々に増す脱中心化〔Dezentrierung〕のプロセスとして考えています。幼児は，まずもって，すべてのものがみずから自身に関係づけられる，ピアジェの言うところの自我－中心的ということから始まります。学習の進歩は，ピアジェによれば，幼児が自分自身を脱中心化すること，したがって自分の固有な立脚点から目を転ずることを次第に学んでいくことにあります。この脱中心化が，同じく，社会化のプロセスでもあるのは，幼児がそれによって，他人の立脚点をも受け入れることを学ぶからです。そしてこのプロセスの最終地点あるいは地平に位置するのは，――デリダの表現を用いれば――ロゴス－中心性（Logo-zentrik）の可能性であり，最終的にその中心には，一般的な法則，ロゴスが位置し，私がここで，今，物(的身)体的に受け入れている立脚点が，他の立脚点のもとでのひとつの立脚点として現れるのです。脱中心化が意味しているのは，私がそこから出発する中心が，秩序の図式を徐々に発展させることを通じて，他の中心の内の一つの中心となり，交換可能になるということです。メルロ＝ポンティが注意するように，ピアジェが確信しているのは，私たちが，愛すべき神の座を受け取り，世界を至るところで，しかも，何処からでもなく，したがって，立脚する場所を欠いたまま考察するということなのです[23]。

なにより決定的な問題は，ロゴス中心主義が，形式的な構造を手元に留

---

22) 現象学と発生的な認識論の関係について，したがってまたピアジェとメルロ＝ポンティの対決については，Käte, Meyer-Drawe（ケーテ・マイヤー＝ドゥラーヴェ），*Sozialität und Leiblichkeit*（『社会性と身体性』1986年），の第4章とMétraux/Waldenfels（編），Leibhaftige Vernunft, 1986年，所収の寄稿論文 Zähmung eines wilden Denkens?（『野生の思考を抑制するとは』を参照）の著名な研究と，ボッフム大学の二つの最近の学位論文，Burkhard Liebsch（B. リープシュ）による *Spuren einer anderen Natur*（『他なる自然の痕跡』1992年）と Ingrid Scharlau（I. シャーラウ）による *Erkenntnistheorie als Wissenschaft: Streitpunkte zwischen Husserl, Gurwitsch, Merleau-Ponty und Piaget*（『学問としての認識理論。フッサール，グールヴィッチ，メルロ＝ポンティとピアジェの対立点』1998年）とを参照．

23) 指摘された形式化はピアジェ自身に基づいています。『理性の萌芽』292頁，脚注46参照．

めているにすぎない，ということです。ピアジェが形式的で数学的な構造を用いて研究を行ったことについては，確かになにも反論すべき点はありませんが，純粋論理学を口実にして，形式化という傾向のもとに，ある価値基準が導入されていることに対しては反論すべきことがあります。この価値基準とは，学問的な合理性と脱中心化された道徳的な合理性が，それ以前に存在する中心化しているものよりも，高次のものとして価値づけられるという意味での価値基準です。発展は，高次の発展として価値づけられるのであって，単に他のものになることや，新たな可能性の習得としては価値づけられていないのです。

　ピアジェは現在でもなお学習理論の守護者とみなされています。ハバーマスは，人がアインシュタインを引用するように，ピアジェを引用していますが，これは少し誇張しているといわねばなりません。ピアジェの記述の限界は容易に示されうるものです。私は単純な例として，ピアジェが「プロセスの可逆性を習得すること」と名づけている例，つまりプロセスが反転可能であるという知を習得することを取り上げます。私が「AはBと等しい」と述べるとき，私はこの文章を逆転させ，「BはAと等しい」と述べることもできます。ここで問題になっているのは，そのようにして習得される反転可能な同一性命題であり，一般的な，非常に単純な代数的な操作なのです。ピアジェは，幼児に対して，彼以前には誰も試みてはいない実験を行いましたが，このことに彼の功労があるのです。ここに，二つの容器があり，ひとつの容器は，非常に幅が狭くて，高いもので，他の容器は，非常に幅が広くて，低いものです。予め分かっていることですが，二つの容器は等しい容積をもっています。実験の中で幼児は，どちらの容器により多くの量がはいるかを尋ねられます。幼児は自発的に，物の見えるままが予測させるように，長く背の高い容器を指し示します。その容器では，〔本来〕同じ容積であるものがより多いように見えるからです。幼児はその後，同じ体積が別様に見えうることを学びます。幼児はこのことを，水を一方の容器から他方の容器へと注ぎ，液体の量が確保されるのを見るということを通して学ぶのです。単純な可逆性のプロセスに対する理解はこうして習得されるのです。このような試みで，「A＝B」であろうと「B＝A」であろうと，最終的には――このことこそすべての目的なのですが――どちらでもかまわないということになります。二つの等式のう

3　知覚構造の習得としての学習

ち，どちらが，初めにあるのでしょうか。その答えは，それはどうでも良いことなのだということになるのですが，それは，いつでも同じ水の量であるからであり，私は比較をするのに，どちらから始めることもできるからなのです。

このことは，どのようにして方向の区別が，特定の境界づけられた考慮のもとで，その意義を失うのかということに対する一つの例示になります。というのも，1リットルの水は，幅の狭い容器に満たされていようと，広い容器に満たされていようとも，1リットルの水にとどまるからです。問題は，ただ，何がそのような同一視や測定によって，そうした単純な公式へともたらされるのか，ということになります。

遙か昔の哲学の時代，ヘラクレイトスのもとで私たちは非常に単純な命題にぶつかります。その命題とは，「道を上に登るのも，下へと降りるのも，ひとつの同じ道である」というものです[24]。ここでヘラクレイトスは，幼児がピアジェの理論に即して学ぶことを，ただ再現しようとしているにすぎないのでしょうか。私たちは，行き帰りのどちらの道を計測しようとも，その道が長くなったり短くなったりすることはないということを知っています。ヘラクレイトスのこの命題は，しかし，以下のようにも読まれることが可能です。つまり，そのような同一視は，具体的な文脈を度外視するという，決して自明ではないことによってのみ成り立つというものです。というのも，もし私たちが上り下りの道を計測するのではなく，その道を現実に歩行するのであれば，明らかにそれは異なった何かを意味しているのであり，階段を上ることと階段を下りることとは，力の入れ具合や他の多くのことが関係していて，異なったものであるからです。あるいはシェークスピアの世界劇場で，学校へと嫌々ながら蛇のようにはって進む学童を取り上げても明らかなように，のろのろと進む彼らのテンポは，学校までの道のりを無限に拡げることになります[25]。

具体的な関係の不－可逆性に関する他の例は，バシュラールの『空間の詩学』にも見受けられます[26]。どの家にも上と下があります。もし私たち

　24）　Diels, Fragm. B 60. それについては Klaus Held（クラウス・ヘルト『ヘラクレイトス，パルメニデスおよび哲学と学問の始まり』1980年），151-61頁，における注解を参照。

　25）　*As you like it*（『お気に召すまま』）II, 7.

が家を純粋にメートル法で記述するのであれば，上と下をひっくり返すことができ，すべてのものを反転させて，屋根裏部屋と地下室を交換することができると言えましょう。しかし，バシュラールが指摘するのは，たとえ空間的な距離が同じであるとしても，或る家における屋根裏部屋と地下室，つまり上方と下方とは質的に完全に異なるものであるということです。計測することによる同一視は確かに常に可能なのですが，それは質的な差異，つまり上の空間の明るさや地下の空間の暗闇を前提しているのであり，その限りでこの質が消失することはありません。

　不－可逆性についてのさらなる例は，私自身の経験によります。五歳の幼児が，「アウレルはあなたの兄弟ですか」と尋ねられ，その幼児は「はい，彼は僕の兄弟です」，と答えます。さらに私が，「あなたもアウレルの兄弟ですか」と続いて尋ねると，「いいえ，僕は年上です」という素敵な解答が返ってきます。さてこのことは以下のように解釈されうるでしょう。つまり，少年はまだ，兄弟であるということが，可逆的な関係であること，定式に即して，AがBの兄弟であるとすれば，BはAの兄弟でもあるということを学んでいないということです（ただし，姉妹〔Schwester〕の場合，そこでは単純に関係をひっくり返すことはできないので，同じようにはいきません）。しかし，別の解釈は，幼児のこの「誤り」のなかに特定の知を発見することになります。というのも，最初に生まれた者にとっては，二番目に生まれた者と同じ仕方で兄弟になるのではない，ということが少なくとも認められるべきだからです。二人の兄弟のうち若い方は，彼が世界へと生まれてきたとき，すでに年上の者がそこにいるのであり，彼は，兄弟として世界へと生まれてきたのです。しかし，先に生まれている方は，他者が世界へと生まれ来ることで初めて，兄弟になるのです。兄弟姉妹の間の嫉妬は，他者が自分の固有の地位を変化させることによって生じるのであり，したがって，年上である兄弟は，年下である兄弟と同じ仕方で兄弟であるのではないのです。こうした起源〔Genese〕が失われるのは，「ああ，やっと彼は，関係が逆転されうることを学んだのだ。彼は今，年下の兄弟は，彼自身と同じように兄弟であることが分かって，関係

---

26) G. バシュラール, *La poétique de l'espace*（『空間の詩学』1957年，独訳，1975年），第1章。そこでは，ある家の地下室へ下りることと，屋根裏部屋へ登ることとが記述されています。

3 知覚構造の習得としての学習 191

は可逆的であり，同等性が成立しているということを学んだのだ」と述べるときなのです。可逆性を通じて質的な区別が失われていき，いわば忘却されてしまうのです。

　フロイトは，例えばある人が何番目の子供として生まれてくるのかといった家族の状況に注意を向けることを強調します。兄弟姉妹の順序の位置に応じて，第一，第二，第三の子供という順序が成立しますが，この順序は，数を数え，その序列を交換することができるような単純な順序なのではありません。兄弟姉妹の位置は構造的な違いとして成立しているのです。家族において新しく生まれてくる子供は，家族に関わるすべての人物の関係的構成を変化させるのであって，単純に三人の人物が，四人目，五人目等々によって補完されるというのではないのです。

　したがって，幼児の考察様式では，単なる量的な関係や可逆的なプロセスはいかなる役割も演じてはおらず，そこで重要なのは質的な違いなのです。幼児は言語を使用するにしても，知覚を解釈するにしても，成人よりも文脈に即してそれらを行うので，例えば後進する機関車は，前進する機関車とは，〔実際に同じ機関車でも〕同じものではないのです。

　別の有名な例は，フレーゲの論理学に由来します。私たちは確かに宵の明星と明けの明星とが同じ星であるということを知っており，夕暮れに現れ，朝方にふたたび昇るのが，同じ金星であるということを学んでいます。しかしこの同一性は，経験的な同一性なのであって，その同一性を私たちは星そのものに見て取ることができません。違いは，量的に考察するのであれば，「ただ」，星が一方で，夕暮れの空に昇り，またもう一方で，その星が朝方の空に昇るということにすぎません。しかし夕暮れと朝方は全く異なった舞台を作り出しています。〔古代ギリシアの女流詩人〕サッポーが描写する宵の明星は，すべてのものを，人間も動物の群れをも家へと帰します[27]。宵の明星は，夕暮れという文脈において〔朝方とは〕別様に振る舞うのであり，夕暮れは単に裏返された朝ではないのです。このように，宵の明星と明けの明星は，特定の考慮のもとでのみ同一的であるのです。つまり，私がそれらの星を天文学的な法則に即して計測し，円軌道をめぐ

---

27)「宵の明星はすべてを，輝くエーオース〔曙の女神〕が散り散りばらばらにしたすべてを，家へ帰す。羊を家へ帰し，山羊を家に帰す。……母親から娘達を運び去る」（マックス・トロイによる翻訳）。別の詩の節では，「宵の明星，婚礼の光」と述べられています。

る惑星の中には，地上の観察者から見て，あるときは見えなくなり，またあるときは見えてくるような惑星があることを確定するそのときに，同一的であるとみなされるのです。二つの星は，天文学的な体系の枠内において同じものであるのです。しかし，文脈的な観点が重要ではないと決していえないのは，遙か昔，およそホメロスの時代の船乗りが星をコンパスとして使用していたことに思いを馳せれば明らかです。幼児は，自発的に文脈に方位づけられるのですが，そうは言っても文脈から解放された言明が，文脈に依存している言明よりも，ピアジェの言うように，高次のものとして価値づけられるというのは，無意味です。両者は完全に別様な方位づけの様式なのです。

　ここでの考察の意義は，学習のプロセスを，学ぶものが常に一般的で形式的な構造へと進歩していくという脱中心化のプロセスとして記述することは一面的なものである，ということにあります。なぜなら秩序と合理性における諸々の特定の違いが，価値の違いへと改竄されてしまうからなのです。

　メルロ＝ポンティは，ピアジェの理性の一極化に対して批判を向けています。ピアジェはその際，幼児に対する成人の理性について，またはいわゆる未開民族に対する文明人の理性について考えるばかりでなく，健康な人と病気の人との違いについても考えていますが，そこでは常に，一方が欠損として，または他より取るに足らないもの，未だ発展していないものとして考察されるのです。この理性の一極化に対して，メルロ＝ポンティはかなり早い時期から合理性の多様性という考えを対置させています。彼は『知覚の現象学』で以下のように述べています。「現実には幼児は，成人に対して，あるいはピアジェに対して，ある仕方で正当性を持っているのであって，成人にとって唯一の相互主観的な世界が存在するにちがいないとすれば，幼児の野蛮な思惟が，不可欠の習得物として，成人の思惟の根底にもとどまり続けているのでなければならない」[28]。メルロ＝ポンティは，「野蛮な思惟」という表現を使用しています。この侮蔑的にひびく言いまわしは，啓蒙主義の時代に言われるのが常であった粗雑な思考や雑な初歩性を意味しているのではありません。シェリングは「野蛮な原理」

28）『知覚の現象学』408頁〔邦訳同上，2巻，221頁〕。

3　知覚構造の習得としての学習　　　　　　　　　　　　　　　　　193

としての自然について語っていますが，メルロ＝ポンティも後年，シェリングのこの原理について明確に言及しています[29]。ただし，この「野蛮な」ということは，すでにこの知覚分析においては，人の記憶のおよばない存在を意味していて，それについて私たちは，すでに文化に属しているものを思い起こすのと同じ仕方では思い起こすことはできないのです。文化にはこうした文化を突き抜けて，越えて，指示するような契機が存在します。幼児のいわゆる野蛮な思考は，経験の特定の諸可能性を引き留めており，このことはまた文明化された人間性以前の昔の先祖にも妥当するのです。

　一面的な合理性の理念を習慣や学ぶことへと持ち込むことは，控えるべきでしょう。メルロ＝ポンティはそれゆえ，多形態論〔Polymorphismus〕，つまり形態や構造に関する多様な形式性についても述べています。このことは，乳幼児の性を多形－倒錯〔polymorph-pervers〕として特徴づけるフロイトを思い起こさせます[30]。それによってフロイトは，正常性からの逸脱が正常性に属している，ということを意図しているのです。したがって正常性と異常性の厳密な区分けというものは存在しないのであって，正常性はいわば，倒錯した辺域を持っており，これは，成人の性においても完全に消滅することはないのです。もしこの辺域が完全に消えてしまうことがあれば，このことは自己を再び，異常性や病理学の特定の形式へと導くことになるのです。したがって，多形ということが意味しているのは，新たな形態化が起こっても，以前の形態が完全に取り消されることはない，ということです。新たな形態化はそれゆえ，ヘーゲル的な仕方で考えられるのではなく，形態は失われることもありうるということなのです。つまり，学ぶことは学んだことを忘れること〔Verlernen〕でもあるのです。学ぶときにはいつでも，私たちは習ったことを忘れていくのであり，それだからこそ，私たちは幼児から学ぶことができるのです。幼児の行動が，単に一時的な，先－合理的な段階に過ぎないのであれば，幼児は私たちから学ぶことができても，逆に私たちが幼児から学ぶことはできな

---

29)　*Signes*（『シーニュ』）225頁〔邦訳『シーニュ』2巻，竹内監訳，みすず書房，1970年，33頁以下〕を参照。独訳，『目と精神』64頁。
30)　『性理論三篇』（全集による，91頁以下）参照〔邦訳『S. フロイトエロス論集』中山元編訳，ちくま学芸文庫，1997年，15-200頁参照〕。

いことになります。学ぶことが，すべて獲得することだけではなく，損失をももたらすのであれば，いわゆる先行する段階に眼差しを向け返すことは，私たちがすでに克服したものへと遡及的に目を向けることではなく，特定の合理性のために犠牲にされ，それによって端に追いやられた可能性をも含んだものへと目を向けることを意味するのです。

　フロイトは，いかにして特定の幼児の経験が，芸術家の経験や，夢や眠りのような経験と連関しているのかを示しています。皮肉なことは，言葉で遊ぶ詩人が賞をもらい，幼児の言葉遊びに誤りが指摘されることです。幼児が生産的な誤りを生み出すのは，幼児が言葉と同様，事物で遊び，事物の多様な機能性を発展させるときなのであり，そのとき，明らかに一つ・・の目的だけしか提示しない既存の玩具は，幼児の関心を引くことはないのです。しばしば幼児は遊びながら日用品を，そのために製造されたのではない目的のために使用し，何ものかへと変化させます。文化の持つ発明の力には，幼児期のことをどのくらい活性化させておくことができるかに，大きく関係しています。苦労することなく幼児に与えられている眼差しの素朴性は，維持されなければなりません。さもなければ，私たちには，学校の規則に即したものや単なる繰り返しへと最終的に陥ってしまう古ぼけた合理性が残されるだけなのです。

4　現勢的身体性と習慣的身体性，状況と世界

　これから問題にするのは，習慣という観点であり，それゆえ状況を支配するという意味での学ぶことではなく，馴染んでいく中で世界が獲得される・・・・・・ことなのです。この考えをさらに発展させると，歴史の哲学や，制度の哲学に至ることになりますが，それというのも，制度は部分的に習慣となることに依拠しているからです。しかし，ここでは，比較的一般的な観点に留まり，ただ，ハイデッガーの言う世界−内−存在と，馴染むことにおいて特徴的なこととの間を，架橋してみたいと思います。

　私たちが，現在の野，すなわち，今，自分の身の回りに見える事柄から出発し，現勢的なものである実践の上で関わっている事物の領域に留まるとすると，この現勢的な状況で出会う事物は，実はそれ自身，すでに成り

4 現勢的身体性と習慣的身体性,状況と世界

来っているものであることを告げています。この観点は,フッサールの発生的現象学にとって指導的役割を果たすものです。静態的現象学は,諸構造や諸関係つまり,作用や対象,意義といった相関関係に依拠している一方,発生的現象学は,意味そのものが,どのような生成や発生を経てきているのかを記述します。フッサールにとって,発生的現象学は,付け加えられた考察といったものではありません。フッサールは,対象の発生ないし歴史を現象学者として考察するのです。例えば単純な例として,幼児が鋏を見るとします。幼児ははじめは,鋏が何なのか分かりません。それを手にして遊ぼうとします。親に注意されますが,手を切ってしまうこともあります。成人がどのように鋏を使うかを見ることで,鋏とは何かを学ぶのです[31]。私たち大人が,そばに鋏があるのを見る際には,この対象の中には多様な歴史が語られています。まずは,個人の歴史であり,それを経て,私たちは鋏が何であるのか,また,文化的なものを習得するとはいかなることかを学んできたのです。鋏そのものも,技術の歴史や道具の歴史,それに,生産の歴史を示唆しています。鋏は,切る〔Schneiden〕という比喩の世界にも関わっており,〔例えば〕「身を切る〔einschneidende〕」体験とか,「交点〔Schnittpunkte〕」といった言葉があります。鋏は,「切り抜き細工〔Scherenschnitt〕」では,芸術上の構成要素となります。したがって,単純な対象はまったくの無から立ち現れるのではなく,一人の人格の,そしてまた複数の人々の歴史を体現しているのです。対象そのものの中に歴史がみずからを告げている,とフッサールは言うのです。

　今の時代に合った例としてコンピュータが挙げられるでしょう。少し年齢のいった人々にとって,コンピュータは,いまなお,ある種の怪物のような性格をもっていて,この怪物に上手に語り掛けねばならず,しかも,上手く語りかけることができるためには,大変多くの言葉を使わなければなりません。しかし若い人たちにとって,コンピュータは,ちょっと複雑になってはいますが,鋏みたいなものです。コンピュータは,文化的対象であって,使い方ないし操作法は,習わなければならず,しかもどういった年齢で学ぶかによって,事態は異なったものになるのです。世代も役割を果たしています。高齢で新しいものを学ぶとき,それとともに成長する

---

31) 『デカルト的省察』112, 141頁〔邦訳同上, 142, 200頁〕を参照。

人の場合に比べて、人ははるかに違和感を覚えるものです。例えば、映画は、私たちの前の世代の人々にとって、大変風変わりなものでした。映画館に行くことは、テネリファ〔カナリア諸島の観光地〕に行くようなものだったのです。今日では、テレビは、誰かに向けられているというより、家の映画館の中で画面だけが光っているといった具合です。このような多くの慣れることの例に触れて、見落とされやすいのは、どのような、そしていかに多くの構造の変化がそのための要因になっているのか、ということです。

幼児期に目をやることが、いつも興味深いことであるのは、すべての子供が文化を習得するために、ある意味で、新たにやってみる必要があるからなのです。子供は、はじめ、映画が何かがわからず、じっとのぞき込むことで、突然、画面に生きたものが動いているのを見つけます。そして、ほどなく、動いているのが映像であることに気づくのです。その後、そのお化け達は、スイッチを通して、何度も、消え去ることになるのです。子供にとって、初めてテレビを見たときは、きっと大変な混乱を引き起こしたことでしょう。そのような学習のプロセスが、事物そのものの中に入り込むのです。

分かることとできること、沈殿化と習慣化

学ぶことは、二つの領域、すなわち、認知的活動と実践的活動、分かることとできることの領域へ関係づけられるべきですが、この二つは、感覚系と運動系のように、密接に関連しあっています。「分かっている」ということは、何を意味していて、「できる〔Ich kann〕」ということは、何を意味しているのでしょうか。分かることは、見知ることの歴史を示し、できることは、活動を通して慣れることの歴史を示しています。見知ることと使い方を学ぶことは、さきほど、慣れることと名づけられました。フッサールは、事物の意義に関連して、沈殿化について述べ、活動性に関連しては、習慣化について述べています。

沈殿化の概念は、周知のように、地質学に由来しています。フッサールがこの概念を使うのは、今何かについて思い、何かを見て、何かが分かり、解釈するとき、その現時点での意義だけが問題になるのではないからです。なぜなら、瞬間ごとに新たに開始しているのではないからです。事物はそ

4　現勢的身体性と習慣的身体性，状況と世界

の意義をやっとのことで獲得するのであり，最後にそれを持つことになるのです。鋏は特定の目的をもっていますが，その目的は，私が寝れば，簡単に消え去るようなものではなく，物そのものにこびり付いているのです。私たちが，おかしな魔力（物質にとりついているような意義があるといった意味での魔力）を真に受けないのであれば，このことが意味するのは，事物がそこにどのようなあり方であるのか，そのあり方は，私たちにとって，変化しているということなのです。この堆積した意義をフッサールは，沈殿化したものと呼びます。事物そのものが，ある特定の機能的価値，ないし特定の意義を獲得することで，何かが何かとして繰り返し，再認されるようになるのです。沈殿化とは，習得されたことが世界に入り込み，その中に堆積することを意味するのです。

　人の行為の主観的側面にフッサールは，旧来の概念である習慣性という概念を使います。私は，繰り返し行うことを通して，特定の習性を獲得するのです。「習慣性」という言葉は，アリストテレスの語る「ヘクシス（ἕξις）」に遡り，これは字義として「持つこと」を意味します。Habitus〔習性〕には，同様に，habere〔ラテン語，持つ〕が含まれていて，フッサールは，いろいろな箇所で，すこし，時代がかっていますが，「獲得〔Erwerb〕」とか，「所持〔Habe〕」とかいう言葉について語るのです。私はある習慣を持っている，というとき，私が今行うことが，それなのではなく，それ以上のことを意味しているのです。それは私がいつでも自由に活用できるものなのです。

　習性について，アリストテレスは，『ニコマコス倫理学』の第2分冊である，この概念の形成にとって古典的意味をもつようになったテキストにおいて語っています。私は〔以前〕，アリストテレスに言及して，学ぶことは，彼によると，当のことを為すことを通して，〔例えば〕キターラの演奏であるなら，キターラを弾くことを通して生じる，と述べていることを指摘しました。アリストテレスは，これに加えて，繰り返される行為，すなわち，特定の，手の取りかたといった典型的な形態をもって，何度も行われる行為は，習慣となる，と述べています。ヘクシス〔持つ〕が生じるのは，繰り返される行為を通してであり，それはちょうど，何かが常に繰り返しそれそのものとして，遭遇することで，事物の意義が沈殿化するのと同様なのです。

ヒュームは，私たちの日常の経験を，私は，太陽がいつも昇って，沈むのを学ぶ，という例で説明します。私は，昼，夜，朝，夕方といった状況がいつも繰り返されるのに慣れていきます。こうして世界が私たちにとって構築されるのです。ヒュームにとっては，当然のことですが，秩序だった世界をイメージすることは，容易ではありません。なぜなら，彼は，ギリシア人のように，少しずつ解読される〔秩序そのものである〕宇宙から出発するのではなく，個別的なデータの混沌から出発するからであり，この混沌を前にして，一つの秩序に至るのは，大変困難なことだからです。ヒュームが少しホッとしながら確認することは，ありがたいことに〔独語でGott sei Dank（神のおかげで）と記述されている〕（ないし，自然のおかげで〔Natur sei Dank〕）事物は，いつも，それ以前とまったく異なったようには，振る舞わないということです。幸運なことに，事物は常に繰り返し類似した結びつきを見せ，例えば，太陽は，特定の時間に，すこしのズレはあっても，夕方に沈み，朝に昇るということなのです。このことが慣れることに導くのです。日常世界が成り立つのは，繰り返される経過が，自然の領域や社会の領域においても，また，知覚や，言語においても存在することによってなのです。

　さて，この慣れという概念は，私たちの学問の伝統では，極度に心理学化されてしまい，慣れということで，単に自分に固有な人格的事柄だけしか，理解されなくなってしまいました。例えば，自分の個性とか，行動様式とか，自分に関することだけが考えられているのです。フッサールと他の現象学者達は，この傾向に対して，再びアリストテレスに立ち戻ることで，慣れとは，世界や事物そのものと関わるものであることを指摘しています。私たちが特定の特性を獲得するのは，心理学や社会学の事柄だけではありません。慣れとは，私たちにとって世界が成立することを意味しているのです。

　沈殿化と習性の概念は，したがって，もっぱら心理学化された考察の仕方から解放される必要があります。このことはしかし，心理学を非難することではありません。問題なのは，心理学でこれらの概念がいかに取り扱われているのか，ということなのです。問題なのは，主観的な心の活動の経過の観察でもなければ，客観的な行動の仕方の観察なのでもなく，私たちが，慣れるということの中で，常に，世界－内－存在と関わり，事物へ

の私たちの関係に関わっていることなのです。慣れることとは，世界の中に住むことを学ぶことであり，もし，この瞬間から次の瞬間へ，すべてがまったく別様に経過するのであれば，存在することはありえないような世界が，私たちにとって成り立っているということなのです。

今そこにいる状況とは，今そこにあり，与えられているものよりもすでに多くのことを指し示しています。世界は，外から，単なる補足として立ち現れるのではありません。状況は，今ここで遭遇しているものを超えて，学んだ過去や，未来の諸可能性を指し示す限りにおいて，世界的なものとして自己を露わにするのです。

フッサールとともに，能動的獲得と受動的獲得を区別することができます。能動的獲得とは，以前に行われた能動性に由来するものであり，繰り返された行為を通して獲得され，その人の人格的歴史を形成しています。受動的獲得とは，自分に固有な能動性に先行するもの，その人格の先－歴史に属する学ぶことを指し示しています。能動的獲得は，人格の歴史に該当し，受動的獲得は，その先－歴史に該当します。

この区別が重要であるのは，私たちが一般に，幼児期が役割を演じている発展とか，人が齢を重ねることを仮定しようとするときです。学ぶことは，すでに子供が計画を立てたり，規則に従う以前に始まっています。受動的獲得は，先－歴史に遡り，そこでは，自然が予め，その先－歴史に生物学的な刻印をつけているのです。

子供と石器時代人，原始人との区別

よく，個体発生と系統発生を比較して，子供が成長するのと同様に，人類は発展すると述べられます。しかし，石器時代の人間は，石器時代に生きたのであって，〔他方〕子供は，孤立した子供の世界の中に生きるのではありません。大人の世界の中で，いかに自分の中に閉じこもろうとしても，子供はその中で成長していきます。子供にとって特別な問題なのは，もうすでにそこにある他の人が作り上げた一つの世界の中で大きくなることです。したがって，子供の成長は，石器時代人の場合のように，どこかに通じているかもしれないような階段を，単に登っていくことなのではありません。子供は，大変多くのことを，聞くことや真似ること，顔の表情などを通して，能動的に学ぶことが始まる以前に学ぶのです。学ぶことは，自

分で従事するという段階において，外国語を学ぼうとするときのように学ぶこともあれば，母国語を習得する場合のように，受動的獲得に比較できる学びもあります。子供はその際，全く活動的ではないというのではありませんが，特定の目的を追求したり，特定の規則を守ったりするような仕方で活動的なのではなく，まずもって，子供は，ただ単に，やってみているのです。

分かることと忘れること，できることと学んだことを忘れること

分かることとできることとの違いは，学んだことを忘れる〔verlernen〕こと，ないし忘れる〔vergessen〕ことの可能性ということに関連して，より明確にすることができます。まず，認知の側面，分かることから初めると，喪失を忘れることと名づけることができます。何かを知って，次に忘れてしまうということです。それに対して，できることから出発すれば，学んだことを忘れるということがあります。忘れることと学んだことを忘れることとは，二つの異なった喪失の仕方です。〔つまり，両者には〕ど・の・よ・う・に忘れるかの違いがあり，そもそもどの程度何かを忘れたり，学んだことを忘れることが・で・き・るのか，が問われるのです。

使わない外国語は，学んだことを忘れてしまいます。しかし，自分の母国語を学んだことを忘れることができるでしょうか。確かにそんなことはありえませんが，ずっと続けて使うからという理由だけでは，自分の母国語を学んだことを忘れることはできないということの説明にはなりません。私たちが母国語を学んだことを忘れられないのは，外国語を学ぶのとは違った仕方でそれを学んだからです。母国語を学ぶとき，私たちは，幾つかの言語の内の特定の一つの言語を学ぶのではないのは，母国語は言語の領域そのものを開示するものだからです。もし，母国語を学んだことが忘れられるとすれば，人は言語一般を学び忘れることになります。このことに対応するのは，病理の特定の形式であり，そこでは，言語能力そのものが，障害を受けるのであり，そのようなことも現にあるのです。いずれにしても，母国語を学んだことを忘れるのは，もはや活性化することのなくなった外国語や，使わなくなった道具を学んだことを忘れるのと同じように起こるのではありません。

例を歩くことや座ることを学ぶこと，つまり，基本的な物(的身)体によ

る活動を取り上げてみましょう。考えてみるだけでも難しいのは，歩くことと座ることを学び忘れたと気づくときがあるかということです。この学びのプロセスは，通常の意味での学び忘れることが位置する段階よりも，はるかに基礎的な段階にあるということです[32]。

　さらに，学んだことを忘れることと忘れることとの違いの例は，年老いた人の記憶が薄れるという例であり，長期記憶はよく保たれていても，短期記憶が急速に衰えてしまうことがあります。一日前とか，今しがた起こったことはすぐに忘れてしまうのですが，子供の頃とか，昔のことについては，非常によく覚えているのです。本来なら，逆であるのが普通と思うかもしれません。しかし，事実は，短期記憶の方が，長期記憶より，より困難になるのです。往々にして，それはひどくなって，話し相手を再認できないこともあります。しかし子供の頃の記憶が蘇るとき，父親と母親を間違えることはないでしょう。このことを説明できるのは，自分の同一性に実質的に関わる段階に部分的に立ち戻らせるような，広く理解された学びや獲得が存在するということによってのみです。もし仮に，両親がいるのかいないのかさえ，分からなくなるとすると，それは，世界への関わり全体の障害となり，もはや個々のことを忘れるどころではなくなります。私たちは知り合いの顔を忘れたり，その人の名前を忘れたりすることはあっても，基本的に習得したものを，それと同じように忘れることはありません。したがって，計画的に学ぶことと——この場合，学び忘れも容易に生じるでしょう——それを通して，私自身がはじめて，自分であることになるような習得とを区別することは，大変重要なことなのです。この私の身に起こる受動的学びは，私の先歴史へと遡り，その先歴史は，私自身がそれに着手する以前に，すでに始まっていたのです。

　マルクス主義の伝統では，人類は，先歴史から歩み出てきたのではありません。完全な歴史には，人間がそれを完全に意識して，自分自身で形成するとき初めて，到達しうると言われます。マルクス主義の古典によるこ

---

[32]　このことに相応することとして，アルフレッド・シュッツは，信頼性の基礎的な形式，つまり，「世界における人間的状況の何であるかと如何にあるか」および，「習慣知」について語っており，この習慣知は，単純に「知の集積の一部」に位置づけられえないのです。A. Schütz und Th. Luckmann (A. シュッツ・Th. リュックマン), *Strukturen der Lebenswelt*（『生活世界の構造』1975年），144頁以下。

の立派な命題に対してメルロ＝ポンティは，絶えず反論し，ピアジェに対して行ったのと同様な立論をします。つまり，彼は，歴史を意識して作成するなどということは，現れたためしがないと言うのです。いったい，歴史を「完全に意識して」作成するとは，何のことなのでしょうか。誰がそんなことをするというのでしょうか。〔絶えず〕私たちを驚かせる何かが生じます。成人の場合でさえ，歴史と先歴史は，このように切り離すことができないのです。先歴史とは，単に先行しており，それに，私たちが自分に固有な意識と意志の努力をもって何かをもたらすことが後続するといった単純なものではありません。先歴史は，途絶えることがないのです。私たちの幼児期も単純に元のままに留まっているわけではなく，私たちを不安にさせ，トラウマを残し，魔法にかけることもあります。それは，私たち自身に関わりつづけることで，私たちの現在にまで働きかけているのです。

　能動的獲得と受動的獲得は，したがって，〔下層と上層のように〕二つの階層とみなされるべきではなく，互いに入り混じって交錯する出来事として考察されるべきなのです。ヴァルター・ベンヤミンが歴史考察において述べているのは，歴史には，同時でないもの，時代に合わないものが存在し，それがこの「今の時代」にその働きを展開するのであって，歴史は，決して単純に片付くということはないということです。したがって，彼は，いわゆる〔弁証法的な〕止揚という考え方に徹底して抵抗するのです。ある意味で，私たちは，常に，始原に立ち会っているということなのです。

現勢的な身体と習慣的な身体

身体が，このような多岐に渡る学ぶことの概念に対応づけられるのであれば，身体は，仲介の役割を果たすことになります。つまり，身体は，現勢的な状況において，今，遭遇するものと，すでに成しおえた堆積する歴史との間を仲介する審級〔Instanz〕なのです。身体そのものがこの歴史から歴史に浸り切っているものとして考えられるのです。事物のように，身体もその歴史を持つのです。

　現勢的な身体と習慣的な身体との区別は，フッサールにおいて，すでに導入されています。現勢的な身体は，働いている身体であり，何かを見たり，処理したり，聞いたりして，活動しているのに対して，習慣的な身体

4 現勢的身体性と習慣的身体性，状況と世界　　　　　　　　　　203

は，状況に即して活性化できるような特定の性向を備えています。この区別に相応するのが，メルロ＝ポンティの自然的身体と文化的身体との区別であり，それは珍しい箇所で言明されているもので，二つの契機が，先歴史と本来の歴史のように相互に関係しあう，つまり，相互に入り組んで働き合っている，と彼は述べています[33]。身体が自然的であるのは，感性的諸性質や神経システム，血の循環等としての身体がいかなる人間の発明でもないという意味で自然的なのです。しかし，身体はまた，常に文化的でもあります。それは，自然的に与えられているすべての事柄が，ある特定の文化的解釈や組織化，並びに図式化を経験しているという意味で文化的なのです。メルロ＝ポンティは，このことを，最大限の明瞭さで，「人間にあって，すべては，加工されたものであると同時に自然的である」[34]と述べています。

　私たちは，私たちに外的に従う自然の領域をまず持ち，それに加えて，私たちを形造る文化的な身体の営みをもつのではありません。文化と自然は，二つの観点であり，二つながらにすべての領域に入り込んでいるのです。言語もまた，その自然の契機を持っていますが，もしそうでなければ，私たちの音声が音声学的に表記されることはないでしょう。自然は，言語の内部に現在しているのであって，それはちょうど，生物学的な衝動の契機や血圧，神経学的なプロセスなどが私たちの行動を貫いているのと同様なのです。神経学的なプロセスは，常に関与しています。ただそれは，いつもすでに，文化的に形式化されているのであって，孤立的な特性をもつことはありません。

　この考えは，現今の構成主義が行う努力に対置されねばならないでしょう。構成主義においては，身体と物（的身）体との区別が，コンピュータプログラムを模範にして考えられ，自然の素材としての物（的身）体と，文化の産物としての身体とが区別されることになります。後半の講義で詳細に論ぜられる〔構成主義の〕性差の理論では，セックスとジェンダー〔性差別文化〕が区別され，生物学的関与がセックスに，文化的関与がジェンダ

---

[33] 『行動の構造』227頁，独訳版244頁〔邦訳，314頁，脚注11〕を参照。メルロ＝ポンティは，この箇所で，フッサールの区別である「根源的な受動性」と「二義的な受動性」との間の区別に依拠している。

[34] 『知覚の現象学』221頁，独訳版224頁。

一に見出されます。この種の区別は，ハードとソフトの区別に類似しています。文化は，いわばプログラムとしてのソフトであり，物(的身)体は，ハードということになります。このようにして，技術用語をまとった新たなデカルト主義が到来し，もし，自然が文化にとって単なる物質を呈示するのであれば，自然は，任意に形式化されうるということが帰結することになるのです。

　このことに私が対置させたいのは，統合的見解，すなわち，自然と文化の区別は，文化の中で行われるという見解です。

　しかしながら，本当のところは，第一の自然が存在していて，その上に第二の自然としての文化がつけ加わるということなのではないでしょうか。自然的な物(的身)体が〔まず〕存在していて，身体としての文化的装備が，二義的に与えられるのではないのでしょうか。いいえそうではありません。どんなオリジナルな二元論も存在することはなく，自然と文化は，身体と物(的身)体のように，身体性の内部で，つまり世界の内部で差異を形成しているのです。何かを単なる自然に還元するということは，事物を自然物として考察することであり，身体を物(的身)体として取り扱うこととは，再度，抽象的な観点で身体を取り扱うことを意味します。〔しかし〕ここでは，二元論にいかなる余地も残すことはありません。存在するのは，諸観点と区別の諸可能性，また，病理学の領域にまで及ぶ分割の諸可能性の多様性だけなのです。私の身体は，私自身から分離して，単なる自然として働くこともあり，また脱現実化のプロセスが言及されましたが，自分の物(的身)体や手が，物のように現れることもあるのです[35]。しかし，そのような分割のプロセスも，自然がまずもって，文化そのものにおいて役割を果たしているのであり，文化の外部で作用することはないということを前提にしているのです。

5　虚像的〔ヴァーチャル〕な身体性と自発性

前節で私は，存続する諸構造について遡及的に考察しました。そこでは過

---

35)　同上，31頁を参照。

5 虚像的〔ヴァーチャル〕な身体性と自発性

去の構造と過去の次元が主だった考察の中心でした。つまり，歴史として起こったこと，すでに学んだこと，心から離れないものなどのすべてが問題にされたのです。

　以下においては，考察の眼差しを未来に向けたいと思います。行為や運動において，私が未来に向けられているとき，この未来は身体性の内にどのように含まれているのでしょうか。ここでは，再び，制度についての全体的理論が必要となり，規則体系の内側でなおも創造性を可能にするような自由の遊動空間の記述が必要となるでしょう。しかし，私は，問題をここでも身体性の観点に制限し，身体的運動の現象学の視角において，自発性と自由の問いがいかに新たに立てられるのかを明らかにしてみたいと思います。前もって言っておきたいのですが，少々神秘めいて聞こえるこの講義のタイトル，ヴァーチャルな身体性と自発性ということで私は，ほとんどの場合，大言壮語に聞こえてしまう「自由」と呼ばれるものについて述べてみるつもりです。「自由」という言葉は，往々にして，スローガンとして用いられますが，そこでは，考えられていることが希薄であったり，あるいは，あまりに多くのことが考えられすぎて，最終的に，内容のばらばらな理論に終わってしまっているのです。

　身体性の理論は，伝統的に，自由の名のもとに取り扱われた問題系の改革に，積極的に寄与するものです。この連関において指摘したいのは，私たちにとって馴染みのある自由の問題系は，自然の決定論か神的な先見性かという対立のもとで，形而上学的次元にまで展開しているのですが，実は，このような問題系が，ギリシア人には見出せないということです。「自由（$ελενθερία$）」とは，ギリシアでは，第一に政治的概念です。行為の記述や評価においては，目的設定や理由を秤に掛けること，手段の選択や情状酌量，堅実な態度の養成とかいったことが決定的な要因となります。自由はほとんど間接的にしか主題化されません。ここでは私も同様に，間接的ということを強調しつつ，自由について語りたいと思います。

　なぜこのような控えめな態度が必要なのでしょうか。自由が近世のデカルト的思惟を通じて，他の問題と同様，二元論に陥ってしまったのは，そこでは内的な意志の因果性と，この意志を実現する外的な物(的身)体の機構とが区別されるからです。デカルトは，意志は帝国であると考えています。*imperium voluntatis*，すなわち意志の支配ないし，命令の審級が存

在するのです³⁶⁾。二元論的に言えば，自由は，意志の因果性であり，つまりは，内的経過であって，うまくいけば，それに外的な経過が対応するのです。

　このような見方に対して，マックス・シェーラーは，格好の例を挙げました。身体が不自由な人は，溺れそうになっている人を救いたいという内的意志をもっていても，水に飛び込むことはできません。〔自由の二元論的な見方によれば〕このことはただ，彼の物(的身)体がそれを実行せず，命令に従わないだけのこと，ということになります³⁷⁾。内的に見て，この人が生命救助者となるのは，彼がまさに救おうと意志しているからです。シェーラーは，この例を非常に正確に分析して，厳密に言えば，身体が不自由な人は，「私は意志する」と述べることは許されない，なぜなら，「何かを欲する」とは，絶えず，「何かを行うことを意志する」ことであり，同様に「そのことを行うことができる」ということを意味するはずだからであると，確言しています。行うことを意志することは，行うことができることを前提にします。意志は，それに相応する行うことができることから切り離されると，働きを欠いた幻影になってしまうでしょう。

　日頃，政治的な蛮勇と響く言葉として，「もし，7月20日に私が居合わせていたら，あれ，これしたであろう」ということが言われますが，それが，道徳主義的で，ほとんど偽善の主張に聞こえるのは，そのとき自分がしたであろうことを，そもそも誰も言うことができないからなのです。私がせいぜい言えるのは，自分に対して望むべくは，その状況において事態から眼をそらさず，ユダヤ人が公職から追放されたときに，それに抵抗したであろうということなのです。他の言い方は，〔異なった〕世代間の会話にあっては，間違った言い草でしかないのです。高齢者の人々が，自分たちを弁護して，「あなた方は，その状況に居合わせていなかったのだから，すべてもっとうまくできたはずだ，などと言うべきではない」と述べるのは，正しいことです。私たちは，同じような状況のもとで別様に行為することを望んだり，そうなるよう努めることはできても，過去を振り返り，

　36）　VI. Meditation〔邦訳『省察』所雄章訳，増補版デカルト著作集 2，白水社，2001年，107頁〕，A. T. VII, 84 を参照。

　37）　Max Scheler（マックス・シェーラー），*Der Formalismus in der Ethik*（『倫理学における形式主義』）全集 2 巻，134頁。

意志決定を，行うことができることから分離することはできないのです。

　身体が不自由な人を巡るシェーラーの事例は，とてもアリストテレス的だと言うこともできます。意志するとは，「行うことを意志する」こと，つまり実現の意志であり，行うことができることを前提にしています。岸辺に座ったままの身体が不自由な人は，溺れる人を見ても飛び込むことができずに，冷笑的に「やれやれ，やっと人一人減った」とつぶやくかもしれませんし，仮にそうしたとしても，救済を怠ったことで，訴えられることはありません。他者の苦悩に同情し，参与し，絶望的になることは，溺れる人を見る身体の不自由な人にも可能です。しかし，意志は内的な経過として，行為することが，物（的身）体の経過を介する内的意志の外的な遂行としてのみ考察されうるような仕方で，行為に先行するのではありません。それでは，まるで，助けるという意志が，外的な対応物を欠く内的経過になってしまいます[38]。

　この解釈は，幻覚についての解釈に対応しています。つまり，誰かが内的な知覚をもち，この内的知覚が外的世界の事物に対応していないだけだ，という解釈の型に即しているのです。声が聞こえても，話す人がいない，といった場合です。二元論的に，外的なものが欠けている内的な経過から出発すると，運がよければ，外的なものが現れますが，私たちはどのようにして両者が一緒になるかをよく見る必要があります。

　意志の因果性のデカルト的モデルによると，自由は，内的な経過と理解され，この内的経過は，因果的に，外的な機械的経過に作用を及ぼすのです。カントにおいては，事態は大変，複雑になります。カントはそのような二元論は取らず，二つの異なった観点から出発するのです。どのように事物が現れるかを考察するときに，そもそも本来の意味での自由が存在しないのは，〔私たちが〕すべてのことに原因を挙げることができるからです。それと異なり，行為する者の実践的なパースペクティブにおいては，行為者は自分に固有な法則に即していて，他の規則にだけ従うのではありません。したがって，カントは，二つの事象の領域，すなわち自然の領域と文化ないし精神の領域とを区別するのではなく，二つの対立する態度から出発するのです。まずは，理論的態度であり，そこでは，すべての出来

---

[38] 道徳主義的な事例で特徴的なのは，いつも誰かが死亡したり，あるいは，善行したりして，まるでわれわれが，絶えず行為の熱に取り付かれているかのようです。

事や経過のもとで，そして社会的領域においても同様に以下のことが問われます。すなわち，どのような条件のもとにそれらが成り立つのか，ということです。出来事が先行条件なしにそれ自身から始まる自発性という意味での自由は，カントによると，私たちの経験のどこにおいても見出せません。それでカントは，理論的態度に実践的態度を対置させるのです。行為するときは，特定の法則に即して，つまり，行為の仕方を予め描く特定の規則に即して行為します。この規則は，行為を説明するのではなく，行為を導き，規定するものです。したがって自由は，その真正なる場所を観察者側からの行為の記述や説明の中にもつのではなく，行為遂行的な，行為する者それ自身の態度の内にもつのです。

　カントの取る道は，一方で，理論的領域が実践的領域からはっきりと分割されているという困難さを持ちます。このことは，アンチノミー〔二律背反〕の問題に陥ることとなり，自由は，自然の中には現れず，道徳－実践的領域に制限されます。行為は，理論と実践の二つの領域に接触し，仲介されていることが示されているにもかかわらず，そこに制限されるのです。また，他方，自由が極端に法則と規則から考えられているという問題もあります。道徳的規則の無条件性〔定言命法〕こそ，自己を自由にするものなのです。これは，広大な考えであって，このことそのものを批判するつもりはありませんが，私は，ある明白な一面性を指摘したいと思います。自由はそれ程，明瞭に規則から考えられるべきでしょうか。行為の他の契機が，おろそかにされてはいないでしょうか。私を行為に仕向けるあらゆる事柄を伴う状況は，いったいどこにあるのでしょうか。法則や道徳法則，そして法律上の規則に帰属することのできない事柄のすべては，いったいどこに位置するのでしょうか。

　私がここで，クルト・ゴルトシュタインとメルロ＝ポンティとともに展開してみたい他の選択項は，自由を，いかにして私たちが身体的に世界の中を動くのか，どのようにして世界に形態を与え，構造化するのか，その仕方，ないしあり方として理解することです。人間を自由な本質として際立たせる人間に特殊なものは，このような試みにおいては，運動のカテゴリー，自分の動き，形態化と構造化などのカテゴリーによって記述されます。

　ヴァレラと共著者は，『身体化された心』の第8章で――この箇所は，

認知を身体化された行為として把握するのですが——はっきりと前期のメルロ・ポンティを取り上げています。旧来の，二つの実体というデカルト主義から離脱する試みだけでなく，彼らの攻撃は，認知主義にも向けられます。この認知主義は，一方で特定のプログラムや代表象，諸規則を取り扱い，他方ではこのプログラムに従属する現実を出発点としています。これに対して，両著者は，メルロ＝ポンティの身体論とハイデッガーの現存在の解釈学を引き合いに出すのです。彼らは，演出としての行為について語りますが，それはすでにフッサールが他の連関において行っていました[39]。つまり，私たちは，舞台の上を動き，一つの情景を成り立たせ，現実を変化させ，それによって自分自身をも変化させるのです。知覚と行為は，一つの情景の中で演じられ，その情景の中で，現実そのものが共演者として現れるのです。現実は，単純に変化させられたり，記載されたりする何かとしてそこにあるのではなく，それは，私たちがその中で行為を遂行し，上演することによって演出されたものとしてそこにあるのです。ヴァレラとトンプソンは，メルロ＝ポンティを引用しています。「有機体は，外的な刺激が働き，固有な形態を描く鍵盤とは比較できない。なぜなら，有機体そのものが形態を形成することに寄与しているという単純な理由に基づくからである」[40]。有機体は，刺激がその印象を後に残すといった鍵盤ではなく，有機体は，自分自身で動くある種の鍵盤を作り上げているのであり，しかも，「この鍵盤は，リズムの変化に即して，それ自身単調な音である外的なハンマーの働きに，様々な音譜を放出する」[41]のです。ここで語られているのは，自分自身で動く鍵盤であり，ピアノの音を出すハンマーを自分で動かせるような鍵盤なのです。ここでは，現実と身体的行動との間の共演が目指されており，旧来のデカルト主義の線条的因果関係や，プログラムとハードウエアーとの関係といった意味での線条的因果関係も，もはや成立していないのです[42]。

---

39) 『イデーンⅡ』（フッサール全集4），98, 259, 336頁〔邦訳『イデーンⅡ-Ⅰ』116頁以下〕。

40) 『行動の構造』11頁〔邦訳同上，32頁以下〕（W. v. ヴァイゼッカーに結び付けています）を参照。

41) 『行動の構造』12頁〔邦訳同上，33頁〕。

42) これについて，ヴァレラとトンプソンの『身体化された心』(1992年) 236-40頁を参照〔邦訳『身体化された心』田中靖夫訳，工作舎，2001年，247頁以下〕。

それでは，自由は，運動からどのように考えられるべきでしょうか。まずここで，『知覚の現象学』の幾つかの箇所で言及されている，具体的な自由とは，「状況に身をおくという一般的な能力」[43]にあるという点を参照します。自由はここで状況を生み出す可能性として理解されています。アメリカの社会学者 W. I. トマスは，アルフレッド・シュッツによってよく言及されますが，状況は，「定義」されると述べています[44]。アロン・グールヴィッチは，「経験野の組織化」[45]について語ります。したがって，第一の能作は，状況そのものを創設することにあります。これに関する格好の例として，カントの「寄託〔Depositum〕」[46]が挙げられます。そこで問題にされているのは，次のような規則です。「もし，誰かが私に何かを貸してくれたり，保管するように何かを与える場合，私はそれを返さなければならない」。したがって，規則の内容は，一般的にいうと，私は約束を守らねばならない，というように定式化されます。そのような規則は，いつも，ならば－そのとき－規則〔Wenn-Dann-Regel〕と言われ，すべての規則は，この構造をもち，「もし，君がXをするならば，そのときには，Yもせねばならない」という帰結を，すなわち，第一の行為が，常に第二の行為をもたらすのです。しかし，どのようにして，そもそもこの規則は適用されることになるのでしょうか。規則の適用の前提となるものは何でしょうか。もし，誰かが，私のところに何かを預けるといった状況の場合，私がそれを初めから断りたいと思い，「私のところには，なにも預けないでください。誰か他の人のところにお願いします」と言えば，そのときには，そもそも，何かを再び，返さなければならないということで困ることにはなりません。したがって，規則と法則の適用に関する第一の先行条件は，これらの規則と法則が適用可能であるような一つの状況がそもそも成立するということにあります。

状況の定義，ないし，状況を生み出す能力としての自由は，規則の適用の前提に該当します。私がゲームでずるをすることができるのは，私がゲ

---

43) 『知覚の現象学』158頁〔邦訳同上，1巻，228頁〕，"le pouvoir general de se mettre en situation".
44) Schütz (シュッツ), Gesammelte Aufsätze,（『論文集』第1巻）10, 402頁。
45) アロン・グールヴィッチ『意識野』(1975年)。
46) *Kritik der praktischen Vernunft*（『実践理性批判』）A49，その他多くの箇所を参照。

5　虚像的〔ヴァーチャル〕な身体性と自発性

ームをするとき，ゲームをする限りにおいてです。とはいえ，ゲームの手ほどきをするということが，ゲームの規則の適用なのではありません。それというのもゲームの規則は，ゲームが始まる，ないし，誰かが一緒にゲームするときにのみ適用可能だからです。したがって，まず第一の自由は，一つの状況を創設すること，「そうなるようにさせる」ことにあるのです。

　次の例は，日常の些細な会話の例です。これは，相手は決まりきった当然のことを述べてはいるのですが，やれやれ，そんなこと当たり前で，すべて承知の上だと感じてしまうような場合です。会話は，多少なりとも，もっともな話しであったり，色々適切な提案をしてくれるようなものなのですが，あまりにも一般的な立場しか提供することがない場合，何も生み出すことはありません。そのときには，会話は，何ももたらさないのです。生産的な会話は，重要なことが語られるような状況が成立して始めて可能になります。語られたことが真であるかどうかは，補足的条件なのです。会話が生産的になるのは，ある状況の中で，つまり，私的な会話や，精神治療の会話，政治的な会話などで，重要な標語や本当の言葉が見出されるときなのです。

　メルロ＝ポンティには，すでに言及した単純な表現が見られます。すなわち，具体的な自由とは，状況に身をおく一般的な能力の内にある，という表現です。とはいえまさにこの状況は，ある意味で，新たに創り出されるのです。私はある状況に意図せず入り込むことができ，まさにそのときでさえ，私は，いかにその状況を受け入れ，それに答えるのかに関与しているのです。この自由の把握は，規則の適用以前に位置する構造化のプロセスを出発点とします。何が語られるのか，何が重要で，何が重要でないのか，すでにこのことにおいて，自由の契機が，すなわち，これが語られるのか，それともそれが語られるのか，という点での自由の契機が見られるのです。繰り返しになりますが，自由の第一の形式とは，諸々の状況を創設し，その状況に答え，その状況を構造化することにある，と言えるでしょう。

　動物の行動と人間の行動の違いに関して，このことが意味するのは，動物に対する人間の行動の特徴が，人間の行動にはロゴスが，この場合，実践的な決断のためのロゴスが付け加わるという点にあるのではない，ということでしょう。旧来の定義は，人間を，ロゴスをもつ生き物として解釈

します。人間は，成長し，生殖活動を行い，動き，居場所を転じる生き物ですが，なかでも特に人間的なのはロゴスであり，このロゴスが，生物の他のすべての規定にさらに付け加わる，というのです。実質的な意味においてこのことは，人間は他の生物に対して，命令を与え，目標を定める審級を自由に使いこなせるということを意味しています。このような二元論的な付加的思惟に対して，特別に人間的なものとは，動物性の構造の特殊な変化として把握されねばならないのです。決断できるという意味での活動という，他の活動とは異なった高次の形式としてのロゴスは，下層に属する動物性への付加物ではなく，この他なるもの，特別に人間的なものは，別様な構造として，つまり他の存在の仕方として把握されるべきなのです。

　メルロ＝ポンティは，自由について語る箇所では論敵としていつも，サルトルを考えていました。サルトルは主意主義的理論を代表し，自由について力を入れて語り，決断と投企を常に優先させました。自由がこの決断へとずれてしまうことに，メルロ＝ポンティは，「何かについて決断する，と言うときには，すでに私は，基本的に何かを決断してしまっている」と異議を唱えます。真剣な決断は長い時間をかけて準備されているのですから，決断そのものは，決断を見出すプロセスにおいて，ただ最後の言葉を持つにすぎないのです[47]。自由そのものは，いかに私たちが何かを考量し，何かにどのぐらいの注意を向けるか，そもそも何に目が向くか，というあり方と仕方にあります。自由は大仰な，「はい」，「いいえ」という最後の言葉にあるのではないのです。最後の言葉は，普通は，決断を見出すプロセスを中断するだけなのです。

　自由な行動は，外部から何かへと介入する活動の高次な形式の内にあるのではないのです。自由とは，「創設されている構造を乗り越え，そこから他の構造を創設しようとすること」[48]を意味しているのです。私たちは，いつも，すでにある特定の諸構造の中を生きています。子供でさえ，ゼロ点から始めるのではなく，いつもすでに形態化され組織化されている大人の世界の中を生きているのです。自由は，決して恣意的な措定に見出されるのではなく，状況の形態変転と再構造化の内にあるのです。

---

47) 決断がつかず，サイコロを振って決めるといった極端な場合を除いています。それは無差別的自由（*libertas indifferentiae*）という限界の事例です。
48) 『行動の構造』189頁〔邦訳同上，261頁〕。

執筆家の自由はどこにあるのでしょうか。文筆家は，新しい言語を作るのではなく，エスペラントで書く著者なのでもありません。彼は，自分がその中で育った言語を変化させ，多かれ少なかれ，自分自身で語る他者の言語を創造します。彼は言語に従事し，何かを述べるための新たな道を見出します。文筆家の自由とは，新たな規則を導入することではなく，従来の語り方を変化させることを意味するのです。

そうであるとすれば，人間の特殊な能力は，観点を多様化し，前もって与えられている諸構造に対して，構造化の様々な可能性を熟慮し，配慮することの中にあることになります。同じく，それによって，両義的なものや二義性に耐える能力ないし，可能的なものへと感覚を展開させる能力が要求されているのです。観点を多様化するということで意図されているのは，私たちは自然に自分の「ものになった」唯一の観点にのみ，いわば，コンクリートに埋められるように固定されてはいないということです。両義性に耐える能力とは，心理学で，両義性許容度という名称で知られているものです。パブロフの犬の例はすでに取り上げましたが，〔この場合〕犬は，円形とのつながりでえさを与えられるように訓練されました。そして，臨界的な実験によって，円形が次第に楕円形に近似するものになるにつれ，最終的に犬は，円形を目の前にしているのか，楕円形を示されているのか，分からない状態となりました。帰結として，犬は，この二義性に神経症的な反応をするようになりました。つまり，素朴な自己保存本能をあざけるようなえさの拒絶で反応したのです。この注目すべき事例は，動物が，「単に」反射という意味で反応するのではないということを示しています。しかし人間もまた，両義的な状況に取り乱して反応することがあります。例えば，それは行動を明確に指図する条項がないときの反応です。心理学者は，それを両義性許容度の脆弱さと呼びます。人が，通常，ある程度の多義性に耐えることができるのは，現実が規則を満たすために存在するということからではなく，規則は単に補助の役割とある程度の秩序の機能を果たしているにすぎないということから出発するからです[49]。しか

---

49)「われわれの心理的現実は，〈欲求対象〉に支配されているが，それと同じ様に，社会的現実は，諸矛盾に満ちたものである。いずれにしても〈複雑な感情〉は，客観的で主観的な抗争の表現なのだ。それらにどう対処するか，その仕方が，危機や変革，社会の要請に立ち向かうことができるかできないかが，われわれの作業能力を規定している。諸々の抗

し，現実そのものは，より多くの可能性を許容します。それゆえ人間的なものが，動物的なものから区別されるのは，多義的な状況を生きて，何かを行い，自分が解釈し，理解することですべての可能性が尽きてしまうことはなく，それが最高の知恵でもないことを知っている，という能力によってなのです。

　人間の自由の第三の特性は，可能的なものへの感覚，まさに虚像性が発展していることにあると言えます。虚像的世界については，次の講義で詳しく述べますが，「虚像性〔Virtualität〕」という言葉は，すでにヴォルフガング・ケーラーが使用しており，彼は，人間の行動と動物の行動との対立を性格づける際，現勢的行為空間と虚像的行為空間とを区別しました。そしてメルロ＝ポンティは，この論点から，クルト・ゴルトシュタインの扱う身体的運動系の病理学への架橋を果たしました[50]。ゴルトシュタインが患者に帰属させる「制限された環境」とは，可能性感覚の喪失と規定することができます。ロベルト・ムージルは，彼の小説『特性のない男』の中で現実感覚と可能性感覚を区別します[51]。主人公であるウーリッヒが特性のない男として紹介されますが，彼は，事物は別様にもありうる，という可能性感覚を備えています。ムージルの描くものは，極端な様式をもつものとなってはいますが，なによりも大変重要で，かつ一般的な何かを言い当てています。すなわち，人間には，常に，現実は別様にもありうるという意識と感情が属している，ということです。私たちの現存は，特定の規則や目的を通して端的に定義づけられてはいません。すでにこの可能性感覚に開放的な何かが所在しているのです。

　マックス・シェーラーは，人間と動物を区別する際に，周囲世界と世界

争に対して，それを持ちこたえるとき，われわれは，〈両義性許容〉といい，それを避けるとき，〈両義性防御〉という。そのような問題の対処の仕方は，早期には，幼児が初めて対象を愛する際の葛藤と関わっている。われわれの分析は，二つの抗争の領層，すなわち，対立する心理的動因の層と矛盾を含む社会の現実の層を共に考慮することを試みる」。Regina Becker-Schmidt und Gudrun-Axeli Knapp（R. ベッカー＝シュミット，G-A. クナップ），*Geschlechtertrennung-Geschlechterdifferenz. Suchbewegungen sozialen Lernens*（『性の分離，性差，人づき合いの傾向』1987年）。

　50）　ケーラーについては，『行動の構造』122-30頁〔邦訳同上，172-81頁〕，ゴルトシュタインに関しては，『知覚の現象学』132-38頁〔邦訳同上，1巻，194-205頁〕を参照。そして，現実の虚像性に関する今日の問題系に関しては，筆者による *Grenzen der Normalisierung*（『正常化の境界』）239-44頁を参照。

　51）　*Der Mann ohne Eigenschaften*（『特性のない男』1978年），16頁以下参照。

5 虚像的〔ヴァーチャル〕な身体性と自発性 215

の違いについて語りました[52]。周囲世界とは，手もとにある諸構造の領域であり，これらの構造は，一部は発生的に備わっており，他は習得されるものです。鳥の鳴き声でさえも，純粋に発生的に前もって与えられているのではなく，プログラムの純粋な展開でもありません。鳥も，鳴き声をまねたり，「方言」を形成したりします。しかし，動物の行動は，特定の周域，すなわち，その周囲世界の中に捕らわれたままです。〔それに対し〕人間の行動との連関で，世界について述べられるとき，それは，すべてが可能というのではなく，現実に在るもの以上に可能であるということを意味しているのです。それによって，人間の世界と単なる動物の周囲世界とが区別されています。

もし，人間と動物の違いをごく簡単に定義づけようとすれば，次のように表現することもできるでしょう。もし，ライオンが「私はライオンであり，そうあることに誇りをもっている」とか，「残念だが私はただのライオンにすぎない」とか，言えたら，そのライオンは人間だろう，というものです。まさに，正確にこのことを人間は行い，私は，人間であり，このような肌の色で，ある特定の場所に生まれた，と言うのです。人間はその事実に悩むこともあれば，喜ぶこともあり，皮肉にみることもできますが，それらはすべて距離を持つということなのです。動物は，このように，自分自身から距離をとることはできません。

しかし，その際，十分に注意されなければなりません。というのも，動物はユーモアをもつかという問いでさえ，一義的に答えるのは難しいからです。「動物はユーモアをもたない」とか，「動物は，人間のもつ何かをもたない」とかいった言表が的外れのものになりやすいのは，問いは，むしろ，猫が遊ぶといったとき，一体何を意味して，子供が遊ぶといったとき，一体何を意味するのか，と問われるべきだからです。動物の遊戯行動に，〔子供と〕類比的な様式を見出すことはできますが，人間の場合と同様，単純なものは何もありません。メルロ＝ポンティが提案するのは，自然を考察するにあたって，自然が人間を準備し，前もって与えられている構造を変化させるための先行条件を創設したと考えることです。動物の領域にも人間的なものの略図や戯画的なものがあります[53]。しかし，〔動物の〕

---

52) 『宇宙における人間の地位』1928年および1976年，全集9巻〔邦訳，シェーラー著作集13〕参照。

人間に対する決定的は相違は，彼らが違った食べ方をするとか，違った知覚の仕方をするとか，別様の生き方をするとかいったことのうちに在るのではありません。それは，当然のことです。そうではなく，動物は，人間と比較できるような仕方で，自分自身の行動に対して距離をもつことができない，ということにあるのです。このことは，どのように可能性を定義するのか，ということに関係しています。動物もまた，彼らの枠内で，行動の様々に異なった可能性を活用しているのであり，前もって与えられた機構に即してのみ運動するのではありません。問われるのはただ，この枠組みそのものを組み替えることが動物に可能かどうかなのです。ゴルトシュタインが状況の現実的な形態変転ということで考えるのは，私が単に，他でもありうると考えるだけでなく，生命そのものが変化し，環境が別様なものになる，ということなのです[54]。ここにこそ，自由について考える一つのチャンスが，しかも，外的な因果性に内的な因果性という第二の原理を付け加えることなしに，考えることができるチャンスがあるのです。次の時間には，今展開した議論をより先鋭に自由の問題に関係づけるつもりです。

(第8講義　1996年12月10日)

可能性の遊動空間が中心的位置を占めている虚像的身体性から出発して，自発性ということがらを新たに考えることができます。自発性とは，先回の講義では，旧来の言葉である自由に関する私の問いの標題でした。以下でこれまでの考えをまとめてみます。

a　自由と自発性

自由とは，諸構造の内部での自発性のことです。シラーは，これに対して，純粋な内的自由について語り，「人間は自由なのであり，たとえ，鎖に繋がれて生まれてきたとしても」，と述べてます。これに対して強調したいのは，自由は，構造と規則の内部でのみ現実化可能なのであり，その外部

---

53)　『シーニュ』1960年，157頁〔邦訳同上，2巻，200頁〕。メトローおよびヴァルデンフェルス（編），*Leibhaftige Vernunft*（『有体的理性』1986年），27頁。

54)　『行動の構造』238頁〔邦訳同上，328頁以下〕。メルロ＝ポンティは，ゴルトシュタインに関連して，「理念的解放」と「現実的解放」の区別をしています。

5 虚像的〔ヴァーチャル〕な身体性と自発性

で可能なのではない，ということです。

b すべての秩序の偶然性

別様でもありうる秩序は，行為と人間の行動において，私たちが状況を秩序づける，すなわち状況を特定の規則ないし図式に即して解釈することを許容するだけでなく，それを超えて，秩序変更ないし形態変転の可能性が存在するのであり，それを通して，状況そのものが，他の配列へと変容されていくのです。日常の行動において，親しまれた普段の状況は，習慣的な図式で処理されるのであり，これが，習慣の契機です。それを超えて非日常的な状況があるのであり，そこでは，私たちの諸図式は役に立たず，ヴィットゲンシュタインが言うように，私たちは勝手がわからず，親しまれた状況から引き裂かれてしまいます。そのとき，自由は，形態変転を，馴染んだ秩序の再秩序化を意味することになりましょう。

c 自由と不自由の段階的差異

自由と不自由との間には，一方で，自然法則が支配し，私たちを決定づけるような，すべての出来事に十分条件が挙げ尽くされる領域があり，他方で，自由がいわば，別の因果性として支配している領域があるというように，二つの純粋な領域を分ける境界があるのではありません。私の考察が目指すのは，むしろ，行動の身体的自由であり，そこでは，段階性と諸可能性の尺度とが存在します。程度の違いに応じて，決定論化の極に近づき，唯一の可能性しか残らない場合や，恣意性の極に近づき，どれでもいい可能性を選ぶといった場合があります。

ここでもう一度ゴルトシュタインの具体的行動と抽象的行動の違いを取り上げます。ゴルトシュタインは，状況の抽象的な形態変転と具体的な形態変転を区別します。前者は，いわば意識の中で働き，ただ，事物の見えるさまを変えるだけですが，後者の具体的な形態変転においては，自分の身体的状況が変化し，ある意味で，自分の生が変化するのであり，生についての自分の意識だけが変化するのではありません。すでに，カール・マルクスが常に強調していたのは，意識内の変化は，いまだ生の実践の変化ではない，ということです。具体的な形態変転は，一方で，単なる抽象的な形態変転の可能性に境界線を引くだけでなく，他方で，特定の形態への

固執，すなわち具体主義に対しても境界線を引きます。一方の極端なこととして人は，抽象的な，状況から遊離した，決して現実化することのない，また，現実化できない固定された理念を追求して，願望的思惟，ないし，願望表象内の生に留まります。他の極端なこととは，ある特定の，ほんの僅かな変化しか許容しない形態への固執であり，社会学的な概念でいえば，ステレオタイプ，つまり，固定的なタイプへの固執であり[55]，このタイプは，変わることなく応用され，いかなる柔軟性も許さず，したがって，状況に図式的な特性を強要することになるのです。

　ステレオタイプの行動とは，繰り返される状況が常に同一の図式で取り扱われることを意味します。これは，臨床事例にまで及びます。ゴルトシュタインが研究したシュナイダー症例は，そのような具体主義的行動の例となりましょう。ゴルトシュタインは，黒板に二つのKの文字を，一つのKは筆記体で，もう一つは，活字体で書きます。シュナイダーは，この二種類のKにつまずき，二つのKは，まったく異なった字母であり，一方は先生の字母で，もう一方は活字の字母だ，と主張します。純粋に視覚上の形態としてみた場合，違いはほとんど見られませんが，活字と筆記において実際この字母はどのように書かれるのかに注意すると，筆記のKと活字のKとでは，書き順が違っていることが分かります。普段の生活では，そんな違いはどうでもよく，もしそうでなければ，見通しのきかない困難にぶつかることになります。許容度というものがあり，〔それにより〕ある文字がどこまでその同一の文字と認められるかが決められます。そういった許容度は，形態を認知できる機械のプログラムにさえ組み込むことができ，文字を認知する機械は，小さな違いがあっても，また，複数の活字の字母同士でかなり違っていても，困難に陥ることはありません。個々の字母は，一つのタイプであり，様々な記号で現実化されることができます。具体主義的行動とは，ここで，個々のあまりに些細な個別的な点に煩わされ，それらに相応する書き方の変項が二つの異なった字母として解釈される，ということを意味しています。現実は，どのような要因が重要で，どのような要因が重要でないかが注意されないと，対処し難いほど複雑になってしまうのです[56]。

---

55) στέρεος はギリシア語で「固定された」を意味します。
56) 難しくなるのは，二つの字母がほとんど違いが分からないように書かれるときで

5　虚像的〔ヴァーチャル〕な身体性と自発性

　正常な行動は，すべての個別的なものを顧慮することなく，重要でないものを，放っておきます。皆さんの友達が，突然，帽子を被ったり，他のコートを着たりしたとします。そのとき，当人が同一人物なのかと聞いてみる人はいないでしょう。私たちは，友達が，ときとして変わったものを着るといったことを見込んでいるわけです。私たちは，通常，誰かがいろいろな状況で違って見えることを，見込んでいます。具体主義的見方は，あまりに具体的な個別性に固執してしまうため，「同一のもの」が様々な状況で再認されなくなってしまうのです。自由に属するのは，可能性との遊戯です。先に述べられた両極性は，ムージルの言葉によれば，現実感覚と可能性感覚との間の緊張関係と捉えられます。〔一方の極では〕現実感覚にとても強く捕われ，何であるかということをすべての個別性にわたって固執するということがあります。他方の極は，可能性感覚の権化であり，見られたものは，それが何であるか，として受け取られることなく，いつもすでに，別様であることという点に関して見られているのです。通常，私たちは，この両極の間を動いています。例えば，机の端に置かれているズレ落ちそうなものを見て，それをもとに戻すのは，それが落ちる可能性を見込んでいるからです。私たちは，落ちる可能性をも一緒に，そのものの中に見ています。私たちが見るのは，今，現実的にそこにあるものだけではありません。現在野には，身に迫る危険とか，好都合なチャンスも属しているのです。結局のところ私たちは，現在野の中で過去も見出しているのであり，そうでなければ，そもそも学ぶということはありえません。可能性の野という，フッサールが考える可能性の地平は，何らかの補足的な認識に基づいているのではなく，可能性が知覚に住みついているのです。私は，絶えず，ありうることを見越しています。

　可能性との遊戯は，同様に，自分の行動にも該当します。俳優は，まさに職業として，可能な実存を演じ分けます。俳優は，ハムレットを演じて，ためらい，死んだ父親の訪れを受け，ヤーゴを演じて，嫉妬からオセロを殺害します。私たちはそのような殺害を決して起こすまいと願いつつ，自

す。例えば，uとnの場合どうですか。以前はドイツで，nから区別するためにuの上に小さな丸をつけました。この場合の区別は，普通に読む人にとっても大事ですが，二種類のKの場合，重要とはいえません。決定的なのは，記号の意味を分ける機能が有効な働きをなすかいなか，なのです。

分自身に殺害への誘惑と危険を見出すのです。可能性感覚は，世界と自分ないし他者が別様でもありうるという考えと戯れるのです。

現実感覚と可能性感覚の極化は，そのどちらかが支配的になることを意味するでしょう。現実感覚が支配的になると，事物は，それがそうあるように存在します。フッサールは事実－人間〔Tatasachenmenschen〕について語りました[57]。事実－人間は，事物が端的にそうあることから出発します。しかし事物は単純にそうあるのではなく，そのものになるように形成されたか，もしくはそれであるものに固定されているのです。もろもろの可能性が制限される，ないし，活用されないと，このことはすでにすべての端的な事実性に抵抗するものの貧困化を意味します。

可能性感覚の支配に遭遇するのは，私たちが現代的な技術や虚像的な世界や空間，制作，また，虚像的に遂行される諸々の操作などを考えるときであり，そこでは虚像化が進展して，現実との結びつきが，消失してしまうほどです。航空機のパイロットは，虚構の操縦室で養成され，誤った操作をしてもその航空機が落ちるわけではありません。パイロットは，飛行しているかのように活動し，操作を学びますが，この操作は，まずは，現実的な結果をもたらすことはないのです。全人生をそのような人為的な操縦室で過ごそうと思えば，それもできます。ある人々は，どうしてスペインに旅行する必要があるのか，すべて家のテレビの画面にあるじゃないか，それに加えて，三次元の中で，周りの音や，臭いまで加えることもできる，と言うことでしょう。虚像的なスペインが探索できるとき，どうしてスペインに旅行すべきなのでしょう。机に向かって世界を経巡るのです。可能性の形式がとめどもなく拡がり，今自分のいるところからの遊離が生じるとき，生そのものを蒸発させてしまうことになります。私たちは，空気のように抵抗の脆弱な，恣意性の領域に陥ることになり，その恣意性は，今とここから生じるいかなる要請によって制限づけられることもないのです。

自由と不自由は，二重の極化を許容します。私たちの今日の技術は一般的な虚像化の方向を示しており，現実は，何らかのプログラムの応用領域へと落ちぶれてしまいます。できることが見える〔*You see what you*

---

57) 『危機（Krisis）書』（フッサール全集 6 巻），4 頁。「単なる事実－学（Tatsachenwissenschaft）は，単なる事実－人間（Tatsachenmenschen）をつくる」〔邦訳，フッサール『ヨーロッパ諸学の危機と超越論的現象学』細谷・木田訳，中公文庫，20頁〕。

get.〕,というわけです。ここで問題になるのが,身体性の技術化への問いですが,この連関では,この問題への言及は控えます[58]。

d 遊動空間

自由が決定的に立ち現れるのは,私たちが状況に対して距離をもつときです。状況に常に属するのは,固定的に結びつけられていない可能性の周辺であり,それを私たちは遊動空間と呼びます。遊動空間とは,例えばダンスの運動の場合に,その運動の周りに拡がるような運動に由来するものです。

再度,シュナイダーの症例に向かいたいと思います。繰り返し,同じ事例となることを許してしていただきたいのですが,それは,この事例がすべての個別的な点に関して,大変,わかりやすい直証的事例となっているからなのです。ここでのすべての事柄は,いつでも,病理学的ではない場合に転用できます。シュナイダーは,フィクションの世界で遊ぶことができず,軍隊式の挨拶を演じてみるように言われて,それをすることができませんでした[59]。現実ではない状況を思い浮かべるように言われても,その課題を果たせないのです。彼には,冗談も通じません。つまり彼は物事を厳密に捉えざるをえないのです。冗談を言うのも,状況にある種の距離をもつことを意味し,それに対し,極端な真剣さは,すべてを言葉どおりとらえてしまいます。フランス人は,精神の遊び〔*jeu d' espirit*〕,といって,可能性が試される精神の遊戯について語ります。皮肉っぽい語り口で,何かが,間接的に表現され,面と向かった直接的物言いが緩和されます。これは,自由の決定的な形式なのであり,演じる役割に完全には没頭しないこと,と定義されます。公務員で,ただ自分の職務を果たすだけでなく,時たま冗談をいうような人が,おかまいなしに,彼のきまりを押し付けるといった恐れは,あまりないものです。フロイトが冗談とユーモアを詳細に取り扱ったのは,それらが,操作することや,規則で理解することができない思いつきを無意識から湧出させるものだからです。

冗談の規則を考え,冗談を規則に即して作り出そうとすることができるかもしれませんが,冗談が規則の応用になるとき,冗談は冗談でなくなっ

---

58) 多くの研究の中で,初めに言及された ÕNeil と Käte・Meyer-Drawe(オネイルと K. マイヤー＝ドゥラーヴェ)の研究を指摘しておきます。

59) 本書144, 148頁を参照。

てしまいます。よく分かっていることですが，冗談をつっかえつっかえ言ったり，回りくどく語ったり，また，説明しようというのでは，冗談は消えてしまいます。冗談には，驚きの効果があるのであり，言葉の意味が突然，他の言葉の意味に転じるのです。フロイトは，冗談に近い言い間違えの例を挙げます。ある若い男の人が，街頭で女性に話し掛け，彼女にお供をいたしましょうか〔begleiten〕，という代わりに，あなたを侮辱しましょうか〔begleit-digen → beleidigen（侮辱する，はずかしめる）〕，と言ってしまいます[60]。それによって，はっきり自覚していない何かが，突然，知られることとなり，それが思いがけずに入り込んできて，矛盾する感情を伴う矛盾した表現となるのです。私にも同様なことが起こり，著名な同僚の自己評価〔Selbstschätzung〕と書く代わりに，自己過大評価〔Selbstüberschätzung〕と書いてしまったことがあります（校正をする人が見つけて直しましたが）。言葉の上での冗談と間違いは，自由の周域を示唆するものです。いわゆるくそまじめ〔tierische（動物的な）Ernst（まじめさ）〕は，病気の兆候であり，動物的な〔tierische〕まじめさという表現がかなり馬鹿げているのは，くそまじめが人間の特性であるからです。動物はまじめなのでしょうか。一体それで何を言いたいのでしょうか。このような思慮を欠いた表現に当てはまるのは，動物は人間と同じようには笑えないということだけでしょう。

　自発性と習慣の両極性は，世界構造の二つの契機を身体化します。すなわち，私たちは，諸構造と習慣を通して世界を獲得するということと，それと同時に，これらの諸規則と諸構造を超えて拡がる，新たな諸可能性に，開かれている，ということの二つの契機です。

e　自発性と芸術との関係について

最後に言っておきたいことは，自発性と芸術との関係です。メルロ＝ポンティは，よく芸術家を手本にして，形象的描写に従事する画家や，自分の楽器をあやつるオルガン奏者などを引き合いに出します。芸術家に関わる諸契機は，明確に音楽や絵画に関わるところだけに立ち現れるのではなく，全ての労働と全ての行為には，発見の契機，すなわち芸術家的契機が入り

---

60) S. Freud (S. フロイト), *Zur Psychopathologie des Alltagskbens*（『日常の精神病理学』全集IV）77頁。

込んでいるのです。このような考えは，ニーチェやムージルにもみられますが，発見的なことと芸術家的なことが，あらゆる生の領域の中に見出せるのは，単に特定の規則を応用したり，プログラムを実行するのではなく，状況を定義し，新たな観点を獲得することが問題になり始めるときなのです。

　生の決断をしなければならない事態になることは，芸術家の仕事に喩えられます[61]。決断は単純に規則の応用に基づくのではありません。なぜなら，そのような決断は，まさに相応する行為が問題になるとき，もうすでに，根本において，為されてしまっているからです。自分と他者の生を変化させるような決断は，次第に準備されるのであり，それは，画家が瞬間的に突然，完成済みの理念を，色や線の助けでキャンバスにもたらすのではなく，それをゆっくりと描くというプロセスを通して出現させるのと同様なのです。これは，重要な生の決断の場合にもあてはまり，結果は，ゆっくりと様々な状況の素材から成立してくるのです。このことに属するのが，辛苦と軽やかさの二つです。軽やかさというのは，ことがうまく運び，良いことを思いつくときであり，辛苦というのは，反抗する材質から特定の意味，ないし特定の形態をもぎ取らなければならないときを意味します。

　f　自発性の概念は，古典的な自由の理論で絶えずみうけられる概念です。カントでは，自発性は，運動を自分のもとで始める能力を意味し，その際，カントは，行為は通常――行為を世界の中の出来事とみなすとき――決して完全に自分のもとで始まるのではなく，常に，先行条件に遡らされることを考えにいれていました。行為を社会的，人格的な出来事とみなすとき，常に問えるのは，どうしてそうすることになったのか，ということです。カントはしたがって，自発性を，条件，ないし，自然因果性の連鎖を断ち切る何かである，と定義します。問われるべきは，ただ，自発性は，因果性の連関を，点において断ち切るようなものとして，考えることができるのか，あるいは，むしろ，自由と自発性は，自分で可能性を活用し，様々な方向に向けることにあるのではないか，ということなのです。

---

　61)　「革命的運動は，芸術家の仕事のように，ひとつの志向なのであり，その志向は，それ自身，その道具と表現手段を生み出す」（『知覚の現象学』508頁〔邦訳同上，2巻，359頁〕）。仕事をするものの決断は，「生において仕上げられる」のであり，その決断は，「彼の生から生まれ育つ」（同上，510頁〔邦訳同上，2巻，361頁〕）。

g　フッサールは，ときとして，演出という概念を使用し，行為は，演出されると述べています。ヴァレラも同様に，この概念を，メルロ＝ポンティに依拠しながら，システムの自己組織化についての考察で，使用しています[62]。演出とは，生産とは違って，行為を初めから終わりまで，徹底的に作り出すことではなく，舞台で（ギリシア語で，$σκηνή$，光景，〔シーン〕），様々な力を取り集める，つまり，上演を構想し，仕込む演出家や，役を演じる俳優，行為の枠組みをかたどる舞台装置などの力を集めることなのです。行為が演出として考えられれば，物（的身）体は，その物質性の中で，共に演じていることになり，それも，〔物（的身）体の〕運動装置の活動が運動経過に完全に還元されることなく，働くのです。

　最後に問われるのは，この演出の自由は，ただ人間の領域にのみ見出されるのか，という問いです。ポール・ヴァレリーは，『魂と舞踊』というエッセイで，ぴったり合うものが何もない原因と結果の不協和音について記しています。身体運動において，統合しているのは，四肢や神経，重力，そしてその他にともに働いているすべてのものです。ヴァレリーは，神秘的な形式で，運動の特別な軽やかさを暗示しています。「ヘラクレスは，ツバメへと変身した。――この神話は実存するのか？（Hercule changé en hirondelle－ce mythe existe-il?）」[63]。多くの困難な辛苦を経たヘラクレスは，ツバメになり，日常の地上の重荷を下に，彼を浮き上がらせる軽やかさを得るのです。ヴァレリーは，ダンスを浮き上がることに近似するような運動として解釈します。その際，彼は，ヨーロッパのダンスは，先端のダンスを目的とし，すべてが一つの点へと集約する，つまり，バレリーナは，つま先の一点だけで地上に触れている，と考えます。このような固有な運動において，四肢全体の地上での重さがほとんど克服されるのです。

　自発性と習慣との相互の働きで，両極性が問題になることと，その両者のどちらかが消滅するまで戦わせることにいかなる意味もないことがはっきりお分かりになったことと思います。慣れることとは，世界の中に場を見つけることであり，自発性とは，場を変え，移住し，他の事物と他の人々に開かれてあることなのです。

---

[62]　本書，208頁を参照。
[63]　P. Valéry（P. ヴァレリー），*L'ame et la dance*（『魂と舞踊』）。

V
身体的表現

───────

　これまで私は，世界に関わる際の媒介として働いている身体を考察してきました。身体は，感覚，知覚，そして私たちが事物の間を動き回ったり，事物を動かしたりする運動において，何らかのある役割を果たしています。身体は私たちを世界につなぎ止めるものであり，私は今ここで世界になじんでいるのです。こういった範囲において身体は，ある一つの世界が私たちに対してどのように組織され，秩序づけられ，分節化され，変化していくのかについて，また私たちがこのような世界において自らの場所を見つけるのはどのようにしてなのかということについて，決定づけるのです。

　しかしここには，表現の問題が一層広い問題点として関わってきます。つまり，身体は，私自身についての目に見える表現だということです。これからは世界関係の媒介としてではなく，自己呈示の媒介としての身体に議論の照準が合わせられます。表現において私は，何かを体験し，感じ，考えることなどを行う誰かとして，自分自身を身体によって提示します。私が自分に何かを演じて見せるといった場合，提示というものは，私自身に対する提示という形式を取ります。鏡像やこだまを考えるとよいでしょう。そこでは私は視覚的にあるいは聴覚的に二重化され，私自身を目の前にもち，私自身に呼びかけるということが起こります。こうした自己提示は私自身に対してだけでなく，私の振る舞いを目撃する人や，私の提示をまさに受け取ることになる人に対する提示でもあります。したがって自己提示とは同時に他者に対する提示をも意味します。ここに表現の問題が立てられるのです。

1　内と外の間にある障壁

　私は，まず表現の歴史，そしてまた新しい選択の可能性を探すために，デカルトの支持者たちによって近代になされた表現の問題化と貧困化を取り上げます。表現理論には古い伝統があります。例えば，アリストテレスの作として相貌学〔*Physiognomica*〕[1]という題名の書が伝えられていますが，そこにはしぐさ，顔の表情，身振り，さらには話しぶりの解釈があります。

　そのような相貌学への関心は，哲学の周縁部に位置づけられる，またどちらかと言えば実践的な振る舞いに照準を向けている様々な学問分野のテーマと言えます。昔から弁論術というものは，人間がなす表現に関して多くのことを考えてきました。たしかにアリストテレスの修辞学が問うていたのは，話し手はどのようにして自分の考えを提示するのか，〔聴衆の〕確信を呼び起こしたり，感情をコントロールしたりするのはどのようにしてか，またどのように振る舞ったらよいのかということでした。演劇術は何かが上演されるその仕方を専門的に問いましたが，呈示はそれの優先的な主題です。さらには，今日では一部機械的に行われることの多い医療診断でも表現理論はある役割を果たしています。かつては医師のまなざしの訓練が大変重要でした。すなわち肌の赤み，不自然な動き方，匂い，あるいは睡眠障害といった一定の徴候を手がかりに病気を診断するまなざしのことです。弁論術，演劇術，医療診断という三つの分野にさらに四番目として性格学〔*Charakterologie*〕が加わります。これは近代心理学が考案したものではなく，他の三つと同様に古くからの一学科分野です。プルタルコスは性格像をいくつか規定しましたが，シェークスピアでさえ彼の戯曲においてそれを用いているほどです。横着者やほら吹きといったキャラクターは，具体的に描かれ，即興仮面喜劇〔Comedia dell'arte コメディア・デラルテ〕というスタイルで舞台に登場していました。

　こうした伝統を非常にうまく叙述している比較的現代の著書としては，

　　1）　語の構成部分である Physio は，自然を指示しており，gnomica は，意味，解釈，ことわざを意味する gnome に由来します。したがって Physiognomica は自然解釈を意味します。本書70頁を参照。

1　内と外の間にある障壁

30年代に出版されたカール・ビューラーの『表現理論』があります[2]。彼の書にはわれわれがうっかり見落としがちなものを見つけることができます。というのも今日では，表現というテーマで即座に表現テストや行動制御といったことを考えてしまうからです。表現解釈の技術が展開されていたギリシアの古典的伝統には，他者の行動を解釈する場合に，いかなる原理的な困難さもありませんでした。なぜなら〔他者の行動もそこに属する〕自然は人が読み方を学ばなければならない一冊の重要な本のようなものと受け取られているからです。時としてこの本は不可解なものですが，また判読されうるものです。ルネッサンスにいたるまで事物の徴〔$signatura\ rerum$〕という言い方がありました。つまり自然はサインをもっていて，それは定められた記号を提供している，そのようなサインは判読術や，時にはさらに探知術を必要としている，というのです。けれども現実全体が解釈を求めるたぐいのものなので，相貌学は特別なものではなく，むしろただ可能な解釈をすべて含んでいる解釈の領域の一部にすぎません。古代ローマの伝統には，鳥の飛び方を解釈するということがありました。占い師（Augur）は国の司祭として任用され，鳥の飛び方を解釈しなければなりませんでした。もちろん彼らは時にいんちきをして，良い報酬を得るために鳥の飛び方に手を加えたりすることもありましたが，その背後には次のような考えがあったのです。つまり雷雨の前兆と同じように，鳥の飛び方は，熟練した方法によって前兆から読みとることができる一つの連関を暗示しているという考えです。「万物は神々によって満たされている（πάντα ρλήρη δεῶν）」という古い格言がありますが，それは「すべては意味によって満たされている」へと言い換えることができます。読みとる目でたえず眺めるところには，意味が存在するのです。このような見方は近代の入り口まで保持されます。表現理論は，ギリシアからルネッサンスにいたるまで，事物と自然は一般に表現を伴っているという考えに根ざしており，その結果，先に述べたように，表現の解釈には何ら特別な困難をもたらさない，ということになります。

近代に起こった自然の脱魔術化は，表現の問題系に関しても，一つの転機を意味します。私たちはまたここでもデカルト主義と，これらの諸連関

---

[2]　K. Bühler（カール・ビューラー），*Ausdruckstheorie*（『表現理論』，1933年）。

の展開につねに付随するある種の経験論とに出会います。

　私はここで若干の根本的な難問だけを示しておきます。さしあたり，再度，二つの自立的な領域の二元論が挙げられます。つまり一方には，内的な自己の体験を，他方では，外的な，ないし他人の物(的身)体のメカニズムを私たちはもちます。さて問題はこの二元論はいかに架橋されるのかということです。外的な他者の物(的身)体のメカニズムは，自然の内で起こるものに属し，それらは機械論的法則に従って機械論として説明されますが，この自然領域にあっては，ほんのわずかな解釈を問うことも正当な意味をもちません。例えば，雨が自然のプロセスとして考察されるならば，あれこれの瞬間に何がどのように生じるかという統計的な規則が示されることは可能ですが，私にとっての意味を問うことは，そのような考察には的はずれです。自然は観察者としての私とはまったく関係をもたない何かとして考察されます。自然の出来事は確固とした法則に基づいて経過していくのであって，そこで意味を探し求めることは誤っていることになるでしょう。ですから意味は自己の体験という内的領域へと移行していきます。

　第二の点は，特に明確に経験主義的思考の特徴を示すアトミズムでしょう。このアトミズムが成立するのは，改めていわれることですが，表現現象が個々の要素に解消されるという考えにおいてです。つまり自然が一般にそうであるように，表情や身振りは個別的なものへと分解されます。表情と身振りは感覚データが複合されたものとして解釈され，また表現も，個々のものとしては何も意味せず，むしろ何か純粋に外的なものとして考察される感覚データ，感覚器官へのデータ，つまり刺激からなる複合として現れるのです。何か外的なものとは，運動し，一定の空間的な場所を占めるのですが，そのものとして理解されうるような連関を形成することはありません。

　このように，現実を個別的なものへと分解することから出発すると，ただちに次のような問題が生じてきます。必然的な仕方で一定の連関が存在しているような人間の世界へ，どのようにして立ち戻ることができるのかという問題です。現実をこのように分解したことからして，いったい，どのようにして，非常に複雑で複合化された状況，つまり，日常生活でたえず出会われるような，例えば，怒っているあるいは悲しんでいる人を見るといった状況は，記述されうるのでしょうか。経験論は，万能薬として，

1　内と外の間にある障壁

連合論と類比化する比較を提案してきます。連合論が意味するのは，個々別々の所与が連合されるということ，つまりある特定の個別的なものはいつも，別の個別的なものと一緒に，空間的，時間的，因果的に結びついて登場するという意味で関連している，ということです。もう一方の比較とは，似たような状況は互いに比較されるということを意味します。

　表現の解釈の場合，一方に物(的身)体の経過ないしその状態があり，それが他方の自己に固有な体験と結びつけられるということになります。内部と外部の二分法を背景として，自己の体験が，習慣と比較を通じて，一定の物(的身)体の過程，物(的身)体の状態と結合するのです。他者の身体において，私たちは対応する物(的身)体上の経過を認めて，例えばどのように肌が赤くなっていくのかを見て取ります。そのとき，他者の体験とどれほど強く結びついているのかが問われます。どのように私たちは他者が有する体験に達するのでしょうか，他者が体験していることを私たちが知るのはいかにしてでしょうか。私たちは自分自身で体験しながら，何を体験しているのか知っています。私がそれを知らないのだとしたら，誰がいったい私なのかと問わなければならなくなります。同時に私たちは特定の物(的身)体の過程が自己の固有な体験とどのように結びつけられるのかを，自分たち自身において，知覚することができます。このことは，連合の形式によって生じています。〔しかし〕他者のもとで，私たちは，ただ自然の経過をみて，次にその感覚の背後へいかに至るのかを見てみなければなりません。このことは経験論的見方からすれば，比較しながら見るということから生じるのであり，例えば，自分自身において怒りが，自分の顔が赤くなるということと結びついているならば，他者の赤い顔から，彼もまた怒っているのだと察知することができるということです。もっと簡単に言えば，比較によって他者の行動へ移行されるような同一に留まる結合があるということです。対応する物(的身)体の振る舞いにおいて，一定の心の振る舞いがそれに結びついていると私たちは受け取ります。したがって，他者の行動を解釈するために，自然のうちに見出したような前兆を私たちは自由に使うのです。例えば，機械の針の状態から読み取る圧力は，機械の内部に生じている一定のプロセスを指し示しているのです。

　合理主義は，連合される単に類似した所与から出発するのではなく，思考の働きを手助けに用います。そこでの万能薬は推論手続きで，他者の怒

りは類比推論によって私に理解できるものになるとされます。一定の物的身体の過程が私に与えられるときにはいつも，ある特定の体験も与えられるのであり，そのとき類比推論は，私が物（的身）体の領域における類似したものにもとづいて，比較の第四番目の項〔他者の体験の項〕を推論することにおいて成立しているというのです。

　デカルトは「第二省察」[*]で帽子と（人間の外形の）形態が通り過ぎることについて語っています。私が見ているのは模造物なのか人間なのかと彼は問います。彼がある物〔的身〕体の経過，つまり動いている帽子と人間のようにみえる形態を見ます。それを根拠に，私は，それが人間であることを判断します（iudico homines esse）。私自身は考える者として現に私にとって存在していますが，他方，私は，類比推論を通じて私以外にもそこに人間が存在しているという判断へ至るのです。私は人間も，怒りも見て取るわけではなく，悲しみを体験するわけでもありません。むしろ判断するのです，他者が一定の物（的身）体の特徴を示すとき，彼は特定の心の状態にあるのだと。ここで問題なのは表現知覚ではなく，妥当な推論です。デカルトが自問したのは，外を通り過ぎているこの形態が機械ではないと推論したのはどのような判断基準にもとづいてなのかということでした。

　デカルトがそれに対して述べた考えは，今日でも検討する価値があります。人間の振る舞いは，機械のようにあらかじめ与えられた規則に従って動くのではなく，規則からはずれたり，新しいものを生み出すことができるものです。しかし，規則からはずれることができるという判断基準は，非常に緩やかなものにすぎません。というのも，最近では単にプログラム通りに作動していくのではなく，新しい可能性を生み出すようなコンピュータも存在しているからです。その結果，人間と機械を区別するために，規則からはずれることと新しい創出ということだけを挙げても十分ではありません。しかし，人間が機械と同じように見えるのに，人間に対して単なる機械の場合以上の何かが関与していると，私はいったいどのようにしてわかるのでしょうか。こういった問題設定は私たちの興味を引きます。デカルトは物（的身）体を機械と解釈し，心はその物（的身）体の経過に随伴

---

[*]　原著の『第一省察』は誤植。

1　内と外の間にある障壁

しているとしました。私は自分自身のもとで，その随伴しているその仕方は分かっていますが，他者の場合それがわかるにはかなりの骨折りが必要です。

こういった見方は，正反対のものとして古いテキストから，すなわち，私は怒りを体験し，誰かが怒っているとき，私は彼の怒りを見て取るということから出発する相貌学から区別されます。デカルトによってもたらされたこの新しい問題状況にもとづいて，19世紀に洗練された一群の方法が生じてきました。感情移入（共感）という言葉はテオドール・リップスに由来します。私は他者の身になってその人の心情を感じ取ります。私自身は自分の心情をもっていますが，それが他者に移入されるのです。また取り込み（内への注入）という語も使われます。他者から引き出した何かを自らの心の中へ導き入れるということです。投影（Pro-tention〔前への注入〕）という言い方もあります。自分自身の内で見出されるものを他者の内面へと移し入れることです。人は自分自身のもとに居合わせているが，一方他者の場合はその人の身になって考えなければなりません[3]。こうした見方は，ヴィルヘルム・ブントやテオドール・リップスの心理学に特徴的なものです。ウィーン学団の最も目立った代表者の一人であるルドルフ・カルナップにおいては，「他者の心的なもの」は，完全に物理的なものへ，さらにこの物理的なものが「自己固有の心的なもの」へと還元されます[4]。ここでたえず問題になるのは，よくわかっている自己から，わか

---

[3] Laplanche（ラプランシュ）と Pontalis（ポンタリス）によって，取り込みについて以下のような簡潔な定義がなされています。取り込みとは，「主観は彼の空想において，客観および客観に内在する諸性質を〈外〉から〈内〉へと達しさせる」ことです。また「精神分析の本来的な意味における」投射とは，「主観が諸性質，感情，願望やさらには彼が見誤ったり拒絶したりする対象を，自分の中から排除し，他者，つまり人格か事象に局所化する操作」のことです。ここでは，古代に起源をもつ防御が問題になっているのであり，それは，特に妄想症の場合に働いているが，迷信といった〈通常〉の思考形式においても見出されます。*Das Vokabular der Psychoanalyse*（『精神分析用語』）235, 400頁。心的エネルギーを出発点にする精神分析の位相論〔トピック〕は，端的な心身二元論を，概念的に似た響きをもっているとしても，すでに，無用のものとみなしています。

[4] R. Carnap（ルドルフ・カルナップ），*Scheinprobleme in der Philosophie. Das Fremdpsychische und der Realismusstreit*（『哲学における仮象問題，他者の心的なものと実在論論争』1966年）。その結果については，本書39頁を参照。この段階的な構成理論は，カルナップが短い時間ではあるが，学んだことのあるフッサールのそれへの実証主義側の共鳴です。

っていない他者へとどのようにして至るのかということです。

こうした進め方とは対立する動きがあるのですが，ここでは簡略した形でお話ししたいと思います。共感感情に関する著作[5]において，マックス・シェーラーは経験の記述を通して感情の直接的な把握の権利を回復して，類比推論といった人為的なメカニズムは不要であることを示そうとしました。フッサールだけではなく，ライル，オースティン，ウィットゲンシュタインら分析哲学者においても同様のことが認められます。この理論の修正の歴史について関心のある人は，アーロン・グールヴィッチが書いた『環境世界における人と人との出会い』を読んでください[6]。

経験論と合理主義の解釈の仕方には共通する根本的な欠点があります。つまり私はいかにして他者への通路を発見することができるのかといった問いが立てられることが，すでに間違っているということです。このような問い方では，私は自分の内部空間に閉じこもっているように感じられ，それゆえ外にいる他者へと達するためにはどうしたらよいのか考えなければならなくなります。自己に固有なものは内部空間として記述され，他者は外部空間に住まわされます。私たちは19世紀の言い回しにも，例えば「外界」の想定において，同様のことを見出します。したがって外界とは，私には疎縁な領域ということになるでしょう。外界を確立したあとでのみ，意識や体験という私の内部領域から外にある世界へと私はどのように達することができるのかという問題が生じるのです。いかにして私は自分の固有世界から異他世界へと至ることができるのでしょうか。この問いには次のことが含意されています。人は自分自身のことには詳しく，自身のもとに居合わせているのに対して，逆に他者は身分が証明されなければならないということです。他者経験よりも自己経験が優先されているということを意味します。けれどもここで自明なものとして，そこから始められる自己固有なもののこうした優先は，それ自体疑わしいものです。フロイトの「人間は自分の家の主人ではない」という言葉は，認識論的に次のことを意味しています。自分自身をまず第一に知っていて，他者は二次的にしか

---

5) Max Scheler（マックス・シェーラー），*Wesen und Formen der Sympathie*（『同情の本質と諸形式』）〔邦訳，シェーラー著作集8，青木茂・小林茂訳，白水社，1977年〕。

6) これはグールヴィッチによって計画された教授資格論文であったが，没後アレクサンドル・メトローによって編集されました（1977年）。

1　内と外の間にある障壁

関与してこないということを，私たちは出発点にできない，ということです。

　知覚可能で観察可能な行動から出発する行動主義は，当初，健全で解放的なものをもっていました。私たちは他者がどのように行動するかを見て取ります。怒りは怒りの行動，不安は不安の行動であって，行動それ自身はその背後に何か別のものが存在しているような外面や舞台といったものではないのです。行動主義は外面から開始します。私は行動を見るのであり，他者が何を体験しているのか見るのです。ただ一方で行動主義は，内的なものを観察可能な行動経過によって完全に説明しようとして，別の極端へと陥ってしまうのですが。

　このような極端な見方を修正する統合的な行動理論は，内部に対立する外部から出発するのではなく，内部と外部，自己的なものと他者的なものの協働関係へ考察を向けます。私はこのような連関において，メルロ゠ポンティの初期の仕事に言及したいと思います。『行動の構造』においてメルロ゠ポンティは，内省的理論とそれに対応する自己の意識の特権化に距離を置いています。今でもまだ時として見られるのですが，現象学は内省に基づいているという見方は，考えられる最大のナンセンスです。フッサールにおいてすらそういった見方は当てはまりません。現象学は，物(的身)体の経過や事物における経過と対立する心の経過に関わる内省なのではなく，私たちが何かを体験する場合に思念されている意味を分析するのです。フッサールは志向性ということで，いつもすでに心的内部と物理的外部〔という対立〕の彼方(かなた)にいるのであり，というのも，志向性は私自身が体験しているものを越えることを意味しているからです。

　メルロ゠ポンティは，とりわけ，心理学に関して，それに対応するような結論を引き出していました。内省を優先させることに対して，彼は反論として二つの論拠を持ち出しています。一つは，行動は一定の構造を，つまり行動のもとで読みとることができる繰り返される契機を示すということです。行動（例えば，私が見るある運動）は一定の方向性をもっており，単なる場所の変化に尽きません。例えば転倒は下へ向かっての運動において成立します。二つ目に，行動は一定のリズムをもっています。行動はとぎれとぎれの動きだったり，反対に滑らかなものだったりして，一定の分節をもつものとして提示されるのです。行動という語で意味されているの

は，私がもっている体験や，どんな体験をもっているのか私が知ることもない他者の体験のことではありません。行動ははじめから，様々な構造や意味の形態が私と他者のもとで繰り返される限りにおいて，私を共通世界へと置き入れているのです。

このような現象学的見方は，いわゆる赤の知覚といった簡単な事例においても始まっています。かの有名な感覚質についての考えは，繰り返し念頭に浮かんでくるものですが，この感覚質を人は模像はできない，機械によっても模写できないのであり，少なくともこれまでそれはできません。私が何かを赤いと呼ぶ際にもつ赤の感覚と，他者が同じケースでもつ感覚が同一であるかどうかは，不明なままであるということです。つまり私たちが同じものを見ているかどうか私たちにはわからないのです。ある感覚が，私がもつ一つの状態であるとすると，私はただ他者も類似した状態をもっているのだろうと推論するしかありません。感覚が，ヒュームが言うように，単一的な所与であるならば，根本的に繰り返し不可能なものということになります。

数学の命題を繰り返し計算するようには，ある痛みを繰り返すことはできません。私がその痛みをもう一度もった場合，それは新しい痛みをもったのであり，空間時間的に新しい経過として生じている，いつも個別的な出来事なのです。ある一つの感覚は私のもとでさえ，繰り返されるということはありえません。この繰り返しがないということは，「私は歯が痛いが，あなたはその痛みをもっていない」と言うときにも同じように妥当します。私が赤を見ているとき，他者は似たような条件下ではあっても，まずは，何か異なるものを見ています。いったいどういうわけで，私たちは一般に，同じものについて語っていると見なしてよいとされるのでしょうか。また私たちがそう見なさないならば，いったい，どこに問題があるのでしょうか。

このような隘路から抜け出せるのは，ゲシュタルト理論やそれと結びついている現象学と一緒に，赤ははじめから，反復可能な形態として，また，差異としても登場してくるという考え方を採用する場合です。赤を見るということは，色以外のものを背景として，また，別の色とのコントラストの中で，色の対立を見るということなのです[7]。どんな色も何らかの仕方で対照色であり，それはコントラストをその色自身のうちで形成する場合

1　内と外の間にある障壁

であってもそうなのです。なぜなら単色の色層でさえ，その色固有の差異と異なる色感を示すからです。ある色は，まさにその色として他の色との違いを具体化しているのであり，それによって一定の反復可能な構造を受け取っています。個別の〔色〕データは入り来たりて過ぎていく物理的な出来事ですが，コントラストは反復可能なものです。個別の〔色〕データは他のデータによって置き換えられますが，色のコントラストは，転換されうるのであって，それゆえ他のものの場合であっても，そのまま，存続するのです。この限りで，この反復は，言語による反復，つまり，私がある命題を比較可能な状況のもとで反復し，何かが明日もまた同一であるような意味を獲得するといった，言語によってはじめて可能になるのではなく，色に関しても，一定の秩序構造が反復される，ということが確かに妥当するのです[8]。このことは，また次のことを意味しています。つまり，こういった秩序構造はたんに私にとってのものではなく，構造として多くの個人の行動に関して複製可能なものだということです。したがって，人は，はじめから内と外の対立を越えてしまっているのです。色構造や構造一般は内でも外のことでもなく，むしろ現実や世界が，個々の現れにおける体験や行動の際に，私たちに呈示される，まさにその仕方のことなのです。

　たしかに，ある行動が不可解なままであることもありえます。私たちが見知らぬ文化や環境に出会い，目の前で繰り広げられていることがどうにもわからない場合などです。この場合とは，しかし，私たちはその背後に考えられるありとあらゆるものを推量しなければならない単なる物(的身)体のメカニズムを目の前にしてもっているというのではなく，むしろ外国語を耳にするような場合を意味しています。外国語を理解しないというのは，単に物理的な音声を聞いているということではありません。仮に言語が物理的音声に還元されるとすれば，私はそのような音声を決して外国語としては，聞かないでしょう。外国語を聞くというのは，一定の意味をもち，何かを表現しているその当のことが理解できないということなのです。

---

　　7)　フッサールも対照〔コントラスト〕を「根源現象」として考察しています『フッサール全集』11巻，138頁〔邦訳『受動的綜合の分析』山口・田村訳，国文社，200頁〕。
　　8)　ここで私は，反復はたえず，非−反復の契機もまた含んでいるということを度外視している。*Ordung im Zwielicht*（『薄明のなかの秩序』1987年）63-66頁を参照。

謎ともいうべきことは，私が聞いているものが，そもそもある言語的表現であると私はどのように知ることができるのか，そのことがすでに謎なのです。どのようにして私は，ある外国語を外国語として捉えることができるのでしょうか。私にこうしたことが可能であるのは，たとえ最も疎遠な言語であったとしても，誰も理解できない物理的音声が問題となっているかのように完全に未知であるというわけではない，ということなのです。

　私が砂地にある痕跡を見て，それは風が砂につけた跡なのか，と思ったとしましょう。もしそうなら，それは自然現象ということになります。それとも，誰かが通りかかって，砂地に線を引いていったのならば，その跡は記号性格をもつことになるでしょう。

　外国語は少なくとも，私はそれを一定の条件下では理解できるだろうという期待を持たせます。それを通して言語が実現される物理的な音の響きが受け取られるのであれば，翻訳することも，理解することも問題にはなりません。しかし，外国語を聞くとは，初めから一定の表現内実に関わっているということであり，それは私がそのような内実を理解できないとしても，そうなのです。外国語を聞くとは，私が何一つわからないということを理解するということなのです。これは一つの逆説なのですが，まさに，私たちがあるとき外国語への入り口を見つけて，理解しはじめるということを可能にしてくれるような逆説的状況なのです。

　子供が言葉を身につけていく場合にも，似たような事柄が起こっています。子供はみんな自分の母語をいわば外国語として学びます。なぜなら，子供にとって彼が今後用いることになる言語は，さしあたり大人たちの言語として出会われるからです。何か理解不能な音が発せられているというわけではないと，子供は気づくということがここでは前提されています。子供は抑揚を聞き取り，誰かが話していると捉えます。話をしている大人たちのなかで子供は育ちますが，大人である私たちが他の言語圏へと連れて行かれたときのように，初め彼は何もわかりません。どんな言語もある意味，外国語として，つまり，他者の言葉として始まるのです。もし，仮に，私たちが外と内の切り離されたメカニズムでもって明らかにしようとするのであれば，子供が両親の言葉を聞いているということすら，言えないことになります。言語の異他性とは，外側に単なる物理的メカニズムが存在し，後からそこに私が意味をあてがうということなのではなく，私は

1 内と外の間にある障壁

異なる言語を〔実際に〕聞くということを意味するのです。言語は完全に異他的でも，完全に外にあるのでもありません。

同じようなことは内省に関しても当てはまります。私は自分の中を見やり，私がもっている感覚を内的看取〔Innenschau〕によって記述すると言うことができます。こうした試みの第一の問題は，私は言語を用いずに，内的看取を考えることはできず，しかも言語は内部には存在しないということです。「これらは私の感覚です」と言う場合でさえ，私は所有代名詞を使っており，自分自身の経験を記述する場合に用いている，「私の〔mein〕」や「私は（ich）」という言葉は，すでに私の言葉ではないのです。言語的表現形式の本質には，それは私が任意に変更することができない一定の規則に従うということが含まれています。ウィットゲンシュタインの議論では，私が何らかの音にある任意の意味を結びつけるという，厳密な意味での私的言語は，いかなる言語でもない，なぜなら，私がこの表記を正しく用いたのかそうでないのかを私に言い渡すことができる審級〔Instanz〕が存在しないからだ，ということになっています。内省が純粋な内的看取ではないのは，内省がすでに記述として，私にだけ固有なものなのではない言語のうちに，生じているからです。内省において，他者の経験を記述できるかのように，自分自身の経験が記述されることがあります。自分の経験と他者の経験の記述が区別できるのは自明ですが，その区別は，内省が経験に対する第一次的な接近を，他者の経験の記述が第二次的な接近を可能にしているということではありません。私に関して何が起こっているのかを，内省によって私は端的に知る，という具合にもなっていないし，他者の経験の記述も，私自身の経験に基づいて，さらには類比，変様，変更などを利用して何とか間接的に推論したり，察知したりしなければならない二次的なプロセスということではないのです。むしろ二つの接近方法が，つまり私へのそれと他者へのそれがあるのですが，これらは，理解するのがとても難しい仕方で関連しあっています。それについて私は，これ以降の話のつながりの中で，詳しいことを述べたいと思います。しかしながらさしあたり，私の主張は次のようになります。たしかに他者の行動と私の行動は異なる仕方で接近されるものだが，それは第一次的である内省と，二次的である他者経験という意味で異なっているのではない，ということです。

例えば，あなたは怒りが何を意味しているのかをどのように学ぶでしょうか。あなたが怒っているとき，あなたがどのように見えているのか知っているでしょうか。鏡を覗き込みますか，どんな風に見えているのか学んだのでしょうか。自分自身の振る舞いに関して多くのことを，あなたは一度も見たことがないはずです。むしろまず第一にそれを見るのは他者のもとでのはずです。表現を理解する運動は，内から外へと進むのではなく，むしろ逆に他者から私へ，その後ようやく私自身から他者へと進んでいくものなのです。

純粋な内省へと戻っていくことが疑わしいものであるのは，私たちの振る舞いがそれ自身，構造や形態をもっているからです。そればかりか，行動だけが，一定の構造をもっているのではなく，事物に関してもこのことは妥当します。心理学において，事物にも，表現質ないし要求質があるといわれています。事物もまた一定の仕方，例えば険悪な，穏やかな，あるいは不快な仕方で私たちに遭遇してくるのです。したがって，私たちの批判的考察がそこから始まった内部と外部の二分法，あるいはその間の障壁といったものを，私たちは初めから全くもっていないのです。こうした障壁がすでに掘り崩されているのは，私たちの行動において自己のものと他者のものとは，二つの領域へと分割されえないような一般的形態と構造に媒介されて，ともに働きあっているからです。

2 意味の現実化としての表現，失声症の例

けれども，内部領域と外部領域，そしてそれらの二次的な結合から出発しないとすれば，それに代わる選択項は，いかなるものでしょうか。二次的に外部に現れるような何かが，まず内部にある，という想定が取りやめになるならば，外へ押し出すこととしての表－現（Aus-druck）とは何を意味するのでしょうか。私はここでもう一度メルロ＝ポンティの『知覚の現象学』を，特に表現関係が決定的な役割を果たしているセクシュアリティーと言語を扱った章を参照します[9]。

---

[9] この問題を深めたものとしては，著者の以下の論文を参照されたい。*Das Paradox des Ausdrucks*（『表現のパラドクス』），*Deutsch-Französische Gedankengänge*（『ドイツ

2 意味の現実化としての表現，失声症の例

　いくつかの例を引きながら，メルロ＝ポンティが「表現のうちで意味が現実化される」と語る場合，それが何を意味しているのかを，説明することにします。表現とは，私がすでに内部にもっているものが，単に外部へ向かって現れ出ていくということではなく，むしろ表現は意味の現実化なのであり，内部にすでに存在していたであろう意味が外部で目に見えるようになるということではないのです。

　失声症の例は，言語の領域に由来しますが，欲求とセクシュアリティーの深淵にまで及んでいくものです。ビンスワンガーは，ある失声症の例を報告しており，メルロ＝ポンティがそれをセクシュアリティーについての章で解釈しています[10]。そこでは母親に恋人と会うことを禁じられた17歳の少女が題材になっています。少女はこれに対して極端な反応を示しました。不眠になり，食欲をなくし，最後は言葉を失ったのです。失声症とは，このケースのように，生理学の障害によってもたらされるのではない言語喪失を意味します。言語器官は全く損傷が無く，この少女は，言語をもはや用いることができないということなのです。「あまりのことに私は口がきけない」という日常の言い回しも，生理学的な意味で言葉が出ないということではなく，いかなる言葉も見つけられないがゆえに黙っているということを意味します。さて，この病理学的な言語喪失の例はどのように解釈されるべきなのでしょうか。メルロ＝ポンティはビンスワンガーに依拠し，共存，共同存在（Mitsein）の拒否が問題であると確定しています。この失声症は，交際の禁止を言い渡した母親との会話の拒絶を意味しています。食を断つことは，生きることの拒絶，つまり緩やかな一種の自殺行為なのです。物(的身)体は，一定のデータが引き出されたり，一定のメカニズムが組み込まれたりするような，外から観察できる情報の複合として立ち現れるのではなく，他者との生と生それ自身の拒絶を現実化しているのです。ビンスワンガーは，「歯を食いしばってこらえる〔自分自身を噛む〕」とか「怒りを飲み込むことができない」といった日常の言い回しを

とフランスの思考連関』1995年）所収，104-23頁。また失声症の例については，*Grenzen der Normalisierung*（『正常化の限界』1998年）144-46頁。

　10）　L. Binswanger（ルートヴィヒ・ビンスワンガー），Über Psychotherapie, in: Ausgewählte Werke, Bd. 3.（「精神療法について」選集3巻所収，1994年），これについて，『知覚の現象学』187-93頁，独訳版192-98頁参照。

指摘していますが，そこで問題になっているのは，私たちが承伏することのできない禁止や不当な要求なのです。飲み込むしぐさやその運動は，デカルト主義に倣って説明すれば，純粋に外的なプロセスなのであり，内的体験あるいは心的状態として，怒りが存在し，それに加えて，食欲が無くなるとか，言語が停止するといった一定の物(的身)体上の付随現象が起こるということになるでしょう。

この解釈に対する別の選択は，物(的身)体性ないし身体性が，文字通り，この拒否を現実化しているということにあるでしょう。禁止やそれに対する反応が話すこと，身体言語へと入り込んでいくのです。フロイトはそれゆえ症状というものを一種の身体の表現と理解し，物(的身)体それ自身が行動を起こすのですが，それは単なる付随現象という意味ではなく，自らが自身について語るものとしてです。私たちがここで関わっているのは，交通標識のように道路を示している外的な記号ではなく，意味が住みついている記号，この場合は行動なのであり，記号が表示しているその当のもののことです。物(的身)体の行動が拒否そのものなのであって，その行動以前に，あるいは，その行動に付け加わるような，ある内的な現実性をもつような何かを，外的に表示しているわけではないのです。したがって私たちは本来，表現〔外への押し出し〕など眼前することなどないのであり，そもそもこの言葉自体が誤解を生みやすいのです。というのは「〔外へ押し出すこととしての〕表-現（Aus-druck, Expression）」という語は，私たちが内部に何かをもっていて，それを外へ押し出すかのように，また逆に，内部では「〔内へと押し込むこととしての〕印-象（Ein-druck, Impression）」をもっているかのように思われるからです。このような言い方をするならば，私たちは先ほど批判した外部かあるいは内部かという二元論へと再び陥ることになるでしょう。それに対してメルロ＝ポンティが主張した表現理論とは，表現されているものは表現そのものにおいて実現化される，受肉されるということであり，体現された意味であって，外的な告知といったものではないというものです。身体それ自身が，理念，表象，事物の間に生じる一種の変容〔メタモルホーゼ〕を行っているのです。したがってそれは，純粋な物(的身)体のメカニズムにも，また，自由な意味付与にも分類されえないのであり，むしろすでにフッサールが見定めていたことですが，身体は意味と因果性との「転換場所」なので

2　意味の現実化としての表現，失声症の例

す。

　失声症の例は，幻影肢の場合と同様，身体がもつ中間的事態をはっきりと指し示します。失声症は生理学的には説明不可能です。というのも言語器官は生理学的になんら損なわれていないからです。また知識や意欲が欠けているのだ，とうまく説き伏せようとしても，解消されるというものでもありません。失声症を意図的にしゃべることを拒否しているのだと解釈するなら，当の人に向けて「しゃべりなさいよ！」と非難できるということになるでしょう。けれどもその場合，前提されていることになるのは，その人が意図的に黙っていて，実は，話すことができる，つまり，彼は話すのに必要な能力を自由に使えるということです。失声症の例には，中間的事態，一種，言語の抑圧という事態，つまり，知っている，知らないという区別，また，意図的な肯定や否定という区別に先立って動いている，話すこと－ができ－ない〔Nicht-sprechen-können〕ということが問題になっているのです。それは自由な決断の権域にはないものであり，したがって，失声症の治療は，かつて教育上しばしば行われた上手な説得や叱責ではうまくいきません。子供が食べようとしなかったり，話そうとしないとき，直ちにお説教してもだめなのです。そのような考え方には，あることをしようとしない主観がいて，その人が自分の意志を変えるならば，うまくいくはず，ということが前提されていますが，他方，身体性を真剣に受け取るということは，意志が損なわれることもある，〔しかし〕意志は身体的なものそのもののうちに自己を現実化する，ということを意味するのです。人は命令に従って喜ぶということができないように，少女は命令で食べたり，話したりすることはできないのであって，それができるぐらいなら療法士のもとへ行かせられることはなかったでしょう。何かの名前が記憶から抜け落ちるように，子供は言葉を失ったのです。メルロ＝ポンティは，忘れることについて，それは損失というあり方でもある，と述べています。私は何かの名前を覚えておらず，用いることもできないとします。このような忘れることに対して，意志による決断は何の手助けにもなりません。私たちはなるほどその名前を探すことはできますが，言い当てることはできません。けれども名前が記憶から欠落していても，それはなんらかのあり方でそこにあります。少女の治療は一種の転換によってなされる，つまり知識が増えることや決意によってではなく，話す能力を再び

見つけ出すことによるのです。それはちょうど思い出せないでいた名前が，あるときふと，心に浮かんでくるのに似ています。では，名前が記憶から抜け落ちる場合，それが思い出されるまでの間，名前はいったいどこにあるのでしょうか。それは何らかの機械的な記憶装置のプロセスの中に放置されているとしたならば，いったい私はどのようにして，それを探すことができるのでしょうか。アウグスティヌスには，有名な比喩があって，忘れてしまったものは，追憶の小部屋のうちに置かれていて，私たちはその財宝を探り当てて取り出さなければならない，というものです11)。〔しかし〕これもまた，なお，非常に二元論的な言い方です。昨今，メモリの容量とかハードディスクについて語るように，私たちは記憶のための倉庫や貯蔵庫でももっているのでしょうか。しかしそのような機械論的な比喩では，忘れるということ，すなわち，何かがそこにありながら，しかも，ない，ということが何を意味するのか，説明することはできません。私たちが忘れてしまった名前は存在しています，そうでないならそれを再び思い出すのではなく，新しく生み出すということになり，その時名前は全く新しく生じることになります。その名前が見つかるとき，それは古くからの男性の知人や女性の知人が見つかったようで，「そうなんだ，この男性，ないし，この女性を探していたんだ」と気づくのです。これは一つの〔白でも黒でもない〕灰色の領域を前提しており，そこでは，何かが私の口に出かかっていて，確かにそこにはあっても，私の意のままにはならないのです。治療は，私たちの実存がからだとして変化することによって成り立つのであり，何かの知識を獲得するとか，道徳的な改心によるのではなく，特定の抑圧が撤回されることによって成り立つのです。

　もう一度，怒りの例を取り上げてみましょう。シェーラーは彼の共感感情に関する著作において，怒りやその他の形式の感情表現を論じています12)。例えば，怒りを次のように言い表すこともできるでしょう。握りしめられた拳，眉間のしわ，紅潮した顔は，私たちが「怒り」と呼ぶ内的な体験の徴候なのであり，その場合，怒りそのものは様々に定義される，例えば，「ある目標を達成しようと意欲している際に障害にぶつかると不満

　11）　アウグスティヌス『告白』10巻，8，12。

　12）　マックス・シェーラー，*Wesen und Formen der Sympathie*, GW 7（『同情の本質と諸形式』全集7巻）254-58頁〔邦訳同上，416-22頁〕。

2 意味の現実化としての表現，失声症の例　　　　　　　　　　　　243

という形で怒りが成立し，あるいはその他，不正行為に対する感情的反応としての怒りなどもある」といった具合です。〔つまり〕怒りはまず内容的に記述され，次に，ある一定の物(的身)体のプロセスに結びつけられる，と言えます。こういった見方に対して，シェーラーは反論し，怒りは握りしめられた拳の・こ・と・だと主張します。紅潮することは，怒りの外部への現れ方に尽きるものではなく，怒り・そ・の・も・の・なのであり，その紅潮において，怒りが現実化されているのです。したがって，私たちは，身体的状況から相対的に切り離すことができるような何かとは違って，怒りを単純に反復することなどできません。ある命題や見解を繰り返して，「私は同じことをもう一度語った」と言うことができます。一方，怒りの場合には，三日後に「私は同じ怒りをもう一度もった」と言うことはできません。そう言えるのは，怒りが規則に従って経過する場合だけでしょうし，その場合，その時々の怒りは怒りの法則の単なる適用事例になってしまいます。そのときには，私たちは「この怒りはすでに一度体験したことがある」と言えることになります。短気で怒りっぽい人の場合，たしかに似たような状況が繰り返されます。しかし怒りそのものは，一般命題やメロディー，あるいは何かの決心などが反復されるのと同じように，反復されることはありません。

　反復される怒りは，反復される食事と似ています。私たちは昨日すでに一度食事をしました。そして今日，もしかすると昨日と同じものを食べるかもしれませんが，それでも，それは本来的な反復なのではありません。食事をすることは，食べることやそれに属するすべてのことのうちで，何かを・現・実・化・することとして示されますが，それは単なる生理学的な食物摂取以上のことを意味してはいても，異なる状況においても繰り返し可能であるということで定義される理念的な形成物とも比較できません。怒りは同様に，意味の現実化の一形式であって，異なる状況における意味内実の外的な呈示ではありません。もちろん怒りを演じること，芝居することもできます。ですが演じられた怒りと本物のそれとは同じではありません。上手い俳優は，怒りをできるだけ自然に演じるという逆説を実行しているのです。毎晩，俳優が舞台で本当に怒っているとすれば，彼の人生はとてもつらいものでしょう。彼は実際に怒りを体験しているわけではありませんが，しかし，単に怒りを外面的に演じるのであれば，演技の下手な役者

ということになります。俳優は，あたかも〔Als-ob〕という意味で怒りを現実化しなければならず，これは難しい課題ですが，怒りにおそわれている誰かの状況を生きなければならないのです。演じられる怒りや嫉妬の行動が，ただ練習して身につけられるような外面的な大げさな言い回しや身振りであるとすれば，演劇は誰の感動も呼び起こさないでしょう。俳優は全く奇妙な中間的情況に身を置いているのです。彼の演技は全く人為的なものですが，しかしそこではあたかも〔Als-ob〕の現実化がもたらされているのでなければならず，それは内的感情を単に外へ向かって放出させる以上のことを意味しています[13]。

音楽や一般に芸術においても，意味の現実化が何を意味しているのかは，明らかになります。「フランスの国王ははげ頭である」といった平叙文は英語でもフランス語でも語られ，同じことが一定の記号において実現されます。そこで言われている命題は，加えてさまざまな媒体においても，表現にもたらされます。けれどもソナタは単純に音符の内にあるわけではありません。作曲家ヴァントゥイユのソナタ，それはある状況，例えば〔プルースト『失われた時を求めて』の一節〕オデットとスワンが互いに知り合う場面で，重要な役割を果たしており，それゆえに夢の光景と同様多くの意味規定が重なり合いながら，ある恋愛状況を体現するのですが，そのソナタをなす小楽章は，ソナタの現実化によって生きてくるのです[14]。このような音楽のフレーズはどこに存在するのでしょうか。「総譜に」と答えることもできるでしょう。しかし音楽は単に符号のうちのあるのではなく，ソナタは音それ自身のうちで現実化されているのです。音楽の演奏は，音の連関を聴くことに即応しているのであり，音楽は慣習的な記号と同じように，置き換えられたり，他の記号によって代替されたりすることはできないのです。

これは，いわゆる心の中の耳，「精神の耳」[15]で聞く場合にさえ当てはまることです。ベートーヴェンは，みなさんご存じのように，耳が聞こえな

---

13) 俳優の表現術に関しては，メルロ=ポンティ，*Keime der Vernunft*（『理性の芽生え』）ドイツ語版431-38頁，フランス語版558-63頁参照。

14) プルースト *Recherche* 研究第１巻からのモチーフに関しては，メルロ=ポンティ *Le visible et linvisible*（『見えるものと見えないもの』）195-204頁，ドイツ語版195-203頁〔邦訳，206-15頁〕を参照。

15) プラトン『国家』531a-b

2 意味の現実化としての表現，失声症の例

くなった後も作曲を続けました。彼は音をただ思い浮かべていたにすぎないのでしょうか。たぶんそうではないでしょう。プロの音楽家が楽譜を読むときなど，彼らにも起こるケースなのですが，物質的なものから相対・・・的に独立に聞くことが行われるだけでなく，それは聴覚的な感性がしみ込んだ（神経単位の上でも変化していると言える）表象力，想起力においてなされています。

表現のうちで意味が実現化されるということは，あらゆる芸術に通用します。セザンヌが描くリンゴは，なじみ親しまれたものに対する目印やマークなのではありません。それは誰もが知っている果物を新たな目で私たちに見させてくれるもので，しかも味，香り，皮のしっかりした固さまでも付け加わり，リンゴがもつ人を惹きつける力をそれとなく現させるほどです。広告といったものでさえ，感性をうっとりさせる予想外の効果をもたらします。それは，広告によって提示されているものが宣伝対象の商品に間接的にしか関わっていない場合であってもです。

最後に文学の執筆についてです。カフカは，小説を散歩の途中で，文字どおり熟考して，書斎の机に戻ると，「まるで聖霊が彼に口述筆記させるかのように」，短時間で書き付けた，と伝えられています。この「内的に」書くことは，内的な作曲活動と比較しうることですが，それは着手しつつ〔*beginnend*〕書くこと，時間的な意味で先だって立てること〔*Vorstellen*〕として理解されなければならないもので，ただ外部へと通告を発するような自足的な内的世界へと後戻りすることとして理解すべきなのです。ニーチェが，「目と耳が思考する力をもてばもつほど，それらが非感性的になる境界へとだんだん近づいていく」[16]と語るとき，この境界への歩みは，現代芸術からもわかるように，他ならぬ聞くことができるもの，見ることができるものにおいて可能になる，聞くことができないもの，見・・・・・・・・・・・・・・・・・ることができないものを実現化することに属するのです。

本日はここまで，みなさん，よいクリスマス休暇を。

(第9回講義　1997年1月7日)

私はこれまでの章で，事物や世界と関わる身体の位相（知覚，運動，空間

---

16) ニーチェ『人間的な，あまりに人間的な』第1巻，アフォリズム217（KSA2, 177）〔邦訳，ニーチェ全集6，（第1期）白水社，199頁〕。

的方向づけ,行為など)を論じましたが,その後,身体による表現ということでは,世界を経験する人の身体的自己呈示が問題になります。伝統的な言い方をすれば,主観の自己呈示が問題なのですが,私はできるだけこの主観という語を避けたいと思います。この章の第1節で私は,内と外の間の障壁を問題にして,デカルト主義が(この問題に関して),内的な自分に固有な体験が私が他者において知覚する他者の外的な物(的身)体の出来事に対峙するという仕方で,いかに表現の問題に現れ出てきているかを示しました。他者において何が起こっているのかをどんなふうに知ることができるのか,という問いには,他者をいわばブラックボックスと見なすのだ,というふうに答えられています。その場合,この暗室への通路を見出すいくつかの方法があり,例えば,物(的身)体上の行動ではっきり目に見える類似点から出発するとか,デカルトのように,私の行動から他者の行動を推論するなどです。

　この複雑に入り組んだ出発点は,ある身体的な本質,つまり,世界に属し,世界の中を活動し,それゆえ他者の経験にいつでも近づきうるという身体の本質から出発すれば,様変わりしてきます。行動とは,内的なものが外的なものと結びついているといったことを意味するのではなく,行動は一つの意味,一つの方向を持っているのであり,それを私は,他者の行動において見て取る,ないし,読み取ることができるのです。

　つぎに,私は,「意味の現実化としての表現」という見出し語で,メルロ＝ポンティの思想を取り上げ,表現は,内なる体験が外に出るといったこと,言ってみれば,言語で良く知られているように,慣習となっている記号を通して外に出るのではなく,むしろ意味の現実化とは,意味が行動それ自身のうちで現実的になるということを意味しているとしました。——怒りは,諸々の慣習的な手だてによって,つまり赤くなったり,交流のための他の記号を差しはさんだりして,内的体験を外に向けたといったものではなく,むしろ怒りの振る舞いが怒りの現実化なのです。身体表現に繋がらないような怒りがあるとすれば,それは奇妙な人為的現象,演じられた怒りであるでしょう。もう一つ別の例をビンスワンガーから引いてきました。言葉を失った少女が問題だったのですが,この現象は生理学的に説明不可能でした。話すための器官は損傷がないので物(的身)体上の障害が問題ではないからです。この言語喪失は,少女が話すことを拒否して

いるので，ただそれを欲すれば話すことができるのだという意味で，純粋に心理学的な現象というわけでもありませんでした。むしろこの拒絶は，治療を求めることができない一種の無力状態を体現しているのでした。治療によってようやく言語能力が取り戻されるのです。障害とその治療は，物(的身)体器官か心かのいずれかで生じる過程ではなく，他者自身に向けた行動が変化するのです。話すことを拒んでいる少女は他者への接近を拒んでいるのであり，このことが拒食と結びついており，そこには存在することへの拒絶が含まれてもいます。治療は一種の回心によってもたらされて，行動が変化します。治療は奇妙に思えるかもしれませんが，からだに触ることで経過することになります。ビンスワンガーは声がそこに座を占める喉に触り，物(的身)体上の手当で，この無言という行動を緩和し，取り除いたのです。

3　身体言語

「身体言語」[17]という語は非常になじみがあり，最近では，日常においてよく出会います。しかし，いったいこの身体言語とは何を意味するのでしょうか。物(的身)体が言葉を話すとでもいうのでしょうか。あるいは，魂が物(的身)体を介して話すことなのでしょうか。プラトンは『テアイテトス』で次のように問うています。そもそも見ているのは誰なのか，眼が見ているのか，それとも魂が眼で見ているのかと。プラトンはその際，見ることを記録するといった機械的な経過として理解するような記述を避けています。けれども魂が眼を通じて見ると想定するもう一方の解釈は，では魂は眼がなくとも見ることができるのではないのか，という問いに通じることになります。眼は単なる道具なのでしょうか，あるいは魂がそこにおいてはじめて，その何であるかを，実現できるような媒体なのでしょうか。プラトンの文言は多くの謎に満ちています。もちろんプラトンは以下のように読まれることも可能です。つまり魂が関与し，眼も関与している，今や問われるのは，両者はどのように共同で作用しているのか，というふう

---

17)　これに関しては，*Antwortregister*（『解答の索引』）466-68頁を参照せよ。

にです。

　加えて,「身体言語」という言い方は以下のような問いを投げかけます。「身体言語」という語は隠喩（メタファー）なのかという問いです。本来,言語は,語や文字による言語です。となると,「からだもまた話す」という言い方は,隠喩的な言い回しということになるでしょう。私たちが笑うとき,それは,話すことが転用された形式に過ぎないとなります。こうした見方は身体言語にとりたてて重要性を認めないことになるでしょう。

　けれども身体言語とは比喩以上のことを意味しています。以下で私は,一面的に言語から構築されるのではなく,行動や体験の全領域にまで及んでいる普遍的な表現領域を,さらには普遍的媒介性〔Medialität〕を出発点とします。普遍的媒介性とは,一定の意味を伝えている媒介が,もっぱら言語,文字や語に拘束されるのではなく,あらゆる可能性に開かれているということです。表現領域と媒介性は,細かに差異化している普遍的領域ということになります。

　以下,私は物(的身)体性の四つの異なる形式,つまり,物(的身)体が活動して,言語に関与し,最後にはそれ自身が語るような四つの様式を区別していきます。

　a) まず,第一の段階を私は,言語内的(物的)身体性〔intralinguistische Körperlichkeit〕と名づけます。ここで,私が意図しているのは,充分私たちになじまれていることで,声を使って話したり,手で文字を書くときに,物(的身)体がともに働いているということです。声や手がともに働いていることは,さらに技術によって強められたり,拡張されたりできます。補聴器,トランシーバーや電話は,声を伝達する技術的可能性に属します。ペン,インク,万年筆,タイプライターなどの筆記具も,同様に物(的身)体の拡張と言えるでしょう。言葉を話す際,つまり声やマークを産出する際,物(的身)体はともに働いています。私はここで「マーク」という語を,エルランゲン学派が用いるように使っています[18]。マークとは,世界の中で現実化される一定の記号,例えば黒板や便せん上の文字などです。声やマークはある記号の素材をもち,記号として現実化され,言語規則に支配されます。声は,一定の音声体系に対応しつつ,音素,語音とし

---

18) W. Kamlah und P. Lorenzne (W. カムラー, P. ロレンツェン), *Logische Propädeutik*（『論理学入門』1973年）, 59頁参照。

3 身体言語

て理解され，マークは一定のアルファベットや書記体系に関係づけられて，書素，書記単位として理解されます。物(的身)体は，ここでは，非常に制限された仕方で関与しています。声は意味を話すことに置き換えることとして働き，手は意味を書かれた文字へと置き換えるのに必要です。この第一段階では，私たちは単なる言語物(的身)体〔Sprachkörper〕に関わっており，身体の物(的身)体性が還元され，言語それ自身が物(的身)体性をもつということになるのです。

b) 第二段階は，準言語的物的(身体)性〔semilinguistische Körperlichkeit〕と名づけられます。ここで私が考えるのは，言語的象徴表現のことで，それは，人の関与することの多い指示のジェスチャーに現れています。指し示す場合，人はただ音声を産出するだけでなく，「自分の物(的身)体を感じ取り，指し示しつつ用いる」ことで，ある身振りを遂行するのです[19]。つまり，伸ばされた腕とか指先による指示などです。交通標識は，板に記された矢印の向きで，指示の物(的身)体運動をまねています。一方，指示のジェスチャーでは物(的身)体自身が，生きた道標として登場してくるのです。カール・ビューラーは，この指示運動は書き言葉の中にも入ってくると指摘して，「想像物〔Phantasma〕における指示」について語ります[20]。つまり私たちが指示するのは，単に現実に出会われる事物だけではなく，表象された事物や，ここで想像物と呼ばれているものもそうなのです。想像物における指示の簡単な例は，「下記を見よ」「上記を見よ」といった文中の指示です。指し示された箇所は，通常そのページの上にも下にもなく，より以前のページ，もしくはそれ以降のページにあります。この空間的指示は一つの〔過去の〕遺物であり，上下に伸びていく巻物状の書物が存在していた時代に由来します。それを度外視すれば，問題となっているのは読書空間，すなわち書物の内部における指示です。そのような前や後ろへの指示において，書くことのもつ一種の空間性が露わになります。このような指示ジェスチャーは現実という状況におかれた事物にではなく，表象された読書単位としての本に関係しているのです。

指示することが特に興味深いのは，そこでは，話すことが，見ることと聞くことに結合しているからです。指示ジェスチャーは，他者が私の身振

---

[19] K. Bühler (K. ビューラー)，*Sprachtheorie*（『言語理論』1982年），129頁。
[20] 同書，133頁以下。

りを見ているということを前提しています。こうして言語は状況に密接に結びつけられ，そこに根づいています。また，指示することが興味深いのは，話すということが固有な場を占めることになるという点でもあります。それは空間の社会的構成にも関係します。私が述べる「ここ」，そして指示においてたえず含意されている「ここ」は，空間内の事物と同じ仕方で，空間内のある位置を指示するのではありません。むしろそれは，私がそこから話している場所を指し示しています。指示することは，まなざしがここから遠くへと視線をめぐらせ，視角を形成するのと同様に，空間性を構成するのです。

c) 第三段階である，パラ言語的*)物(的身)体性〔*paralinguistische Körperlichkeit*〕は，言語産出や言語受容に属するすべてのことに関係しますが，構文論的，意味論的言語内実には該当しません。構文論的領域は，記号の一定の結合に，例えば命題構造に関係します。意味論的段階が意味しているのは，言語は何らかの意味を，表示作用をもっているということであり，それは何かを指示します。言語内的，および準言語的段階に物(的身)体が関与するのは，ただ声や文字を媒介にしてでしたが，パラ言語的段階は，それら以上に，ある身体性の次元を開示し，それによって，話すことには，特定の言語形式や言語内実以上のものが属しています。すなわち，音の抑揚，話すテンポ，リズムなど，言語を音楽に近づけているようなものすべてのことです。ギリシア人においては，音楽は言語と非常に密接に結びつけられていました。メロディー（メロス）は，話の流れを作りだし，アクセントや句読点は，音楽における拍子記号に似て，話にリズムを与えているのです。書き方でも，私たちは字の形や筆法のうちにパラ言語的次元を見出します。パラ言語的身体性の全領域は，ヴィルヘルム・ヴントの語を使えば，「言語態度〔Sprachgebärde〕」と言い表されます[21]。演劇芸術や古代の修辞学の身振り〔Gebärde〕において，こうした表現が方法的に習い覚えられるのですが，これはわざとらしい表現となる危険をたえず引き起こすものでした。

どのように語るかという語り方は，したがって，非常に重要であり，そ

---

21) 『知覚の現象学』言語の章でメルロ＝ポンティは，これに対応して言葉をジェスチャー（geste）と呼んでいます。

*) 発話付随音声現象に関する。

3 身体言語

れは，語ることは単に語られるものよりも広範に及び，より多くのものを含んでいるからです。誰かが語ったことを人はなるほどさらに誰かへ伝えることはできますが，パラ言語的身体性，言語態度は，何かが語られるその仕方に関わるので，話し方，言語運用というものは，語りの意味内実を超え出ていく広い意味合いをもっているのです。「ものは言いよう（音楽は音調が作る）」ということわざは，語りがいかになされるのかということが，単に偶然的に付け加わる側面ではなく，語りをともに形成しているということを示しています。口調は，語られるもの以上のことを，またそれ以外のことを現しているのです。

かつて人は応募書類として，手書きの履歴書を提出しなければなりませんでした。その背景には，手書きはタイプライターによる規格統一された活字よりも多くのことを表すという考えがあったのです。こうした領域全体は，下位言語〔*Subsprache*〕，つまり公式言語の下部レベルに位置する言語として考察されえます。様々な文化で，例えば中世では，カリグラフィー（書法，文字通り言えば，美筆）が重要な役割を果たしています。アジア文化では，書道を生業とし，それを教授する書家の伝統があります。日本ではかつて人は書道教室に通っていました。私たちで言えば，ダンス教室に通うようにです。ここで問題なのは，正書法，正綴法ではなく，むしろ運筆です。つまり筆の運びと勢いが注目されます。中国語では絵筆のタッチとペンのタッチが密接につながっているのは興味をひきます。絵を描くことと字を書くことに対して同じ語が用いられているのです[22]。そこでは，字を書くことが特定の目的に向けられた行為なのではなく，より一般的な物（的身）体の行動へと埋め込まれているのです。「字を書く」という語（ギリシア語の $γράφειν$）は，ちなみに「搔き傷をつける」「刻み込む」ということを意味しています。

タイプライターやコンピュータが普及してから，手書きが価値を失っているともちろん言えるでしょう。こうしたことが良いことなのか，有害なのかは問題ではなく，むしろ字を書くといった中心的な活動領域が非常に技術化されてしまう場合に，それが身体性に対して何を意味するのかが問

---

22) 同じことが，中世の *scribere* という語にも当てはまります。H. Wenzel（H. ヴェンゼル），*Hören und Sehen, Schrift und Bild*（『聞くことと見ること，文字と絵』1995年），6章参照。

われるのです。パリのコレージュ・ド・フランスで教鞭をとっていた古生物学者アンドレ・ルロワ＝グーランは，手がもっている文化的宿命について語る重要な二つの観点を描き出しています[23]。彼は手と言葉の進化を人間進化の原始段階まで遡って追究しています。人間の進化において手は重大な役割を果たしています。最も早い原始時代では，手は物を挟む鉗子のように機能していました。後に指の技能，つまり粘土をこねたり，網を編んだり，素材に彫り物をしたりする仕方が付け加わりました。アリストテレスは，しばしば引用されている箇所ですが，手を「器官中の器官」「道具の中の道具」と言っています[24]。手は道具を用いる際にたえず関与しています。最初の工業化が進むことで，動力機械によって手からその仕事のいくつかが奪われ，第二段階の工業化では，ボタンを一つ押すだけで多様に機能する自動制御の機械が導入されました。ここでは手は，かろうじてほんのわずかに，いわば退化して関与するにすぎません。彫刻をするといった指の技能と単純なボタンを押すという動作との違いを考えるとき，ルロワ＝グーランの指摘のように，手の退化と言うことができるでしょう。彼は，手がもはやこれ以上何もすることをもたないならば，人間の思考も変化するだろうという展開を予想しています。ベルクソン主義者として彼は，思考は脳のどこかで生じているのではなく，手とともに思考が存在しているのだという徹底したからだ理論を主張しています。手が技術化によって，ボタンを押すことであるプロセスを作動させるだけというほど機能が乏しいものになるならば，退縮してしまうことでしょう。どうすればこうした偏った発展が防がれうるのか，問われるのです。

　ここにある問題は技術をはるかに越えて及んでいくものです。というのは，現実の経験は手でつかむということとも関係しているからであり，だからこそ私たちは，例えば「明白な現実」（手でつかまれる現実）と言ったりするのです。ラテン語の「明白な〔mani-fest〕」という語にも，同じように手が入り込んでいます[*]。つまり何かが手によって摑まれうるということです。技術的手段が導入されることで，私たちの現実の諸関係も変化します。私たちがデジタル方式で（文字通り，指で押すことで）生み出

---

23) *Hand und Wort*（『手と言葉』1984年），319頁以下．
24) 前掲書，41頁参照．
*) "mani" は，手を意味する語 "manus" から来ている．

3 身体言語

す現実とは何を意味するのでしょうか。ヴァーチャルリアリティ〔虚構現実〕とは何なのでしょうか。このような問題群は，物(的身)体性に広く及んでいきます。物(的身)体はなおどんな役割を果たすのでしょうか。仮想空間に住みつくサイバーボディーという運命が差し迫っているのでしょうか。

d）四番目の段階を，私は言語外的(物的)身体性（*extralinguistische Körperlichkeit*）と呼びます。私たちはここで第一段階である言語物(的身)体と対極にあるもの，つまり，本来的意味での身体言語をもちます。物(的身)体は単に話すことに関与するだけでなく，それ自身一つの言語を作り出しているのです。

真の身体言語は物(的身)体のもとで始まるのではなく，世界内の諸事物をともに含みます。では，この外の世界から議論を始めてみましょう。ある部屋に足を踏み入れると，私たちはその部屋がどのような配置になっているか，家具はどのように置かれ，装飾品はどこにあって，部屋の空いたスペースはどのくらいか等々を見ます。その部屋の住人は，その部屋や住居がどのように整えられているかという仕方において，すでにそこにありありと居ると言えます。贈り物もまた，表現機能をもっています。単に儀式として行われたのでないならば，贈り物は自分自身について何かをうち明けます。贈り主が贈り物のうちに現在して居るのです。諺にもなっている「それとなく言う（花に語らせる）」という言い方では，花は表現の担い手です。社会空間もまた，例えば近さと隔たりといった形態において表現という側面をもちます。他者と近寄りすぎ（馴れ馴れしくし）たり，あるいは誰かを，近づきがたい人だと感じたりします。そのような空間的な表象が他者と関わるのは，空間内にある事物が他者と関わる関わり方と異なっており，それらの表象は，私たちと同じ空間で生活し，近づいたり，遠ざかったりという関係にある他者に関わっているのです。これには，他者に対する思いやり，心を開いていること，控えめにすることやそれに類似した行動の仕方が必要です。

最終的に，身体言語には，狭い意味での物(的身)体の言語，顔の表情や眼差しの交し合いが属し，それらがないならば，〔そもそも〕会話は成立しません。他者と会話する人は誰でも，語られたことがどう受け取られるか，ある意味でたえずチェックしています。ここに属するのは，身振り，

演技性，全身の現れ，歩き方，一般には姿勢などのことです。ブレヒトは『コイナー氏の話』の中で，一人の訪問者が，ちなみに哲学の教授ですが，やってきて，思いつきをべらべらしゃべる様子を書いています。コイナー氏は訪問者の立て板に水を流すようなおしゃべりを遮って言います，「きみは座り心地がわるそうだし，しゃべり方も悪い，考える様子も不快そうだ(……)。きみの態度を見るに，きみの意図は私に何の興味も起こさない」。この格好な小説にあっては，コイナー氏の会話の相手が何を語ったのかは全く重要ではありません。彼は語り方によって，会話の相手が失格とみなされているのです。

最後に，言語外的物(的身)体性として，衣服やアクセサリーを——それには古代文化で行われ，現代，再びみられるようになっている皮膚への入れ墨も含まれますが——，取り上げます。目立ったこととして，ヨーロッパ哲学において，服飾に関して書かれることがほとんどなかったことがあげられます。もし間違っているのならば，喜んで訂正しますが，ゲオルク・ジンメルという著者以外は，〔そのような哲学を〕ほとんど全く知りません。彼はモードという一風変わった事柄について書いたため，人々に見下されました[25]。こうした〔服飾について論じないという〕禁欲は，どんなことと関係しているのでしょうか。服飾は単に寒さから身を守るというだけでなく，自己の表現，自己を目立たせることないしは自己を隠すことという基本的事象であること（モードの全領域がそれに関わりますが）を考慮すれば，哲学においてこうした重要な領域が手つかずに，残されていたことに驚き，どうしてそうなのか，問わざるをえません。心〔魂〕と物〔物(的身)体〕の二元論が，ここでもまたその影響力を行使していることは，明らかです。身体言語がその意味を獲得するのは，身体的行為が内部と外部の二元性へと分かれない時に初めてなのです。なぜなら，こういった二元性は，人を惑わせて，心は衣服をもたないし，必要ともしないと考えさせることになるからです。物(的身)体にまとう衣服は，それ自身物体に他ならず，となれば，衣服はまったくの付属品にすぎなくなるからです。

それに対して，次のような例は，身体言語と文字言語がどれほど相互浸

---

25) G. Simmel (G. ジンメル), *Philosophie der Mode*（『モードの哲学』1905年の論文)，全集10巻所収。

透しあっているのかを示してくれます。有名な俳優学校を主宰していたロシア人監督コンスタンチン.S.スタニスラフスキーは学校の志願者に対して，40通りの仕方で「今晩は（*segodnja vecerom*）」と言いなさいという課題を出します。そこでは，この単純な日常的言い回しを口に出すたびに，様々に異なったシーンを成立させることが重要なのです。彼は挨拶を単純に口にするということで，それぞれの舞台シーンの核心を示そうとするのです。これは，体現が言葉において意味しているのは何かということに関して，非常に印象深い例となっています。劇のシーンは公示されたり，名づけられたり，評価されたりするだけでなく，言語の内で演じられるものなのです。物(的身)体が言語に関与する四つの可能性に関しては，ここまでにしておきます。

　身体言語は実際に一つの言語なのでしょうか，あるいは単に転用された意味で，一つの言語と名づけられうるものなのでしょうか。カール・ビューラーの記号図式，ないしオルガノンモデルでは，またローマン・ヤコブソンの拡張モデルでも，記号は事柄，話し手，聞き手の三つを指示します。情報理論では，よく送信者と受信者という言い方がされます。

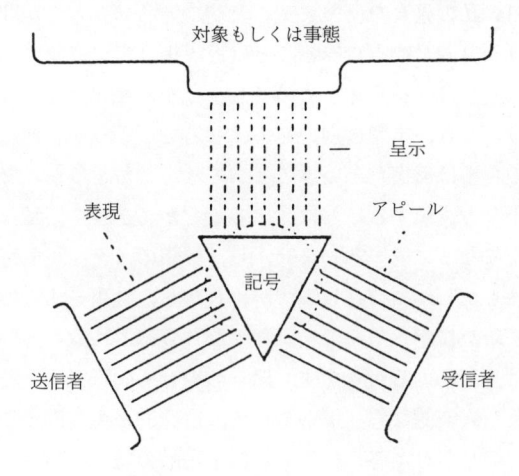

図式12　オルガノン＝モデル

ビューラーのモデルでは，記号は三重の機能を引き受けています。つまり，呈示機能（事象との関係），表現機能（話者への関係），アピール機能（聞き手への関係）の三つです。この言語モデルは，文章を作る場合も話す場

合も，いずれにも妥当します。では・身・体・言・語という言い方は〔ここでは〕，何を意味するのでしょうか。身体言語では，私たちは明らかに，意味を表現する記号も命題形式も文法形式ももたず，事態はよりやっかいなものとなっています。身体言語が呈示機能を引き受けるのは，ある別様な仕方でのことです。機能的に考えれば，一つの文章は一定の命題的内実，言表内実を，つまりノエマ的内実，意義内実，思念された内容をもっており，何・かが表現にもたらされているのです。命題的内実の最低限の規定として，その反復可能性が挙げられます。他者はある文の内実を私の立場になって，あるいは別の状況下で繰り返すことができます。それゆえ命題的内実の再生は習得しうるものであり，私は一定の言表をわがものとし，それをいつも再三再四，明瞭なものにすることができます。

　では身体言語の場合，例えば先に言及されていた怒りに関して，事情はどのようになっているのでしょうか。怒りもまた命題的内実をもっているのでしょうか。命題や認識は他者に伝達され，反復され，説明されることが可能です。けれども怒りを私たちは反復することができるのでしょうか。この問いは，私は痛みを反復することができるのかと問うことと同じです。あるいは昨日の私の昼食を反復することができるのかどうか問うことができます。もう一度同じ物を食べることは，黒板にピタゴラスの定理をもう一度書くのと同じことを意味するのでしょうか。私が定理を今日あるいは明日書き付けるとき，定理は別のものになるでしょうか。逆に，食事をするとき，この食事は反復だということができるでしょうか。怒りはピタゴラスの定理よりも食事することに比べることができます。私たちは繰り返し食べ，満腹になるに違いありませんし，食事のスタイルや毎回反復される食事の作法もたしかに存在しますが，しかし，食事をすることそのこと自身はたえず新たに生じるのです。なぜなら食べる，飲むという欲求はそのつど新たに生じているからです。怒りの場合も同様です。私たちは怒りを，演じられた人為的な怒りは別にして，自発的に生み出すことはできません。また，演じられた怒りは，いわば中古品の怒りなのであり，怒りの爆発は，到来しては去り行き，人は怒りに引き裂かれるのです。怒りは反復されえないのであり，ある言表を反復したり，決意を強めたりするようには生じていないのです。

　通常の言語において文を表現することと対比してみると，身体言語は言

3　身体言語

語ではあり̇ま̇せ̇ん̇。怒りや悲しみの感情は，反復することができる内実をもちませんし，一般的な規則に従いもしないからです。

　私たちが身体言語を扱う際，困難と感じるのは，命題的内実が言語において最も重要な要素であると考えるからなのでしょう。なんとか身体言語を救済しようとする試みは，身体言語が間接的な命題的内実を有していると言ってみることです。間接的な命題内実は，表現的な形式を取って現れてはきませんが，存在はしています。怒りは「私は腹を立てている」「私はそれを望まない」「こうした邪魔なものは取り除かれるべきだ」といった言い回しに翻訳できるのでしょう。そうした翻訳によって，怒りそれ自身も，含意的な言表へと変換されるといった具合にです。しかしこのように考えるならば，身体言語に対して，固有かつ真正な表現の力が否認されるという結果になってしまうでしょう。例えば，ユルゲン・ハーバーマスの『コミュニケーション行為の理論』でそうなっているように[26]，そこではたしかに身体言語がある役割を果たしてはいるのですが，単に二次的な付随現象としてにすぎません。象徴的行為において，一定の（因果的に，意味論的にあるいは表現的に関連した）物(的身)体の運動がそのつどともに遂行されているわけです。通常の行為は因果的に関係している物(的身)体運動に伴われています。例えば窓を開ける場合，因̇果̇的̇に̇関̇係̇し̇て̇い̇る̇物(的身)体運動がともに働きます。つまり手が窓の取っ手を引くなどによって物(的身)体が使われるのです。そのとき，行為それ自身が，「私は窓を開ける」ということを意味することになります。また，文を口に出して言うときにも物(的身)体が関与しています。一定の物理的音を生み出すといった物(的身)体運動が，意̇味̇論̇的̇に̇関̇係̇す̇る̇ものと見なされます。最後にハーバーマスは，私たちの表現行為に伴う表̇現̇的̇に̇関̇係̇す̇る̇物(的身)体運動について語ります。例えば怒りは興奮した身振りや顔の紅潮によって伴われます。ハーバーマスのコミュニケーション行為の理論は，相変わらずデカルト的なある種の二元論に居場所を提供しており，彼は私が体験したり為したりするものと，それに付随して現れる，また一部は機械的にも描写可能であるような物(的身)体運動を厳格に区別することによってそうしているのです。

---

26)　第1巻，144頁以下。

こうした見解に反対して，私は三つの論拠を持ち出したいと思います。

1 物(的身)体性において問題になるのは，何かが現実化されるか否かということではなく，むしろ現実化の度合いなのです。つまり，何かがより多くもしくはより少なく現実化されるのです。身体言語において私はより一層強く関与しますし，怒りも同様に，なんらかのときに耳にし繰り返すといった命題よりも，より多く現実化されています。現実化の度合いは，私の身体的存在が全体としてどの程度巻き込まれているのかに応じて測られます。

2 表現という概念は，根底から脱主観化されなければならないものでしょう。デカルト主義的伝統はいつも三つの次元を考慮します。すなわち事物，他者，自我という次元です。表現機能は，その場合（ちなみにカール・ビューラーもそうですが）優先的に話し手に関係し，表現は話をする者としての私の表現，つまり主観的な表現と見なされます。この考えには以下のような仮定が結びついています。私は自ら自身を表現している。私は，自分自身が体験するものへの原本的な接近というものをもっている。他者はそれに対してはただ間接的な接近しかできない。自我は優先され，怒りをもち，他者はその怒りをただ特定の間接的表示を介して把握するもしくは解釈することができるだけだ，という仮定です。デカルト主義的モデルでは，表現領域は上記のように主観性へ還元されます。けれども表現は三つの領域すべてに関わります。表現は単に自分自身の体験の表現ではありません。というのは意味の現実化は，事物自身が言語へと至ることと，他者もともに言語へと至るということを意味しているからです。身体的実存の主題化は，私が自分自身には優先的な接近をもち，他者には間接的な接近しかもたないかのように考えるデカルト主義的見方とは対置する試みといえるでしょう。身体的に実存するとは，人は他者のまなざしのうちで，他者の介入のもとで実存しているということを意味します。私の身体的行為はいつもすでに公共的な側面をもっています。怒りの身振りは，事物を不快に思い，他者を巻き込んでいるような身振りなのです。

3 身体性にははじめから，自分の身体は他者に関係づけられているという意味での間身体性が属しています[27]。身体言語には物(的身)体間の会

---

27) これについては2回後の講義を参照。

話も属します。メルロ＝ポンティはこの考えを，物(的身)体が他の物(的身)体を求め，それに興味を向けるとされたセクシュアリティーの理論の中で取り上げました。エロティックな魅力や斥力は，ある物(的身)体が別の物(的身)体へと向けられるということ，身体的なものそのものの領域に間というものが存在することと連関しているのです。物(的身)体は，それが私にだけ属していて，他の物(的身)体とはただ間接的にしか関係しないという具合に，個体化されているわけではありません。

4 表現世界といわゆるアニミズム

以上のように，表現世界は単に私自身に関わるだけではなく，世界および他者にも関連していくものです。幼児期には表現のもつ力が，初めから中心的な役割を果たしています。幼児はある特定の時期になると母親の顔を見分けて，微笑みます。この微笑みは，すでにウェルギリウスの詩の中にも出ており[28]，レネ・スピッツは[29]こうした早期の表現現象に特に注目を払いました。世界が子供に立ち現れてくるのは，さしあたり表現をもったものとしてであり，子供は，何らかの個別的な諸経験によってではなく，表意的な色合いを帯びている全体的印象にもとづいて母親の相貌を認知するのです。表現が役割を果たしているのは，考えてみると動物の世界においても同じです。行動作用はある目印にもとづいて知覚される触発的な図式によって引き起こされますが，このことは言表，判断，態度決定などよりもはるか下部にある段階で生じているのです。

さて，世界が表現をもっているとすることは，世界を擬人化していることではないのかという異議が提出されうるでしょう。こうした非難は，自然，物理的自然，外界は，意味や表現を欠いた即自的世界〔eine Welt an sich〕と見なされるというデカルト主義的伝統のうちで成立します。世界がその表現を獲得するのは，人間の文化世界において初めて可能なのであ

---

28) Bucholica, 4. Ekloge, v. 60（ウェルギリウス『牧歌』第四歌，六〇行）「幼な子よ，ほほえみによって母を認めはじめよ」。

29) R. Spitz (R. スピッツ), *Vom Säugling zum Kleinkind*（『乳児から幼児へ』1967年），第5章，この章はウェルギリウスの引用を題辞にしています。

り，一方自然はそれ自身では，人間と全く関わりがないのです。押し寄せてくる雪崩は，その通り道にいるかもしれないスキーヤーを気にかけることはありません。自然の進化は，人間との関わりなしに進んでいきます。物理化学的なプロセスは〔人間にとっての〕病気とは全く関係はなく，その固有の法則に従っているのです。即自的自然から出発するデカルト主義は，まず第一に，表現とは単に二次的なものである，第二にそれは単に主観的である，と主張します。

　デカルト主義者たちの異議は，さらに及び，以下のようなアニミズム批判にまで通じていきます。事物や自然それ自身の経過へ人間に関連する主観的述語をあてがうことは（例えば，「お日様が笑ってる」とか，「天気がいい」と言う場合のように），投射にもとづいて行われるのであり，自己の体験が世界の中へと投射されている，というのです。「アニミズム」とは19世紀の民族学に由来し，生命なき事物も，実際にはそうではないのだが，生きたもの，魂を吹き込まれたものと思われる，と主張しようとするものです。生命なきものを生きたものと混同するのは，子供が人形に生き生きした感情を具えさせる場合の混同と同じです。未開の諸文化は全世界を魂が吹き込まれたものと見なし，それが事実ではないということを後になってようやく徐々に学ばなければならないという意味で，擬人化のあやまちを犯しているのです。このアニミズム的段階は，どんな子供でも，一度は繰り返されるとのことです。ピアジェは似たような仕方で，幼児期のアニミズムについて語っており，例えば子供が転げ落ちたおもちゃに同情し，それを慰めたりするとします。ピアジェはこうした行動をアニミズム的と呼びますが，それは子供や未開文化が客観的外的世界と主観的体験様式をまだ区別することができないということを理由にしています。学問がはじめて，このようなアニミズムは体験されただけの幻想であると見破られ，消去されるということへ導いていく，というのです。そうして初めて，子供やいわゆる未開の人たちも，事物からなる外的世界，自分の体験からなる内的世界，そして，規範によって規定される社会的世界を区別することができるようになるというわけです。似たようなデカルト主義はハーバーマスにおいても見出されます。彼はコミュニケーションの様々な妥当要求を以下の三つの世界に割り当てます。すなわち学によって取り仕切られる客観的世界，表現法としての芸術が役割を果たしている（芸術に関して

4 表現世界といわゆるアニミズム

の非常に狭い考察がなされています）主観的世界，モラルや法，したがって実践的な側面によって規定される社会的世界の三つです。

大人や文明化された人々のアニミズムは，脱差異化，すなわちなくてはならない差異化を取り消すことと特徴づけることができます。自然それ自身に対して，特定の表現内実が主観的側面と客観的側面とを混同し，取り違えられるとして言い渡され，削除が求められるのです。それに加えて，表現内実が混入されることで，学問や道徳の感性化が生じてしまう，というのです。

以上のようなアニミズム非難に対して，私はメルロ＝ポンティや他の現象学者たちの議論に見出される三つの反論を正当なものとみなしたいと思います。

1 アニミズム非難の内容として含まれる，事物のうちに見出されないものを事物の中へ投入することを意味する投射テーゼは，論点先取を犯しています。なぜなら，アニミズム非難は，私たちが感情を投射できるのは，ただそれに対応するもの，例えば動物の振る舞いなどが当の投射を促すときのみであるという事実を避けて通ることはできません。そうでないなら，内容を勝手に投射面に塗りつけるのと変わりがないでしょう。すでにシェーラーは，いわゆる未開の人々も石と鳥を完全に区別すると指摘しています[30]。アニミズム非難は，あまりに単純すぎるのです。子供が母親の微笑がわかる場合も，それは，自分自身の感情表現から他者の感情を推論する前に，つまり，自分がほほえんでいるのを鏡で見る前に起こっているのです。自分の微笑と母の微笑を比較できるようなことが子供に与えられているとする類似化連関は，そこには，まったく与えられていないのです。子供は，母親の微笑を何と比べるというのでしょうか。外への視線は，他なるものを自分自身のものを手本にして解釈するために，自由に使えるような内的な規準などもっていないのです。

2 アニミズム非難は，さらに一つの前後関係の誤認を含んでいます。というのは，生きていないもの，死んだものは生きているものより先に知られるということを出発点にしているからです。けれども実際には逆に，生きているもの，魂を吹き込まれているものが生きていないものに先立っ

---

[30] *Der Formalismus in der Ethik*（『倫理学における形式主義』），全集 2 巻，404頁〔邦訳，著作集 3，吉沢伝三郎訳，65頁〕。

て知られるのです。自我が成長していく人間世界においては，相貌的意味が優先されます。大人である私たちでもそのような相貌的意味を見出す場合があり，目の色や鼻の形を挙げることはできなくても，顔を再認することができたりします。よく知っている人で，その人がどんな目の色をしていたかを言わなければならないとき，答えられないことが多いものです。顔がよくわかるということは，個々の経験的データから何かあるもの，Xを，顔という具合に組み立てるためにデータを登録していくことによってなのではありません。むしろ一つの相貌が個々の細目に先行し，その中で仕草，活気，目の配り方といった特定の契機が突然際だってきたりするものです。個々の細目を観察することは，見られたものを顕現化しますが，見ることを新たに作り上げるわけではありません。

3 擬人論という考えを一貫して限界に至るまで追求し，人間的相貌を自然考察から完全に排除するならば，最終的に人間的なもの，人間的相貌を人間そのものから追い出さなければならなくなるでしょう。自然が余すところなく自然化され，生命なきものへと変じられるならば，このことは人間自身に跳ね返ってきます。私たちはそれをすでにデカルトのもとで見出しています。デカルトは物(的身)体を機械として記述し，つまり，私たちの体験作用とは独立に進行していく過程の担い手として記述するということによって，こういった傾向が開始されたのです。延長するもの〔*res extensa*〕と思惟するもの〔*res cogitans*〕を区別する本質的な契機は，ある実体は他の実体なしに存立することができるということにあります。物(的身)体のメカニズムは，内的に体験様式へ関係することなく，機械論的に進行しうるのであり，逆に体験も物(的身)体機械から独立に現れます。物(的身)体機械と思惟存在の間には単に偶然的な関係しか考えられません。ここにおいてすでに，どれほど物(的身)体に脱人間化が及んでいるかが明らかでしょう。

そうこうしているうちに，私たちはさらにもう少し前へ進んでいました。長きに渡り，精神は反省によって立ち入ることができ，それゆえ自然のプロセスからは遠ざけられているものとして例外的な地位を認められてきました。けれどもその間に私たちは，精神ないしエスプリの代わりに心(Mind) を語る地点にまで達しました。それとともに脳の近くにすでに身を置き，さらにもう一歩進んで，ソフトウェアにまで行き着いてます。精

4 表現世界といわゆるアニミズム

神が諸機能へと還元されるならば，物(的身)体機能に対してと同じことが精神にも妥当することになり，それらの機能を機械的に真似て作り出すことができることになります。

　二つの方向，つまり，自然と精神という方向へ，両者を互いに切り離すことなく統合するような身体性の理論を認めるのに躊躇しないのは，人間の行動が同じ条件下で比較的同じような形で繰り返されるならば，それは機械的な動きをするだろうということです。人間がきわめて機械に近づきうることは，例えば，いつもやることが確定され，人間自身が機械的に，つまり単にメカニカルにというだけでなく，プログラムに従って反応するようなステレオタイプな行動の場合です。デカルトが語る機械モデルは，まさにここにおいて真理なのです。

　コンピュータ開発において，チェスのコンピュータはロングランとなっている実験テーマです。もし，このコンピュータがひとたび発明されれば，チェスのコンピュータのための全条件が与えられることになります。チェスの対局は計算可能なものですが，それはコマの動かし方が正確な規則に従っていて，すべてのコマの位置がラプラスの小宇宙状態のように，厳密に記述されるからです。対応するようにインストールされたコンピュータは，一時中断された対局も，すべて続けることができますし，そのときには，もし長く続くようならば人間よりもうまく指すこともできるでしょう。コンピュータはあらゆるコマの可能性を計算し尽くすことができるからです。今までカスパロフ〔ロシア人のチェスチャンピオン〕は勝利をおさめてきていますが，それはコンピュータがまだまだ未熟であるということではなく，すべてを計算し尽くすために非常に多くの時間を要するということなのです。コンピュータがいつも人間よりも優れているというわけではないのは，一定の時間しか自由に使えないときなのです。人間は普通，あたかもいつか，解かなければならないようなチェスの問題を考えるコンピュータのように振る舞うわけではなく，その際，人間の決断は，たえず時間の圧迫のうちで下されます。コンピュータがその優位を完全に発揮するためには，あらゆるものを，あるいはできるだけ多くのものを計算しなければならないということこそ，非常に重要なのです。それに対して，優れたチェスプレイヤーはチェス盤に近づいて，何が問題なのかを見て取ります。彼はどこで何がなされねばならないか，どこでなにもする必要がない

かを，見て取ります。いわば相貌を見渡しているようなもので，チェス盤を見渡して，戦場でのように決断が特定の箇所で下されるのです。時間という要因はきわめて重要なものであり，対局においても時間要因が顧慮されます。たしかに，時間を気にしながら対局することは，問題解決の優美さということからだけみれば，美しいことではありませんが。というのも時間を計測することはまったく外的な規準なのですから。誰かが一時的な記憶喪失になり，五分間わけがわからなくなったならば，彼はおそらく対局全体で負けるでしょう。実際のところ，コンピュータでも，プログラムの物質的実現がプログラムの一部である限り，時間的要因は関与しているのです。

　これらの考察で私が指摘したかったのは，自然の脱人間化はある意味で真理を有している，なぜなら，人間的自然にも機械的な契機と人工的に模造されうる規則的な機能的結合が存在するから，ということです。問題は，私たちが方法的にこのような機械論および規則から出発することができるのかどうか，これらのものはすでに一定の還元によってもたらされたものではないのか，ということです。ここで明らかになった文化と自然の連関を，私はのちほど，もう一度，話題にするつもりです。

VI

転換箇所としての身体

────

1　方法上の中間考察

手始めに，三つのテキストを選びますが，それらはすでにこれまでの議論の連関の中で言及したもので，ここでそれらがもつ表現力を十分展開できることになります。

　a)　ニーチェはある箇所で，「私は全くもって身体であり，それ以外の何ものでもない」[1]と述べています。この表現は二つの観点による説明を必要とします。身体がある意味ですべてであるならば，これはアリストテレスの古い命題「魂はある意味すべてである」を思い起こさせます。〔となると〕ニーチェの命題は以下のように言い換えられることが可能となります。身体はある意味ですべてである，身体はあらゆることに関与していると。このことをニーチェは意図しているのであり，身体は消化や生殖などの単純な生理的過程に関与しているだけでなく，人が思考するという頂点においても身体は見出されるのであり，あらゆることのうちで身体は居合わせているのです。身体がある意味ですべてであるのならば，その場合，内的な差異が大事なこととなり，身体性そのものの内部で，例えば物を反芻することと思惟を反芻することとが，あるいは場所を特定できる痛みと全体に浸透している苦痛[2]とが区別されるのでなければならないのです。

---

　1)　*Also sprach Zarathustra*（『ツァラトゥストラはこう言った』）「身体の軽蔑者」から。
　2)　ニーチェの場合，食べ物は，快と苦の対立と同様に重要な役割を果たしています。

「私は全くもって身体であり，それ以外の何ものでもない」という命題では，「私」が姿を現しています。この「私」は，身体が世界の中で出会われる事物のような何かとして外から眺められるという可能性を排除しているのです。では「私は身体である」「私は身体をもっている」「この身体は私に属している」といった命題はいったい何を意味しているのでしょうか。これらは，私たちを相当苦しめることになるような謎めいた命題です。

b)　二番目のテキストはベケットのものです。すでに言及した短編小説「*Stirrings Still*」（邦題『まだもぞもぞ』）を引き合いに出してみましょう。ドイツ語タイトルは「immer noch nicht mehr（「依然として，もはやない」）」ですが，そこでは未来と過去が互いに交差します。このベケットの後期作品は，主人公が密室，一種の独房のような部屋に座り，自分自身を観察するというシーンで始まります。「ある晩，彼は机に突っ伏していた。そして彼は自分が立ち上がり歩いていくのを見た」。この短い話でベケットは，語り手自身が自分に対峙するような一種の外観を記述しているのです。もしこれが，「誰かがテーブルのところに座り，立ち上がった」と書かれていたなら，なんとも平凡であって，それでは観察者と観察されるものが切り離されたままとなります。ベケットのテキストでは，一種の自己観察が問題となっているのであり，主人公はどのように部屋を歩いているのか，自分自身を見やっているのです。自分が映ったビデオで自分を見ているようなものです。この小説の場面は，生きられたデカルト主義の一形式と理解することができます。つまり，どのように私が外部へと出ていき，どのように，なおある意味でこの外部そのものであるかを私は見ているのです。この印象深いテキストにおいて，一種の分裂を媒介にするある連関が明らかになります。これに関しては後でより詳しく述べます。

c)　フッサールは『イデーン』2巻において，身体を理解可能な意味と自然因果性の転換箇所と言っています[3]。身体的行動はある意味をもっており，私はそれを理解することができますが，しかし同時に意味を現実化する際に，自然因果性が介入してきます。身体は転換箇所であって，精神及び文化の領域にも，また自然の領域にも一義的に組み入れられないものであり，むしろ両者の諸契機が身体のうちで交差しているのです。

---

3)　『フッサール全集』4巻，286頁。

2　文化と自然の間の身体

　私はもう一度デカルトに議論を結びつけて，二実体理論に関して現代でなされている変更に言及することにします。二つの実体を存在論的に区別するというデカルトの議論は，それ自身の内に存在するものとそれ自身から存在するものとしての存在者に該当します。より現代的なヴァージョンでは，私は二つのものをもつのではなく，二つの見方，語り方を，つまり存在者が私たちに与えられる仕方の二つの形式をもつのです。これによってデカルトのもとで成立していたいくつかの問題が消失することになります。二つの異なる種類の存在者が連関し合うものとして考えられるのはどのようにしてか，というデカルトの問題を思い起こしてください。松果腺の機能や，相互作用説のことを思い起こせば，相互作用というものは，影響力がその内部で一方から他方へと移行していくような媒介物を前提してしまっているので，考えるのも困難なものなのです。この問題が消失していくのは，二つの実体という二面性が，何かが現れ出る仕方としての二つの見方，あるいは何かについて語られる仕方としての二つの語り方によって置き換えられるときなのです。

人格主義的態度と自然主義的態度，作動する身体と物体事物

　フッサールの場合，この二面性は二つの態度，すなわち自然主義的態度と人格主義的態度において具体化されています。態度とは，個々の作用を越えて一つの経験領域を開示する特定の見る姿勢を私が取るということを意味します[4]。したがって態度とは，習慣的な何かということになり，個別的な状況を越えて私が取る持続的な姿勢ということになります。人格主義的態度が意味しているのは，私が自分自身のことを世界の，つまり共同世界の中の人格として生きている誰かとして捉えるということです。その態度は，私が何らかの生の実践をともに行うことによって成立する関与しな

---

4) フッサールの態度概念の多様さに関しては，Matthias Fischer（マティアス・フィッシャー），*Differente Wissensfelder − Einheitlicher Vernunftraum*（『異なる知の領域−統一的理性空間』1985年）を参照。

がらの観察を許すものです。一方，自然主義的態度では私は自分と他者を，一定の過程を貫いている，あるいは一定の状態を示している何かと見なします。私あるいは他者はここでは距離を取った観察という形式のうちで捉えられます。この観察は，生の過程ではなく自然技術と結びつけられています。人格主義的態度で問題なのは，誰かある人ということであり，自然主義的態度では何かあるものが問題なのです。ハイデッガーの言葉を借りるならば，この誰かある人は世界内存在に関係します。つまり私は世界のうちにある，世界のうちで自らを理解している，他者と一緒に世界のうちで活動しているということです。これに対して何かあるものとは，内世界的な契機ということになり，私は何かあるものとして，世界のうちへ，自然連関へと組み込まれ，その限り，人間的な本質的特徴は消えることになります。

この二面性が身体へ適用されるならば（これこそが私の主題なのですが），身体は二重の仕方で，つまり，人格主義的態度〔訳注誤植〕では作動する身体として，自然主義的態度では物体事物として登場してくるのです。ここではこの「として」が重要です。実体や現在（Entitatën）が区別されるのではなく，異なる視点が際だたせられているのです。したがって身体は二通りの現れ方をします。一つは作動する身体としてです。身体は媒介として，例えば運動においては動くものとして，あるいは知覚器官として，そこから私が知覚している「ここ」として，作動しています。これらの契機はすべて，身体が，事物，世界，他者，自分自身についての経験の内部に立ち現れる限り，作動する身体に関係しているのです。「作動する」ということは，身体が何かを行っている，ある役割を果たしている，何かに対する条件になっているということを意味しています。身体は，世界そのものがそのうちで立ち現れる媒介なのです。

これに対して，自然主義的態度では身体は物体事物として，事物と同様世界のうちで生じる何かとして受け取られます。あなたの体重と机の重さを比較しようとすれば，あなたは自分の身体を物体事物と同じように扱うはずです。自分の物(的身)体を観察して，次のように言うこともできます。「私の物(的身)体はこのプロジェクターから2メートル離れている」。その場合も再びあなたは自分の身体を物体事物のように扱っています。このことはいつでも可能であり，実験的に行われたりすることもできます。例え

ば，血圧が測られるときや，症状が記録されるときなどがそうです。

語や像との比較における身体

この二重化された見方は，言語と比較してみると，はっきりと明確になります。私たちは，ある語を一定の意味を分節化したり，伝えたりするために働いている記号として見なすことができます。この場合は，言語使用というパースペクティブを取っており，作動する言語になります。しかしながら，またそれを物理的な音や物理的な素材として見なすことも同様に可能です。こう考えると，一方のケース（物理的音としての言語）は自然的な事物で，他方（意味の担い手）は一つの機能を有していると単純に言うことはできず，むしろ私たちは語それ自身のうちで二つの視点を区別しているということになります。例えば，黒板上の一本の線を文字の一部と見なすことも，あるいはある広がりや色，曲がった物質を指示している何かとして記述することも可能なのです。同じものに対する二重の考察がここでは問題なのです。

それに対応して二種類の学問分野が存在します。音素論（あるいは音韻論）は語音の領域を扱います。それに対して音声学は言語を自然化します。語音は録音技術という手段によって記録されうるのですが，それが可能なのは，言語は単に意味をもっているだけでなく，騒音と同じように物理的に現実化されるからです。自然化の領域にあっては言語的な音は騒音と区別することはできません。両者は一定の音響的な振動と振幅から純粋に物理学的に成立しているからです。

身体でも同様です。私たちは，一方で私がそこから何かを知覚するここ（Hier）として，運動器官，知覚器官，感覚の総体として作動する限りでの身体を考察することができます。そして逆に，同じ身体が他の事物と並ぶ一つの事物として考察されることも可能です。

こうした二重化される見方は文化的対象，例えば絵画にも適用されえます。絵画を絵画として見るということは，それを化学的に分析することとは異なります。幾重もの図像層に対するレントゲンを用いた研究などの化学的分析によって，これまでどれほど多くの成果がおさめられてきたかは周知のことです。このとき絵画は化学的な構成要素に還元されています。ここでは，図像の構成や象徴的意味との関わりは間接的なものにすぎませ

ん。したがってこの領域でも，いわば図像音素論，図像音声学といったものが成り立つのです。

以上のように，デカルト的な実体論は視点や態度の理論へと変ぜられるのです。

自己二重化

次は自己二重化に関してです。「この身体は身体として，そして物(的身)体として現れる」という言い方に「身体」という語が二度出てくるのは興味深いことです。これはどのようにしたら避けることができるでしょうか。「このXが身体として，そして物(的身)体として現れる」と言うことは，もう一つの選択肢でしょう。この場合，身体と物(的身)体はXに割り当てられる二つの属性，側面ということになるでしょう。Xの方は，身体にも物(的身)体に対しても中性的になります。私たちは，二つの形を取って現れる一つのXが存在すると言うはずです。スピノザはそれを「神即自然(Deus sive natura)」と考えました。自然と精神は同じものの二つの側面，基礎にあるものは同一で，それが二つの側面で示されるということです。もう一つよく引用される例はフレーゲのものです。金星は宵の明星と明けの明星として姿を見せます。したがって，朝には明けの明星，晩には宵の明星として二つの星座位置で現れる物理的惑星が存在するのです。この見方の背後にある同一の惑星とは，自然そのものを出発点とする場合，一定の観察者や，ある時刻に全く関与しないので，晩にも朝にも現れないものとなるでしょう。けれども身体の場合にもこれと同じように扱えるのでしょうか。私たちはある時にはある人の物(的身)体－身体として，別のあるときには物体事物として現れる同一のXを背後にもっていることになるでしょう。基礎にあるXは一種の中立的な審級です。このような扱いでは，身体は外側から，二つの存在様式や所与様式の違いとして提示される何かとして考察されます。けれども問題は，私たちは身体経験においていつもすでに一方の側に立っているということなのです。私たちは身体を決して純粋に外側から考察することはありません。私たちは身体なのであり，他者も私が何らかの仕方で関与している身体なのです。私たちはいつもすでに自己－差異化と関わっています。身体を物(的身)体とみなすときでさえ，そのことに身体が関与しています。観察者の側で身体が，そこから物(的

身)体が測定される単なる場所としてであっても，機能しているのです。身体はたえず背後にあるので，「身体が向こう側にある」と言えるように私たちから遠ざけることなど，まったくできない注文です。こうした全体は言語的側面も有しています。私たちは自我を語られたことの一要素として世界の中へ移動させることはできません。自我とは，「私は」と語り，一つの世界をもっている者の法廷なのです。自我は，語ることそのことのうちで要求されています。「誰かが一つの自我について何かを語る」という文は，厳密に受け取れば，いかなる意味ももちません。なぜなら同時に「語ることの審級」として立ち現れることなしには指示対象としての自我は立ち現れえないからです[5]。私が身体に関して語る場合にも，同様に身体は関与しています。身体は外へ移動させることもできませんし，遠くにある惑星のように観察することもできません。ここで問題となっている二重化は，以上のような意味で，つねに自己二重化なのです。身体が，身体と物(的身)体へと自分自身を二重化しているのです。

身体－物(的身)体と物体事物

ここで引き続き，私は「この身体は身体として，そして物(的身)体として現れる」という言い方で，どうして「身体」という表現を二度使うのかが問われます。「ここに物(的身)体があり，それはある時は身体だとして，またある時は物(的身)体として提示される」と言うこともできるはずです。興味深いことに，多くの現象学者が「身体－物(的身)体」(Leibkörper) という二重表現を用います。この表現はフッサール，シェーラー，プレスナーにおいて見出されます。それは身体性 (Leiblichkeit) と物(的身)体性 (Körperlichkeit) の連関を指示している語です。けれども現象学者たちは身体－物(的身)体と言って，なぜ物(的身)体－身体 (Körperleib) とは言わないのでしょうか。身体が中性的なXであるならば，同等の権利で，それは物(的身)体－身体，つまり何らかの諸感覚をもった事物であると言えるはずです。事実，感覚したり動いたりする物質的事物としての身体を構想するという試みがなされています。その試みで私たちは人間に似

---

5) 言表の経過 (énonciation) の自我と言表の内実 (énoncé) の自我の間の言語的区別，加えて告知する意味と告知される意味の区別を参照。『論理学研究』第一研究，26節，『フッサール全集』19巻，第1分冊，89頁。

たロボットや製造される自動機械に近づいています。

しかし私たちが物(的身)体－身体という語の代わりに，身体－物(的身)体と言うのは次のような理由からです。すなわち，ここで問題となっている身体は，外観によって他のものから区別されるような何かではなく，むしろこうした区別そのものに関与するものだからです。身体は区別そのもののうちで作動しています。その論拠は，身体と物(的身)体はその項目を任意に交換することができるような区別の内部で立ち現れることはないということです（もしそのようなものであるなら，AがBから区別されるか，BがAから区別されるか，どちらであってもかまわないような形で，AとBが問題になっている場合でしょう）。むしろ人格主義的態度と身体は，自然主義的態度と物(的身)体に対してある優位をもっているのです。なぜこうした優位をもっているのでしょうか。フッサールの答えは，それに関しては危機書が扱っていますが，自然主義的態度はある転換によって成立しているからというのです。人格主義的態度は自然主義的態度において前提されています。なぜなら，自然主義的態度とは，私が自分の身体，他者の身体あるいは文化対象を単なる自然と見なすことだからです。単なる自然と見なすことは，一つの還元プロセスなのです。

文化と自然の相互内属〔Ineinander〕

さらに議論を進めて，自然主義的態度はいつも一つの文化的な態度，非常に文化的な一つの遂行でもあると言えます。ガリレイは，自然は一冊の本のように数字と単位によって書かれているということを出発点としました。けれども自然というこの本は，全く文化的な作品であり，一つの構築物なのです。人間の行動を教化育成することが，あることを度外視し，捨象するという可能性を許容するのです。自然そのものは，生の有意味性を体系的に度外視するというプロセスによってまさに成立してきます。そこにガリレイが語る真理が，つまり事物はこうした状況では私たちにとって何も意味しない，趣味の良いものでも，害を及ぼすものでもないということが，存しているのです。ガリレイの考察様式は，人格主義的態度に割り当てられる生の状況を捨象します。しかしこれは，自然は自然科学者が知っていることに，端的に還元できるということを意味しません。全く一定の方法論的連関においてはじめて，自然が単なる自然として現れてくるからです。

2 文化と自然の間の身体

このことが, 自然それ自身が単なる構築物と見なされうるという意味でのラディカルな構成主義へと通じていくはずはありませんが, この度外視すること, つまり, 普段は生の有意味な連関のうちにはいり込んでいる特定のプロセスを露呈することは, 一定の文化的制約のもとで成立してくる経過です。自然科学はそれ自身, 文化的な産出物であり, 歴史的な創設に由来するのです。

フッサールは, 身体が一義的に文化にも自然にも分類されえないという意味で, 両者の間の転換箇所として身体を特徴づけています。転換箇所というのは, 私たちがたえず両者の間を動いているということを意味し, それゆえフッサールは作動する自然とも言っています。自然は単に自然そのものではなく, 文化の内部で作動するのです[6]。私の物(的身)体性の自然的契機は, 生命なき, 動物的ないしは植物的物(的身)体性における過程と比較可能です。人間の物(的身)体性にも神経パルスという形で電気がありますし, 植物と同じような新陳代謝もあります。ですがそれを越えて, 自然は人間の行動や体験において, フッサールが述べているように[7],「私の自然」として作動しているのです。私の体験することに関与しているこの自然が出発点を形成しています。この生の連関を意図的に度外視することによってのみ, 単なる物体事物や単なる自然が成立してくるのです。

転換箇所という考えは, メルロ＝ポンティでは両義性の意味で登場してきます。身体は二義的な存在様式をもっており, 文化にも自然にも一義的に分類されません。ヘルムート・プレスナーはこの二重性を,「物(的身)体性である」と同時に「物(的身)体性をもつ」ということを含んだ人間の脱中心的な立場と捉えています。「人間は, ただ身体であるわけでも, ただ身体 (物(的身)体性) をもつわけでもない」[8]。「私は私の身体である」という発言は, 私自身であるもののうちで, 身体が作動していることを主題化しているのです。また「私は一つの物(的身)体性をもつ」が意味しているのは, 私が自分自身を自然事物と見なすのに充分なくらい, 自らとの距離を取ることができるということです。しかしこれらは, 自己二重化の, そして自己差異化のプロセスであって, 任意の対象のもとで行うような単

---

6) 『フッサール全集』1巻, 162頁。
7) 『フッサール全集』4巻, 280頁。
8) *Lachen und Weinen*(『笑うことと泣くこと』著作集7巻), 241頁を参照。

なる外部からの記述ではありません。今日の講義はここまでです。

(第10回講義1997年1月14日)

要　約

「転換箇所としての身体」に関する現在の章は，次のようなタイトルで行うことのできる方法上の中間考察をなしています。つまり，身体についてどのように語るのか，また語ることができないのか，ないしは身体をどのように捉え，主題化するのかというタイトルです。前回，私は人格主義的態度と自然主義的態度の区別について説明しました。この第一の区別で，身体の二重性が生じるのです。つまり身体はある時には作動する身体として，またある時には物体事物として現れるということです。作動する身体とは，身体が世界の構成に関与していることを意味し，一方，第二の位相のもとにある身体は，その他の事物と同様，世界における事物なのです。こうした差異の説明のために，私は自己二重化についてお話ししました。ここでは，身体ということで中立的な立場から考察される何かあるものではないということが，決定的な問題なのであり，例えばある時には直角として，また別の時には不等辺として現れる三角形が存在するというような二つの属性を備えて現れてくるXが，問題ではないということです。身体は，身体と物(的身)体性の区別を行う中立的な立脚点に関係するXではありません。ここには自己差異化がありますが，それによって私たちが世界を経験する身体が，この差異そのものに関与しているからです。身体が外へと向かって歩み出て，一つの物(的身)体性にされるということ，そのこともまた，身体を前提しています。私たちが身体を物(的身)体性と見なすならば，このことはここという所在地を度外視することを含意しています。このここから見るということがないなら，物(的身)体性は他のものと並ぶ何らかの事物ということになるでしょう。以下で論究される分裂でさえ，手が本当にインクつぼと同じであるということを意味するわけではなく，むしろ手はインクつぼと同じように見なされるということなのです。身体が物(的身)体性と見なされるときでさえ，なお，身体の構成要素が働いています。このテーマに関して，また自然科学における物(的身)体性の役割に関して，多くの言うべきことが存在するでしょう。というのも，自然主義的態度でさえ身体性なしではやっていけないからです[9]。どんな計測方

法も，身体性に，すなわち，計測された空間データと混同されてはならない計測の場所に結びつけられています。ただ，計測器の操作や，データを獲得することに関与している身体は，そこでは主題とはなっていないのです。

自己分裂という自然化と精神化

私たちが自己差異化と関わるのは，体験する者および行動する者が二つの与えられ方で呈示されるという仕方だけではなく，むしろ私たちは可能な自己分裂もまた考慮に入れなければならないのです。それゆえ私はもう一度デカルトが行った区別の起源について言及することにします。

分裂は，二つの規準となる態度の一方が絶対化されるまさにその瞬間に発生します。西洋近代の思惟において，私たちにとって普及している分裂の形式は，自然主義的態度が優勢であることのうちで成立しています。私たちはさしあたり，身体あるいは身体的自我が世界に関わる中間的な位置から出発しましょう。自然化とは，

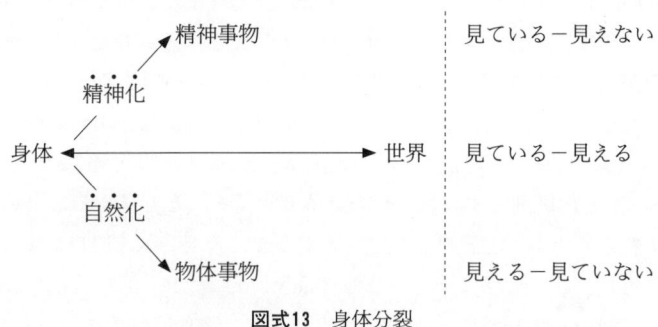

```
              →精神事物         見ている−見えない
         精神化
   身体 ←―――――――→ 世界       見ている−見える
         自然化
              →物体事物         見える−見ていない
```

図式13 身体分裂

物体事物，ないし自然事物としての身体が，その他のものと並んで立ち現れるということを言います。さて，では，二元論，ないし分裂はどのように生じるのでしょうか。フッサールが言うように，それは補足的抽象に基づいて生じます[10]。第一の還元は，身体を物(的身)体へと還元することで

---

9) W. Kutschmann（W. クッチュマン），*Der Naturwisenschftler und sein Körper*（『自然科学者とその物(的身)体』1986年）を参照せよ。

10) Krisis（『危機』フッサール全集6）231頁。

しょう。私たちはさしあたり，生の有意味性をすべて，例えば色の質を区別したり，キーボードを操作する時に圧力を感じたりするといった体験の仕方を捨象します。これは物理的抽象と言えるでしょう。フッサールが正しく述べているように，それに対して精神事物（Geistesding）が成立させる補足的抽象が加わります。私はここで「もの（Ding, 事物）」という語を用いていますが，それはデカルトが「延長するもの」「思惟するもの」と言うときのように，中性的な意味です。デカルトはここで対象の意味での「もの」ではなく，なにかあるものを意図しています。延長した事物がその一例である精神を欠いた物体事物に対応するとすれば，他方で，精神事物，つまり物(的身)体を欠いているであろう純粋自我が対応します。私たちはしたがって，物(的身)体を欠いた自我と物体的な何かあるものをもつことになります。純粋な精神存在といったものが成立するこの二番目の抽象は，精神化と言い表されるでしょう。出発点は，身体，ないし，身体的世界－内－存在であり，二元論は二つの態度のうちの一方を絶対化することによって成立するのです。外的な立脚点を最初に絶対化することが，反対の絶対化，あるいはより良く言えば，反対考察によって補完されます。手短に言えば，これがデカルト的二元論の起源と言えるでしょう。

　この差異をさらに周到に仕上げると，私たちは従来の形而上学的区別の領域へと達します。古代からの形而上学的区別の一つは，肉体の眼で見えるもの（プラトンの用語では，ὁρατόν）と精神の眼で看取するもの（νοητόν）との区別です。私たちの身体も，見ることと見えることの領域に属するのですが，上記のことは次のような二者択一へと通じます。物体事物に対しては，それは見えるもの（sichtbar）だが，見ているもの（sehend）ではないということが当てはまります。物(的身)体を欠いた自我，エゴには，それが見ているものだが，見えるものではないということが妥当します。デカルトにあっては，見つつ感覚することは，cogito me videre（私は見つつある私自身を考える）として，もちろん思惟することに属するのです。見ることそれ自身は，体現化されず，空間内に存在するのではなく，空間の外にあって，延長せず，この意味で見えるものではないのです。したがって私たちは二重性を有しています。つまり，一方では見えるが見ているものではないもの，他方では見ているものだが見えるものではないものという二重性です。私は，この考察で，身体はこのような

二重性から逃れているということを示したいと思います。第三のものとしての身体性の本質を構成しているのは、それが見ているものと同時に見えるものであるという事実です。身体の二重性が上で述べられたような一面的な形式で受け取られるならば、身体のこうした存在様式を私たちは体系的に見失うことになるでしょう。

分裂と統合失調症

私がここで分裂という言い方をするのは、二つの領域が体系的に互いに切り離されるからです。私はすでに自然主義的態度でさえ、身体なしにはやっていけないということに注意を喚起しました。というのは、自然化は、不定のどこかあるところで生じるのではないからであり、もしそうだとすると、人は自分が〔身体を供えた〕自然科学者であることを忘れていることになるからです。フッサールがまさに主張したことですが、自然化が成功するのは、この態度を遂行している自然科学者が自分自身を忘却するときにだけなのです。このことは測定の場合にも該当します。測定を行う場所は、身体の場所だからです。測定の過程が不確定性関係の法則に入り込んでいるとするハイゼンベルグの不確定性関係について考えてみるならば、自然化とは、自然が即自的にそこに存在していることを意味しえないことが明らかであり、自然化がそうあるのは、まさに、一定の方法的な見方、測定の仕方においてだけなのです。もちろん物(的身)体はこのことに関与しています。つまり測定場所を設置したり、測定器を操作したり、そのために導入された目盛りを使って測定データを読み取ったり等々で、物(的身)体は関与しているのです。私たちが自然史のことを考える場合も、それはたえず自分自身へ戻ってくるような回帰的体系を体現しているわけではなく、むしろ一定の時間ー場所から再構成されるものです。ですから私たちは、端的に起こったのではなく、回顧的に記述される人類の自然的先歴史について語るのです。

　分裂に関して言えば、それが最後のものではありえないということに賛成するさらなる論拠があります。分裂過程は、単に方法的技巧としてのみ知られているのではなく、体験された分裂として、精神病理学、すなわちいわゆる統合失調症（Schizophrenie）において私たちの身に生じることもあります。Schizo-phrenie という表現には、ギリシア語の σχίζειν

(＝裂く）が入り込んでいます。統合失調症において私たちは，脱現実化，脱人格化というようなことを体験するのです。デカルトが理論的に提示したものを私たちはここに体験された形で見出すのです。脱現実化が意味しているのは，自分の物（的身）体が事実，何か全く異他的なものとして現れてくるということであり，例えば，自分の手がそこの机にある他の事物のように感じられるということです。脱現実化とは自分自身との隔たりであり，その結果，固有な自己が多重化され，行うことの中で自分を再認できなくなるのです。けれどもこうした分裂過程はすでに一つの連関を前提しています。分裂させられたものは共属しているのです。そもそもいかなる連関も前提されていないと仮定すると，分裂はなんら病理的現象ではなく，単なる分離あるいは分裂です。ちょうど薪を割る時と同じであって，それらは要するに二つの断片なのです。したがって自我分裂のケースでは，連関が成立していなければなりません。ただしその連関は何らかの仕方で損なわれ，侵害されているのですが。分裂さえもが，――病理的意味であってもですが，――二重化される者（自分自身によって迫害されていると感じ，迫害する者と迫害される者へと分裂されている者）は自分自身とコンタクトを取っているということを，前提しているのです。

　同時に見るものでありかつ見えるものであるという中間的形式を，フッサールは身体が自分自身に遡及的に関わると言うことによって，簡潔に表現しています。彼は，「私は身体に遡及的に関係する」とではなく，「身体が自分自身に遡及的に関わる」と言っています。ここでは，単に見ること，つまり，鏡といったわかりやすい例だけでなく，実践的行為の際，私が何かあるものだけでなく，自分自身も変えるような身体の働きをも考えています。人は自分自身を変えることなしに，何かに触れることはできません。触れること自体は，引き起こすことと感じ取ることが一つになっているということなのです。もしあなたが熱くなった対象に触れるなら，あなたは自分の物（的身）体が暖められることに気づくはずです。したがって何かに触れるのは単なる接触運動ではないのです。身体には，身体が身体自身に触れるということが属しているのです。

　メルロ＝ポンティは，感性的反省というこの考えを中心的なものとしてうけとめました。人が鏡像において自らの姿を見，こだまで自分が話しているのを聞くという意味で自分自身に遡及的に関係するということにおい

て、身体は定義されます。最終的に、一方の手が他方の手に触れるという自己接触もまた二重化を意味します。こうした特徴は事物では生じません。というのは、事物の場合に一方が他方に触れると語ることはせいぜい隠喩的でしか言えないからです。

メルロ＝ポンティが引用しているフッサールでの決定的な箇所は、『デカルト的省察』[11]にあります。メルロ＝ポンティはこの連関で感性的反省について語ります。それは空間時間の外部で遂行される精神的作用においてではなく、身体的実存領域への自己関係性において成立しているのです。

見るものと見えるものの不一致

けれども加えて、以下のことに言及しておかなければなりません。つまり「見つつかつ見える」という表現は、見る者と見える者がいつか一致へと至るということではありません。むしろ正反対です。あなたが鏡像を眺めて、自分を鏡のうちに見ると言うことができます。あなたは、ある仕方で、鏡の中に現れるものです。私たちはまた鏡の中に誰か別の人や対象も見ることができますが、今はあなたが自分を鏡のうちに見ているのです。これはそもそもありきたりのことではありません。子供はまずはじめに、鏡の中で自分を自分として見ることを学ばなければなりません。子供が初めて自分を鏡の中に見るとき、最初子供は別の子供を見ているのです。動物たちも鏡像に対して非常に様々な反応を示します。中には全く反応を示さないものもいます[12]。誰かが自分を鏡の中で再認識するときにはじめて、鏡が鏡として機能しているのであり、そうでなければ鏡は空間内の事物や、何かを映し出すなめらかな平面やスクリーンのようなものと同じです。

この「自分を」見ることは、一致と不一致の注目すべき一様式です。あなたは自分を見ます。にもかかわらずあなたは自分を、そこに自分について見ているものから区別します。あなたは鏡の中に自分を見ますが、鏡に映って逆になるように、別のあなたを見ているのです。適切に鏡を配置す

---

11) 『フッサール全集』1巻、128頁。

12) 本書30頁以下を参照。もちろん、自分を再び見分けることと自分を見誤ることという異なる形式がさらに区別されなければならないでしょう。さもなくば、動物は準－人間であることになろうし、なぜ動物はそのことで満足しているのかという問いが残ることになるでしょう。

れば，あなたは自分自身を背後からも見ることができますし，あらゆる可能な視覚効果を獲得することができますが，しかし見ることと見られることは決して完全に同一であることはありません。あなたは自分を鏡に映ったものとして見るのであり，そこではある隔たりを伴っています。

　ここに時間的なズレも加わってきます。鏡の中の自分に驚くと考えてみてください。つまり，あなたが反射しているショーウィンドウの傍らを通り過ぎるとき，突然誰かを見るのですが，それはあなた自身であったと仮定します。私はエルンスト・マッハの例を述べているのですが，彼はバスに乗るとき，窓ガラスに自分が映し出されているのを見て，それが自分自身であると最初は全く気づかなかったのでした[13]。そこには時間的な驚きの要因があります。人は鏡の中に自分を発見しますが，それは自分自身に先行しているのです。それはいかなる純粋な同一性（そういったことがそもそも存在するとして）でもなく，むしろ非同一性における同一性，あるいはメルロ＝ポンティがしばしばそう呼んだように，不一致における一致なのです。

　身体性は，私たちが自分自身に関係しているが，自分に関係している者〔wer〕は，彼が関係しているもの〔worauf〕と決して同一ではないということを意味しており，見ることと見られるものは，そしてその他の感覚呈示も，いつも何らかの仕方で分裂させられているのです。このことが身体的な誰を単なる物（的身）体的何から区別しているのです。

3　自分の身体としての身体

これまで見てきたように，身体の二重性は単なる平行論ではありません。自然と文化，ないしは物（的身）体と身体は二つの平行的に秩序づけられてアレンジされたものではなく，自己二重化という形式がここにあるのです。さて，私は改めてデカルトへ立ち戻る第二の区別を導入することにします。

---

13)　本書28頁参照。

コギトと思惟するもの

「第二省察」で，デカルトははじめから res cogitans（思惟するもの）と res extensa（延長するもの）に関して語ってはおらず，さしあたり一人称のコギトに言及しています。私たちは二つの世界を指示する実体を区別することで，あまりにも性急に形而上学的な方向へと進んでいきます。けれども（私が考えるとき，私は「我思う」ということにおいては欺かれえないという）懐疑考察では，思惟作用は一人称の遂行形式において登場します。このことは，決して自明なこととは言えず，それを自我中心論であると非難する前に，このことを熟慮されなければならないことです。

一人称に対するこうした理解の仕方を私たちはギリシア人においては見つけられません。ギリシア人たちは多くのことを熟考しましたが，「私」(das Ich) はただ付随的な役割しか与えられませんでした。一人称は，偶然的な事柄であるがゆえに，哲学の対象にはそれほど値しなかったのです。「私」とは誰のことでしょう。「私は」と言っている人のことでしょうか。あるいは他者がそう言っている場合，「私」は他の誰かに対してもあるのではないでしょうか。「私」は実体のようなもの，つまり持続的な，ないしは偶然的な特定の特徴が割り当てられるような何かというようなものでは全くないのです。むしろそれは，変動する機能を言い表しているのです。

デカルトはまさにこのような「私」から出発して，「私の」身体についても語ります。そのとき，その意味を「私」に負っている所有代名詞が登場します。私の身体は，「私は」と言っている人の身体です。言語論理学の術語では，「私」という語で指標的表現が問題になります。「私」という語は，語っている人の状況を指し示す指示的表現なのです。フッサールはそれを偶因的（okkasionell）表現と呼びましたが，それは，この語が用いられている場合（occasio），機会に関係しているからです[14]。

私たちが，「我思う」というこの考えを受け取り，身体は，誰か，「私」に関係しているという意味における身体というように考察するならば，第二の区別に至ることになります。

---

14) I. Logische Untersuchung（『論理学研究』「第一研究」）第26節参照。

行為遂行的（perfomativ）態度と事実確認的（konstativ）態度，身体的な「私」の語り（Ich-Rede）と身体的「私」に関する語り

第二の区別には，二つのより広い態度，行為遂行的態度と事実確認的態度が対応します。私はここでオースティンの言語行為論に由来する諸概念を採用しています。行為遂行的なものとは，何かが遂行される，すなわち約束されたり，願望されたり，威嚇されたり，あるいはまた述べられたりする一定の言明のことです。他方，事実確認的なのは，単なる言表です。行為遂行的なものはより広い表現です。なぜなら話すことにおいて何か一定のことが行われており，それを単なる言表へ還元すれば，言語が意味しているものを狭めることになるからです。

私の身体との関係では，行為遂行的態度は，「私が語ること（Ichrede）」「私が言うこと（Ichsagen）」と言い表されます。次に事実確認的態度を取ることは，「私について語る」ということを意味するでしょう。

行為遂行的な語りとは，「私は君に……と約束する」「私は君を……に任命する」などのことです。けれどもここでは，「私」は決して表明的に述べる必要はないものです。それはただ非表明的にそこにあり，単に話者として機能しているだけなのです。一方，事実確認的態度では「私」は明確な言葉で現れます。例えば，私が自分に関して「昨日，私はどこそこにいた」と報告するような語りの場合です。私がそこにいたということは，報告そのものから聞き取れるものではありません。事実確認的態度に私が登場するのは，私が何か自分について語っている場合です。英語とフランス語は，行為遂行的な「私」と事実確認的な「私」に対して二つの異なる言語形式をもっています。英語では I と me，フランス語では je と moi です。この区別はミードの議論で見出されますし，ジェームスでもすでに設定されています。I と me でまさにここで言及されている二重性が意図されています。「私」は「私が言うこと」の機能を引き受けることができること，またそれは me として語りのテーマにもなりうるという二重性です。

けれども，二つの態度に関するこの区別は，身体に関しては何を意味するのでしょうか。もう一度デカルトへと戻ってみましょう。私は，デカルトが主観を発見することで，フッサールがガリレイに対して繰り返し主張していることと同様のことを行ったと，言いたいと思います。つまり，発

3 自分の身体としての身体

見と同時に隠蔽もしてしまったと[15]。まず第一に，身体の発見に関していくつかの要因はデカルトのおかげです。身体が身体として主題になりうるのは，私が今ここで行動し，生活し，愛したり憎んだりしている自我から出発する場合だけだからです。身体の発見は，ここで今遂行される私の語り（Ichrede）が存在していることと連関しており，つまり身体はこのような語りの場所を構成することに関与しているのです。デカルトが語っている自我は，根本的に身体的空間的な状況に関係してのみ意味をもちます。それはまだ「自我一般」ということに関しては何も有していません。それは，身体的状況に，すなわちここで今「私は」と語っている人，ここで今何かを行い，経験している人に関係したままであるのです。したがって身体の発見は，エゴーコギト（我思う）の発見と連関しているのです。

一方，隠蔽が成立するのは，代名詞として機能しているこの行為遂行的自我が，名詞，「自我」へと名辞化〔訳注誤植〕されるときです。私たちが自我を主題とする場合，——私が今，していることでもありますが，——このことは必然的に起こります。しかしこの「自我」（ICH）の名詞化はいつもすでに二次的な形式を意味しているということをたえず意識しなければなりません。私たちがこのことを見落とすならば，はじめから名詞的なものの段階に，事物と同じように人格について語るという段階にいることになります。しかしこのことは，さしあたり実体や，名詞的ななにかあるものではなくて，むしろ順番に行われる語りの一般的機能であるものの実体化を意味するのです。私は自我というものではありません。しかしさらに一歩進めると，私たちは自我から一般的本質構造あるいは，一般的機能の意味における自我性を作り出すことができます[16]。超越論哲学がデカルトに結びつけられる限り，それはコギトを一般的な自我機能へと還元することとして理解されうるのです。カントは特に新カント派によってこのように解釈されました。自我は，私たちが世界において出会うすべてが前提している統一的な関係点を単に意味し，その関係点からすべてがそのようなものとして規定可能になるとされます。このような自我の解釈において，偶因的あるいは指標的自我についてはほとんど何も残りません。

---

15) 『フッサール全集』6巻，53頁。
16) これに関しては，Scheler（シェーラー），*Der Formalismus in der Ethik*（『倫理学における形式主義』全集2巻），373-81頁を参照。

このことを私は，発見と隠蔽ということで言いたかったのです。発見は，「私」と語る誰かが哲学へと引き受けられること，そしてそこから身体的状況も分節化され，主題化されるということにあります。一方，隠蔽が成立するのは，この自我が作動する自我とは捉えられず，実体的なものへと，あるいは一般的機能へと変じられる場合です。この変化が行われると，最終的に私たちは，自我は「一つの身体をもった」「誰か」であるという地点へ達します。しかしこれは何とも奇妙な自我ではないでしょうか。その自我はすでに一般化された，一つの原理へと変じられた自我なのです。したがって二元論とは，二重の脱身体化によって成立します。一つでは，身体が事物の世界へと埋没する物(的身)体へと外化されること，もう一つは，身体的自我が状況から身を引いた純粋自我へと高められるということです。

VII

自分の身体と他者の身体

───────

　この方法的な中間［挿入的］考察の後，私は，以前の記述の様々な主題を再びたぐり寄せたいと思います。私が出発したのは，身体が，身体と物（的身）体へと，自己を二重化することからでしたし，前回では身体の自己関係性からでした。これから私が自らに提示する重要な問いは，次のような問いです。すなわち，自己関係と他者関係は，お互いにどのように関わりあっているのか，そして，この二つの契機は，どのように協動しあっているのか，という問いです。

1　自己関係と他者関係

　自己関係と他者関係との間のこの新たな差異，そして，身体的な自己は，いったい，どのように考えられるのでしょうか。身体の自己性，身体の固有性は，各々の経験において背後に遡ることのできない自明とされた契機の一つであり，この点，デカルトの見解に常に依拠することができるのです。もし，自分の身体がまるっきりある誰かに属しているのであれば，自我は消えてなくなるでしょうし，自我について語ることも決して実現されないでしょう。しかし，自己関係性と固有性というこの契機の中には，二重の意味があります。このことについて，私は，今から綿密に論及していきたいと思います。
　他者関係に先立つ〔vor〕自己関係から出発するか，あるいは，他者関係の中の〔in〕自己関係から出発するかによって，他者関係と自己関係，

身体への関係と物(的身)体への関係の間の二つの区別に関して，どちらか一方の選択が迫られるでしょう。

その第一の可能性は次のようなことを意味しているでしょう。すなわち，自己関係は，他者関係に・先・立・っ・て実現されている，ということです。身体へ関係づけられているということ，すなわち身体への関係は，物(的身)体への関係に・先・立・っ・て生じているのです。この先立っているということは，必ずしも時間的に理解されなくてはならないということはなく，多くの場合には，時間的でもなくて，発生の意味，あるいは，構造的な優先性という意味において理解されています。つまり，自己関係は私自身を前提にしていますが，他方，他者関係は，自己関係をすでに前提にしているという意味です。この・先・立・っ・ているということの意味は，次のようなことでしょう。すなわち，他者関係，他者への関係は，自己からのみ考えられるのですが，他方，自己は，別の何ものかへさらに相関的に関わっているということはありえないのです。このことに似たことは，身体への関係，あるいは物(的身)体への関係においても見出されます。つまり，外面としての物(的身)体は，一貫して身体を前提していますが，しかし，その逆ではないのです。

以上の考えに対して，私は，第二の可能性として，ある修正を行いたいと思います。その修正とは，一つには次のことを意味しています。つまり，自己関係は，他者関係の・中・に・あ・る場合のみ，捉えられうるということです。逆に言えば，身体への関係は，内的な退去として捉えられるのです。物的身体［Leibkörper］という言葉が意味しているのは，内的に体験することとしての身体が，外的な物(的身)体に先行することではなく，身体性自身において，すなわち身体的に体験することにおいて何かが退去すること，内的なものにおいて外的なものがすでに出現しているということです。物(的身)体は補足的に付加されるのではなく，物(的身)体性は，身体が自ら退去するという意味において，それ自身，体験されるのです。一例としては，疲労が挙げられるでしょう。疲れると，身体は，何か重荷になるものを受け取り，もはや自らの機能を十全に果たしません。もう一つの別の例は，けがをすることでしょう。けがをすると，物(的身)体性は，普通なら引き受けている自らの機能をもはや行っていない身体として，体験されるのです。

1　自己関係と他者関係

　さらに私は，次のことをはっきりさせたいと望んでいます。それは，この章において二者択一としてみなされている，先立っているということと，中にあるということに関してです。まず最初に私は，他者関係に先立つ自己関係が存在することを擁護する理論を取り上げます。そして次に，他者関係の中にある自己関係というもう一つの選択肢が強調されることになるでしょう。

他者関係に先立つ自己関係？

　以上のような問いに取りかかる前に，私は，次のような基本的な問いを自らに立ててみます。それは，なぜ哲学者たちは，結局は間違っているということになるような多くの事柄に関わろうとするのか，ということです。このことに関して，ある一つの方法に関する考察を挟んでみます。それは，古代ギリシアの有名なゼノンの飛ぶ矢の例です。ゼノンは，飛んでいる矢は動かず，それはいつも或る特定の場所にあることを，あらゆる論理の規則を使って証明しました。空間は，望むように分割されることができ，それが繰り返されるかぎり，矢はいつも或る一地点に存在し，いつも静止している，なぜなら，矢は常に空間のある一つの点に局所づけられているからだ，というのです。アキレスと亀の話が，よりわかりやすい例を提供します。アキレスが亀を決して追い越せないのは，アキレスが前進する時に，亀は，なるほど，アキレスよりもかなり遅くはありますが，アキレスとともに常に少しは運動しており，その結果，たとえ，アキレスが亀の百倍早かったとしても，亀は，いつもアキレスの百分の一の運動を行って〔前に進んで〕いるからです。アキレスは，絶えず亀に近寄っていくことは確かですが，しかし，亀を追い越すことはできません。なぜならば，その時には亀もいつもすでにさらに少しだけ，先に進んでいるからです。以上がゼノンの証明でした。ギリシア人たちに，かなりの機知，あるいはユーモアがあったともいえましょう。というのも，アキレスが亀をあっという間に置き去りにしていくことは，もちろん誰でもが分かりきったことだからです。ゼノンも，人々をそれでもって完全に言い負かそうとするほど，常軌を逸することはありませんでしたが，彼は，しっかり，その問題に取り組んでいました。その後アリストテレスが，彼の運動論において，ゼノンの例がなぜ真実でないのかということを示そうとしました。亀の話の場合の

ように，それが現実に対応していないことがいつでも目の前で証明されうるような極端な形態の逆説が，非常に教示に富んでいるのは，そこにおいて何が真実でないのかを示すことができるからです。よく知られているように，アリストテレスは，ゼノンに対して次のような議論を行いました。矢は，単にある一つの点に存在するのではなく，そもそも運動とは，そこにあるという可能性が，現勢的なここにあることの中にすでにともに現存していることを意味しているという議論です。フッサールも意味地平から出発して同様のことを主張しています。今という時点は，自らの中にすでに別の時点を指示しており，運動は，ある通過，ある移行なのであって，いつもさらにより小さくさせられるような間隔へと分割されることはありえないのです[1]。アリストテレスの自然学の中心部分をなす彼の運動論は，誰もがどこかおかしいと思っている，かなり突飛なゼノンの考えに対して一つの答えを与えています。しかし，いったいそのつど，何が正しくないのかを示すことは，多くの場合，実り多いことであっても，それほどたやすいことではありません。

ヘルマン・シュミッツの身体の理論について

このような興味深い誤りは数々あります。どの程度までこのような誤りが問題になっているのかを，必ずしも決めてしまいたいと思いませんが，いずれにしても，ここで，現象学者として展開しているとするヘルマン・シュミッツの身体論を問題にしてみましょう。この身体論には，私がこの後，自分自身のこととして述べてみたいことと似ている面もありますが，それ以上に全く似ていない多くの面があります。私は，まず最初に『汲みつくせない対象』[2]という著作，すなわち，この著者の哲学体系の要約を呈示している著作を取り上げます[3]。私が引用する第二のテクストの標題は，『自己意識における身体と人格の競合』[4]です。

---

1) このことも言うは易く，行うは難しで，「絶えず」測定技術の限界にぶつかることになります。
2) H. Schmitz（H. シュミッツ），*Der unerschöpfliche Gegenstand*，（『汲みつくせない対象』1990年）。
3) 『哲学の体系』は全10冊であり，その内の1965年に出版された第2巻が「身体」というテーマを取り扱っています。
4) このテキストは，Kienzle/Pape (Hg.)（キーンツレ／パペ編），*Dimensionen des*

a）理論の概要の呈示　私は，まえもって，この身体論のいくつかの前提を手短に述べたいと思います。「身体性」という章は，次の文で始まります。「私が身体について話すとき，私は，見たり触ったりできる人間の物(的身)体あるいは動物の物(的身)体のことを考えているのではなくて，感知するために，自由に使えるような目や手などの〈感覚器官〉を使わなくても，そのあたりに感知されるもののことを考えている。」[5] ここで重要なことは，どのようにして身体と物(的身)体との間に区別がなされるのかということです。シュミッツは，ある注目すべき箇所に，一線を引きます。彼が身体ということで理解しているのは，内的に感知されるものであり，他方，物(的身)体とは，伝統的な意味での感覚（目，手，耳）によって外的に知覚されるものです。物(的身)体とは，見られ，聞かれ，触られるすべてのものを包括しています。したがって，ここで身体性は，私がこれまでの論述で行ったよりもはるかに狭く把握されています。身体性は，運動器官として把握されておらず，あるいは，見ることにおける自己反省としても把握されておらず，狭義の身体性とは，シュミッツにとって，内的に感知すること，あるいは，昔からの伝統的な表現に従えば，感覚することを意味するのです。身体は，感覚されるのであって，知覚はされません。すなわち，身体が，「治療される」こともないのは，もしそうすれば，すでに，〔身体が〕外へと歩み出してしまっているからです。このような出発点の選択は，一連の問題を投げかけることになります。

1　最初の難点は，一方で見られたり，触られたりする物(的身)体と，他方で感知される身体とを区別することにあります。

2　次に立てられる問いは，感知するということで何が理解されているのかという問いです。感知することは，シュミッツの理論において身体の現象的な定義を提供しており，それは，触発的な当事者であること〔Betroffensein〕として規定されます。このことでシュミッツが理解しているのは，誰かに何かが切実に感じられるということです。「何かが誰かに切実に感じられるという意味での触発的に当事者であることは，無意識

Selbst（『自己の諸次元』）所収として，1991年に出版されました。そこには，Manfred Spitzer（マンフレート・シュピッツァー）による言語分析の立場からのシュミッツの理論に対する批判も含まれています。

5）『汲みつくせない対象』115頁。

のままではありえない。つまり，その人は，そのことについて何か気づき，その人自身が問題になっていることに気づかざるをえないのである。さもなければ，そのことは，〈知らぬが仏〔字義通りには，「私が知らないものは，私を暑くさせない」〕〉と俗に言われているように，切実に感じることにはならないだろう。」[6] 触発的に当事者であることとは固有な自我自身のことを意図しています。つまり，私が自らを感知する時には，呼びかけられ，意図され，関わられている誰かとして自らを感知しているのです。

3　第三の契機は，認識論的な側面と言えましょう。というのは，シュミッツは，「主観的な事実」について話しているからです。事実とは，実情に合っている事態のことです。今日は火曜日だとか，月は地球からある一定の距離だけ離れているなどという事実は，客観的な事実と言えましょう。主観的な事実ということでシュミッツが意図しているのは，特定の誰かある人によってのみ言表されうる事実です。例えば，「私は悲しい」という文は，せいぜい或る一人の人が，しかも自分の名前において言表することができる一つの事態です[7]。もし，私が「今日は火曜日だ」というなら，皆さんも，真理の内実や意味の内実を変えずに，私と全く同様のことを言うことができます。それに対して，「私は悲しい」と私が言う場合，あなたは，せいぜい「私もまた悲しい」と言うことができるだけであり，このことは，第二の主観的な事実と言えるでしょう。したがって，「私は悲しい」という文を誰も私の名前において言表することはできません。——ここで，私たちは，デカルト的なエゴを，自我についての言表によって救おうとしているのです。——「私は考える」ということは，私のみが言い表すことができる文ですが，しかしながら，その文は，あらゆる発言の中で前提されているのです。重要なことは，したがって，身体は感知することから考えられるということです。感知することは，触発的に当事者であることであり，このことは，そのつど，感知する者としての私に，そのつど関わっていることであり，誰も私の代わりになることはできません。

4　さて，状況はより複雑になります。問われてくるのは，この当事者性とは，何を意味しているのかということです。身体は，この理論の全体的構成の中にどのように組み込まれるのでしょうか。これらのことは，と

---

6)　同上，196頁。
7)　同上，6頁。

1　自己関係と他者関係

ても簡潔に答えられます。「すべて触発的な当事者であることは，身体的であることである」といわれます。ヘルマン・シュミッツは，いつもは鋭い洞察力を発揮しているのですが，この箇所においては，単純な循環的規定に留まっています。詳しく引用しましょう。「すべて触発的な当事者であることは，身体的であることである。身体ということで私がまず理解しているのは，身体的な様々な感情の動きが属している対象領域のことである。これらの身体的な感情の動きとは，見たり触ったりといった存続するものがなくても，自分の身体において感知されうるような動きのことで，それは，例えば，不安や，痛み，驚き，飢え，渇き，情欲，快感，元気さ，疲れ，息を吸うこと，息を吐くことなどである。」[8] 身体は，まずもって仮に，自分の身体における身体的な様々な感情の動きに関わることというように定義されています。シュミッツがこの箇所でこのような循環的な規定を使って論述を進めているのは，ある危うさを伝えるものです。明らかに，すぐさま，身体について語ることなしに，身体を把握することは困難のようです。身体について語ることは，身体へのある差異，すなわち，ある隔たりを前提にしているのです。身体について語ることは，単に「身体から」語ることを意味するわけではありません。したがって，ここでは，身体は，含蓄的に，触発的な当事者性の記述を通して定義されているのです。不安や痛み，驚愕，飢えなどを包括している領野が存在しているという，したがって，私自身に関わる様々な体験が存在するという仮定に対して反対すべきことは，形式上何もありません。しかし，問われるべきは，以上のことからどのような帰結が引き出されるのかということだけです。

5　シュミッツにおいて感知することと呼ばれているのは，伝統的には共通感覚［*Koinaisthesis*］として私たちに知られていることです。共通感覚とは，語義通りには，公共心や共通に感覚することを意味しています。しかしシュミッツにおいては，通常の社会文化的な公共心のことではなくて，感覚［Aisthesis］のことが考えられており，視覚や聴覚，触覚や嗅覚というような特殊な感覚様態に向けられたものではなくて，全体的な感じや快，不快として体験されることです。もちろん，情態性の領域は，ヘルマン・シュミッツによって発見されたのではありません。伝統において，

---

8) 『自己意識における身体と人格の競合』158頁。

この全体の領域は，情動あるいは受苦という標題の下で扱われていて，シュミッツは，明らかにこの伝統に依拠しています。

6 しかしながら，特別な解釈は，この共通感覚と快，不快の領域が，特定の身体的な力動性とむすびつけられていることにあります。自分の身体において感知することは，狭さと広がりという極性として現出します[9]。広がりがない狭さが私たちに出会うのは，激しい驚愕においてであり，狭さがない広がりが私たちに出会うのは，眠り込むことやそれに似通ったトランスの状態においてです。周知の現象学的な概念性において把握されるのであれば，狭さと広がりは，体験野を体験し，体験野において動いている二重の様式を意味しており，ここへと強く集中しているのか，あるいは，地平そのものが重要になる開かれた野という形式の中にいるのかの二重性です。私たちは，このことを，気分の空間という言葉で知っています。狭さと広がり，さらに，ゲーテが二種類の「恩寵」としてたたえている息を吸うことと息を吐くこともまた，体験野あるいは行為の野を占める身体的に比重の異なる特定の様式と言えましょう。

ヘルマン・シュミッツがどの程度まで正式の先駆的な業績をなしているのかという問いを私は取り上げないでおきますが，彼自身，彼の先駆的な所業をいつも繰り返し声高にたたえています。『新たな現象学』という彼の著作の中を支配しているのは，「見よ，私はすべてを新たにする」というパトスですが，しかし，より詳しく見てみると，フッサールに関しては陳腐さと凡庸さがみられるだけです。これは，迷惑なはなしです。ヘーゲル解釈やカント解釈に一定の水準があるように，フッサール解釈にも一定の水準があります。新しさとは，その水準に即して計られなければならないのであり，さもなければ，その新しさは，自ら自身の無価値を示すだけです。メルロ＝ポンティに対して，いくつか尊大な態度を示している箇所がありますが，そこではメルロ＝ポンティの身体の現象学は軽くあしらわれているだけです。エルヴィン・シュトラウスといった著者は，彼の著作『感覚の意味』において，シュミッツが念頭に置いている主題とかなり近づいているにもかかわらず，この連関において，まったく言及されていません。シュトラウスは，すでに示されたように，感覚すること，すなわち，

---

9) 同上，159頁を参照。

1　自己関係と他者関係

世界の中で自らを感覚すること，世界とのコミュニケーションとしての感覚することから出発します。『知覚の現象学』の中の感覚することについての章は，重要な所で，エルヴィン・シュトラウスまでさかのぼって話を始めています。このテーマに関して，医学的な領域の中まで含まれる多種多様な分析がなされているのですが，「新たな現象学」もまた，それらの分析を無視するべきではないのです。

7　さて，ここで，問題の核心に触れます。ここで私にとって問題であるのは，自己関係と他者関係，さらに，この連関において他者はどのように論じられるのかという問いです。ヘルマン・シュミッツは，神や世界について述べており，彼にとって問題にならないようなものは何もなく，したがって，彼もまた他者を論じます。それは，非常に伝統的に「パートナーの発見」と標題が付けられている章で見出せます[10]。すでにこの標題は，新たなことをほとんど期待させません。事実，その章の最初の文は，やはり次のように始まっています。「私たちはどのようにして意識を持つ別の存在者に近寄るのか，汝の明証性は何に基づいて発源するのか。」この問いをこのようなデカルト的形式で表現すること以上にハンディを背負い込むことができないことは，センセーショナルなほど明らかです。シュミッツの答えは次の通りです。人は，他者を自分の身体において感知することができるので，パートナーの発見は，自分の身体において生じることになり，したがって，一方的あるいは交互的な「身体移入［Einleibung］」が存在するというのです。私はシュミッツの言葉遣いに，ここで立ち入りたいとは思いません。重要なことは，他者は自分の身体において感知されるということです。これは，他者関係に先立つ自己関係として私が考えていることの適切な一例です。私は，私自身を，飢えにおいて，不安において，快感において，元気さにおいて，情欲において感知するのと全く同じく，私は他者をも感知するのです。他者は，私が私において感知する何かとして浮かび上がります。このことで私は，感知するというこの契機が存在しないのだと言うつもりはありません。しかし，感知することは，シュミッツにおいては非常にデカルト的な解釈の影響下にあるのです。ただし，このデカルト主義は，思惟することの領層ではなくて，感覚することの領層

---

10)　『汲みつくせない対象』147頁以降。

に住み着いています。シュミッツにおいては、「私は、他者を別の自我と考える」のではなく、「私は、他者を別の自我として感覚する」ということなのです。このようにして他者は、自分の身体において感知された他者、すなわち、感覚された他者であることになります。

　ここで私は、私の批判をさらに詳述するのではなく、この章の中での他者との連関の解明のされ方についてのみ指摘したいと思います。この連関の記述において、例えば「超え広がる生〔übergleifendes Leben〕」というような用語が使われています。クラーゲスを思い出させるこのような生の哲学の見方は、到底、問題がないなどといえるものではありません。「超え広がる生」という考え方は、他者の異他性の問題を、それが立てられる以前に、予め解消してしまっているのです。もし、私たちすべてが同じ生を分有しているのであれば、根本的な意味での他者は、実際に存在することはありえません。シュミッツにおいて、「融合」も語られますが、それは、デカルト的な分離に対する単に逆のことを示しているにすぎません。「他者との連関は、身体性からいかにしてうち立てられるのか」という問いは、伝統的な図式の中で、次のように解消されてしまいます。1．自己固有のものが前提されていること。それは、私が感知する自分の身体であること。2．ある共通性が前提されていること。3．自分の身体の固有性と、ここでは生として理解されている共通性との二極の間で人は動いていること。したがって、他者の異他性は、一部は、自己固有なものの変容の中に、一部は、共通の生への関与の中に埋没するのです。本来の異他性は残るものが何もありません。フッサールへのシュミッツの注釈を私が陳腐で凡庸であるというのは、他者としての他者の経験がフッサール（そして彼以降の多くの人々）にとって、かなり重要なテーマであったことが明らかであるのに対して、シュミッツにおいては単純に消え去ってしまっているからです。

　b）ギリシア人，経験主義，そして現象学における感知することと感覚することへの短い歴史的な中間〔挿入的〕考察　　私の批判的な注釈をさらに的確に定式化する前に、私は、短い歴史的な中間〔挿入的〕考察をはさみます。多くの人が、自らの哲学研究をフーコーで始めたり、別の人は、メルロ＝ポンティで、さらに別の人は、ヘルマン・シュミッツで始めたり

1　自己関係と他者関係

します。人は，いつもどこかから始めるのですが，このことに対しては，何も言うことはありません。しかし，絶えず危険がともなうのは，少なくとも或る先歴史を持っていることを，絶対に新しいと思ってしまうことです。

　例えば，自分の身体を「感知すること［Spüren］」を取り上げてみましょう。私の知る範囲では，感知するという語を根本語として使用した哲学者はこれまでいませんでした。ただ，問題なのは，感知するということで理解されることもまた，その先歴史を持ってはいないかという問いです。

　ここで目指されている現象をギリシア人が記述する重要な根本語は，パトス［Pathos］です。この語は，極めて多義的です。パトスは，熱情［Leidenschaft］，苦しみ［Leiden］，（飢えや怒りなど非常に中立的な意味での）情動［Affekt］，そして最後に状態［Zustand］を意味します。アリストテレスの判断論（『解釈について』）において，私たちが今日，表象と名付けていることもまた，ψυχῆς παθήματα，心の様々な状態，心が表象していることを意味しています。このように「パトス」という概念は，非常に広く理解されているのです。このことは，パトスというギリシア語をラテン語の中で再現する時にも現れています。*affectio*〔影響，状態〕あるいは *affectus*〔情感〕という語（「Affektion〔触発〕」と「Affizieren〔触発すること〕」を参照せよ）で再現されていることは，一般に情態性や状態を指していますが，*passio* という語で再現されていることは，熱情や「パッション［情熱，受苦］」の契機を強調しています。シュミッツが感知することと呼んでいることの概念史についてはここまでにしておきましょう。

　それに対して経験主義は，感覚を *sensation* として把握しています。ヒュームにとっては明らかに，感覚とは，ある主観的な状態，*mental state*，今日では，広義での精神の状態なのです。感覚が状態として考えられる場合に問題になるのは，そのとき，感性と感覚は，単なる因果作用を超え出るような対象への関係や世界への関係をもはや明示しないということです。感覚において私は，ある特定の状態の中に単に存在しているだけなのです。このような見解を私たちは今日でも見出します。しかも，巨大な認知的なモデルが構想され，情緒が単なる随伴過程や随伴状態として付加されているとされる場合です。そのとき問われるべき問題は，情緒とは，単に認識

や行為に随伴している状態なのか，それとも，感覚することは，それ自身，世界について何かを告げている何かなのか，という問いです。このことについて私は，感覚することに関する以前の章の中ですでにいくつかのことを述べました。

　第三の伝統の系譜は，感覚することが，ある特別な役割を担っている現象学自身の中に探求されうるでしょう。フッサールは，『論理学研究』第5部第15節の中で，志向的体験と非志向的体験という言い方を区別しています。志向的な体験とは，何かを思念し，ある特定の意味内実を所持している体験のことで，この意味内実について私は定式化し，別の人に伝えることもできるのです。「私が何かを喜ぶ」ということがその例です。喜ぶことは，喜びとしていつも何かについての喜びである限りにおいて，志向的に体験することと言えるでしょう。あるいは，私は，何かについて怒りを感じることもできます。飢えもまた，これまた同様に，何かの方へ向けられていると言えましょう。飢えは多少，あいまいに現れうるとしても，私は，何かへの飢えを持っているのです。なるほど，小さな子どもは，彼の飢えがどこへ向かっているのかをまだ知らず，ある不特定な衝動を持っていて，これを後に，何かへの欲求として理解することを学ぶのです。これに対して，非志向的な体験の例としては，疲労や疲弊，あるいは一般的な快感が挙げられるでしょう。私は，何かのために疲れていますが，しかし決して何かについて疲れているのではありません。非志向的な体験のカテゴリーが包括しているのは，そこで何かについて問題になっているのではないようなすべての体験，つまり，私がある特定の状態の中にいるというすべての体験なのです。しかしながら，フッサールの言葉遣いにおいて問題であるのは，彼が否定的な定式化で満足していることです。非志向的な体験は，いかなる意味も持ちません。しかし，この否定的な規定の背後に，どのような積極的な現象が隠されているのでしょうか。ある属性の単なる否認は，欠損した状態以上にはなりません。しかし，フッサールによってこう考えられていたのでは決してなく，彼の現象学は，ここで立ち止まることはありませんでした。

　全体として，そして長期間に渡ってみるなら，フッサールは，感覚を三つの仕方で分けていると言えましょう。

　1　感覚とは，対象的な意味が作り上げられる基となる特定の「ヒュレ

1　自己関係と他者関係

ー」，特定の素材です。このことによって私たちは，カントの触発理論にかなり近づいています。そこでは，ある特定の何かから，つまり，対象が作り上げられる基になるものが存在するのです。赤の感覚は，赤い対象の中に入り込んで，この対象は，赤として知覚されるのです。

2　しかし，フッサールは，そこにとどまっていません。さらに感覚に属しているのは，一種の自己触発です。感覚が意味しているのは，私が私自身に関係づけられていること，私が私自身を感覚することです。この側面は，フッサールにおいてはとりわけ時間論において詳述されています。当然ながら，意識の中に或る感覚の質料が存在するということを仮定できない，とフッサールは主張します。というのは，もし意識の中に全く意味を持たない何かが現れるとすれば，このような感覚の質料は，胃の中に入り込んだ消化できない石のようなものだからです。結局，フッサールは，彼の初期の分析を後に修正しました。時間の指示連関が意味しているのは，私は，感覚すること自身の中で，したがって私が存している状態の中で，ある仕方で私自身に遡行的に関係づけられている，ということです。

3　最後に残っているのは，フッサールが〔彼の全集の〕相互主観性に関するいくつかの巻で「呼びかけ［Anruf］」と名づけていることです。つまり，何かが私を襲い，私に呼びかけ，私に触れるのです。触発は，「仕掛ける［Antun］」（これが，*afficere* の言葉通りの翻訳です）として解されており，このことが意味しているのは，触発においていつも他なる何ものかもまた関わっているということです。単純な色の感覚の中でもすでに，自我にとっての他なるものが関わっています。私は，この感覚を単純に作り出すのではありません。私を挑発し，おびき寄せ，攻め立てる何ものかに私は直面しているのです。純粋な自己投企に還元されえない感受性〔Empfindlichkeit〕の全体的な理論もまた顧慮されるべきでしょう。

このようにフッサールがこれらの三つの視点の下で感覚を考察しているのに対して，ハイデッガーは，この全領野を，「情態性」と「気分」と彼が名づける現存在の一つの形式として概念的に把握しています。「私が～の情態である［私が，～にある。Ich befinde mich］」ということは，ちょうど一つの有機体が熱を帯びたり，あるいは，暖房機が或る特定の温度に到達するように，私が或る特定の状態の中にいるということを意味しているのではありません。情態性が意味しているのは，私が世界の中に，

そして他者と共にあるということです。この語の選択がうまくいって、ハイデッガーは、伝統的な哲学において感覚と呼ばれていることを、新たな仕方で主題化しました。このことが明確に意図したことは、「内的な状態」という言い方に現れているような主観化から感覚を解放しようとしたことです。感覚することは、その中に私がいて、他者がいない（物は問題外です）といった状態ではありません。そうではなくて、もし私が「私は悲しい」あるいは「私は楽しい」と言う場合に、これらのこと自身において私が読みとることができるのは、これらのことが私に対して、気持ちをめいらせることやあるいは喜ばしいことを持っているということです。このようなことは、労働心理学が示しているように、実際の仕事をするときに軽快な気持ちであるのか面倒な気持ちであるのかということにも入り込んでいます。そして、共通の超え広がる情態性が存在するという意味で、他者が関わっているのです。私たちは、他人が意気消沈しているのを見ると、自分の喜んだ気持ちも弱まっていき、ともに嘆き悲しむか、あるいは、他人の不幸を喜ぶ気持ちが生じてきたりします。これらの情態性は、個々人の状態や、心の状態、物(的身)体の状態やあるいは感知されうる身体の状態に還元されうることではありません。「〜の情態である」ということは、私が他者とともに世界の中にいる仕方なのであり、このことは、次々に抑揚が変わっていく調子の中で起こっています。気分は、音楽における調性や絵画における彩色に似ています。というのは、それらは、何か特定なことを指しているのではなくて、全体の状況を明るみに出しているからであり、ある特定の明るさやある響きの中で、全体の状況を現出させているからです。ハイデッガーについては、ここまでにしておきましょう。

　エルヴィン・シュトラウスも同様に、『感覚の意味』という彼の著書の中で、「感覚すること」を動詞的に把握しています。感覚することは、ある状態の担い手であることを意味しているのではなく、特定の仕方で私に呼びかける他者と接触していることを意味しているのです。感覚することは、他者の中で自らを感覚することで、このことは、他者とともに感覚することへと拡大します。感覚することが意味しているのは、区別が消滅しているような融合の状態でもなければ、区別されるものが相互に対立し合っている分離の状態でもありません。感覚することは、自ら自身に対してズレていることなのです。

1　自己関係と他者関係

　これらの歴史的な中間〔挿入的〕注釈が認識させてくれることは，ヘルマン・シュミッツは，感知することについての彼の理論の中で自己関係の契機を中心に持ち込んでいるということです。すなわち，カントとフッサールとともに自己触発と名づけられうることを中心に置いているということです。しかし，このことは，〔事柄の〕ある一つの側面に過ぎなく，この側面によって事柄が汲み尽くされるわけではありません。

　伝統的な考えにおいて特に問題になるのは，外的経験と内的経験との平行関係を維持し続けることですが，一般に現象学はこのような伝統から批判的距離を取っています。この平行関係が前提としているのは，以下のことです。まず，外部感覚を用いる外的経験があって，この経験において私は様々な事物と関わり，さらに内部感覚を活性化する内的経験があって，この経験において私は自分の様々な状態や様々な過程に直面するというのです。ギルバート・ライルは，この内的経験を『機械の中の精神』と名付けて，物(的身)体という機械のなかには，一種のモニター，すなわち精神があって，この精神が，物理学の代わりとなって一種の超物理学のように，物理的な過程を観察するのです[11]。

　ヘルマン・シュミッツは，経験からかけ離れたこのような構築から逃れようとして，自己経験を直接的な内存在［Innesein］と規定しようとします[12]。生は，ディルタイが言うように，自ら自身に内的に存在しており，自ら自身のもとにいて，知覚や外的な視線，外的な治療や，他者のまなざしからも独立に存在しています。このようにして，自己経験は，誰かある人（あるいは主観）と何か（あるいは客観）との区別に先だって置かれることになります。感覚の中では，何かを感じるような誰もまだ存在していません。痛みの中で私は何ものかに向かっているのではなく，私自身がその痛みであり，その痛みを生き抜いているのです。

　ところで，フッサールにおいても私たちは同様のことを，すでに『論理

---

11)　G. Ryle（G. ライル），*Der Begriff des Geistes*（『精神の概念』1969年）。〔邦訳，坂本百大・宮下治子・服部裕幸訳，みすず書房，1987年〕。

12)　同様のことが見られるのは，ミシェル・アンリの質料的，ないしヒュレー的現象学においてです。この著者については，*Phénoménogogie materielle*（『実質的現象学』）〔邦訳，中敬夫・野村直正・吉永和加訳，法政大学出版局，2000年〕，1990年と Rolf Kühn（ロルフ・キューン）によって編集された論文集 *Radikale Lebensphänomenologie*（『徹底した生の現象学』1992年）を参照。

学研究』第五部において見出しており，そこでは，感覚することと感覚されたものとは一つであると言われています[13]。先志向的な体験様式は，いまだに「何ものかが何かとして」統握されていない領域に属していると言えるでしょう。

　ここで，方法に関する補足的な注釈を加えておきましょう。私は，志向性をいつも「何ものかが何かとして」統握され，思念され，取り扱われ，あるいは考察されることというように，理解してきました。となれば，先志向性が意味しているのは，何かとして統握されるこの何ものかが，様々な種類の統握や解釈の中に完全には吸収されていないということです。対象的な統握には，いつも何ものかが先行しており，この何ものかは，対象ではありませんが，いずれにせよ，対象化されるものです。そうすると，問われるのは，ではいったい，このように先立って存在しているものについて，どのようにして私は語ることができるのかという問いです。何かあることや体験していることについて，それを解釈することなしに，そして，それに統握という形である特定の意味を帰することなしに，そもそも私は語ることができるのでしょうか。このような問いで，私は，この歴史的で方法的な挿入的注釈を終えることにします。

c) ヘルマン・シュミッツの身体現象学への最終的な批判

　1　したがって最初の問題は，この先立っているということにあります。志向性にこのように先立っていることや，主観と客観に先立って存していること，何かへの表現による関連よりも先立っているこの領域について，私はいかにして語ることができるのでしょうか。この問いに対するフッサールの答えは，以下の通りです。対象的に認識することや，評価すること，決断することに先行している，この先立っているということは，遡行的な問いという形式においてのみ把握されるのです。このような定式化は，『ヨーロッパ諸学の危機と超越論的現象学』の中で，特に生活世界への遡行的な問いの中でくりかえし現れています。フッサールは，先述定的な経験について非常に多くのことを記しました。このことで彼が指している経験とは，「月は空にある」というような言表の内実にまだ変えられていな

---

　[13] 『フッサール全集』19巻のⅠ，362頁。〔邦訳『論理学研究3』立松弘孝・松井良和訳，みすず書房，1974年，148頁〕。

い経験であり，ある特定の状況の中での，見ることそのものを指しているのです。はっきりと顕在化され，言葉にもたらされたり，命題的な内実へと翻訳されることに先だって，経験の中では，ある組成が立ち現れています。「先述定的」という語の先〔先立っている〕ということが意味することは，その時にはすでに，端的に何かがそれ以前から現存しているであろうということですが，この場合，このようなことについてどのようにして語ることができるのでしょうか。方法的に見てみるなら，「先立っている」ということは，フッサールにとっては，いつも，ある相関関係を意味しています。たとえば，何かは，先だって与えられており，後の段階との関係において予めあるのです。私が経験について語る場合は，言表という形式においてそうするのであって，歌ったり，感情をあらわにしたり，その他のことでそうするのではありません。このような考えに対しては，次のような反論があるでしょう。君は，感覚について語っているが，感覚とは，そもそも言葉によって書き留められないはずのものです。いまだ言葉に属していないものをいかにして言葉へもたらすことができるのか，と。ここには，以下に述べるような二者択一があります。すなわち私たちはただ沈黙して感覚するのみなのか，あるいは間接的な仕方で語るのかという二者択一であり，後者の場合には，「それに先だって」なおそれ以上のことがあって，何かが予め置かれているのであり，自らを示すものは，さらに別の仕方で自らを示すのだということです。フッサールは，この第二の可能性を拠り所とします。つまり，いまだ言葉には至っていない身体的に体験することが存在するが，私はそのことについて語ることができるのは，私がそれへとかえって行くか，あるいはふりかえって眼差すことによってのみ語ることができるというのです。

　遡行的な問いに関する以上の問題は，ある古い論争を指し示しています。ルソー以来，有名な「自然へかえれ」ということが討論されています。これより古いモットー「源泉へかえれ」を心に浮かばせるこのかえる〔Zurück〕ということを，私たちはどのように理解すべきなのでしょうか。ヴォルテールは，彼の論戦の中で，ルソーについて嘲りながら次のように言います。「ああ，彼は，今や，人類を猿のように再び木の上に送り返すつもりなんだな。」しかし，この「文明を抜け出して自然へかえること」，すなわち，文明へのこの嫌悪は，それ自身，非常に文明的な現象なのです。

文明への嫌悪が自然に，ある特別な重要性を与えることになります。私たちが自然へかえるとするとき，私たちは，文明化した人間としてそうしたいのです。カントは，ルソーの穏健な共感者でした。彼は，かえって行くことを，ふりかえって眼差すこととして把握するよう提唱しました[14]。人間は，再び木の上へかえることを欲することはできません。しかし，文明の様々な先行的段階をふりかえって眼差し，このような仕方で文明を別の目で見ること，自明ではなく一様でもない仕方で見ることは，意味のあることなのです。このような仕方によって，ある種のルソー主義は有効になるでしょう。

このようにふりかえって眼差すことは，人類の発展の共通な先行的段階だけではなく，自分の幼年時代にも関わります。もし，再び幼年時代にかえって行き，そこへ到達しようとするならば，それは間違ったロマン主義に従うことになりますが，自分の幼年時代をふりかえって眼差すことに，非常に大きな意味があるのは，「私は偉くなったものだ」とか，「やれやれ，あれは，免れてよかった」といった意味だけではなく，ふりかえって眼差すことがいつも意味しているのは，この先立っているということが後に実現化される以上の多くのことを含んでいる，ということでもあるのです。人生の過ぎ去った時期をふりかえって眼差すことは，現在を変化させますが，基準点は，いつも，十分に展開された現在であり，この現在が自らの先歴史を持っているのです。

ヘルマン・シュミッツに関して，以上のことが意味するのは，私は眠り込むこと以外，純粋に感知することから始めることはできないし，眠り込んでしまっては，私はもはや哲学することも語ることもないということです。よく見てみると，シュミッツは，決して，純粋に感知することから始めているのではなく，彼は，言葉に先立って現存していると自称されていることについて絶えず語っているのです。真剣に立ち向かっているとき，哲学はほとんどいつもこうしていますし，このことについて誰に対しても単純には非難することはできません。ただシュミッツは，この状況を反省

---

14) 彼は人間学で（B322, Weischedel, ヴァイシュデル版，第6巻，680頁），「ルソーが元来望んだのは，人間が再び自然状態にたちかえることなのではなく，今立っている立場から振り返って見るべきだということだ」と述べています。〔邦訳，山下太郎・坂部恵訳，理想社，1966年，325頁〕。

1 自己関係と他者関係

しておらず，彼は絶えず，感知することや直接性という符号において，固有名といったたくさんの事柄を密かに紛れ込ませているのです。主観的な事実についての彼の事例は，「私，ヘルマン・シュミッツは，悲しい」ということです。しかしこの例は，いったい，直接的な自己関係について語っているのでしょうか。自分の名前は，他者関係に先立つ自己関係を体現しているのでしょうか。明らかにそうではありません。というのは，ヘルマン・シュミッツは，彼の名前を自分自身でつけたのではないからです。彼が自分をヘルマン・シュミッツと呼ぶとき，彼はすでに他者からそのように語っているのであって，自分自身から始めているのではないのです。すでに名前をつけることには，他者への関係が存在しています。さらにシュミッツは，自分の身体を体験することや感知することを記述する時に，人工物を導入しています。それは例えば，快適に入浴しているときの浴槽であって，これは，あきらかに文明の産物です。私たちの感情をも肉付けするこのような日常の装備は，[ここでは]そのものとしてはっきりと考慮されてはいません。このような態度から生じるのは，一種の斜視，二重の視覚，あるいは，言葉に関していえば，一種の腹話術です。それは，いつも，そのものとしてははっきりと分かるようにされていない何か別のことをともに語ろうとするのです。その眼差しは，自らの中を見回すのですが，はっきりと名付けられないものに向かってさまよい出ているのです。一方での身体の経験と，他方での，身体をそのようなものとして経験すること，ないし，身体との関わりをも規定する的確な言葉との間の差異が隠し取られてしまいます。シュミッツに反対する論拠として持ち出されるべきことは，分節化され問題化さえもされる身体の経験は，ある距離を前提しているということであり，触発的な当事者性から単純に始められるとする場合，この距離が横領されることになるのです。このようなやり方の結果として生じるのは，一種の新しい内面主義であり，それは，ビーダーマイヤー風の小市民的な雰囲気の中での記述です。実際にシュミッツは，身体を，主観哲学であるデカルト的な伝統の中に再び置き入れているのです。思惟する主観の代わりに彼が感覚する主観から始めているとしても，デカルト的な伝統の中の多くのことは変わることはなく，結局，これまでと同様に，自己自身に囚われたままなのです。非常に多くの読者に波及しているこのような身体哲学の吸収力は，おそらく一種の過度な自己への関心に

由来するものでしょう。この関心は，自らの満足をそのような種類の理論に期待するのです。

したがって最初の議論は，次のようにまとめられます。身体を感知することや，はっきりとした外的な把捉に先立って存していることについて私が語ることには，遡行的な問いがいつもそれ自身において含まれており，この問いは，身体的な経験についての直接的な言表へと変えることはできないのです。

2　私の二番目の批判的な議論は，身体と物(的身)体との差異に関わっています。シュミッツは，「身体と物(的身)体とは，本質的に異なっている」と述べています[15]。実際，このことは，身体と物(的身)体との間，そして感知される身体と知覚される物(的身)体との間を理解可能な仕方で架橋することはできない，と考えられているのです。私たちは，ただ「相応する事実」に出くわすだけなのです[16]。この著者は同じ箇所で，医学とその「祝福にみちた働き」（シラーの鐘を思わせます）について指摘しています。ここに私たちは，デカルト主義がそれほど新しくない仕方で定式化されているのを見出します。つまり，物(的身)体の考察は，端的にそして単純に外からなされるというのです。シュミッツが他の選択肢，つまり，スピノザやヘーゲルやその他の人々のように精神と自然を再び統一から考えようとする「形而上学的な簒奪」と名付けられるような選択肢から身を守ろうとするのも，理由のないことではありません。精神と自然との形而上学的な占有と統一化を回避することは，私には適切であると思われるのですが，この防衛は，再び中途半端な半分の真実へと導かれているのです。物(的身)体と身体を区別するとき，なるほど差異は実際にあって，それは統一へと導きかえされないものなのですが，この時に問われるのは，〔実は〕どのように差異化されているのか，ということなのです。

ギリシア人は，なんとか身体と心とを統一しようとしてみました。彼らは，自然そのものが生きており，それ自身運動しているということから出発しました。その結果，「単なる」物(的身)体はまったく存在しなくなりました。単なる物(的身)体とは，ギリシア人にとっては，死せる物(的身)体といえます。確かにコスモスは活気のあるものとみなされているので，

---

15)　『汲みつくせない対象』132頁。
16)　同上，116頁。

1 自己関係と他者関係

その活気はすべてのものに及んでおり、あらゆる存在者を貫通しています。私たちが、このような壮大なヴィジョンを断念するのは、身体と物(的身)体が、統一化に逆らう差異を土台としているからです。

さて、しかしながらこの訂正は、その関係項を不変のままにしておくような相関関係の中に身体と物(的身)体があるということを意味しているのではありません。身体－物(的身)体 [Leib-Körper] が、ある連関として考えられる場合、このことが意味しているのは、身体はそれ自身もはや純粋な身体ではないということです。フッサールやシェーラー、プレスナー、そして独自な仕方でメルロ＝ポンティも行ったように、物的身体 [Leib-körper] という語を真剣に受け取るならば、このことは、「物(的身)体に先立って純粋な身体が現に存在する」ということではなく、物(的身)体性は身体それ自身に関わるということを意味しているのです。つまり、身体は、自己自身のもとに純粋に存在するのではないのです。しかしながらシュミッツは、自然の一部としての物(的身)体と、内面的領野として体験されるかあるいは感知される身体との間の単なる事実的な相応で満足しています。そしてさらにこの相応は、再度、一方には神経生理学的な脳の過程のような物(的身)体的なプロセスと、他方には身体的な感情の動きとの間の並行的な事実の系列、したがってそれらの相関関係で終わっています。

このような隠されたデカルト主義は、現在の理論の状況の内部では、構成主義との自然な同盟関係へと導かれます。構成主義者は、身体を外部から構成し、次いでこの構成された身体が内部からどのように体験されるのかということを記述します。この場合、外部と内部とは、経験的な相関関係によって単に結びつけられている二つの区域であると言えるでしょう。

フッサールとは異なりシュミッツは、「転換箇所」としての身体から出発しません。フッサールの考察の中での身体は、純粋な自然の因果性にも、体験されうる精神的な意味にも、ないし主観的に感知することにも還元されません。しかし、もしこのような転換箇所を仮定しないなら、人は再び自然主義的な態度へと戻ってしまい、条件づけの型の特定の相関関係を確認することになります。このような考察は、完全に因果的です。例えば、「脳の特定の区域に電気的な過程が起こるときはいつも、ある一定のことを人は体験する」ということです。このような相関関係が経験的に明示されるのは、患者あるいは被験者に彼らの感覚と表象とを記述させ、同時に

測定を実施する場合です。これらの研究方法における相関関係は，特定の方法が様々に経過していく間に明示されるのですが，これらの研究方法は，その方法論に関しては，自然主義的態度の中で行われています。このような研究や方法の多産性を否認することは，間違っているでしょう。しかし，相関関係というこの関連が最終的な結論なのでしょうか。物(的身)体のプロセスと，内的に体験すること，あるいは感知することとの間の相関関係を最終的な立場であると仮定するならば，どこからこの連関が考えられ，明らかにされるのかと問われることになるでしょう。この場合，私の自然についても語る[17]フッサールのような立場をとるのが第一の選択であり，身体の物(的身)体への内的関係が仮定されますが，このことは，身体は，体験されて作動しているだけの身体ではなく，ある外部を持ち，いつも退去し，自立していて，自らの機能の行使を超え出ているということを意味します。もう一つの選択は，自然主義の試みにおいて生じているように，身体と物(的身)体の彼方に身を置き，どこからでもないところから相関関係を見やることであり，結局この相関関係はただ事実として確認するだけなのです。

　ヘルマン・シュミッツのテクストを読むとき，私にとって全く不明瞭なことは，身体と物(的身)体との連関はどこにあるべきなのか，ということです。デカルトの場合は，この連関は，神によってうち立てられています。デカルトは，延長した事物の領域と，思惟された事物の領域とをお互いに区別することができます。なぜならば彼は，精神的な世界も物体的な世界も同様に，現存在において保持する無限な実体として，神を思い描いているからです。デカルトにおいては，神学がとても多くの機能を果たしていますが，その一つの機能は，神が精神と自然の彼方に存在するという統合的な視点を提供することにあります。そしてスピノザにおいては，*Deus sive natura* と言われ，神は，万物の中の一切なのです。ではヘルマン・シュミッツにおいてもすべてのものは，すべての中にあるのでしょうか。往々にして，彼も同様に，神的な視点を取り，その視点から様々に分離された領域について語っているような印象を与えます。しかし次のような問い，すなわち，もし身体と物(的身)体との間に差異が存在するのであれば，

---

17) 同上，273頁を参照。

1　自己関係と他者関係

どこからこの差異は記述されるのかとう問いは残されたままです。私の提案は，この差異を自己差異化として把握することをめざしており，この自己差異化は，私自身と他者とにおいて明示されるべきなのです。

　3　シュミッツに対して最も強く抗議したいのは，自己固有のものと他者との差異がまったく隠れ去っているということです。私はすでにそれに対応する箇所を引用しました。それは，「人は，他者を，自分の身体において感知する」という箇所です。他者への関係の中でのこの自己の関係は，なるほど他者への関係の一つの側面ですが，しかし唯一の側面というわけではありません。この自己関係は，確かに飛び越えられません。というのは，他者を感知するときには，いつも自己自身をもともに感知しているからです（このことは，ギリシア人にとって，他者への愛と友情は，いつも自己愛あるいは自己触発［自己に好意を持つこと］を意味していることに相応します）。このことは，したがって，否定することはできないのですが，問題なのは，ただ，そのとき，この「自分の身体において他者を感知すること」が，同じ箇所で言われているように，「意識を持っている別の存在者へ」至るための唯一の道であるのかどうか，ということです。ここでは，固有性が，まったく問題がないこととして前提されています。シュミッツが把握しているような自己関係は，それ自身，差異の規定としては把握されることのない固有性を前提にしています。私はいつも，固有性を他者への差異として把握します。固有性は，ある領域あるいは審級をいつもすでに前提しており，この領域あるいは審級から私は離れています。私が「生は自らを生きる」と言うとき，自分固有のものはいかなるものも関わっていません。すべてが一者のなかにあるようなものを，一体どのようにして自分のものにするといったことが生じうるでしょうか。どこで，自分の－ものにするということ［An-eignung］が始まりうるのでしょうか。〔ここでは，〕私たちは，差異のない生の流れの中に巻き込まれてしまい，そこからは，もはや誰も，自分は自分であるとは言えなくなるでしょう。シュミッツにおけるデカルト的な思考は次のような形を取ります。すなわち，自分固有のものとは主観的な事実であり，この事実は，それを感知する私に関係しているのであると。ここで固有性が要求されますが，この固有性はそれ以上は顕示化されえません。固有性は，自明性とみなされ，私は私であり，私の身体は私の身体であるというのです。

以上のことは，腹立たしい思いを起こすことにもなります。というのも，ある人がシュミッツと論争を始めようとすると，すぐに彼にからめ取られてしまうと感知することになるからです。シュミッツのテキストにある種の自閉が充満しているのは，*autos* つまり自己は問題のないものとして前提される一方，すべての他なるものは二次的に付け加わっているという意味においてです。しかし，自己固有なものと他者についての非常に多くの現在の論考が教えていることは，［実は］固有性そのものが問われているということなのです。「人間は，自分の家の主人ではない」というフロイトの有名な言葉が意味しているのは，異他性がすでに，私の自分の生の中と自分の身体において，始まっているということなのです。それゆえに，私は，もう一つの選択肢として，次のことを定式化したいと思います。つまり，他者関係の中に自己関係が存在していること，私は，私へと関係づけられてはいますが，私はいつもすでに他者と他者たちに向かって外にあることにおいてそうあるということです。次の授業では，このことから身体性の理論にとってどのようなことが帰結されるのか，ということを説明したいと思います。

2　自分の身体と他者の身体との交差としての間身体性

（第11講　1997年1月21日）

　前の授業で私は，他者関係に先立つ自己関係を仮定するやり方の一つの選択肢，つまり，他者へと迫っていく前に人はすでに自分自身のもとにいるということから出発する選択肢を示しました。自己関係についてのこの優先性に属しているのは，身体的に感知することの仮定であり，身体的に感知することとは，外的な関係に，したがって物（的身）体としての自分の身体の把握にも先行しています。
　これに対するもう一つの選択肢とは，自己関係は，他者関係の中で立ち現れること，したがって，私は，最初から他者への関連において私自身と関わっているということにあります。つまり，他者への関連が存在し，それと同時に身体の自己自身への関連が存在しているのです。自己関係は，他者への関係に先行しません。もしそうしてしまえば，他者への関係は，

二次的な関係になってしまうでしょう。そうではなくて自己関係と他者への関係とは，同時に読みとられなければならないのです。このことに関する例は，世界の中で自己を感覚するということで，以前の連関の中ですでに検討されました。この定式化はエルヴィン・シュトラウスに由来しており，どのように物事が私に重くのしかかったり，どのように私を鼓舞しているのかを私は感覚するということです。世界は，感覚の中で私に出会います。そして感覚することの中で，つまり世界が私たちに出会うその様態の中で，私は同時に私自身を感覚し，私自身を軽快であるとか，重苦しいとか，様々に感じます。私は，ドイツ語の中の再帰動詞を指摘しました。そして他の言語にも似たようなことは見出されます。例えば，自ら喜んでいること［Sich-freuen］は，何かについて喜び，そして同時に自分自身にも関わるということにあるのではありません。自ら喜んでいることは，世界あるいは他者の中に，何についてということつまり，きっかけを持っています。この「同時」ということが意味しているのは，私は自分自身何らかの情態にあるということです。ハイデッガーの情態性という表現は，私は私自身，世界の中で他者と共にいるというように，この事象をとてもうまく言い表しています。自己の情態性の再帰性は，ここでは単なる二次的な契機としてみなされてはなりません。

　もちろん，他者関係と自己関係との同時性は，ある形式の異他性をすでに私自身の中に前提しています。対話と独話とどちらを優先するかという問いは，この問題系全体に対する古典的な例となっています。それは，独話と対話のどちらが先か，という問いです。それに対する答えは，独話においていつもすでに対話が予めあり，独り言においていつもすでに他者との対話が予めあるという答えです。もし他者への関係が欠けているとしても，その関係は完全に欠落しているのではありません。というのは，独り言において私は，私自身と話すことによって，私自身を分割しているからです。プラトンの『ソフィステス』の中で私たちは，思惟についての有名な定義がみられ，思惟とは，魂の自ら自身との声にならない会話なのです[18]。自ら自身と話すということは，単にある一人の人であるということではなく，様々な種類の役割を引き受けるということを意味しており，例

---

18) Sophistes（『ソフィステス』）263d．〔邦訳，藤沢令夫訳，岩波書店，1976年，211頁〕。

えば，私は私自身に答えることもあれば，私自身の話を遮ることもあります。いわゆる独り言は，他者の異他性が脱落していることを意味するのではなくて，独り言において他者が私自身の中でともに語っているのです。独り言において私は，私自身が自分に反論するだけでなく，あらゆる独り言は，いつもすでに様々な他者の声の響きに貫かれていて，これらの声は，事後的になって初めて私の生に侵入してくるのではありません。

　他者関係の中の自己関係についての一般的論考は，その支えを，世界への共通な関係ということに見出します。どのようにして私たちは共通な仕方で世界の中の事物と関係しているのかという問いをきっかけにして，私は，*intercorporéité* という概念にまでさかのぼって話を始めます。この概念は，メルロ＝ポンティによって新たに作られた概念で，「間身体性［Zwischenleiblichkeit］」と訳されるのが最も良いでしょう。私たちは，相互主観性や相互－作用という表現を知っています。これらの概念にメルロ＝ポンティは，相互身体性［Interkorporeität］という概念を付け加えました。間身体性に相応しているのが間の世界［*intermonde*］で，それは，はじめから，間の領域［Zwischensphäre］として呈示されています。間（ラテン語の *inter*）という語は，20世紀の哲学の中でしばしば現れています。マルティン・ブーバーにおいて間は，我と汝に対して先行しています。ハイデッガーにおいて存在への関係は，間の領域です。東アジア的な解釈において，たとえば日本の哲学者にとっては，気もまた間として解釈されます。気とは，ある社会的な雰囲気を表しており，特定の人格や個人が明瞭な形をとって現れ出る前に，すでに私たちは気の中で生きているのです[19]。この間ということが意味しているのは，あるAとあるBが存在して，そしてそれら両者の間に中間領域が存在するということではありません。というのは，間は，AとBとの間に存在することではなくて，まず最初にAとBとを差異化して独立させるようになる領域のことを表しているからです[20]。社会的な領野においてこの間が意味しているのは，経験主

---

19) この点について，Ichiro Yamaguchi（山口一郎），*Ki als leibhaftige Vernunft, Beitrag zur interkulturellen Phänomenologie der Leiblichkeit*（『身体的理性としての気，身体性の間文化現象学への寄与』〔邦語版『文化を生きる身体』知泉書館（近刊）〕）1997年を参照。

20) これについて，M. Merleau-Ponty（M. メルロ＝ポンティ），*Keime der Vernunft*（『理性の萌芽』），原著194頁，独訳版196頁を参照。

2　自分の身体と他者の身体との交差としての間身体性

義的な想定によるように，諸個人が存在して，連合によってそれらの人々が関係し合うということではありません。間の領域は，差異化の領域として特徴づけられるのが最も良いでしょう。その例として私が挙げるのは，可変的な構造としての家族です。家族の中でそのメンバーたちは，お互いに離れていくことや，時には別居してしまうこと，そしてお互いに結びつくことで，家族の独自性を作り上げているのです。

　メルロ＝ポンティは，この間の領域を，キアスム［Chiasmus］という文飾を使ってさらに言いかえました。キアスムとは，（Xと書かれる）ギリシア文字のchiにならって名付けられた修辞的な文飾です。キアスムとは，AとBとがCにおいて交わっているということを意味しています。キアスムにおいて重要であることは，その交差点が一方の線にも他方の線にも属していないということです[21]。この間の領域を記述するために他の著者が使う表象は，様々な線がお互いに混入しあっている「絡み合い」（ノルベルト・エリアス）や，あるいは「交差」（ヘルムート・プレスナー）です。

　自分の身体と他者の身体とを考慮する時に，キアスムあるいは絡み合いが意味しているのは，両者は，いつも相関的でしかない差異化が結果したものであるということです。自分の身体と他者の身体は，それぞれ固有の領域であり，この領域は，そのつど，自己関係と他者関係によって性格づけられており，この他者関係は，二つの方向の中で進行しています。その時，二つの領域［自分の身体と他者の身体］は部分的に合致していますが，多少なりとも，お互いにずれているのです。

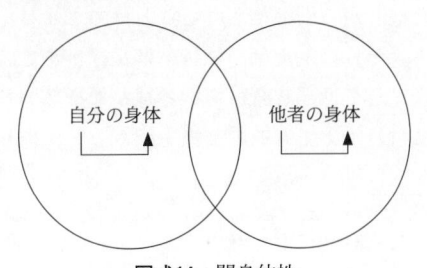

図式14　間身体性

---

　21)　交差について，より詳しいことは，『解答の索引』423, 447頁と491頁，さらに以下の文献を参照。*Deutsch-Französische Gedankengänge*『ドイツとフランスの思考連関』358-66頁，1995年を参照。

以上のことによって，社会科学において一般に行われている個人主義と全体主義との二者択一が回避されます。個人主義は，個々の存在者から出発しますが，この個々の存在者は，別の個々の存在者とは二次的に関係しています。全体主義は，ある全体から出発しますが，この全体の中で個々人は，その一部分でしかありません。全体主義が見出されるのは，例えば組織論的な社会理論においてですが，この理論は極めて疑わしく，全体主義的なものへの傾向を持っています。このこととは逆に，間というモデルは，このような極端な考えを回避します。つまり，個々人は，ある全体（例えば，家族や国家，文化）の単なる部分ではなく，徹頭徹尾，自己固有なものを持ってはいますが，この自己固有なものは，いつも他者から際立つことの中で固有なのです。個体は，いつも差異化の出来事から生じており，メルロ＝ポンティが構造的な概念を使って言うように，ある野の中の偏差によって成立しています[22]。その際，個体化の程度とその仕方は，文化によって異なっています。ある極東の社会の構造においては，分離し個体化する程度が，近代前半期以来の私たちに比べてゆるやかです。しかし中世においては，私たちにおいても今とは別様でした。ノルベルト・エリアスは，彼の著書の『諸個人の社会』[23]の中でデカルトから出発し，このような〔個人主義的な〕想定の限界を明示しています。エリアスが記述しているのは，社会的な『個人を越えているもの』がいかにして作り出されるのかということですが，社会は，そもそも様々な個体の間の契約によって初めて成立するものであると考えられています。ノルベルト・エリアスは，絡み合ったものという隠喩を使って論述を進めます。個々人は，社会の「絡み合った網」から引き離されることはできません。社会には，ある文様があります。それは例えば，絨毯には文様があるのと同様です。絨毯にはお互いに交差して通過し合っている様々な種類の糸がありますが，個々の糸を単純に付け加えてもその文様を組み立て，作り上げることはで

22）　標語「偏差」については，*Das Sichtbare und das Unsichtbare*（『見えるものと見えないもの』1986年），〔邦訳，滝浦静雄・木田元訳，みすず書房，1989年〕の索引を参照。

23）　この著作は，1987年に出版されましたが，最重要な本のタイトルとなる論文は，すでに1939年に執筆され，政治的状況が災いして出版にはいたりませんでした。「個人を超えるもの」については，36頁，「絡み合い」と「絡み合ったもの」については，53頁から56頁までを参照。歴史的文化的変遷については，最後の論文 Wandlungen der Wir-Ich-Balance（「私たちと自我のバランスの変遷」）を参照。

2 自分の身体と他者の身体との交差としての間身体性

きません。

この間は，間の世界や，私と他者との間という出来事に関わっています。このことは，すべての体験の段階において明示されますが，私は，最も重要な段階のみに言及します。すなわち，この間の領域から出発する場合，感覚するということは，喜び合うことや同情という意味でのともに感覚することとして初めから考えられるはずです。同情が成立するのは，社会的な感情が付け加わることによってではなく，私が私の生の中で他者へ参与し，私が他者の生にともに捉えられていることによってです。他者の気分が悪いときには，私もまた気分が悪くなるのです。このように直接に強くともに関わっていることは，ある限定された生の領域の中で起こりますが，同情やともに喜ぶことは，ある一人の人から他者へと超えて広がっているのです。シェーラーは，「感情の伝染」について，伝染病について語られるように語っています[24]。同情は，哲学においてある限られた役割しか果たしていません。[しかし，]興味深いことに，同情は，私たちの古代の伝統においては，かなり中心的な地位を要求しています。ギリシア悲劇は，ある意味で，私たち西欧演劇の名づけ親のような役割を果たしており，アリストテレスの『詩学』中で理論的に表現されていますが，そのギリシア悲劇において同情と恐れは，まさに根本的な情態性そのものとして登場しています。哲学において同情は，ずっと後になって初めて語られるようになります。古代の道徳論において同情は確かに軽く言及されていますが，しかしそれが初めて中心となるのはルソーにおいてです。ルソーは，万人の万人に対する闘争というホッブス的な攻撃性を，他者の情態への参与によって和らげています。その後にショーペンハウアーは，同情を生の根底に据えています。

ここで重要な思想は，いかに，個々人によって細かな違いがあれ，感情とは個々人に帰される単なる状態——近代の伝統においてそういわれていたように——ではないということです。この状態というのは，個々人に帰属するものとして，例えば，ある人が悲しいということは，その人がある状態を感じていて，その状態を必要とあれば，計測でき，血圧やホルモンの分泌量などで計測できるということなのです。このような見解に対して

---

24) *Wesen und Form der Sympathie*（『共感の本質と形式』全集7巻），〔邦訳『同情の本質と諸形式』青木茂・小林茂訳，白水社，1976年〕の索引を参照。

すべての現象学の著者は，根本的な訂正を行いますが，その訂正は，感情は，事物へ関係するあり方と様式とみなされ，他者がそこにおいて，初めから基本的に関与しているということを意味しています。喜びは，私がいる状態や私が引き起こす状態ではなく，世界の中で他者とともに感じていることなのです。以上のことによって感情は，単純な主観化の徴候を失います。私は，ハイデッガーにおける情態性と気分について指摘しましたが，他の著者においても似たようなことは見出されます。

　間は，行為においても明瞭にすることができます。間の領域から出発すれば，行為は，共働［Synergie］の概念によって特徴づけられます。共働という語は，シュトゥットガルトのヘルマン・ハーケン[25]が作り出したのではなく，古くからある言葉です。「Synaisthesis」とは，字義通りには，ともに知覚することを意味していて，このことは，様々な種類の感覚の様態に関わっています。「共働」とは，言葉通りには，ともに活動すること（ergonとは，仕事や活動のことです）を意味しています。メルロ＝ポンティもまた，この語を使っています[26]。行為における共働が意味しているのは，自分の行いと他の行いとがお互いに密接に絡み合っているということです。ここでは，何らかの審級によって調整されているような個人の諸行為という意味での相互作用が問題となっているのではありません。このような相互作用は，コンピュータの回路を使って，一方の器械の操作が，別の器械の操作と合体されるようにして，模造されうるでしょう。しかしながら共働が意味していることは，個々の器械の結合ではありません。そうではなくて共働が意味しているのは，行為は，間の領域においてまず最初に生じているのであり，この領域において私は，どれが私に責任があり，どれが他者に責任がある行為なのかが，一義的に決められないということなのです。重要なことは，間は自らを差異化しているのであって，決して個々の働きから合成されないということなのです。

　さらに別な例として様々な手作業［Hantierungen］が挙げられるでし

---

25) ハーケンは，自己組織化する全体システムの下部組織に関係づけて，共働系（Synergetik）について語ります（次の文献を参照 Synergetik（『共働系』1983年），第2版出版）。

26) 『知覚の現象学』269頁，独訳版272頁。〔邦訳『知覚の現象学2』同上，1974年，45頁〕。

2 自分の身体と他者の身体との交差としての間身体性

ょう。これは，ある手の働きが次の手の働きへと移行していく活動を意味しています。例えば，一緒に音楽を演奏することを考えてみて下さい。このことについて，アルフレッド・シュッツは優れた論文を捧げましたが[27]，彼自身，弦楽四重奏を非常に好んで演奏していました。弦楽四重奏においては，指揮者がいないにもかかわらず，他の人の演奏を聴くことと自分で演奏することとは，調和しています。合奏が成立するのは，個々の演奏者が自分だけで演奏するのではなく，他者の演奏の中で「同調する」ときなのです。あるいは，誰かと握手をするという象徴的な行為を採り上げましょう。ここでは，手は隠喩的な意味で握り合うだけではなく，この絡み合いを表現しており，一方の手が他方の手を包み込むという象徴的であると同時に実際の行為を行うのです[28]。

最後に，空間性について少しばかり注釈をしましょう。ここでも，回避すべき考え方は，私がここに存在し，他者はそこに存在し，問題なのは，いかにして一人の人が他者へ至るかだ，という考え方です。というのは，共通の空間性が意味するのは，私はなるほどここにいるが（ここというのは，私が立ったり，話したり，行為したりする場所のことです），私はここにだけいるというのでは全くなく，なにかすべきことがあったり，他者が私を必要としているというように，そこにもいるということです[29]。私の眼差しは，私が何かを期待するそこにとどまっています。誰かが入ってくるかどうか，期待しながらドアを見るとき，私は眼差しの中では，そこ，つまり，開くドアのもとにいるのであって，私は，何か物のように，空間のこの一点にいるわけではありません。そして，私の眼差しがあちこちさ迷うときには，私がここにいるということも捉えどころがなくなって，ついには「もはや私の頭がどこにあるのか分からない［何がなんだか分からない］」ということになってしまいます。このことは，他者の生への関与にもあてはまります。私はまさに別の所，誰かが別の状態でいる所にいるという可能性があります。例えば，あなたの友達が難しい試験を受けると

---

27) Alfred Schütz（アルフレッド・シュッツ），Gemeinsam Musizieren（『共同演奏』，『論文集』2巻所収を参照。〔邦訳『現象学的社会学の応用』に所収，107-35頁，桜井厚訳，御茶の水書房，1980年〕。

28) このことについては，『解答の索引』1994年，506頁以降を参照。

29) これについては，Heidegger（ハイデッガー），*Sein und Zeit*（『存在と時間』），107頁参照。〔邦訳，原佑・渡辺二郎訳，中央公論社，1980年，212-13頁〕

いう状況にあるとして，もしあなたが彼の点数に深い関心を持っているとき，あなたは，彼が苦労しているまさにその場にいることになります。「私は物のようにここにある」とは言えません。というのは，空間性自身，共通に分かち合われているのであって，私はここにいる時でも，同時にどこか別のところにいるからです。このことは，さらに私は別の場所でのみ生きる，ということにまで至ります。これは，フランス語の中ではボヴァリズムと呼ばれますが，ここにはフローベールの『ボヴァリー夫人』が暗示されていて，まったく別のところ，さらには別の生においてのみ存在する生のことで，そのために自己固有なものを完全に喪失しているのです[30]。したがって，空間性もまた「私は物のように空間の中にある」ということを意味するのではなく，ここにいるというのは，他者がいて，何か重要なことが生じているそこにも同時にいるということなのです。

　間の領域に基づけば，言語も結局，会話として把握されなければなりません。「私たちが会話であって以来」と繰り返し引用されるヘルダーリンのこの言葉は，あまりにも早く討議の理論へと言い換えられてしまいます。「会話」とはここでは非常に根元的な意味で受け取られるべきです。「言語は会話である」ということが意味しているのは，話すこと自身が，聴くことの中で，そして他者の発言へ答えることの中で，展開されるということです。私が今言うことは，それ自身，会話の状況によって規定されています。しかも，他者が私のいうことを聞こうとする，そのことによってすでに規定されているのです。傾聴することもまた会話をともに形成しているのであって，単なる受動性ではありません。それそのものが，会話に参与する一つの仕方でさえあるのです。ですから，(この講義の場合のように) 一人の人だけ話しているときにも，他の人々は，〔聞いている〕そこで参加しているのであり，語ることはこのような聴くことにめがけて語られているのであり，たとえ，言うことが「頭の上を通過して」，特定の聞き手が不明な場合でさえ，そうなのです。会話は，個人の様々な表明の総和ではなく，間の領域であり，そこで様々な表明が登場しては立ち去っていき，お互いに競合し合っているのです。

　以上のように共通性の様々な種類の領域を見て回った後で，私は，いく

---

30) メルロ＝ポンティ『知覚の現象学』330頁，独訳版332頁〔前掲邦訳書，122頁〕を参照。

2　自分の身体と他者の身体との交差としての間身体性　　317

つかの現象学の根本概念に立ち入ることによって，これまでに言われたことを深めていきたいと思います。私は，メルロ＝ポンティの『知覚の現象学』の中の他者の章の議論を参考にします。私が注釈をしたいのは，生きられた共通性と呼ばれうる次元における間身体性の領域です。この次元は，契約や規則を導入することによって明確に社会を形成するということに，先行している次元です。「社会」という語で私たちは，様々な契約が結ばれ，社会的な地位を獲得する仕方が決められているような社会を即座に，考えがちです。契約社会は，制度的ないし制度化された共通性の特定の形式に依拠しています。このことに先行しているのは，社会学者が無形の社会性あるいは無形の共通性と言い表していることで，そこでは，はっきりした取り決めがなくても様々な言表や行為がお互いに同調し合っているのです。ここには，経験についてのフッサールの分析に類似していることが示されています。フッサールは，先述定的な経験について語っており，述定ということが意味しているのは，何ものかについて何かを言表し態度をとって是非を答えることですが，その際，先述定的な経験が，とても流動的に経過し続けているのです。この経験は，能動的な立場決定から生じているのではないような意味連関の中で動いています。知覚することは判断することを意味せず，何ものかが私の目の前で，私の耳元で，私の手の中で形を取るということを意味しているのです。このことは，社会的な領域へも移されます。つまり，制度に先立つ共通性と，規約や規制によってまとめられている共通性とがあるのです。[制度に先立つ共通性に属する]注意は，[制度的な共通性に属する]まだ済んでいない支払いと同じ様な仕方で要求されているのではありません。

　以上の考えを，メルロ＝ポンティと同様に知覚の領層でたどってみましょう。

　[ここで，]問われるのは，どうして知覚の世界は，私たち全員にとっての世界であって，私にとってだけの世界ではないのでしょうか，あるいは，どの程度まで世界は，私たち全員にとっての世界なのでしょうか，という問いです。私はもう一度，私が以前に知覚と感覚について言ったことに戻ります。そして，このことを今，社会的な状況あるいは社会的な連関に適用しましょう。

　もう一度私たちは，経験主義と合理主義との二者択一を取り上げます。

経験主義において，例えばヒュームの知覚論の中では，感覚与件が登場することによって知覚は成立します。ヒュームにとって赤を見るということが意味しているのは，赤の感覚を持つことであり，これは，痛みの感覚を持っていることと同様です。そして，私の歯の痛みは私の歯の痛みであり，他者の歯の痛みではないことと全く同様に，他者ではない私が，赤の感覚を持つのです。感覚することは個体化され，それは，一つの生物や一つの個体が存している一つの状態に相応しています。つまり，感覚することは，厳密に私的で主観的なのです。するとすぐさま次のような問いが浮かんできます。私が赤い何かを見ている場合，仮に私と似たように他者が反応している時でも，彼が何を感覚しているのかを私はどのようにして本当に知ることができるのでしょうか，という問いです。この問いに対する答えとして例えば，類推がもとめられます。重要なことは，このような類の設問において前提されていることとして，まずもって，私が感覚を持っているのであり，他の人ではないこと，したがって，感覚を介する一種の世界の獲得が初めから存在していることです。

　これに対して合理主義的な思惟の試みにおいて私たちは，思惟の客観と関わり，この客観は超主観的です。客観的な事態においては，相互主観性が働いていて，「私［の主観］」と「あなた［の主観］」への区分はいかなる役割も果たしていません。したがって私たちは，主観的なものの領層，個々人がもつ諸感覚の領層を持ちますが，それはただ自分にとって領層であり，私たちはこの主観的なものの領層を，超主観的なものの領層と取り替えたのであり，その超主観的なものの領層において主観性は，誰でもありうる人という役割へと溶解しているのです。『純粋理性批判』において相互主観性は現れていませんが，どうして現れなければならないのでしょうか〔現れようがないではありませんか。〕どのような条件の下で対象一般は可能な認識の対象として構成されるのかと問われる場合には，私がこの問いを立てようと，他者がそうしようと，どうでもいいことです。『純粋理性批判』の問いの設定が超主観的であるのは，認識の可能性の条件への問いのねらいが，相互主観性を超え出てしまっているからです。というのは，各々の人が，この統一的な主観を代表することができるはずであるからです。

　間身体性，すなわち，間の全領域は，すでに，知覚の領層において始ま

2 自分の身体と他者の身体との交差としての間身体性

っていると考えられるでしょう。相互主観性とは，伝統的な言葉を使って表現するならば，他者へと超えて広がる主観性のことで，様々な主観をただ単に付け加えて合成されるような主観性のことではないでしょう。では，知覚の現象学は，社会性に対してどのような意味を持っているのでしょうか。そこからして，いまだ主観的なものであるか，すでに超主観的なものであるかという二分法に陥らない相互主観性が考えられるでしょうか。さて，フッサールが記述しているように，知覚対象が同一であることの意味は，様々な現出の背後に或るX（物自体）があり，それを私たちが思惟するということではなく，物が同じであるのは，それが様々に異なる所与性の様態の中で同じものとして立ち現れることによってなのです。知覚に属しているのは，パースペクティヴ〔観点〕性，つまり所与性の諸様態が変様することですが，これらの諸様態はお互いに一体となって移行していくのです。私たちは私たちの前にある開かれたシステムをはじめから持っており，そのシステムへ他者は近づけるのです。私が対象を見るとき，その対象は私だけに属しているのではなく，いずれにしても，私がそれを見るのは，ある特定の空間的なパースペクティヴにおいてのみなのです。私に閉ざされ，私から逃れる様々な側面がいつも存在しています。このことは，空間的なパースペクティヴという意味だけではなく，適切に表現されうる解釈が多様にあるという意味でもそうなのです。何かが私に現出していても，私には限られた仕方でしか近づけないという知覚の有限性は，他者が同じ対象に近づけるということをはじめから許容しています。

　思惟される対象は自存していますし，感覚の状態は私のみが持っていますが，他方，知覚の事物へ向かうとき，私はなるほどその事物に部分的にしか近づけませんが，しかし同時に，他の仕方で近づくことへも開かれています。つまり，より多くのパースペクティヴが可能で，その結果，同じ対象はいつもすでに可能な他者へと関係しているのです。知覚が生じさせるのは，ある開放的なシステムであり，これは，そのつどに実現される可能性よりもいつも多くの可能性を含んでいます。ある箇所でメルロ＝ポンティは，知覚は déposession，つまり意識の所有権の剥奪になっている，とはっきりと確信を持って言っています[31]。すでに知覚において妥当して

---

31) *Signes*（『シーニュ』1960年），原著215頁，独訳版は *Das Auge und der Geist*（『眼と精神』），56頁，〔邦訳『シーニュ2』同上，1970年，21頁〕を参照。

認められることは，事物は私に属してはいないということです。そして実践的に物事を取り扱うときにも妥当するのは，私たちは，自分の企図には入ってこないような副次的な効果や妨害が立ち現れないように，対象を支配しているのではないということです。したがって，実現されているよりも多くの可能性がいつも働いていて，この可能性の中には，事柄を補足するものもあれば，妨害するものもあります。フッサールはさらに進んで，格闘し合う経験について語り，この経験において知覚は「爆発する」[32]といいます。おそらく彼にこのような劇的な言葉遣いを引き起こしたきっかけは，戦争という出来事だったのでしょう。経験においては突然，私の以前の経験には合わない側面が立ち現れ，作り上げられてきた統一の総合が砕けることがあります。

このような開かれた知覚が，他者へ近づくことを開放するのです。ここで重要なことは，私の自分の経験の様々な側面の間に内－主観的な連関があるということです。この内－主観的な連関は，相互－主観的な連関に似ています。すでにフッサールにおいて私たちは，この類似する事柄に出会っています。

さて，問われるべきことは，どのようにして統一が生じ，どのようにして多様から共通性が成立するのかということです。これに関して，メルロ＝ポンティは，私の自分の知覚の中の様々なパースペクティヴは，常にお互いの中に滑り込むのと似て，自分のパースペクティヴと他者のパースペクティヴもまた，お互いの中に入り込む，と語っています[33]。同様のことをガーダマーは，地平融合という歴史的な伝統の領域で語っています[34]。私は，様々に異なっている伝統の間に厳密な線を引くことはできないし，「ここからちょうど中世が始まり，あそこから近代が始まる」とは言えません。融合が意味しているのは，私たちが近代と名づけることは，中世やギリシアの思惟という予め与えられた特定の基準によってすっかり刻印されているということです。フッサールはこのように密接にお互い噛み合っていることに対して，私たちにも興味深い新たな種類の概念を提供してい

---

32) 『イデーンⅠ』，フッサール全集3巻，339頁。〔注記。恐らく320頁の誤り。邦訳『イデーン』Ⅰ－Ⅱ，同上，1984年，287頁〕

33) 『知覚の現象学』，原著，独訳版407頁。〔前掲邦訳書，219頁〕。

34) *Wahrheit und Methode*（『真理と方法』1965年），289頁及び，次頁。

2 自分の身体と他者の身体との交差としての間身体性　321

ます。彼は，受動的綜合について語っているのです[35]。カントの立場から言えば，綜合［Syn-thesis］とは，何かが組み立てられることを意味しています。この綜合が受動的であるのは，それが本来，定立ではないからであり，何かがともに置かれて組み立てられているのではなく，何かがともに到来しているからです。プラトンは，事柄をより的格に言い当てるSyn-opsis［共－観］，一緒に眺めるという概念を使っています[36]。というのは，本来ここでめざされているのは，ともに組み立てられるものが，それぞれ明確に区別されるように組み立てることなのではなく，移行においてともにあることが問題となっているからです。能動的な綜合に関する単純な図式は，ある特定の徴表あるいは属性（a，b，c）がある対象に帰される，ということでしょう。主観は，統一的な関係点から，その対象について，「レモンは黄色で，そのにおいは鼻につき，特定の球形をしている」と判断します[37]。能動的な綜合においては，様々な特定の側面が区別され，一つの統一極へと関係づけられます。これに対して受動的綜合が意味しているのは，bはaからcへと移行し，bはこの移行の中で，したがって含蓄的に，aとcを先行的に指示したり，あるいは遡行的に指示しているということです。時間の問題系が，このことに関する非常に表現豊かな例を提供しています。私たちは時間の外にいて，現在，過去，未来という時間の様態が，私たちによって統一にもたらされることを待っている，ということはありません。もしそうならば，時間は廃棄されてしまい，時間を思惟し，時間の様々な側面を明確な統一へともたらす人のまなざしの前に，すべてのことが現前していることになるでしょう。このような考えは，アウグスティヌスの『告白』の第11巻において見出されます。過ぎ去ったものの現在，現前しているものの現在，来るべきものの現在が存在し，とどまる現在 nunc stans という形で，時間が自ら自身を踏み越えることによって，現在の中に時間は集められるのです。〔他方，〕フッサールによって展開されている別の選択肢が，──この考えを私は，現象学の伝統の

---

35)　『フッサール全集』11巻を参照。
36)　*Phaidoros*（『ファイドロス』）265d.〔邦訳，藤沢令夫訳，岩波書店，1974年，231頁〕
37)　この例について，M. Merleau-Ponty（メルロ＝ポンティ），*Keime der Vernunft*（『理性の萌芽』），原著189頁，独訳版192頁。

興味深い財産の一つであると思っています——時間論を提供しており，この時間論において時間は，それ自身，移行現象として立ち現れています。過去はどこにあるのでしょう。過去は，現在のそれ自身の中に，消え去ったものとして，背景へ押しやられているものとして，忘れられたり，想起されるものとして，現に居合わせています。未来はどこにあるのでしょうか。私が未来をもつのは，他でもない，今なされている期待や懸念，企図においてです。様々な時間の間に移行が存在し，まさにこの移行が，時間を形成するのです。そもそも移行という概念は，すでにアウグスティヌスにおいても見出され，時間とは，移行すること trans-ire，移行 transitus なのであり，この移行の中で統一がうち立てられるのです。年を取るというような単純な時間のプロセスも，それについて語られる特定の属性を持ち，それが別様になる，といった風には，起こっておらず，年を取ることは，変化そのものなのであり，それは例えば，体験における特定の諸変化や体力，記憶力やそれに類することにおける様々な変化のことなのです。

空間の知覚もまた，受動的綜合がその土台になっています。対象には前面と背面がありますが，対象が一つのものとして成立するのは，対象に前面と背面とを認めることによってではなく，前面と背面は，対象が空間の中で現出してくること自身に属しているのです。背面とは，知覚の中で眼差しを逃れているものであって，私が〔前面の〕追加として知っていて別の知られている面とそれを結合させるようなものではありません。そのような結びつけは，経験を知的に加工するとき初めて遂行されるのであり，「私の眼差しが届かないところに何があるのだろうか。私の背後には何が起こっているのか」などと問うときに，行われるのです。このような確認の作用あるいは探知の作用を，経験それ自身と取り違えてはなりません。

これまで語られてきた知覚の世界に対応しているのが，自分と他者の知覚の行動です。私がここで知覚の行動について語るときに論じられているのは，伝統的に言えば知覚の主体のことです。19世紀において，そしてまだ私たちの世紀の初めにおいても，経験主義者，あるいはデカルト主義者に繰り返し浮かんできたのは，次のような問題です。他者について私は，その外的な行動を目にします。その行動の背後に，特定の特徴から，同様に，意識のようなものがありそうだと思います。したがって，他者の体験には，間接的にしか近づけないとするのです。ここでも現象学は，ある訂

2 自分の身体と他者の身体との交差としての間身体性

正を行います。私たちは，他者にもすでに開かれている共通の世界から出発するだけではなく，他者の行動もまた，意味のある行動として知覚され，その行動は，何かに方向づけられ，構造化されているのです。子供に食べ物を与えたり，ある器具を操ったり，薪割りをしているというように，誰かが活動しているのを見て，その他者が行っていることを理解するのに何の問題もないでしょう。他者の行動が共通の生活形式に属していれば，他者がコンピュータを操作しているとか，薪を割っているとか，祭りのためにトーテム・ポールを飾っているとかを，あなたは実際に見ているのです。もちろん，他者の行いについて，そのあらゆる意味をすぐに読みとれないこともあるし，多くのことを理解しないこともあるでしょう。しかし，共通の言葉を話し，その他者と生活を分かち合っている程度に応じて，その他者が行うことをあなたは見ているのであって，その行いを，観察される外面と仮定上推論される内面とに分解しなくてもいいのです。このような理解の可能性が基づいているのは，行動そのものがある特定の方向を指し示しており，ある特定の構造を明示しているということにあります。本を読むように，行動を読むことができます。もし，行動が語っている言葉が自分のものでないならば，可能な限りそれを学ばなければなりません。人間の表情と同様に，行動も読むことができます。

人間の顔に考察の価値を与えたのは，レヴィナスが最初ではなくて，メルロ＝ポンティがすでに行っています。顔の相貌について，メルロ＝ポンティは，『行動の構造』の中で，顔は，純粋に光学的な所与性ではなくて，「宗教的なもの」[38]である，といっています。ジョルジュ・バタイユやロジェ・カイヨワや一般にデュルケム学派において使われているこのような言い方は，社会的な現象に宗教的な背景を与えるものです。すなわち，顔には接触を阻むもの，近寄りがたいものがあり，任意に私たちが自由にできるようなものではありません。このことは，私たちの通常の経験に属すものであり，例えば，誰かの顔を叩くことは常に暴力的な作用〔行い〕です。なぜなのでしょうか。この作用と，物を叩くこととを区別しているのは何でしょうか。顔は，自らのまわりにタブーの圏域を放っており，眼差しや手出しを拒んでいます。さらにメルロ＝ポンティは，他者の痕跡につ

---

38) 『行動の構造』原著181頁，独訳版192頁。〔邦訳同上，248頁〕。

いても語っています[39]。痕跡は時間の契機を関与させます。というのは，他者にいつも出会うのは，すでにそこにいた人としてであり，それは，私たちが自分の身体に立ち戻るとき，身体はいつもすでにそこにあったのと同様です。他者の痕跡は，すべてが公然と明白であるということを意味していませんが，また，何かが隠されつつ現存していて，類推や他の知的な熟考によって初めてそれに至るということをも意味していません。それが意味するのは，不在において現存している何かへの指示が存在する，ということです。他者の身振りや行動は，記号という性格を持っています。過去がその痕跡や残存物，聖遺物，証拠の中で現前しているように，他者が体験することもまた，その身体的な痕跡の中に現在しています。レヴィナスにおいてこのことはさらに深められ，人間の顔は，もっぱら痕跡から考えられるのです[40]。このことも，今までと同様にデカルト主義とは何の関係もなく，レヴィナスは，ユダヤの伝統に立ち返っています。その場合に痕跡が意味していることは，用心深く語れば，彼［ER］が消え去っている，ということです。燃えるいばらの茂みのような旧約聖書の場面が指し示しているのは，出来事は痕跡の中でのみそれ自身として把握されうることで，直接には把握されえないということです。レヴィナスは，このような思考全般を他者へと関係づけます。他者は，私の経験野の中に単純に現前しているのではなく，他者として経験され，いつもすでに消え去っており，他者は，対－象［Gegen-stand］として，私が規定できる何かとして私の正面に存在していることはないのです。あらゆる対話の哲学者は，他者は他者としては，ある特定の目の色や髪の色や身長を持つことはなく，このような属性が他者に帰されるのは，私が他者を誰か特定の人として目の前にする場合に初めて生じる，ということに関して，一致しています。他者の眼差しは，私の方へと輝き，私を挑発していて，この眼差しが意味

---

39)「私が他者を了解するのも，同様の仕方によるのである。つまり，この場合もまた私は，その現状においては私の眼を免れている意識の痕跡だけを捉えているのであって，私のまなざしが他者のまなざしと交差するとき，私は一種の反省のなかで異なった実存を追遂行しているのだ。その際，〈類推による推論〉のようなものが働いているわけではまったくない。」，『知覚の現象学』原著404頁，独訳版402頁〔前掲邦訳書，2巻，215頁〕。

40) E. Levinas (E. レヴィナス)，*Die Spur des Anderen*（『他者の痕跡』1983年），同じ標題の章を参照。〔邦訳『実存の発見』所収，270-95頁，佐藤真理人他訳，法政大学出版局，1996年〕。

2 自分の身体と他者の身体との交差としての間身体性

するのは、私たちは、私たち自身の手出しにいつもすでに先立っているような或る働きに従属しているということなのです。私は、ここで、サルトルや他の著者において重要である眼差しの理論について、これ以上詳述しようとは思いません。重要な契機は、他者がすでに知覚の領層に立ち現れているということであり、知覚の世界は、私の私的な世界ではないことです。すでに様々な物も他者を指示しており、世界の中にいて、働きかけている知覚する存在者は、いつもすでに物へとともに関わることによって、ともに刻印されているのです。

　私はここでこのような描写をさらに広げるのではなくて、もう一度、間の世界の二つの重要な層を強調したいと思います。第一の層である経験と知覚の領層は、共住［*Kohabitation*］、つまり世界の中に一緒に住んでいることとして言い表されるでしょう。第二の領層は、会話やともに行動することの領層で、広い意味で共働［*Kooperation*］の領層と言えるでしょう。最初に私たちは、まず会話、すなわち、対話にとどまってみましょう。この場合、自分固有のものと他者との連関はどうなっているのでしょうか。私たちは、ビューラーの図式を知っていて、記号は、送信者と受信者、そして事象を指示するということですが、「話者」と「聴者」という方が、人間的な言い方です。「送信者」と「受信者」という語は、情報理論の形式化され、数学化された言語の中で機能している語であるのに対し、話すという語は、データを送信すること以上の意味をいつも持っています。以下の考察は、単なる送信者から話者を、あるいは受信者から聴者を区別するものは何かを示す上で、重要です。情報理論のモデルによれば、ある特定のメッセージは、前提されているコードを使うことでコード化され、物質的な記号の中で現実化されます。聴者は、その同じコードに関連づけることによって、そのメッセージを解読します。そのメッセージは、最初は閉じられ、次いで開けられます。このモデルの中では、Aから出発する言語的表明とBから出発する言語的表明とは、明らかに区別されます。もし両者が一緒に語られるならば、これらの表明は、重なり合って騒音のように聞こえるでしょう。これに対して対話ではどうでしょうか。「話の中で考えをまとめる」とき、私の言明と他者の言明というように一義的に特徴づけられるでしょうか。会話では、知覚におけるように、予め他者の経験に関与しています。というのも、メルロ＝ポンティが語っているように、

「対話の経験の中で，他者と私との間には，ある共通の地盤が形成される」[41]からです。したがってここで問題になっているのは，一般的なコード，つまり，そのコードが，他者と私とがある言語共同体に属している限り効力を持っている，といったことではないのです。対話の経験は，特定の諸要因が組み合わせられてできている構築物ではなくて，会話の経験があるのです。対話の経験の中で私の思惟と他者の思惟とは，「ある一つの織物」を形成しています。ここでもまた私たちは，絡み合い，つまり糸が互いに通過し合っているという隠喩に出会っていて，私から来ることと他者から来ることを私は厳密に分離することができないのです。「私の言葉も相手の言葉も会話の状態によって引き出されるのであって，それらの言葉は，私たちのどちらが創始者だというわけでもない共同作業のうちに組みこまれてゆくのである。」ここで見事に語られているのは，受動的綜合が意味していること，つまり，共同体の形成であり，共通の活動［opération］であって，〔その成果を〕誰も自分一人のものとして要求することはできません。というのは，話すことや答えることや聴くこと自身の中で，個々人に帰することのできない何かが成立しているからです。数行先では次のようにも言われています。「現になされている対話の中で，私は私自身から解放される。他者の思考はもちろん彼の思考で，私はそれを作った人ではない。しかし，その思考が生じるやいなや私はそれを把握するし，それに先立つこともある」。音楽の中でその進行がある仕方ですでに先取りされるように，他者の言明も察知され，あるいは予感されています。瞬間的な音や音の複合体だけが聴かれているのではなく，楽節の始めに，楽節の図式でだいたい予描されているその続きが，予告されているのです。私たちは，私たちが今聴いていることに限られているのではなく，来るも

---

41) この講義でのコメントは，『知覚の現象学』の次の文章を自由にまとめたものです。原文では，「対話の経験においては，他者と私とのあいだに共通の地盤が構成され，私の考えと他者の考えとがただ一つの同じ織物を織り上げるのだし，私の言葉も相手の言葉も討議の状態によって引き出されるのであって，それらの言葉は，私たちのどちらが創始者だというわけでもない共同作業のうちに組みこまれてゆくのである。そこにあるのは二人がかりでつくっている一つの存在であり，ここでは，他者ももはや私にとって単に私の超越論的領野のうちにある一種の行動にすぎぬようなものではないし，一方，私が彼の超越論的領野にあるというわけでもなく，私たちはたがいに完全な相互性のうちにある協力者なのであり，私たちの視角は相互に移行し合い，私たちは同じ一つの世界をとおして共存しているのである。」，原著407頁，独訳版406頁〔前掲邦訳書，2巻，219頁〕。

のもいつもすでにともに聴いています。引用を続けましょう。「相手の唱える異議が私から、自分が抱いていることさえ知らなかったような考えを引き出したりするものであり、こうして、もし私が他者にさまざまな考えを考えさせるのだとすれば、他者もまた私に考えさせているわけである。」[42] 私は他者から思考を借りたり、他者に先立って、他者が作っている言明に関与したりします。それとは逆に、他者は私に考えさせるのです。

　情報理論のモデルの中で、話者は、話者としては能動的で、聴者としては受動的であり、役割が変わった後で聴者が、話者になります。これが有名なパースペクティヴの相互性、ないし立場の可逆性です。すなわち、誰も職業上、話者であるのではなく、役割は順番に回ります。このモデルは、交換の過程を前提しており、誰かが能動的で何かをなす一方で、他者は受動的にとどまり、何かを受け取り、その後、その役割が交代します。これに対してメルロ＝ポンティが考えるのは、対話は、現実の共働を成し遂げているということ、つまり、自分の活動が、例えば聴者の期待や他者の反論、さらにありそうな可能な反論などの他者の共働によってすでに刻印されているという意味で、共働を行っていることなのです。額をしかめたり、驚いたまなざしをするだけで、会話が軌道から外れることがありえます。もし自分の言明が、単に絵空事や巻き戻された再現ではなくて、（もちろん言明は、録音テープの再生のように、単に副次的でもありえますが）、そして、会話自身の中で何かが成立するような言明がなされるなら、この言明は、他者の関与によってともに刻印されているのです。だからこそ、私が述べることは、単に私の述べることなのではなく、他者がそれにすでに関与しているのであり、このような意味で会話は、ともに行う活動であり、いかなる言葉も私だけに属していることはありません。では最後の引用へ移りましょう。「後になってから、つまり、私が対話から身をひき、それを想起する時、私がその対話を私の生に組み入れなおし、それを私の私的な歴史の一挿話にしたり、他者がふたたびその不在にたちもどったりして、（……）」[43] 後になって初めて、意味を自力で作り出していたという錯覚が生じるのであり、後になって初めて、対話を自分のものにして、「いったい、そこで私は何を本当に言ったのか」と自問するとき、自分の

---

42) 同上、〔前掲邦訳書、2巻、219頁及び、次頁〕。
43) 同上、〔前掲邦訳書、2巻、220頁〕を参照。

述べたことは，外的にのみ他者によって規定されていたのだといった錯覚が生じるのです。

『語らいの中での考えのまとまり』というエッセイにおいてクライストは，考えをまとめる語りと，考えを単に再現するに過ぎない語りとを区別しています。後者の語りを極端なかたちで示しているのが，情報理論です。そこで問題になっているのは情報の伝達です。つまり，手持ちの情報や自由にできる知識が適切な情報技術によってさらに先に手渡されるのであって，情報の価値は，情報が現れる蓋然性によって計られます。ニュースのアナウンサーも，自らの表現が主観的であることを全く否定することはできないとしても，その情報を話すときに何かを発見することはありません[44]。アナウンサーは考えを作っているのではなく，さらに手渡すのであり，彼らにそれ以上のことを期待することはありません。このようなことからクライストが区別するのは，私たち自身を驚かせるような考えが生じる場としての話すことです。単純な情報が伝達され，繰り返されるような対話は，情報モデルと似た働きをします。対話は，完全にこのモデルに吸収されることはありません。というのは，話すことは，いつも情報の加工あるいはその伝達以上のことであって，実際上，このモデルに近づくことがありうるだけだからです。しかし情報モデルが役に立たないのは，決断が下される場合や，洞察が得られる場合，説得や誘惑が成功する場合など，語りそれ自身の中で何かが生じる場合です。クライストが認めるのは，すでに聴き手の眼差しが，まだ言明されていない，半ばしか言明されていない考えを，すでに映し出していることです。聞き手は，私から考えを引き出したり，誘い出すという仕方で関与しています。ここで会話が共働になるのは，あらゆる言明はすでに別の言明によって規定されているからです。このことは，対話の背景にも当てはまり，この背景は，簡単に顕在的になることはなく，ある特定の会話の伝統の中に埋め込まれています。私が話すとき，いつもすでに他者もともに話しています。バフチンの文学理論の中での語りは，不可避な多声性の中でのポリローグとして提示されており，

---

[44] アナウンサーがいい間違えるときは，見ている方は楽しいもので，幸いなことに，男性や女性のアナウンサーも完全な機械——そもそもそんなことがあったとしてですが，——ではないのです。機械上の伝達も，伝達が何であるかということで尽きるのではない，どのように伝えられるかという違いもあります。

2　自分の身体と他者の身体との交差としての間身体性

自己固有のものの中でいつもすでに他者の響きが聞き取られるのです。ドストエフスキーについての著作の中でバフチンが述べるには，ドストエフスキーが書いたのは，会話が単に再現されているにすぎない単なる会話の小説ではなく，そこでは，世界についての様々な視点がそれぞれの中でお互いに遊動しあい，お互いに際立たせ合っていて，自分のロゴスは，最初から他者のロゴスによって貫かれていることです[45]。

　以上のことが行為へと転用されると，象徴的な行為や政治的な決定において類似の事柄が起こっているということが言えます。決断とは，個々人が自分たちの意見を表明し最終的に何かについて合意するといった個々人の持つ結果ではなく，決断のプロセスそのものが，集団の中で生じ，その集団によって刻印されるのです。私はこの考察を，フランクフルト学派の討議理論への幾つかの指摘で締めくくりますが，それは，討議論の中で相互作用について言われている多くのことは，不十分だからです。ユルゲン・ハーバーマスは，相互作用を，個々人の行為と個々人の言明の調整と定義します。このような調整にとって，規範と規則が極端に大きな役割を占めるのは，単なる個々人の行為は，もし規則によってお互いに調律されなければ，カオス的な状態になってしまうと考えられるからです。もちろん，共働が規則によって規制されていることは，ある段階では否定されえず，話すことは，たとえそれが非常に創造的であっても，すべてある一定の規則にしたがっており，クライストが話すのもドイツ語であって，単なる特殊な慣用句なのではありません。ただ，ここで問われるのは，意味の創設はもっぱら規則の遵守に基づいて，あるいは個々人の行為の調整として把握されうるのかどうか，ということです。意味の創設とは，自分の日常の中か，あるいは集団の生の中で新たなものが立ち現れることを意味しますが，この新たなものとは，普通に通用する基準を突破するものですが，ある孤独な天才の産物とされるには及ばないものです。私がいつも驚くのは，なぜハーバーマスは，メルロ＝ポンティについて，名を挙げるのに値する重要さをもってめったに言及しないのか，ということです。というの

---

45) M. Bachtin (M. バフチン), *Das Wort im Roman*, (『小説の中の言葉』), 〔邦訳，伊藤一郎訳，平凡社，1996年〕, *Die Ästehtik des Wortes* (『言葉の美学』1979年) 所収，また，著者の *Antwortregister* (『解答の索引』1994年), *Vielstimmigkeit der Rede* (『言述の多声性』1999年), 第7章を参照。

は，本来，ハーバーマスにとって，メルロ＝ポンティは，多くの点で，共感を呼ばないことはないはずだからです。ハーバーマスにとって理解しがたい点は，正確に，次の点にあると思います。つまり，私がここで提示しているモデルは，常にある混合ないし，錯乱の様子をみせており，その結果，誰か一人がなすことと，もう一人の別の人がなすことを明瞭に言い分けることができず，責任の所在がはっきりしなくなるという点です。しかしながら，誰なのかという問いは，厳密に区別された返答を許容するような問いではなく，様々な陰影とニュアンスが置かれている問いであるのではないでしょうか。いずれにせよ癒合的である私たちを強調することは，メルロ＝ポンティがフッサールと彼自身の記述から引き出している説なのです。少なからぬ社会学者がこのことに関してメルロ・ポンティにしたがっていますが，これは，私が示そうとしたように，まったく根拠がないことではないのです。

3　世代性［Generativität］

世代性の究明は，これまでに引き続いて，自分の身体と他者の身体とがどのように関わり合っているのかという問いによって導かれます。「世代性」という語は，generatio というラテン語を指示しています。「世代［Generation］」という語は，普通に使われている語ですが，「世代性」という語は，フッサールが使っている語として知られるだけです。フッサールは，広義での「生殖」という語を使っていて，身体的－物（的身）体的な生殖という意味だけでなく，フッサールは世代の連続のことも考えているのです。「性」という語は，男性と女性という両極性を言い表しているだけでなく，私たちは，継起していく世代という意味の性についても語ります。ユダヤの伝統においては，世代の連続は，メシアへの期待と連関しています。世代の連続は，私たちに社会性の時間的連関，すなわち，経験，行為の様式，表現形式，生活のスタイルを包括する連関を，きわめて基本的な仕方で考えさせます。世代とは，ある特定の同時代性を意味していて，それに属しているのは，ある共通の運命を共有し，その運命を通して結びつけられているすべての人々です。二つの世界大戦の世代のメンバーは，戦争をまっ

3 世代性 [Generativität]

たく異なる仕方で体験しました。兵役拒否者もいて，投獄されたり，もっと悪いことを身に受けたものがいれば，熱狂して戦った人，必要に迫られて参加した人もいます。戦争の世代とは，それに属しているすべての人が一つの共同体を形成したというのではなく，戦争によって非常に決定的に，その人生を刻印された特定の年齢のグループの人々からできているのです。その世代がその共通性を負っているのは，共通な目的や理想なのではなく，重要なことは，すべての人が自由に選んだのではない共通の運命に従属していたこと，お互いに助け合うか対立しあって乗りきった共通の危機的状況にいたこと，あるいはまた，新たな社会形態が予告される新時代の気分の中にいたということです。世代の継起ということは，興味深い問いを投げかけます。そもそも，一つの世代は，どのようにして，また，どのぐらいの周期で別の世代から分けられるのでしょうか。以前は，一世代は，約30年が自明とされていましたが，今日では，このような数字を想定することはためらわれるでしょう。なぜならば，一世代ということが前提しているのは，その期間の中で共通の経験と生活の原型に遡ることができることだからです。歴史の加速が繰り返し語られているように，世代の期間の収縮が生じているからです。そしてこのことはさらに様々な問題を伴っています。というのは，あらゆる世代は，経験を共通に消化することと共通の予めの了解をも伴っているからです。もし，すべてのことが非常に早く変化するならば，多くのことがしっかり，生き抜かれないという欠点があるのです。たとえば，68年の世代は，自分たちは当時ある特定の仕方で社会化されたと主張しています。この種の社会化は，今日の青年において完全に消え去っていることではないのですが，他の様々な動因によって，この社会化が覆い隠されているのです。

世代の継起

世代は，ある特定の同時代性を形成し，世代の継起は，社会性の時間性を刻印しています。アルフレッド・シュッツとともに，先世界，共世界，後世界を区別することができるでしょう。先世界は祖先に，共世界は同時代人（彼らは同じ目標を共有している必要はないですが，おそらく，同じ世界の中で生きているのです）に，後世界は，子孫に関わっています。ここで私にとってとりわけ興味深いのは，世代の身体的な固着性です。まずも

って，単純な事柄ですが，誰もが両親の子どもとして世界に来るということです。このことについて誰も疑いませんが，驚くべきことは，このことについて哲学者たちはほとんど言葉を費やしていない，ということです。デカルトにおいて，父も母も子どもも現れることなく，エ・ゴ・・コ・ギ・ト・のエ・ゴ・が，自己自身への省察という根源的な原産出によって成立しています。もちろんエゴ・コギトは，まず第一に，発火点のような思想で，この観点においてデカルトを過小評価してはならないでしょう。この思想が意味しているのは，私は誕生によってのみ定義されるのではないということであり，私は，「誰・か・の・子・ど・も・，娘，息子」であるだけではなく，ある家族やある身分，ある階級のメンバーであるだけではないということです。コギトには，なにか解放するものがあり，私は，確かに，特定の両親や祖先を持・っ・て・い・ま・す・が，彼らを持っているのは，私・なのです。思惟自身は，単なる遺産相続のようなものではありません。デカルトの自負するのは，「私は，思惟を教師から受け継いだのではなく，私が考・え・る・と・き，考えているのは私・なのである」ということを確証できることです。すべての人は自分一人で思惟することができ，その人の教師が誰であっても，このことはまずは同じです。したがってコギトは，社会的な障壁を突破することを意味しています。するとすぐ，「では，コギト氏（あるいはコギトさん）[Herr (oder Frau) Cogito]」[46]は，身体を持っていないのかという問いが立てられます。もしコギトが身体を持っているならば，つまり，男性か女性であるならば，このことには，特定の他者が私の身体の中に書き込まれているという身体的関係が含まれています。まずもって，私は，身体的に現存し，両親の子どもとして世界へやって来ます。コギトとしても，自己について知っている思惟する人としても，私は過去に関係しており，このことについて，メルロ＝ポンティは，的確に，それは全く現在であることのなかった過去である，と言っています[47]。誕生は，私がそれを能動的に生き抜いたという意味で，私にとって現在ではありませんでした。過去と誕生とは，いつもそしてすでに生じたことなのです。私が「私」というと

---

46) Zbigniew Herbert（ツビグニウ・ヘルベルト），*Herr Cogito (Pan Cogito)*（『コギト氏（汎コギト）』）の美しい詩の表題を参照。

47) 『知覚の現象学』原著280頁。独訳版283頁〔前掲邦訳書，2巻，59頁〕。レヴィナスにおいてこの思想は，他者によって占有されるまでに強まっていきます。

3 世代性 [Generativität]

き，私は，いつもすでに世界にいます。私が何かを論じ，考察し，欲望するとき，私はいつもすでに世界を持っています。このことは誕生という根本事実を漸近的ではあれ到達不可能なあり方で指示していますが，この事実はそれ自身，私を作り，生み，育て上げた他者を指示しています。子どもとして私は，特定の祖先を持ち，大人として私は，自分が子孫を持つ可能性を持っています。したがって，世界へやって来るということは，社会的な性格を持つ根本的な出来事なのです。私が生まれ，他の誰もが私の代わりにはならない以上，根源的な自己固有のものを最初に作り出すこの根本的な出来事，そして私が痛いのであって他の誰もそうではないと経験論者がそれなりの正当さで言うような自分の経験によって繰り返されるこの根本的な出来事，まさにこれらの出来事は，単純に私の自己固有のことではなくて，それ自身においてすでに異他性の特定の諸特徴を持っているのです。誕生は，私にふりかかったことであり，またすでに他者が関与している出来事です。この出来事は，後にも繰り返されますが，それは，誕生は，[ただ]生物学的な出来事としては，抽象的なものとなってしまうからです。子どもとして世界へやって来ることは，象徴的な連関の中へ入ること，つまり名前を授かることをいつもすでに意味しています。名前は，家畜が刻印される場合のような単なるラベルでも目印でもありません。ある名前を持つということは，私がすでに他者と関係していることを前提にしています。メルロ＝ポンティは，それについて，初めちょっと奇妙な感じがするような定式，すなわち，「先天的なコンプレクス」[48]としての身体的な組織という定式を選びますが，それは，コンプレクスとはいっても，まさに私のあらゆる活動と自分で招いた運命以前に，私に付着しているからなのです。ハンナ・アーレントにおいても，出生や誕生することという概念があります。ハンナ・アーレントは，メルロ＝ポンティとともに，このテーマについて言明した数少ない人の一人です[49]。

幼児の癒合状態と家族の構造

誕生することは，はじめから他者への関係を指示しており，はじめから他者の身体性がともに関与しています。私が世界へやって来る時にともにあ

---

[48] 『知覚の現象学』99頁。独訳版109頁〔邦訳『知覚の現象学1』同上，151頁〕。
[49] *Vita activa*（『活動的生(活)』1981年），167頁。

る身体は，特定の構造と形態を受け取りますが，とりわけ，精神分析の中で中心的な役割を果たす家族の構造によって刻印されています[50]。家族の構造に属しているのは，〔第一に〕1．幼児の癒合状態です。メルロ＝ポンティは，彼のソルボンヌでの講義でこの語を使っていますが，この語の個体発生的な意味は，特定の発達心理学者たち，中でもピアジェの師匠の一人であるE・クラパレデに遡ります[51]。元々この表現は，宗教論に由来していて，その際，考えられているのは，混交状態であり，癒合的な宗教は，純粋な宗教ではなく，混合形態なのです。メルロ＝ポンティは「癒合状態」という表現を子どもの発達に関して使っており，それによって，子どもの環境の中での自己固有なものと他者との連関を記述しています。癒合状態は，区別されるはずのことに区別が欠けていることを指しています。子どもが学ぶのは，自分が名前を持っていること，自分は個人であり誰かであること，自分には両親や兄弟姉妹，あるいは他の近親者がいるということです。癒合状態が意味しているのは，このような区別は，いつも多少の違いをともないながら，刻印されうるということです。家族の構造がなじまれるようになるのは，お互いに関係し合っている少なくとも三人の個人から家族が成り立っているということを子どもが知ることによってではなく，家族は，ある構造的な連関として立ち現れるのです。では，癒合的な知覚はどのような様子をしているのでしょうか。子どもの言語の発達の例が示しているのは，子どもは，自分のことをいうのに，自分の名前を使うということです。人称代名詞の「私」を使う前に，子どもは「リヴィア，食べたい」と言い，「私，食べたい」とは言いません。「私」という語を学ぶことは，難しいことなのです。もし子どもが自分を「私」と言えば，そのとき子どもは，誰かと間違われてしまうのではないかという不安をいつ

---

50) メルロ＝ポンティ，*Keime der Vernunft*（『理性の萌芽』），326頁以下，原著321頁以下を参照。さらに以下の著作も参照。Jürgen Seewald（ユルゲン・ゼーヴァルト），*Leib und Symbol, Ein sinnverstehender Zugang zur kindlichen Entwicklung*（『身体と象徴 子どもの発達への意味了解的な接近』1992年）。この著者は，メルロ＝ポンティの現象学と，カッシーラーの象徴理論，そして精神分析を架橋しています。

51) 「子どもにおいて知覚は癒合的である。メイリは，この概念をクラパレデから得ている。知覚の構造は詰め込まれており，全体的で不正確である。その反対に時々子どもは，はっきりと分からないような，全体と関係なく立ち現れる細部に固執して離れない。子どもは，大人よりもはるかに強く，包括的に知覚するべきか，細部を知覚するべきかという二者択一へ強いられている」。*Keime der Vernunft*（『理性の萌芽』），191頁。原著193頁。

3 世代性 [Generativität]

も抱いていなければならないかもしれませんし，自分の名前の場合には，子どもは，その子自身であって，別の子どもを指しているのではないことが分かっています。自分のことを子どもが自分の名前でいう場合には，他者がその子どもの名前で呼ぶように自分の名前を言うのであって，子どもが自分の名前を作ったのではありません。子どもは自分の名前で呼ばれて，その名前を注意深く聞いて，それに聞き入るのです。名前は，最初は呼び名であって，それを子どもは受け取ります。呼び名の受容においてすでに，ある種の同一化がそこにあります。私たちは我と汝とともに始まるのではなくて，はじめから他者の言葉を話しているのです。

投射と取り込み

それから，この同一化のこのような形式は，投射と取り込みという出来事の中でも見出されます。精神分析の文脈の中で投射が意味するのは，「ある操作であり，主体が誤認するか，あるいは自らの中で拒否している資質や感情や願望，さらに〈対象〉を，主体が自らの外に排除し，他者，人格あるいは事象の中へと局所づけさせるはたらきである。ここで問題になっているのは，非常に古い起源を持つ防衛である。(……)。」[52] 精神分析において投射は，防衛という意味においてたいてい批判的に理解されています。つまり私は，私自身に気に入らないものを他者の中へ投射するのです。このように使われる時に投射は，私は，ある内的な領域，たとえば私自身に対する敵意を持っており，それを私は外へと持ち出す，ということです。取り込みとは，正確にはその逆のこと，つまり私は何かを外から私の中へ移し入れることと言えるでしょう[53]。メルロ＝ポンティは，投射（他者の中にある自己固有なもの）と取り込み（自己固有なものの中にある他者）の二重の運動を，その不十分な規定から解放して，私自身であるものは，

---

52) J. Laplanche, J.-B. Pontails (J. ラプランシュ, J-B. ポンタリス), *Das Vokabular der Psychoanalyse*, (『精神分析用語辞典』), 400頁〔邦訳，村上仁監訳，みすず書房，1977年，350頁〕を参照．

53) 「主体が，その想像において，対象とその対象に属する性質を，〈外〉から〈内〉へ移す．取り込みは，その物（的身）体のよき模範を描く内在化に近いが，物（的身）体の境界への関係（自我への，理想自我の取り込み）を必ずしも含んでいることはない．それは，同一化と密接に連関している」．J. Laplanche, J.-B. Pontails (J. ラプランシュ, J.-B. ポンタリス), 同書235頁〔前掲邦訳書，362頁〕．

投射によって初めて成立し，他者の中で初めて，私を見出し，私自身を感覚するということを強調します。これは，私が自分を他者と取り違えるという錯誤の意味ではなく，私は，自分を他者と同一化することによって私であるものになるということです[54]。さもなければ，「汝の父よりも幸運であれ，その他のことでは同じであっても」というソフォクレス［Sophokles］のアイアス［Ajax］に見出される伝統的な父親の願望は，理解されえないでしょう。当然ですが，この種の願望が前提にするのは，私であることが祖先との同一化によって生じるということです。このような同一化は，同じになるということが同時に別になると考えられる場合でさえ，無効にはならないのです。

模倣と移行現象

幼児期の私たち〔という癒合状態〕についてのもう一つの例は，模倣、つまり，一種の無意識的な真似，例えば，他者の話し方や身のこなし，歩き方を取り入れることです[55]。ドイツの別の地方に長く生活する人の話し方は，突然，変化するものですが，それは，その人が自分で自分の言語器官を変化させるからではなく，話すとき，他者が話すのをともに聴き，自分の話し方を他者のそれに同化させるからです。この種の真似は，大人よりも子どもの方が当たり前なのですが，意識的な受け継ぎとか比較，適切な順応によって生じるのではなく，真似をするという形式を持っています。学ぶことの根源的なあり方は，真似をすることであり，それは，いまだに自分固有のものと他者との区別をしていません。というのは，［その時，］自分固有のものと他者とはまだ全く区別されうるものではないからです。行うことは，根源的には真似をすることです。ある言語を学ぶのも，その言語を聴くことによってなのです。聴かれた言語は，いつも他者の言語です。言葉を話すのを学ぶのも，他者が話すように自分で話すことによってなのです。周知のように，話すことにおいて驚くほど大きな個体差が存在

---

54) この点に関してメルロ＝ポンティは次のように述べています。「取り込みと投射とは不可避であるので，他者に対する私の行動は，ある点ではいつも想像によって浸透されている。他者への関係の中には，知恵があるのであって，無関心の均衡状態があるのではない。」，*Keime der Vernunft*（『理性の萌芽』）239頁。原著233頁。

55) この点に関しては以下の著作を参照。Merleau-Ponty（メルロ＝ポンティ），*Keime der Vernunft*（『理性の萌芽』），312頁以下。原著310頁以下。

3 世代性 [Generativität]

しています。その際に人が手に入れるのは、自分自身の話し振りや声音で、この声音は、音声学的な方法によっては、十分には複製できないほどです。以上のようなプロセスが、一緒に話すことにおいて生じているのです。このことに対応していることが、感情の言葉にも当てはまります。つまり、感情の言明もまた学ばれるのです。その際に学ばれるのは、感情とどのように付き合い、感情をどう表出し、暗示し、抑制するのかなのです。

したがって最初にあるのは、他者との同一化であり、この同一化が後になって初めて、ある特定の個性に通じるのです。メルロ＝ポンティのソルボンヌ講義の中のもう一つ別の例は、移行現象です。この現象において様々な活動の帰属がぼやけて、ある活動が他者の活動へと移行してしまうのです。私は、ソルボンヌ講義を薦めます。というのは、この講義は、言語の発達と社会性の問いにとっての宝庫だからです。メルロ＝ポンティは、児童心理学者のシャルロッテ・ビューラーの例を取り上げています。ある少女が、彼女の遊び仲間から叩かれたと言って泣いていますが、実は、この少女自身が彼女の仲間を叩いたのです[56]。このことは、妙に思われます。結局、その子どもが嘘をついているか、あるいは、その子どもはどこかおかしいかのどちらかだと思われるでしょう。メルロ＝ポンティは、これを解釈して、子ども自身にとっては、自分自身の活動はまだはっきりと個体化され、局所づけられてはおらず、その活動はいわばさまよっている、とします。その子どもは嘘をついておらず、自分が考えていることを隠してもいないのであり、不安定なあり方で話す中で、秩序づけることが、一義的に自分の行いを自己あるいは他者に帰することができるほどしっかりしていないということなのです。

癒合状態の現象のさらに別の例は、精神分析において転移と言い表されていることです。このことは、被分析者がたとえば両親に対して持った自分の葛藤を分析医へと転移し、その結果、分析医は、本当は被分析者の父あるいは母が聞くべきことを聞かなければならなくなることです[57]。転移

---

[56]「ある小さな女の子が彼女の友達の隣に座っており、非常に落ち着かない様子だったが、〔突然〕その友達を叩いた。そして、彼女は、彼女の友達が自分を叩いたと主張した。その子は不安に陥いり、その結果、彼女の本来の生と物事について彼女が見ている光景全て、特に彼女の友達とが、その不安によって捉えられてしまったのである。叩いたことは、外から侵入した不安に対する返答を示している。この状態の中で二人の人格は区別されていない」。*Keime de rvernunft*(『理性の萌芽』)、330頁。原著324頁。

もまた，一種のズレとして解釈することができます。立ち現れるのは，本当に目指されている受取人ではなくて，代理の機能のみが割り当てられている誰かなのです。しかし私は，転移の現象をもっと基本的なこととして評価しなければならないと思っています。転移が属しているのは，精神分析の治療的状況，つまり，過去の葛藤を顕在的にもう一度生き抜いて，作り変えるための可能性を見つけるために，意識的に転移が組み込まれる状況だけではありません。日常そのものにおいて，自然発生的な転移ということもあるのです。このような例は，分析においていつも繰り返し現れています。夫婦の間のいさかいで，男性のパートナーが女性の中に母あるいは父だけを求め，見いだしていて，両親が，パートナーの間へとズレ込んでいる，ということが原因である場合があります。父への固着あるいは母への固着の例はよく知られていることです。社会性とその歴史に属するのは，ある覆い合い，すなわち，父と母とが全く失われるということはなく，ある仕方で自分の生の中に彼らが入り込んでいるという覆い合いが立ち現れることです。そこで問われるのは，どのように彼らが入り込んでいるのか，例えばすべてを覆い隠してしまうのか，そもそも新たな関係へ入ることを不可能にするまで入り込んでいるのかということです。単純化といわなければならないのは，パートナーであること，友達であること，同僚であること，両親であることが厳密にお互いに切り離され，限界づけられるということから出発することでしょう。というのは，この人がパートナーで，この人たちが両親，この人は他者で，この人は友達，この人は同僚というように単純には言えないからです。なぜなら，ここで問題になっているのは，区別よりも基本的な覆い合いであって，区別は，遡及的で反省的になされうることだからです。転移の現象は，誰が誰に向かって話しているのかという問いを体系的に立てるきっかけとなります。この問いは，前もって，答えられるということはありません。私的な領域でも公的な領域

---

57) 転移とは，「精神分析において，無意識の欲望が，特定の対象において，その対象と共に生じた特定の関係型式の枠内で現実化される過程を言い表している。このことは，分析的な関係の枠内で非常によく当てはまることである。その際問題になるのは，幼児期の模範の反復であり，この模範は，非常に現実的な感情と共に体験される。分析医が〈転移〉と名付けるのは，たいていは治療における転移であり，より細かな規定はない。」J. Laplanche, J.-B. Pontails (J. ラプランシュ，J.-B. ポンタリス), *Das Vokabular der Psychoanalyse*（『精神分析用語辞典』），550頁，〔前掲邦訳書，332頁〕．

3 世代性 [Generativität]

でもいさかいがあるとき,しばしば過度の興奮や攻撃性に奇異の感じを覚えるものですが,その過剰な反応はいったい,誰に向けられているのか,ということが疑問になるのです。多くの行為は代用の行為であって,この行為には他者が声にならない形で鳴り響いており,その結果,「誰が話すのか」という問いは,「私が他者と話しているとき,私は誰と話しているのか」という問いによって補われなければなりません。語りの宛て先は,会話の歴史の中に埋もれています。「誰が話すのか」というラカンの根本的な問いは,決して最終的に答えられることはありません。すべては,癒合状態という根源的現象に連関しているのです。

エディプス・コンプレクスとエレクトラ・コンプレクス

エディプス・コンプレクスとエレクトラ・コンプレクスとは,私が癒合状態と並んで強調したいさらに二つの契機です。エディプス・コンプレクスの意味は十分によく知られているので[58],私にとっては身体性とのその連関のみが問題となります。フロイトによればエディプス的構造は幼児のセクシュアリティーを規定し,身体性にもその特別な刻印を与えます。エディプス・コンプレクスとエレクトラ・コンプレクスの意味は,子どもが自分とは反対の性の親(娘は父,息子は母)を欲望するのですが,この親自身はまた,他の側(父は母,母は父)を欲望するということです。娘は,父を欲望しますが,父は彼自身,母を欲望します(エレクトラ・コンプレクス)。息子は,母を欲望しますが,母は彼女自身,父を欲望しています(エディプス・コンプレクス)。この状況は,市民社会の虚構であるとか,この社会に対応している家族の構造の産物であると単純に言うことはでき

---

58) この点に関しては以下の著作を参照。M. Merleau-Ponty(メルロ=ポンティ),*Keime der Vernunft*(『理性の萌芽』),132頁以下。原著114頁以下〔邦訳『意識と言語の獲得 ソルボンヌ講義I』木田元・鯨岡峻訳,みすず書房,1993年,169頁以下〕。エディプス・コンプレクスとエレクトラ・コンプレクスについて,J. ラプランシュとJ-B. ポンタリスは,以下のように述べています。エディプス・コンプレクスということが言い表しているのは,「子どもがその両親に対して感じる愛あるいは敵意の欲望の組織的な全体である。そのいわゆる陽性の形態においてコンプレクスは,エディプス王の伝説から知られるのと同じように呈示される。つまり,同性の人物としての敵対者に対する死の欲望と,異性の人物への性的欲望である。」(351頁,前掲邦訳書,27頁)。エレクトラ・コンプレクスという表現は,「女性のエディプス・コンプレクスの同義語として」ユングによって使われました。それは,「両親に対する態度において,両性における対称性の存在を必要に応じて特徴づけるために」なされました。『精神分析用語辞典』129頁〔前掲邦訳書,31-32頁〕。

ません。この状況は，子どもが彼の両親と一緒に成育することによって一般に成立することなのです[59]。父と母と子どもという古典的な三角構造の中で，子どもはある他者を欲望しますが，その他者自身はもう一人の他者を欲望しているのです。インセストタブーとは，父あるいは母（あるいは別の近い親族）と性的関係を持つことの禁止にあります。この禁止は，自然と文化との間の敷居を印づけています。禁止として，タブーとしてそれが意味しているのは，ある法則の侵入，「自然の中への文化の出現」ということです[60]。この禁止が，自然への侵入を意味しているのは，子どもが彼の親と性交渉を持つことがありえ，純粋に生物学的には何の問題も生じないだろうからです。しかしながら，実際に，古代だけでなく同時代の親族体系においても，特定の婚姻関係は排除されているのです。

　この禁止と同時に個々人は，自分の身体を男の子として，女の子として発見します。この禁止によって情動全体の鍵盤が身体の中に記入され，この鍵盤が後の生を規定します。このことをフロイトは，欲動の運命と言い表します。男根羨望（男の子は何かを持っているが，女の子は持たない）に関するフロイトの理論に対して，かなり多数の抗議がなされてきました。しかしながらそれでも重要なことは，性器は性的存在性の特徴として非常に重要な役割を果たすこと，そして自分の自己を知るようになることは，他者の身体とは特別な仕方で区別される自分の身体を発見することを含んでいる，ということです。割礼のような儀式的な特徴づけも物(的身)体の歴史の連関の中で究明されるべきでしょう。この歴史は，すべての歴史と同じく，暴力の，しかし，象徴的な暴力の刻印をはっきりと受けています。儀式の痕跡を，余計になった盲腸のように，切り取ってしまう手術を行うことはできません。

　このようにエディプス的構造は，大人への子どもの関わりを規定します。もちろん，逆の方向の規定もあり，両親もまた子どもたちによって変わっていき，子どもたちの中に自らを再認することもあればそうでないことも

---

59) 子どもが一人だけの親と共に成長する場合，この構造は変化します。この構造は，完全に歴史的な構成要素を明示しているのです。その際，一人だけの人は，どのようにして複数の役割を自らにおいて統一できるのか，ということが問われなければならないでしょう。

60) C. Lévi-Straus (C. レヴィストロース), *Die elementaren Strukturen der Verwandtschaft* (『親族の基本構造』1981年), 57頁〔邦訳『親族の基本構造1』馬淵専一・田島節夫監訳，番町書房，1977年，70頁〕。

3　世代性 [Generativität]

あります。重要なことは，子どもたちと両親との間での関わり，あるいは一般に大人との関わりの中で，身体的な関係は，非対称的な形式で立ち現れること，また，この関わりは，ある文化と別の文化との可逆的ではないような関係に似た特徴を示しているということです。両親は，もう一度子どもになることはできませんし，子どもは自分の幼年時代を飛び越えることはできません。このような非対称的で不可逆的な関係の構造は極めて効力が強く，人間の共同体への加入に役立っています。それ故にメルロ＝ポンティは，ソルボンヌでの彼の講義の一つに「大人から見られた子ども」という題をつけました[61]。この題は非常に当たり前のように聞こえますが，これが意味しているのは，パースペクティヴが限定されていることが，最初から考慮されているということであり，大人が幼児期について考える時，このことが含意しているのは，子どもは大人のパースペクティヴの中には吸収されないということです。社会的な連関についてのこのような生成的な考察が出発点としているのは，身体に根づいた社会関係から生まれたあらゆる個体化は，自分固有のものと他者との相互の含み合いから出てきているということです。エディプス的構造は，特定の葛藤を呼び覚まし様々な問題を造り出す身体に根づいた社会的な布置として現れます。社会化の様々に異なった形式は，大部分，この根本的な状況への返答を与えますが，この状況は私たちの生を解き放つことはなく，また，私たちには，この状況が片付いたといえるときは決してないのです。今日はここまでにしておきましょう。

（第12講　1997年1月28日）

「自分の身体と他者の身体」という章で私は，最初にある誤った試みから出発しました。その試みが仮定していることは，他者関係に先立って自己関係があり[*]，私は，私の身体性と自分を感知していることの中で，私自身に関係していて，この自己関係性が，他者への私の関係のための前提を形成しているということです。私が提案する別の選択肢が向かっているの

---

61) *Keime der Vernunft*（『理性の萌芽』），101頁以下。原著89頁以下〔前掲邦訳書，127頁以下〕。

＊) 原著では「自己関係に先立つ他者関係」となっているが，文脈上は，「他者関係に先立つ自己関係」であると考えられる。

は，自己へと関係づけられていること（あるいは自己関係）は，他者関係の中で展開されるということです。これまでの節において問題になったことは，まず最初は，共同の知覚や共同の行為において見出されるような匿名的になじまれた共通性であり，その次は，世代の連鎖を構成している繋がりでした。

4　エロス的で性的な欲望

この節で問題となることは，他者の侵入と，他者は私に他者としてどのように身体的に現前しているのかという問いです。まず最初に前置きとして，アリストテレス的な伝統について述べましょう。「人間は，ςῷον πολιτικόν である（ポリスの中で生きている生物）」という古くからのアリストテレスの命題が意味しているのは，個々人は，家族の先行形態であるオイコスという共同体の中で成育し，そして，それに相応した前提を携えながら，ポリス的な共同存在の中で十全に発展していくということです。したがってアリストテレスはプラトンと同様，私たちは始めから私たちの生を他者と分かち合っているということを強調しているのです。後にこの Zoon politikon という表現は，animal sociale，つまり「人間は社交的存在である」と一貫して翻訳されることになります（様々な前提の下でそうなったのですが，これらの前提について私はここで究明するつもりはありません）。このように，〔本来の意味とは〕変わってしまった意味を表現することもできましょう。近代において社交と社会とが思惟される仕方を見てみれば，容易に思い浮かぶのは，自己関係における自我がまず最初に存在して，その次に，幸か不幸か，他者もまた付け加わるという思想です。他者が立ち現われるのは，実存している私を脅かす敵として，私の関心と交わる競争相手として，あるいは快楽を引き起こしたり，好意を受けるのに値する人としてですが，いずれにしても，自我は，このようにして多かれ少なかれ経験上の多様性によって補われるのです。「人間は，ポリスの中で生きている生物である」という古くからの命題は，「人間は，自分の同類を持つ存在である」と言われることによって，別様に定式化されるでしょう。この翻訳は，最初は些細で当たり前のように聞こえます。という

のは，どんな動物も自分の同類を持っており，一度だけしか現れないような動物はいないからです[62]。しかし，「自分の同類を持っている」ということは，それ以上のことを意味しているのであって，λόγον ἔχον（語義通りには，「ロゴスを持っている」）の場合のように，人間は自分の同類に関係しているということを意味しているのです。相互主観性の問題は，ある主体がいて，それにまた別の主観が存在するというように捉えるべきではなく，だれかが主観になるのは（この主観という語をそもそもまだ使う場合），その人が自分の同類に関係づけられていることによってのみである，という根本思想から出発すべきなのです。同様に，身体性が意味しているのは，人は物のように世界の中に存在しているということではなく，人はいわば自己を二重化していること，つまり，自己を見出すと同時に自己に関係づけられているということです。このようにして，主観になることとしての他者への関わりもまた，他者が関与している一種の二重化を含んでいるのです。私は，私の同類に関係づけられていることによって，私自身を把握します。Zoon politikon という古くからの命題の近代的な翻訳に，新しい強調点が置かれているのです。

　続いて私は，エロスあるいは性の領域全体が過剰に規定されているという根本思想を追跡します。セクシュアリティーにおいては，生殖への問いや快楽の獲得への問いだけが問題になっているのではありません。伝統的には，セクシュアリティーを生殖へと還元することは，種への関心に対応していると言えましょう。「生殖は，種の維持に役立つ」という古くからの命題は，目的論的な思想を含んでいます。しかしセクシュアリティーは，個々人にとっての利益となる単なる快楽の獲得に対しても，〔それ以上に〕過剰に決定されているのです。エロスについての偉大な思想家であり詩人であるのは，プラトンです。『饗宴』の中でエロスは，τόκος ἐγ καλῷ，美における生殖あるいは出産と規定されています[63]。美しいものは，単なる欲求の充足を超え出る輝きを放射します。このことを，私は，フロイト

---

62) この定式の直接的に政治的な意味もまた，ほぼ失われたようです。しかし，このことに対する可能性として，政治的なことを身体的な帰属性と非帰属性として新たに考えることがあります。

63) Symp（『饗宴』）206b〔邦訳，「プラトン全集」5 巻，鈴木照雄訳，岩波書店，1974年，87頁〕。

とともに「過剰決定」と呼びます。エロスにおいては，単なる生殖あるいは単なる快楽の獲得以上のものがいつもすでに関わっているのです。もっともこの二つの契機もなくてはならぬものですが。

　ここで私が「欲望」について話す時に，私は，「エロス」という表現を単純には翻訳していない語として選んでいます。エロチシズムとセクシュアリティーという言い方には非常に多種多様な表現形態があるので，どの語を使うべきであるのか当惑してしまうほどです。「エロス」という表現は比較的に広い意味を持っていて，人間の間だけの領域を上回っているという利点をこの表現はもっています。プラトンにとっては哲学もエロチシズムの形式，つまり，イデアへの愛であり，文献学は，言葉への愛なのです。エロスが欲望という語によって訳される時，そこには，『パイドロス』でとりわけ有名な我を忘れる〔自らの外に出てしまう〕という契機が語られています。詩と占いに並んでエロスは，熱狂，我を忘れさせる狂気という形式に数えられています。この思想の背景にある本来の根本的なモチーフは，エロスとは，私たちが意のままにしたり，特定の規則あるいは取り決めにしたがって形造ったりする行動様式ではなく，その本性に従えばエロスとは，私たちを正常性から引きずり出す何かなのです。プラトンは，通常の生の領域から「外へ出てくる」ことについて明瞭に語ります[64]。このように，欲望について語られる時には，幾種類ものことが関わっているのです。

　セクシュアリティーとエロチシズムに関する身体性についての以下の考察は，メルロ＝ポンティの『知覚の現象学』の性的存在性に関する章に強くつながるものです[65]。この章でメルロ＝ポンティはフロイトを引き合いに出していますが，メルロ＝ポンティにとってのその意味は，次のことにあります。つまり，フロイトは，性的存在性やセクシュアリティー，エロチシズムの領域全体に，ある一般的で人間的な意味を与えること，あるいはその意味を取り戻すことを試みたということです。セクシュアリティーとエロチシズムは，生の特殊な領域ではなく，あらゆる領域に浸み込んで

---

64)　『パイドロス』249c-d〔前掲邦訳書，189-90頁〕。
65)　メルロ＝ポンティにおけるエロスと性的事象の理論の詳細については，Hans v. Fabeck（ハンス・v. ファベック）, *An den Grenzen der Phänomenologie*（『現象学の限界において』1994年）を参照。

4 エロス的で性的な欲望

いるのです。セクシュアリティーをメルロ＝ポンティは，その中で私たちが活動している雰囲気であると言い表しています。セクシュアリティーは，特定の場所に収納され得ない空気と同じ様なものです。ルーマンにおいてすら空気のシステムや，エレメントについての領域的存在論は存在しません。雰囲気はすべてに浸透しており，セクシュアリティーと空気との比較は，このことをねらっているのです。似たようなことは，ゲオルク・ジンメルにおいてもほのめかされており，すべてを活気づける社会的な雰囲気が存在するのです[66]。

　セクシュアリティーのこの雰囲気的な性格は，フロイトが彼の夢の著作の中で記述した性的象徴系において明らかに示されていて，性的象徴系は，空間象徴系と密接に結びついています。古典的な象徴，たとえば，穴，内面と外面，飛行，飛翔，上昇と降下，これらすべての空間的形象と空間的運動は，フロイトにおいて夢の象徴系の中で繰り返し現れてきていますが，これらは，性的なことがいたる所に現れているようにみえ，そのため，フロイトは，いたる所に単なる性的なことしか見出さない一種の汎性欲論者であるとしても非難されました。しかしこのことは，それをそのまま裏返しにして，フロイトは，性的な領域の中に，非常に多くの生の欲動を発見したのであって，これらの欲動は，狭義の性的なことを超え出ているということです。たとえば，フロイトが展開している空間象徴系は，生の運動の表現でもあるのであり，この運動は，上昇と下降，受容と排除，進出と後退ということなしには思惟されません。このような雰囲気の中では，セクシュアリティーの領域と空間性の領域との間に明確な境界線を引くことはできず，これら二つの領域は，お互いに流れ込み合っているのです。フロイトのテクストを読むときに，ある古代のコスモロジーがその背景にあるという印象を隠すことはできませんが，しかし，このことは，コスモスについての古代の思惟の仕方へと単純に帰ることを意味しているのではありません。フロイトは，学問についての見方や，部分的には学問への彼の信頼に関しても，完全に19世紀の子どもでした。しかし彼はまた，ユダヤのテクストだけでなく，ギリシアのテクストについても極めて注意深い読

---

66) 感覚についてのジンメルの社会学で，嗅覚と香水についての文章を参照，Soziologie（『社会学』1992年），733頁から737頁〔邦訳『社会学 下』居安正訳，白水社，1994年，257-61頁〕。

者でもあったのです。彼は，新たな目でエンペドクレスやプラトン，ギリシア悲劇を読みました。彼が試みようとしたことは，エロチシズムという古代の，そしてその中に含まれているコスモス的なモチーフを彼の分析の中に変様させながら取り入れるということでした。

では，古代のコスモロジーとは一体何を意味しているのでしょうか。コスモロジー的で，物理的でもある思惟の根本語は，エロス的な共示的意味 [Konnotation] に満ちあふれています。ここでいくつかの例を挙げてみましょう。「生殖」あるいは「生産」という語は，人間を生むことのための語でもあります。*materia mater formarum* （質料は，諸形式の母である）という古い定式や，あるいは，今では専門語になっている「マトリックス」という表現は，諸々の語が腐植土におけるように母胎において芽を出す種に似ているということです。あるいは，「理性の萌芽（ギリシア語では，$\sigma\pi\acute{\epsilon}\rho\mu\alpha\tau\alpha$）」という表現を私たちは使っていますが，シェリングにおいては「神の萌芽」という表現があり，このようにエロチシズムは，理性論の中にまで達しています。最後の例ですが，磁石という語のためのフランス語は，*aimant* と言われていますが，この本来の意味は「愛している」ということです。磁気は，ロマン主義のコスモロジーにおいて，また，ルネッサンスのコスモロジーにおいても，引き付けることと突き放すことの運動として，お互いに作用し合う諸力の運動として考えられていました。力学において作用と反作用は，当たり前のことです。しかし，簡単には見抜けない引力と斥力とが関わっているように見える磁気は，いつも特別に考察され，このようにして，磁気においてはエロチシズムに関わる言葉遣いが非常に直接に現れ出てきていることが理解されるのです。このような痕跡をさらに追求することもできるでしょう。偉大な哲学者，例えば，エンペドクレスを参照にできます。エンペドクレスは，コスモスを，愛と憎しみとが働き合っていることとして考えます。愛は合一を，憎しみは分離を意味しており，コスモスのプロセスは，これらの二つの位相の間を変転するのです。ヘルダーリンもまた，エンペドクレスの思想に立ち戻っています。

プラトンにおいてエロスは，何らかの仕方でどこかに浮かび上がってくるというのではなく，『饗宴』において言われているように，エロスには，すべてのものを一緒に保持する結合力が内在しているのです[67]。ここにお

4 エロス的で性的な欲望

いて，エロチシズムがどのようにして全般的な世界の見方に入り込んでいるのかということが再び明瞭になっています。アリストテレスが，いつもプラトンの読者でもあることがわかる例として，アリストテレスも同様に，すべてを動かす第一動者は「愛される者のように動く［κινεῖ ὡς ἐρώμενον］」と書いています[68]。アリストテレスにとって第一動者である神は，自ら自身を愛する者ではありません。もしもそうであるならば，神はすべてを動かすきっかけを持たなくなるでしょう。というのは，完全無欠なものとして，神には欲求がないからです。しかし神はすべてが求め，すべてから愛されるものなのです[69]。以上の指摘が示していることは，昔からエロスは，動物的な生殖かあるいは人間の友好関係のみを誘導するような，単なる特殊な力とはみなされておらず，存在全体に関する思惟を刻印している，ということです。

近代において，例えばロマン主義の時代においてエロス的なモチーフは，もう一度中心的な役割を果たします。「天が地と静かに口づけをしたかのようであった」というように，コスモス的なヴィジョンがエロス的なヴィジョンと再び結びつけられます。フランス人の中で私たちは，ルソーと彼の感傷主義とを知っています。ここでは，長い間消え去っていた古いコスモロジーが単に再び温められただけなのでしょうか。実際に自然が算定可能で操作可能なプロセスに還元されるならば，エロチシズムのようなことは，いかにして自然の中に居場所を見出すのでしょうか。もし身体から出発するならば，事情は別であり，身体は，細部に至るまで文化によって形式化されていても，自然に帰属したままであるからです。

メルロ＝ポンティは，彼の身体論の中でフロイトの分析を取り上げ，そ

---

67) *Symp*（『饗宴』）202e〔前掲邦訳書，78頁〕。
68) この有名な箇所は，『形而上学』12巻（1072b3）〔邦訳『形而上学 下』出隆訳，岩波書店，1961年，152頁〕に見出される。そこで示されているのは，エロスが形而上学の最高の高みの中心まで突き進んでいるということです。さらにダンテもこの箇所からインスピレーションを受けています。『神曲』最終行「太陽と他の星々を動かす愛［l'amor che move il sole e l'altre stelle］」〔邦訳，野上素一訳，筑摩書房，1973年，333頁〕を参照。
69) アリストテレスにおける神的な動者は，自分の製品に関わろうとしない近代の制作者に似てはいないし，運動機構を調整し，ぜんまいを巻くことで満足する時計作りにも似ていません。これらは，理神的な神の見方といえましょう。『ファウスト』で言われるように，神は鼻先で指をはじいて，それからすべてが動き始めるといったようになってしまいます。

れを実存論的精神分析に組み込みました。実存分析を通過することで，現存在全体に分析への通路が開かれるのです。メルロ＝ポンティは，彼の晩年の著作の中で存在論的精神分析について語っています。存在全体は，情動性から，触発的な占有から考えられています。このことは，人間へと中心を定めることからさらに大きく離れることを意味しています[70]。欲望する身体としての身体から出発するとき，欲望，愛と憎しみ，情動性と努力は，そもそもどのように考えられるべきかという問いが生じます。知覚や運動，空間性についての分析において私たちがいつも繰り返し出会ってきたあの二元論的な見方を批判的に横目で見るならば，次のようにも問われるでしょう。もし，この二元論的な見方が欲望やセクシュアリティー，情動性に関係づけられるなら，この見方はどのように見えるのでしょうか。デカルト的な心理物理学はここでもそのなじみの構築材料を提供しますが，私たちが見るには，その有用性はまったくもって疑わしいといわねばなりません。

　まず第一に，物理的な刺激が存在し，この刺激は，他者の物(的身)体，あるいは，物(的身)体の一部から発していると仮定されます。しかしすでにこの仮定は，どのようにしてエロス的な魅力が，物理的な刺激として把握されうるのかという謎を生むことになります。知覚において，例えば色の視覚において，物理的な還元は，色を算定可能な色彩値に還元することにあります。そしてこの色は，色の体験と相関的に関係づけられます。しかし，エロス的な刺激にそれを転用すると，問題になるのは，エロス的なプロセスあるいは情動的なプロセスにおける物理学的な核は，いったいどこにあるのかということです。このことは，今日まで多くの理論的な想定において問題となっていることであり，情動はきわめて扱いにくいものなのです。たとえ自然が算定可能なものに還元されても，次のような問いが依然として残ったままです。すなわち，一体どのようにして，何ものかが，私の心を打ち，私を引き付け，私に反感を起こさせるのでしょうか。これらの契機は，量化可能な単なる自然の法則に対して邪魔になっているのです。他者の物(的身)体から発する物理学的な刺激という仮定にとどまろうとすると，最初の困難がつきつける問いは，他者の物(的身)体とは何かと

---

70) 次の著作を参照。*Le visble et l'invisble*（『見えるものと見えないもの』1964年），原著323頁以下。独訳版338頁以下〔前掲邦訳書，399頁以下〕。

4　エロス的で性的な欲望

いう問いです。〔ところで，〕性的なプロセスが始まるためには，さらに二つの生理学的な先行条件が与えられねばなりません。この先行条件とは，生体の成熟の程度と，特定の欠如の現象です。その際このプロセスは，性器の刺激伝達，興奮の産出，興奮の減退などそれに類することとして生理学的に記述されます。〔そして，〕この興奮の状態を測定することができ，その結果は性的なトーヌス〔緊張〕であると言われますが，これは筋肉の緊張状態と同じことです。次の段階は，心理学的な体験の段階でしょう。この体験の段階は，不快，緊張，空虚の感情と，充実における快感の感情を伴っています[71]。記述は，欠如というこの心理学的な要因から，再び生理学的なプロセスへと戻ります。つまり，特定の反応が誘発され，緊張が減退することによって，欠如は除去されるのです。有名なオーガスムは，60年代に一種の性的な定言命法に昇進しました。ウィルヘルム・ライヒにおいてオーガスムを測定するという試みがあります。存在しないものなどないのです。ここには，一つの帰結がみられ，自然の領域が測定と操作を被るならば，なぜ，人間の自然と，性という素質とを前にして躊躇しなければならないのでしょうか。

物理的で生理学的な経過と心理学的な体験とを結合させるこのような図式からは，特に人間的であるようなことは何も生じないことになります。というのは，周知のように，動物もまた生殖をし，その際動物が快感を感覚していることは，少なくともありえないことではないからです。それゆえに，動物の世界あるいは植物の世界の中で単に本能によって規制されていることから人間のセクシュアリティーを区別するためには，特別に人間的であることがさらに付け加わらなければなりません。人間は，他の生物と同様に生殖し，食物を摂取し，移動するような生物の近くに位置しますが，人間においてはより高次の能力が付け加わり，この能力のために人間と動物とが区別されるのです。この能力とは，意志と表象です。人間は，理解力を持っていて，自分が現に何をしているのか知っていて，動物のように盲目的に行動することはありません。人間は，意志を持っていて，抑制したり，促進したり，管理しながらこの経過の中へ介入します。純粋に

---

71)　空虚と充実というこの図式は，ギリシア人においてもいつも繰り返し見出されます。それは，飢えや乾きと同様に性的欲動にもあり，空虚が充実されて，この充実が快感として体験されるのです。

生理学的なことにロゴスが付け加わるのです。このような図式に即せば、性的な欲望は、二つの自律的なサイクル、つまり、自律的な自然の（動物的な）サイクルと自律的な精神のサイクルとの結合として現れます。そのとき、問われるのは、この両者は、どのように働き合っているのか、ということです。しかしすでに、このような分割が問題をはらんでいるのです。自律的な自然のサイクルは、生理学的な法則にしたがって、自らひとりでに経過する生命体の過程と状態から成立する自動作用として捉えられます（〔たとえば，〕デカルトにおける反射運動のことが考えられます）。この自然のサイクルが自律的であるのは、そこでまったく意味について話されない限りにおいてでしょう。というのは、そこでは、因果的に説明され、計られうる特定の規則の影響下にある諸経過が、問題であるからです。他方には、精神のサイクルがあることになり、知的な意味をともなった意志と理解力があって、この意味は、欲動の作用と反作用とはかけ離れています。そして、どのような重要性が自然主義的な部分、あるいは、精神主義的な部分に帰されるのかということが、さらに続いて問われますが、この問いは世界観に極めて左右されやすい問いであることは明らかです。

ところで、ここで立ち現れている二重性は、以前に詳述した身体的運動の二元論的解釈の場合と同じものです。そのとき、一方では物(的身)体の運動が（それは、自然の経過のようなもので、空間を転がっていくボールと同じように物(的身)体は運動し、特定の諸力の影響の下、空間の中で自らの居所を変えていきます）、他方では、その運動についての特定の表象と操作がありました。したがって人間は、外的な諸原因の影響下でその居所から離れる物(的身)体のように空間の中で運動しているだけでなく、そのことを知っており、そのことを意欲するということも付け加わるのです。ここでもまた二元論は、〔二元論の双方をつなぐ〕付加的な仮定と結びつきます。「私は動く」という全体的な出来事を探求するのは無駄なことなのです。

エロス的な欲望においても似たような問いが立てられます。エロス的な欲望は、自然のプロセスと、さらに精神的な介入や表象とその二つに分割されるのでしょうか。あるいは、ここにおいても「私は動く」という領域の場合に類似しているような或る統一的な存在様式から出発するべきではないのでしょうか。『パンセ』の中から非常にしばしば引用される文章に

4 エロス的で性的な欲望

おいてパスカルは，この二元論を明瞭に表現しています。「人間は，天使でも動物でもない。不幸なことは，天使になろうとしている者が，動物のような態度を行ってしまうということである」[72]。動物になるということ [faire la bête] は，性交渉に対する言い回しでもあります。天使と動物ということで私たちは，二つの極端な形式，つまり，純粋な精神と単なる動物的なものとを持っています。しかしながら人間は，純粋に精神的でも，純粋に動物的でもありませんが，確かに，文化には，この二つの方向の中で分裂したり極端になってしまうという危険が絶えず属しています[73]。身体の現象学の見方に基づいても，生じうる分裂は，決して否定されません。ただ分裂は，内的に相互に連関している諸契機の解離として，これらの諸契機がばらばらになってしまうこととして記述されるのです。統合破綻を指し示す時には，いつもすでに，ある統合が前提されているのです。

統合破綻について私は，シュナイダーの症例を手がかりにしてもう一度解明しようと思います。私が詳述したのは，摑むことの能力と指し示すことの能力とが離ればなれに立ち現れてきてしまい，この患者の場合，手の筋肉の構造あるいは神経の過程は生理学的には障害はないのですが，それにもかかわらず，象徴的な動作を実行することができません。しかしながら彼は，蚊を追い払うことは，いつでもできるのです。患者のシュナイダーにおいて摑むことと指し示すことは，二つの契機として離ればなれに立ち現れてきますが，この二つの契機は，通常の場合では，身体的運動の中に統合されています。クルト・ゴルトシュタインとその協力者とは，患者のシュナイダーの行動を生の全領域に関して研究し，セクシュアリティーの領域にも触れずにはいませんでした。すでに述べられているように，患者のシュナイダーには，視覚機能の場所である後頭部に脳の損傷があります。この損傷は，性的な行動にも影響を与えています。ゴルドシュタインが示すことができるのは，障害は，ここでも，ねじが外れたり，接触がうまくいかないという機械の故障の場合と違って，幾つかの機能の単純な消

---

72) Pascal（パスカル），*Pensées*（『パンセ』），ブランシュヴィック版，断章358〔邦訳，由木康訳，白水社，1990年，145頁〕。「人は，天使でもないし，獣でもない。不幸なことには，天使になろうとする者が，獣になってしまうということだ」。

73) 純粋に精神的な領域と純粋に動物的な領域への分割は，女性的なものについての記述の中で示され，そのとき，女性は，一方では聖女として，他方では娼婦として描写されます。

失を引き起こすのではなく，いつも行動全体を損なわせているということです。視覚障害，言語障害，社交面での障害が性的な行動の障害と結びついているのです。統合破綻は，一つには，性的な表象の領層で立ち現われ，性的なことについて語り合うことや，性的なことが描かれている絵をみることや，女性の身体を見ることも，シュナイダーには何の反応も誘発しませんし，彼にとってどうでもよいことです。彼が女性について関心を持つのは，彼女の「性格」だけで，物(的身)体的には，つまり，動物的な次元においては，女性はみな同じだから，とシュナイダーはいいます。このようにして，ある人格の性格や特徴と物(的身)体性とは分離します。性的な反応においても似たような解離が生じます。ゴルトシュタインは，性的な領域において主導性が欠如していると述べています。〔シュナイダーの〕性交渉は急に中断されます。そしてそれは，誘発を適切に引き起こす身体的接触に依存しており，数えること，図形や視覚的な形態を見る場合と似ていて，これらの場合には，数や形態をそもそも産出するために，特定の操作，例えば，指の運動などが付け加えられるのです。以上のような障害は，指し示すことに関する障害の場合と同様，生理学的な欠陥に起因していません。シュナイダーの損傷は後頭部にあり，脳の局在性から出発する限り，それは，視機能に関わっているからです。障害は，純粋に心理学的な欠陥でもありません。シュナイダーには精神的な障害はないし，彼は精神薄弱でもありません。彼は，どのように「それ」をするのかよく知っています。知識においてシュナイダーは，セクシュアリティーとは何かということを知っている正常な男性で，説明も不要ですし，そのことを忘れてもいません。その上さらに，生理学的なプロセスが経過しますが，両者は協働しないのです。女性は，彼の心を打ちません。エロス的な領域全体が砕け散っていて，知識は触発的な反応と協働しません。では，このことはどのように解釈されるべきなのでしょうか。

　〔ところで，〕『知覚の現象学』の性の章についての注釈である一つのテクストがあります。これは，ジュディス・バトラーによって八十年代の初めに書かれたもので[74]，この時代は新たなフェミニズムが勃興した時代で

---

　74) Judith Butler（ジュディス・バトラー），*Geschlechtsideologie und phänomenologische Beschreibung.-Eine feministische Kirtik an Merleau-Pontys Phänomenologie der Wahrnehmung*（『性のイデオロギーと現象学的記述　メルロ＝ポン

4 エロス的で性的な欲望

した。この論文では，非常にわずかな原著の典拠に基づいて，メルロ=ポンティが，ほとんどあらゆる点に関して非難されています。たとえば，男性中心主義，のぞき見主義，生物学主義，さらに幾つかの非難がされているのです。この患者〔シュナイダー〕は猥褻な絵や女性に反応するように要求されたと，この論文は主張しています。しかし，ゴルトシュタインとメルロ=ポンティにとっては，猥褻なものの評価が問題であったのではなく，その患者が特定の障害を被っている日常環境から出発しているということこそ重要なのです。メルロ=ポンティに対する早まった批判でのバトラーの誤解は，性的な正しさ［sexual correctness］への性癖によっても引き起こされています。政治的な正しさ［political correctness］の場合と同様に，すべてが正しく行われるように注意しなければならないのですが，人間は，いつも，何か誤ったことをしてしまうものです。ある男性がある女性について話します。彼は男性であって，彼のパースペクティヴの一面性を否定することはできません。その時に正しいのは，せいぜい医学的なハンドブックに見出される臨床的な記述です。しかしこの記述が使っている言葉も完全に非性的ではありません。政治的なことにおいても同様です。完全に正しくあろうと欲する人は，そもそももはや語ることも行動することもできません。人が何か述べるとき，完全には予見されえない様々な帰結が生じるのは当然であり，〔それを避けようとすれば，〕最終的に，興味深いことをいうことはなにもできなくなってしまいます。原理的な「正しさ［correctness］」は，いずれにしても疑わしいものです。すでに言われたように，バトラーの注釈は，彼女の初期の時代の作品です。この著者は，後に，メルロ=ポンティの晩年の著作『見えるものと見えないもの』について意見を述べ，その際に，以前の一面的な批判の攻撃を間接的に和らげました[75]。

ティの『知覚の現象学』に対するフェミニズムの批判』1981年）（米語原文），S. Stoller, H. Vetter（S. シュトラー，H. フェッター編），*Phänomenologie und Geschlechtserdifferenz*（『現象学と性的差異』1997年）166頁以下所収。このテクストに対してバトラーが1997年に書いた後書きが興味深いものです。

75) J. Butler（J. バトラー），*Körper von Gewicht*（『重さのある物（的身）体』1995年），99頁以下を参照。また以下の著作も参照。バトラーに対する私の注釈は，Grenzen der Normalisierung（『正常化の限界』1998年）188, 192頁以下。さらに，Regula Giuliani（レグラ・ジウリアーニ），*Der übergangene Leib: Simone de Beauvoir, Luce*

では，ゴルトシュタインが記述している様々な現象はいったいどのように解釈されるべきなのでしょうか。メルロ＝ポンティは，ゴルトシュタインに言及する際，生理学的な反応と心的な表象との二分法の手前に，独特の性的な志向性を想定します。この思想は，フッサールにおいてもすでに非常に早くにほのめかされていて（『論理学研究』第5部），そこでは，志向的に感じることが語られていますが，似たことは，シェーラーにおいても見出されます[76]。感じることは，私がその中に存在している状態であるだけではなく，私に他者との接触をもたらし，他者へと向けられ，関係づけられているのです。このことは，志向性の独特の形式を示しているセクシュアリティーの領域にも当てはまります。色が背景にとどまったり，あるいは前景に出てきたりするのと同じく，行動の中で自己固有のエロス的な構造が作り出され，エロス的にあるいは性的に色づけられた世界を背景にしてエロス的な状況が成立するということが可能なのです。メルロ＝ポンティは，色の世界が――エロスの世界も同様に――ある個別の領域の中に局所づけられないこと，そして，私たちが経験世界の中で活動している時に，色が（例えば，絵画において）はっきりとは主題になっていない時でさえも，色はいつもともに関わっているということを示しています。色は雰囲気をともに刻印しており，ある空間の色彩的な飾り付けは，その空間の中で生じていることに影響をもたらすのです。類似のことが，エロス的で性的な世界にも当てはまります。この世界はいつもともに現在しており，私たちはいつも男性であり，女性であるのです。エロス的あるいは性的な状況において，普段は背景にとどまっているこの次元が，はっきりと強調されるのです。性的な志向性ということでメルロ＝ポンティが理解しているのは，ある客体の表象によって導かれる（その場合には，男性あるいは女性の物(的身)体が存在し，それからこの表象が特定の反応を誘発します）のではないセクシュアリティーであって，むしろ欲望は，直接に欲望されているものに向かっているのです。「物(的身)体と物(的身)体とが結びつくことで，欲望は盲目的に理解する」[77]。身体の欲望，すなわち他者の

Irigaray und Judith Butler in: Phänomenologische Forschungen（『無視された身体　シモーヌ・ドゥ・ボーヴォワール，ルース・イリガライ，ジュディス・バトラー』），『現象学研究』続編2，1997/1）所収。
　76）感覚することと表現についての私たちの以前の論述を参照。

4 エロス的で性的な欲望

身体へと向かうことがあるのであって，このことは，単なる表象を超え出ています[78]。マックス・シェーラーは，このように，非言語的に向けられていることについて，幾つか，例えば摂食の欲動の領域においてすでに見出されていることを，記述しています。お腹がすいている小さな子どもは，「僕はお腹がすいていて，ミルクがほしい」とは言わずに，食べられるものや，あるいは飲むことができるものへの未規定な欲望を持っているのです。シェーラーはこのことを「衝動」と名づけ，この衝動は，特定の名づけることのできる対象にはまだ向かっていません[79]。私たちの成長の経過において，私たちは言葉を見出し，私たちに欠いているものを名づけることができるようになります。例えば，「私はももを食べたい」と言う場合がそうです。後になって初めて，欲望と欲望の表象とはお互いに切り離されるのですが，しかし，初めには，物と他者とは，欲望自身の中で形を成しているのです。飢えと渇きに属しているのは，世界が食べられる物と食べられない物，飲むことができる物と飲むことができない物とに分けられるということです。私たちを引き付ける物か，私たちに反感を持たせる物かということに相応するこれらの性質は，事象の属性の記述に先行しています。飢えと乾きは，ある仕方で世界を開示しているのです。似たようなことは，エロス的なことにおいても生じています。他者の身体は，特定のエロス的あるいは性的な属性を明示している何かではなくて，欲望が向かう何か［Woraufhin］です。欲望は，直接に他者の身体に向かっていて，その近さを求め，その遠さを感じ取ります。身体図式にも比較されうる性的な図式が作り上げられるのです。例えば，美の理想は，最初はエロス的な図式であり，変わりゆく基準であり，この基準は，今日，人気俳優や流行によって多様に刻印されています。世界のこのような図式化によって，

---

77) 『知覚の現象学』原著183頁。独訳版188頁〔前掲邦訳書，260頁〕。

78) 身体が他者の身体を探し，それに応答するという性的な志向性の思想を，私はエロス的-性的な応答性と名づけようと思います。私の著作 *Antwortregister*（『解答の索引』1994年），第3章10.9『リビドー的な身体』の中で，セクシュアリティーの発生に基づいて，応答することの契機がいかにして他者の身体への身体の関わりに，すでに内在しているのかを，私は示そうとしました。

79) *Der Formalismus in der Ethik*（『倫理における形式主義』全集2巻），52頁から59頁〔邦訳『倫理学における形式主義と実質的価値倫理学 上』同上，1976年，82-95頁〕。シェーラーは，努力における「運動衝動」，「努力の目標」，「方向」とそれに類似していることについて語っています。

性的な相貌や男女の物(的身)体の容貌が成立します。これらは,「魅力的な要因」というあり方で,私たちの知覚野の中で効力を持っているのです。

〔さて,〕シュナイダーの症例では,意識的に知覚されるものと,欲望され感じられるものとの間の構造的な連関が損なわれています。このような状況にあって,ミンコフスキーの患者もまた,「自分はここにいることは分かっているが,ここにいるとは感じない」[80]と認めるのです。彼の感情は,知識から引き離され,解離し,そのことによって,より曖昧になってしまいます。逆にいうと,知識が情動から離されていて,そのことによって居場所がなく,状況に対して疎遠になってしまいます。シュナイダーの症例において情動的中和化が関わっているのは,顔や人格だけではなく,天気や,友人関係,政治や宗教など可能なすべてのものです。シュナイダーは,政治については,ほとんど関心を持っていません。この領域は,彼にはもはや何も意味していません。「志向弓」,つまり,感覚体系と運動体系の協働が砕かれて,その張力は失われているのです。

病理学をこのように通過することの要点は,普通には起こっているけれども注意されないままにとどまっていることが,病理学的な諸現象の中で明らかにされるということです。解離を経由する間接的な道が示すのは,普通の場合には連合されているもののことです。それだけでなく,病理学がこのことを越えて関わっているのは,個々の症例だけではなくて,社会での様々な関わりや文化全体です。フロイトが出発したのは,文化の病理学,特に性的な文化の病理学が存在するということでした。その一例は,ある種のピューリタン主義であり,これは,動物的なことと精神的なこととの分離を,個人の単に偶然な発達や一次的な障害に基づくとするのではなく,この主義がその文化〔そのもの〕に影響を与えているのであり,性的なことについての語り方,あるいはむしろ,語らない仕方を規定しているのです。このような解離は,文化の様々な領域において多様に明示されます。知識と欲望の分離は,例えば,過剰な理知主義化や,あるいはイデオロギー化という形を取り,一方では,すべてについて語られることになり,他方では,生の様々な経過は,どうでもいい凡庸さに沈んでしまいます。そこでは,体験することと話すことは引き離されてしまうのです。

---

80) 上述の155頁を参照。

4 エロス的で性的な欲望

　これまで私は，エロチシズムとセクシュアリティーという概念を区別せずに，しばしばその形容詞にハイフンを付けていました。しかし，エロチシズムとセクシュアリティーとを区別するべきだとすれば，エロチシズムには，具体的な行動への視点が考えられ，狭義でのセクシュアリティーは，その具体的な行動の中に包み込まれます。セクシュアリティーがエロチシズムと引き離される時，セクシュアリティーが分離されて，環境が性的になるということが生じ，例えば，身体の特定の部位が独立してきたりします。私たちは，このようなセクシュアリティーの独立をたえず広告の中で体験しており，そこで，身体の特定の部分が〔まるで〕信号の色のように使用され，全体の連関から引き離されることを私たちはほとんど注視することすらありません。以上のことがエロス的な世界の退化を導くのです。

　狭義でのセクシュアリティーを私たちが見出すのは，特定の経過を分立させる医学的な考察——このことは，運動的なプロセスあるいは認知的なプロセスにおいても自然に行われています——によって，セクシュアリティーについての生理学を可能にしていることにおいてか，それとも，生の遂行自身において，操作可能な性的物(的身)体が分立してくることにおいてか，なのです。

　私は，フーコーのセクシュアリティーの歴史を思い出します。それは，その最初の巻において私たちの最近の歴史に深く関わっています[81]。この著者が示そうとするように，解放は新たな強制を生み出します。セクシュアリティーは話されるだけではなく，告白の強制も被ります。しかしこのことによって，性的領域の全体，つまり生殖の領域も，性的に体験することも特定の生命政治に取り込まれるのです。セクシュアリティーは，それに対応する政治と経済の中に組み込まれ，例えば，出産規制や衛生的な処置という形がとられます。これに対して，フーコーの著作においてますます広汎に勢力を持つことになるエロス的な技法［Ars erotica］が存在するといえるでしょう。その地平の中にあるのは，性的なものをより大きな倫理－政治的な連関の中に組み込むようなエロス的な生の技なのです。フーコーは，最終的にギリシア人に向かいました。というのは，そこにおいて彼は，キリスト教的で道徳的な西洋の長い数世紀よりも，とらわれが少

---

81) M. Foucault (M. フーコー), *Der Wille zum Wissen* (『知への意志』1977年)，原著1976年，〔邦訳，渡辺守章訳，新潮社，1986年〕。

なく，規則への強制がわずかである状態を発見したいと望んでいたからです。

5 性的身体の多形態論〔Polymorphismus〕

男性的であることと女性的であることのアスペクトが基礎的なのは，身体は常に性的身体として立ち現れてくるからです。そして，中性性ですらなお，多様の減退として，あるいは対立の消去として現れてきます。それでは，男性的であることと女性的であることは，どのように身体と関係していて，世界や，いわゆる主観について考える際，どのような役割を果たしているのでしょうか？　それらはそもそも哲学的な有意義性［Relevanz］を持っているのでしょうか？

性的なものの多様を示唆するために，多形態論という言葉が考えられます。多形態論について，メルロ゠ポンティは，たびたびフロイトと結び付けながら，語っています[82]。フロイトは，小さな子供の性的性格を多型的－倒錯的として示しています。というのも，子供においては，私たちが後に倒錯として示すものが，可能性としてなおともに現前しているからです。子供は，いまだ性的性格のはっきりした諸形式への固定化というものを知らず，そのような形式はやっと後になってから――ある種の言語のように――学習され，明確な規則に服すようになるのです。

私の考察は，性別の文法から始まります。ここで問われているのは，いかにして，そしてどこから私たちは男性と女性について語るのか，という問いです[83]。

a）属性としての男性的と女性的

最初の可能性は，「男性的」と「女性的」は，単なる属性として扱われて

---

[82] M. Merleau-Ponty（メルロ゠ポンティ），*Keime der Vernunft*（『理性の萌芽』），例えば，341頁，原文333頁，フロイトについては，上述，179頁を参照。

[83] 次の節に関しては，筆者 Die Fremdheit des anderen Geschlechts, S-Stoller, H. Vetter (Hg.) (S. シュトラー，H. フェッター編)，*Phänomenologie und Geschlechterdifferenz*（「他の性の異他性」，『現象学と性差』1997年，所収），62頁から66頁，ないし，*Grenzen der Normalisierung*（『正常化の限界』1998年，所収），168頁から173頁を参照。

5　性的身体の多形態論〔Polymorphismus〕

いるか，あるいは述語として使用されているということのうちにあるといえるでしょう。「Xは男性である」あるいは「Xは女性である」という文章において，「男性」と「女性」は私がXに対して認めている述語として姿を現しています。したがって私たちは，あるときは男性的な特性の担い手として性格づけられたり，またあるときは女性的な特性の担い手として性格づけられる指示対象Xを持っているということになります。「男性的」と「女性的」は，私が関係対象Xに認めている述語なのです。例えばリンゴは，熟している具合や種類に応じて，紅だったり緑であったりします。同様に，人間も「種類に応じて」男性的な諸特質を持っていたり，女性的な諸特質を持つというのです。このような図式を適用すると，直ちに次のような問いがでてくるしょう。その問いとは，属性化そのものに先立ってあるこのXとは何か，というものです。「男性的」と「女性的」が述語として適用されるとするならば，この属性化に先立ってあるXは中性的であり，それは男性的でも女性的でもないことになります。それは物(的身)体の医学的記述に至り，物(的身)体に特定の器官や調和や生理学的過程を帰属させるのです。しかしながら，すでに難しいことになるのは，物(的身)体を記述するときに，この区別（男性的，女性的）を避けることができるか，という問題です。となると，人は物(的身)体を，極めて一般的に，世界における，特定の反応を示すようなあるものとして記述しなければならなくなります。それが，中性的なXあるいは，物(的身)体事物から出発するということなのです。しかしながら，そのとき，それに抽象体，構築物を押しつける以外に，どのようにしてそもそも，物(的身)体を記述することができるのでしょうか。

b）性質としての男性的と女性的

ある選択肢は，実体的な語り方を避け，形容詞の形式における男性的なものと女性的なものから出発することにあるでしょう。男性的なものと女性的なものは，赤や青のような特定の性質であり，度合いが許されます。色の性質は，まずは固有色や対象の色ではなく，赤や青は，まずは自分自身について語り，性質として現れ出て，ある固有の色彩空間を展開します。他の例は，堅いものと柔らかいもの，湿ったものと乾いたもの，円いものと角張ったもの，軽い物と重い物のような対立するものの組み合わせです。

私たちの世界のすみずみまで響き渡っているそのような性質にあっては，アリストテレスの述語図式はいまだ力を持っていません。アリストテレスの述語図式に従うなら，あるものに，つまりある実体［ousia］にある特定の属性が帰せられます。他の選択肢は，ソクラテス以前の哲学者達が行ったように，文法的な中性のものから出発するような思惟です。ソクラテス以前の哲学者達は，極めて鋭い洞察力と博識さを持っていましたが，彼らにおいて目立つことは，彼らは最初に木々や人間達について語るのではなく，むしろ乾いたものや湿ったもの，暖かいものと冷たいもの，堅いものと柔らかいもの，そしてまた男性的なものと女性的なものといった〔両〕極性について語っていることです。古いコスモロジーではつねに登場してくるこれらの〔両〕極性は，エレメントとして示されています。エレメントとは，あるもの，すなわち諸特性の担い手ではなく，むしろそこであるものが動いたり，人が生活したり，呼吸したりする媒体，あるいは流体なのです。私たちが呼吸する空気は，決して数えられる部分や固定した諸特性をともなった孤立したあるものではありません。ただ実験室の中でだけ，空気は体積をもち，気圧をうみだし，科学的な分析を受けるようなあるものになるのです。私たちが呼吸する空気は，私たちが眼前に持つような対象ではなく，私たちを包み込み，私たちの中に入り込んでくるようなあるものなのです。同様なのは，私たちが泳ぎ，私たちの物（的身）体に浸透してくる水や私たちが立っている大地としての地面です。ソクラテス以前の哲学者達の見方は，世界をきれぎれの諸対象へと，そして特定の諸特性をともなった実体へと分割することをそもそも避けているのです。

　心理学の研究が，行動のリズムと色価との間に対応関係があるということを示しました[84]。色そのものは，ある特定の存在様式を，すなわち運動の経過の中で繰り返されるリズムを体現しているのです。現代の絵画において，色はエレメントとして解放されています。例えばイヴ・クラインは，モノクロの青い絵だけを描いて，30の色の層を互いに塗り重ねながら，青を光へと高めていき，この青は，誰も予想しないほどに〔見る人に〕光り輝いています。しかし，彼にとってはなにかが青いということが問題なのではなく，青そのものが問題なのです。対象的なものからの色の解放によ

---

84) 上述，II，3．を参照。

5 性的身体の多形態論〔Polymorphismus〕

って，青は，落ち着いたり，攻撃的だったり，無力になったりします。人が女性的なものや男性的なものについて話すとき，このような客観化される以前の性質について考えているのです。

c）形態学的概念

私が述べてきた赤い，青い，堅い，柔らかい，男性的な，女性的なといったこれらすべての概念は，フッサールが述べているように[85]，形態学的な概念であるということがいえます。そのような概念は，流動的な境界，つまり類推的〔アナログ〕な移行を持っていて，あるものは，多かれ少なかれ堅かったり，柔らかかったり，湿っていたり，乾いていたりしうるのです。そのことによって，男性と女性は，一義的に全く女性的であるとか，あるいは全く男性的であるということに固定されることが排除されます。フロイトも男性的なものや女性的なものの特定の契機がそのつど他の性に，ともに割り当てられるということから出発しました。「男性的」とか「女性的」といった性質は，段階的な差異過程に由来するのです。したがって，問題になるのは，あらゆる人が一義的に割り当てられている男性と女性という二つのクラスへの分割，しかも，この図式には適合しない気の毒な人間が存在するかもしれないといった分割なのではありません。性転換という問題系，つまり最初の性を変えたいという望みは，部分的には，まずはそのような規範化するクラス分けから生じるのであって，そこからして，この問題は，個人の「正しい」帰属によって，そして最も極端な場合には，手術によって削除されるのです。

それに対して，形態学的概念という意味において，男性的なものと女性的なものは，多かれ少なかれということを許容します。あるタイプは非常に男性的であったり，女性的であったりするかもしれません，そしてこの諸特性がどのように規定されているかによって，極端な形象になったり，また多様な移行が生じたりするのです。フライブルクの人間の発生的研究を行うグループが性的な差異化に関する染色体対を研究していて，46の染色体のうち2つが性の発現に託されているとしています。しかし，特異な非対称性も存在します。すなわち女性では，2つのX－染色体で，男性で

---

[85]）『イデーンⅠ』§74〔邦訳『イデーンⅠ-2』，74節〕。

はＸ－染色体とＹ－染色体となっています。そのことから一つは，対応する女性の染色体になりそうなのです。ある種の障害を染色体と結びつけようとする人もいます。これは，男性あるいは女性への厳格で単純な分割そのものが，人間の遺伝学の領域においてさえ，造作もなく堅持されているのではない，ということを示しているのです。

d) 冠　　詞

私たちが様々な言語の文法で知っている冠詞は，言語にも性というものが浸透しているということを代弁しています。例えば，ドイツ語には三つの冠詞（*der*, *die*, *das*）があるということが，自明なことではないのは，諸言語の構造があらゆることを可能にしているからです。フランス語はただ二つの冠詞（*le* と *la*）しかありませんし，英語は，たった一つの冠詞（*the*）しかありません。ロシア語は，そもそも冠詞がありません。しかし，性の区別は他の仕方ではっきり示されています。英語の友達 friend は「〔男性の〕友達〔Freund〕」と「〔女性の〕友達〔Freundin〕」を意味することができますが，疑わしい場合は，男友達 he-friened と女友達 she-friend が役立ちます。ラテン語には，たしかに冠詞はありませんが，性の区別が語尾に現れます（例えば *animus* と *anima*）。

　そこで問題は，冠詞，あるいはそれと類似した区別の手段の選択は，まったく任意のものなのか，ということです。ソシュールにおいては，言語の構造は任意であるということがいわれています。しかし，ソシュールにおいて，「任意〔arbiträr〕」ということは，単純に「恣意〔willkülich〕」ということを意味してはいません。つまり任意性とは，言語構造が別様でもありうるということを意味しているのです。言語構造は偶有的であって，事物や精神の破れることのない秩序に依拠しているのではなく，言語上の発明はある遊動空間のうちを動いているのです。言語，あるいは冠詞における性の存在から，一般的に，ある帰結を引き出すことができるでしょうか。様々な冠詞の場合において，事物もまた突然，異なった性を持つことになるのでしょうか。太陽〔die Sonne〕は女性的で，月〔der Mond〕は男性的なのでしょうか。そのような予想に対しては，まず，次の非難がすぐに思いつきます。事物の性という仮定は，純粋なアニミズムにもとづいているように見えるというものです。すなわち，なるほど男性，女性，子

5　性的身体の多形態論〔Polymorphismus〕

供，それらの間にある存在者などが存在してはいても，私たちが事物に男性的，あるいは女性的な性を付け加えることは全くなにも意味するわけではなく，純粋に恣意的なものだ（椅子［der Stuhl］を「die Stuhl」ということもできますし，それで慣れてくれば何の問題もない），というのです。あるいは，私たちは，実際ある種のアニミズムが働いているということから出発する，すなわち，諸事物がまずは生気づけられたものとして，つまり男性的なものや女性的なものとして考えられているということから出発して，啓蒙された私たちにとってはもはやなんの意味もないような痕跡が後に残されている，とみることもできます。しかし，それは一貫してそうなのでしょうか。多くの場合，性の選択のうちに何ら特別な意味は発見されません（私が「机［der Tisch］」という場合，私はまったくこの「der」という冠詞に意味ある考えを結びつけているわけではありません。机［der Tisch］は男性性となんの関係があるのでしょうか）。いえることは，言語はそのように整えられてきたのだということだけです。にもかかわらず，もう一度太陽と月を取り上げてみましょう。古代のギリシア人とローマ人はドイツ語の言語使用を聞いて，おそらく，奇異な感じを受けるでしょう。それらはまったく逆に考えられていて，太陽は太陽の神，ヘリオス（ラテン語では *sol*），月は月の女神，シレノス（ラテン語では *luna*）というように聖別されています。どうしてギリシアやローマにおいては太陽は男性的で月は女性的なのでしょうか。その答えは，太陽の神［der Sonnengott］と月の女神［die Mondgöttin］がいるからだという答えになるでしょう。とはいえ，そのことによって問いはずらされるだけになります。というのも，事実上神話の場合にそうなってはいても，いったいなぜ，太陽は男神と，そして月は女神と結びつけられるのかという問いにずらされるからです。身体性と自然との関連について考えてみると，ここには凡庸とはいえない動機が入り込んでいて，月は女性の月経の役割を果たしていて，生理という語のうちに *mens*，すなわち月が，含まれているのです。古生物学的な発見の仮定によるものですが，月の暦があって，それが，妊娠と出産の記録のために女性によって用いられていた，というのです。この暦は月の周期から出発しています。月を女性と結びつけ，月を女性的なものと考えるのは，全くの偶然なのでしょうか。もし，性差がはじめから，人格に制限されるとすると，諸事物はそのことによって完

に自然化され，セクシュアリティを剥奪され，エロスも剥ぎ取られることになるでしょう。

二つの現象に即して，性差とエロス的なものとは諸事物との関わりにおいて役割を演じているということが明らかになります。ウィニコットの理論におけるいわゆる移行対象〔*Übergangsobjekte*〕というのは，あるもの（ある事物）でもなく，誰か（ある人格）でもなく，むしろまさに中間的な何かです。子供の場合，例えばその子供が抱きつくクッションや持ち歩くぬいぐるみといった対象は，一義的に事物の側や人格の側に据えることはできず，ある移行，つまり中間的なものという特徴をもっており，諸事物のエロス的占有に導くことになるのです[86]。

別の例としては，物神崇拝〔フェティッシュ〕があります。物神化，諸対象の性的な占有は，まずは民俗学のうちで，それから精神分析において主題となりました。エロス的なものが事物へと波及しなかったならば，物神というものは恐らくまったく考えられなかったでしょう。私たちはあまりに容易に，人格と物を完全に分別しがちであり，それは人権と所有権とを区別することに似ています。しかし，衣服のことを考えてみましょう。衣服なしにエロス的なものは考えられませんし，服に対する物神化は物（的身）体の領域から衣服を分離することから生じてくるのです。服はそれ

---

[86] 移行対象への関係の特徴として，ウィニコックは，次のものを挙げます。「1．子供はその対象に，大人も認容すべき権利を主張します。とはいっても，ある程度，全能性をはじめから断念していることも，この関係の特徴といえます。2．その対象はやさしく取り扱われますが，溺愛されたり，虐待されたりすることもあります。3．子供が自分で変える他は，変えられたりしてはいけません。4．それは，衝動的な愛に「耐えうる」だけでなく，憎しみや強度な攻撃性にも耐えうるのでなければなりません。5．にもかかわらず，それは，子供に暖かな感情を感じさせるのでなければならず，運動や表面の作り，行動しているようにみえることで，生きていてそれ独自の現実性をもっているという印象を与えるのでなければなりません。6．私たち大人にとって，それは外的世界に属するようにみえても，子供にとってはそうではなく，かといって，内的世界に属するのでもなく，それは，幻想なのではありません。7．その対象の運命は，次第にその占有性が除かれていき，年がたつと，忘れられるのではなくとも，物置の片隅に追放されるということです。私がいいたいのは，移行対象は，健康な子供の場合，内面化することはなく，それと結びついた感情もまた，必ずしも抑圧されるわけでないというということです。忘れられるのでもなければ，嘆き悲しまれるのでもないのです。ときとともに意味を失うのは，移行現象が不鮮明になっていき，「内的心理学的現実性」と「二人の人間によって共に知覚される外的世界」との間の，媒介領域の上に拡散していくからです。つまり，全体的な文化的領域に拡散するのです。」移行対象と移行現象について，D. W. Winnicott（D. W. ウィニコット），*Vom Spiel zur Kreativität*,（『遊びから創造性へ』1979年），14頁及び次頁からの引用。

を着る人格にとって代わります。このずれが示しているのは，エロス的なものが誰かが使う服と諸事物へ広がっているということです。カトリックの伝統には，中世末期に極端な形式をとる聖遺物があります。人はその聖遺物を調達したり，買ったり，そして人工的に作り出したりしました。大規模な聖遺物製造が行われ，あらゆる教会が聖遺物を所有しているのでなければなりませんでした。それは追想の儀式の増殖であり，迷信に陥ることなのです。というのも，事物としての事物に聖人の実在的な諸特性があてがわれているからです。興味深いのは，諸事物へのエロス的な波及が宗教的な諸対象の領域にも現れていることです。そのいくつかは，いまだになお，私たちの世俗化した文化にも見出されるのです。人々が車の中で，ぶら下げているものを見てください。ただ，これらの物は，完全に凡庸で当たり前のものとなってしまい，その呪術的な力をほとんど失ってしまっているのです。もっとも，多くのものが背後のドアから，再び紛れ込んできています。

e）人称代名詞

性の言語に関する私の次の考えは，人称代名詞に関するもので，どうでもよくみえるかもしれない，誰が話しているか，男性か女性かということをめぐるものです。私が「私」という場合，ここで男性が話しているとか，女性が話しているのかという必要はありません。なぜならこの一人称は，コミュニケーション理論の上では，その本質に即せば，順番に回ると決められた役割に関係づけられているからです。私は，あなたと同じように「私」ということができるし，男性も，女性と同じように私ということができます。この役割交換は，同権という根本的形式を作り出し，この同権は，あらゆる明言された政治的規則に先立って，言語実践から，言語において生じてくるのです。女性が選挙することを許されるまでに長い時間がかかりました。私たち〔ドイツ〕の場合は，ワイマール時代に始まったのです。しかし，ともかくも，それ以前にも女性は「私」ということは，認められていました。言語におけるこの種の同権は，決して凡庸なものではありません。すでに，ある男性，あるいは女性が「私」ということのうちに，ある種の政治，すなわちその語の指導権を持つものが統治するという政治があるのです。問われるのは，ただ，人称代名詞は男性的と女性的と

いう区別の彼岸にあるように，非性別的であるかどうか，ということです。日本文化を見ればわかりますが，一定の度合いで，男言葉と女言葉があって，女性と男性は異なる語彙を用いる，つまり，異なる表現方法だけでなく，異なった語が用いられています。一般的に男性だけ，あるいは女性だけに向けられた言い回しがあるのです[87]。興味深いのは，一人称の代名詞も，没性的に用いられるのではなく，それを用いるのが男性か女性か，語りかけられるのが誰であるのかに応じて，文脈依存的に使用されていることです。私たち〔ドイツ語〕の場合，私［das Ich］は周知の通り，文法的には特徴づけられることなく，男性も女性も同じように用いています。しかしそれは本当にそうしているのでしょうか？　これに関しては，多くのフェミニズムの研究があり，男性と女性の様々な話し方や書き方が非常に丹念に観察されています。このような差異が私たち西洋の言語において，直接，人称代名詞の使用に見て取れない，いずれにしても，日本語におけるようには明確に現れていないという事実は，〔しかし〕一人称［Ich-sagen］は性の陰影を示すということを，決して排除するものではないのです[88]。古くから言われている規則で，「手紙を〈私〉で始めるな」，という規則は，一人称［Ich-sage］を決して無頓着に使っているわけではない，ということを示しているのです。それでは，なぜ性の役割が私を語るときに影響を与えているのでしょうか？

f）多様な性の役割

どれほど男性的と女性的というものが文脈によって規定されているかということは，結局は，性的なものの役割の多様性のうちで示されています。そもそも男性的な形態として現れてくるのは，少なくとも四つの可能性があります。すなわち，息子，兄弟，父，そして誰かの夫としての四つです。そして女性の場合も同様で，娘，姉妹，母，そして誰かの妻というあり方です。となると，私たちが男性や女性について話しているとき，それはい

---

87) Irmela Hijiya-Kirschnereit（イルメラ・ヒジヤ=キルシュネライト），*Das Ende der Exotik*（『異国的なものの終焉』1988年），29頁を参照。

88) この節に関して，例えば，G. Postl（G. ポステル），Geschlechtsunterschiede in der Sprachverwendung, *Weibliches Sprechen. Femistische Entwürfe zu sprache und Geschlecht*,（「言語使用における性別」，『女性が語ること，言語と性に関するフェミニストの構想』1991年），32頁以降を参照。

5 性的身体の多形態論〔Polymorphismus〕

ったい誰について語っているのでしょうか。そこでは母が，あるいは娘が，あるいは姉妹が話しているのでしょうか。アリストテレスの『政治学』においては，家庭がその構成員に分けられるところで，この様々な役割が暗示されていて，考察の中心に置かれるのは男性であり，その男性は，家長として，つまり，女性の主人として，次に父として登場します。姉妹や妻や世代についてはまた別のところで語られています。レヴィ＝ストロースによると，婚姻，子孫，血縁関係という三つの次元がすべての親族体系を特徴づけるとされます。それゆえに常に，どの男性について，あるいはどの女性についての話なのか，ということが問われなければなりません。この文脈依存性が視野から落ちてしまうのは，男性というもの，女性というものが語られるときであり，それは，脱性化〔Desexualisierung〕を同時に意味し，家族の由来がわきに置かれてしまうことになるのです。

どのようにして男性や女性について語るのかという問いは，私たちを方法的な考慮に導くことになりますが，このことで話を締めくくりましょう。男性や女性について語るのか，それとも男性や女性として語るのか，という選択肢があるでしょうか。

第一の可能性として男性や女性についてのみ語る場合，とりわけ哲学を利用することになりますが，それは哲学が男性や女性一般に関わる限りでのことです。男性と女性の彼岸の場所を選び，哲学者自身は，完全に性への帰属を度外視できる，つまり，哲学者は，男性として，また女性として登場するのではなく，「彼〔哲学者〕」がある区別を行い，その区別について考えるのだ，ということから出発するのです。それによって男性的－女性的という区別は，上位概念である人間存在というもののうちに解消され，もはやなんの役割も持たなくなるのです。哲学は，数学と事情が同じで，それを行う性というものはなんの役割も持っていないことになるのでしょう[89]。しかし哲学の場合は〔本当は〕どうなのでしょうか。男性と女性はもっぱら対象の領域に属しているのか，それとも男性的なものと女性的なものは語ることや熟慮することと何らかの関係があるのでしょうか。

---

[89] 学問研究に関して，外的に表示するほど性的に中立であるとはいえないということについての考察がみられます。しかし，わたしは，これまで女性的数学といったことは聞いたことはなく，またいっても，無意味となるでしょう。なぜなら，数学にあっては，主観の生の状況は，体系的に度外視されるものだからです。

別の可能性は，私がもっぱら，女性として，あるいは男性として語るということのうちにあります。さて，「女性語り［*parler-femme*, Frau-Sprechen］」というものがあります。私がこの言葉を作り出したわけではなく，このようなテーマについて書いている，よく知られた女性の哲学者，ルース・イリガライにみられるものです[90]。話されたことに先立つ話すこととして，この「女性として語ること」は「女性について語ること」に先行しています。話すことの次元でだけ動いているような女性語りは，完全に性差を度外視したあの立場と対立する選択肢と考えられるでしょう。実際，イリガライの考察は，性に特有の語りに狙いを定めています。しかし，私たちは男性や女性について語るのをそもそも，避けることができるでしょうか[91]。男性や女性に属しているのは，ただ男性や女性としての役割を演じることだけではなく，その区別をお互いわかりあえるということでもあります。私は，厳密なあれかこれかを避けなければならないと思います。ただ何かについて語ること（＝話されたことの領層）も，ただ男性として，あるいは女性として語ること（＝話すことの領層）も可能なのではありません。両者は，ともに生じているのであって，話しつつある話すこと［sagendes Sagen］がありますが，しかし話すことのうちには語ることへの距離があるのです[92]。

私は他者に向かうにあたって，男性としてや女性としてだけではなく，同時に，レヴィナスがいうように第三のパースペクティブというものがあって，そこで私は他者と自分を等置し，私たちについてある種の中立性において人間として語るのです。仮に私たちが純粋に話すことの次元，つま

---

90) 例えば，Luce Irigaray（ルース・イリガライ），*Das Geschlecht, das nicht eins ist*（『一つではない性』1979年），28頁と，これに関して，Gertude Postl（ゲルトゥルーデ・ポストゥル），*Weibliches Sprechen*（『女性が語ること』1991年），140頁以降を参照。

91) このように，について語ることを回避することをルース・イリガライは目指しているようだが，彼女が女性的なものの構文法〔シンタクス〕について語ろうとして，絶えず限界を越えてしまうことについて語ることになります。「しかし，そのことを度外視して，女性的なものの構文法がどのようなものになるか，語るのは容易ではない。なぜなら，構文法においては，主観も客観もなく，一なるものの特権は存在せず，固有な意味とか固有名とか，「固有」─性なるものも存在しないだろう。（……）この「構文法」は，ある近さを活用するが，この近さはあまりに近く，同一性によるあらゆる分立，共属性のあらゆる構成，そして獲得のあらゆる形式を不可能なものとしてしまうだろう。」『一つでない性』140頁。

92) 語ることと語られたこととの次元の違いについては，「語られたことから語ることへの遡及」，『解答の索引』，195頁以降を参照。

り「男語り」と「女語り」の次元に基づこうとすれば，そもそもどのようにして男性と女性は互いに交流することができるのかということが，謎のままに留まることになるでしょう。

　　　　　　　　　　　　　　　　（13回講義　1997年2月4日）

性的身体の多形態論についての考察は，どのように固有の身体と他者の身体とが互いに関係しているのかということを明らかにします。私はここで固有の身体（そして一般的に固有性）が異他性に先行するものではなく，むしろ固有性あるいは自己性といったものは他者との関連のうちで，すなわち異他的なものへの応答のうちで展開する，というテーゼを基礎づけてみたいと思います。性の経験と規定に関する以下の考察において，私は垂直の次元と水平の次元とを区別します。垂直の次元は一般的なものと特殊なものとに関わり，水平の次元においては，固有性と異他性，そして近さと遠さとに関わります。これら二つの次元は，選択肢として呈示されるのではなく，両者は，互いに不可欠であり，問われるのは，ただ，それらが互いにどのような関係にあるのか，ということです。一般的なものと特殊なものの垂直の次元においては，性差の規定に関わり，他方，水平の次元を扱う場合には，異他的な性の経験，あるいはそのつどの他の性への接近が中心になります[93]。

A）垂直の次元：一般的なものと特殊なもの

一般的なものと特殊なものの尺度〔スカラー〕は，まずはその尺度の限界性について語られなければならないほど，きわめて一般的であるように見えます。垂直の分節化は，普通に行われている区別の実践にしたがっています。このことは，すでにプラトンが『ソフィステス』の弁証論的考察において展開した自己的なものと他なるもの〔ταὐτόν と ἕτερον〕の二重性に戻っていきます。ラテン語の翻訳では，自己的なものは，*idem* といいます。自己的なものと他なるものの根本規定は，他なるものが自己的なものから区別されるということだけではなく，むしろ一般的にある一つのものを他なるものから区別するということに役立ちます。単純な例としては

---

[93]　これに関しては，この講義の付論として付け加えられている図式を参照。

二つの果物の種類（リンゴと洋なし）あるいは二つの文化（日本文化と中国文化）があります。差異をおくこと〔差異の定立〕は，境界を設けるという形式を通して生じます。その境界は，そこで区別が行われる第三者という中立的な媒体のうちを動きますが，それはまさに区別が下される第三者の中立的な審級を指し示しています。こうして，リンゴと洋なしは区別されますが，この二つのものは果物の種類ないしフルーツなのです。それらは第三者に関わる部分を持っているのであって，私たちの例では，フルーツという類に関する部分を持っているのです。古代の定義論の中では，そのつど類 [*genus*] と，種 [*species*] の系列があります。そして一つの種は他の種から種差 [*differentia specifica*] によって区別されます。このような古典的なモデルに従うなら，理性的動物 [*animal rationale*] としての人間の定義的表示は，動物という類と種差を告げる理性的という形容詞とから成り立っています。単なる動物は，人間とは対立して非理性的動物として，つまり「理性なしの生き物」として表示されます。したがって生命を持った存在，あるいは生き物のクラスというものが第三者として前提され，そこからして，相応する区別が行われるのです。このような処置の仕方は，論理樹系という図式でよく知られており，それは，共通の幹を示して，そこから様々なしかたで枝分かれしています[94]。境界づけが，第三者において止揚されるという事実は，さらに，対応する区別が反転可能で対称的であるということを帰結として持ちます。私はaはbではない（リンゴは洋なしではない）とか，bはaではない（洋なしはリンゴではない）ということがいえます。この関係は反転可能で，等号の右側にあるものは左側にもあることができるのです。

　さて，そこで私たちは，「何が男性的で，何が女性的か」という相応する問いを立てることにしましょう。この問いは，何であるかの問い [Was-ist-Frage] という形式を持っています。プラトンの対話篇は，往々にして，そのような問いで始め，そのようなものとしての正義，美，同一のものといったものについて問います。このような問い方において，「男性的」や「女性的」は述語として現れます。すなわち，私は人格や行動様式，事物を男性的，あるいは女性的なものと特徴づけます。このよう

---

[94] これが，論理学者ポルピュリウスの名からする「ポルピュリウスの樹」のことです。

5 性的身体の多形態論〔Polymorphismus〕

な述語の使用の背後には，選言的な特徴があって，それが，そのつど男性的，あるいは女性的な個体に選言的に配分されます。双方の性を代表する者が，なにかとして，すなわち男性的な存在者としてか，あるいは女性的な存在者として考察され，扱われるのです。このようなやり方はあるジレンマに陥ります。性的な区別を企てる論理は性中性的であるか，もしそうであるのなら，男性的な存在と女性的な存在への区別は，二次的，経験的なものとなり，性の区別は事物の秩序や生の秩序とはなんの関係もないことになります。あるいは，論理それ自身，性差的であれば，そのことによって，論理を介して確証される二つの性の間の了解可能性が閉め出されてしまうことになります。

　第一の可能性からはじめましょう。そうすると，男性的な存在者と女性的な存在者がいることになり，それは，世界に，特定の種類の動物がいて，陸上の動物，水中の動物，空の動物がいるのと同様です。したがって性差というのは，世界，特に生けるものの領域に現れてくる差異に属することになります。しかし，世界の秩序が唇形花植物，あるいは他の種類の植物が存在するといった具合のことを通して規定されているということを主張する人はほとんどいないでしょう。そこで，ある人が反論して，男性的―女性的という差異は散発的にのみ現れてくるのではなく，その差異は，人間の領域だけでなく，生けるものの領域のいたるところで見出される，ということもできるでしょう。しかしそれによって，性差は，より一層，経験的で偶然的なものとなり，存在するものの局所的秩序や特定の種類に属することになり，他方，論理は全体の世界の法則的秩序と存在一般に関わるのであって，しかもこの論理そのものは男性的でも女性的でもありません。そのことによって，性的存在性〔性的であること〕はいかなる決定的な重要性も持たないことになり，せいぜい，いわゆる人間学的定数に属するのであって，その定数は，ことのほか，事物の操作可能性によって脅かされ，必要とされるときにのみ持ち出される定数であることになります。フッサールの言葉では，性的存在性は，経験的な性格をもち，超越論的な性格は持たないということになるでしょう。フッサールが「超越論的」という言葉を使う場合，この言葉は経験一般の可能性，つまり全体としての世界の成立や形成，形態化に関係します。身体性に関して，フッサールは明確な立場をとり，身体性は世界のうちでの出来事ではなく，身体に結び

つけられた運動や知覚はともに，事物の規定された秩序が存在するということに責任をもっている，と理解しています。同様のことをフッサールは性的存在性に対しても述べていて，性的存在性は，集合的な意味創設と意味伝承として，同様に，超越論的な性格をもつと主張しています。しかしながら，問題は，私たちは同じような仕方で超越論的な性的存在性について語れるかどうかということです[95]。

さて，事柄を逆から見て，論理はそれ自身男性的であるか，女性的であると仮定してみましょう。このことは私たちを逆方向の困難へともたらしますが，この困難を私は極端な形式の男性主義と女性主義〔フェミニズム〕と名づけてみます。この問題系は，歴史主義や文化主義の問題系と比較されます。仮に，いかなる文化においても，あるいはいかなる特定の時代においても，そのつど特殊な秩序が存在すると仮定すれば，すぐさま，いかにして異なる文化の間や異なる時代の間での了解が考えられるのか，という問題が生じます。私たちが，選択的に，男性的な論理，あるいは女性的な論理から出発すれば，それは，男性の言語や女性の言語が存在するということを意味し，それらの間には，究極的にはいかなる了解のための架け橋も存在しないということになります。そしてこのことは，このような理論が様々な性について語ることを許す地盤から自らを引き離すという帰結を持つことになります。そして最終的には，男性の見方，あるいは女性の見方だけが存在するのです。男性主義に加担することがほとんどないのは，男性は，いずれにしてもつねに発言を許されているからであり，女性主義〔フェミニズム〕が残ることになります。

慣用的なフェミニズムと排他的なフェミニズムとを区別するのがいいでしょう。前者の場合，私たちは女性のもつ視角あるいは関心にもとづく哲学や学問に関わり，後者の場合は，もっぱら女性のための哲学あるいは学問に関わります。慣用的なフェミニズムは，哲学において，あるいは学問

---

95) フッサールの場合，この問いは，明確に決定されているのではないが，草稿には，特に相互主観性に関する『フッサール全集』15巻には，フッサールが現に超越論的性的存在性という考えを視野においていることがみられます。この点に関し，H. R. Sepp（H. R. ゼップ），Geschlechterdifferenz—ein Thema für Husserls Phänomenologie?（「性差—フッサール現象学の一テーマであるのか」，S. Stoller, H. Vetter（S. シュトラー，H. フェッター編），*Phänomenologie und Geschlechterdifferenz*（『現象学と性差』1997年））所収，を参照。

においてのみならず、芸術においても、女性達が公認の歴史においては、ほとんど従属的な役割を演じてきたという事実に関係するでしょう。明らかに私たちの事典の中には女性の画家や女性の音楽家は数少ないのです。女性の詩人になることは、より簡単でした。なぜなら、手作業で作られる芸術の場合、すでにそうなるための条件が不平等に与えられているのに対し、時間と空間が意のままになるとき、語ることや書くことを家で行えるからです。このような歴史を背景にすれば、女性的な経験がその特殊な形式において主題化され、そして対応する表現手段が獲得されることについての関心もよく分かります。このようなやりかたは、いかなるジレンマにも導きません。これと区別されるのが、女性のためにだけ閉ざされた哲学ということになるでしょう。この女性の哲学は、男性にとってそもそも理解できないものとなり、それによって、女性の哲学は、男性の世界に対するあらゆる衝撃や興奮させるものを失ってしまうことになるでしょう。

　私たちが慣用句的哲学から出発する場合は、別です。私がこの提案をデリダに結びつけるのは、彼が、様々な国の伝統との関連において、フランスの哲学、アングロサクソンの哲学、そしてドイツの哲学といった慣用句について語っているからです。そのような種類のフェミニズムの哲学は、みずからのうちに閉ざされているのでもなく、また自足的なものとしても理解されないでしょう。慣用句は知覚のパースペクティヴと比較できます。すなわち、きまった仕方で話すこと、そして考えることとして、慣用句はたんに他の慣用句との対照のうちにあるだけではなく、多様な仕方でそれらと絡み合っているのです。だからこそ、あらゆる差異にもかかわらず、一つの多様なヨーロッパ哲学が存在するのです。なぜ性差の領域のうちにも、類似のものが存在しないのでしょうか。

　これまで繰り返しキリスト教的哲学、イスラム教的哲学、ユダヤ教的哲学といったものが存在しうるかどうかという問いが提出されてきました。ここでもまた、哲学のそのような狭隘化に出会っていて、ユダヤ教徒のもつ哲学、キリスト教徒の哲学、イスラム教徒の哲学、ある特定の信念のパースペクティヴに制限されていない無宗教者の哲学への多様な指示をともなっています。マルクス主義的哲学もこのジレンマに遭遇することになるのは、歴史の真理を階級への帰属に従属させようとし、そのことによって階級の敵はもともと沈黙を余儀なくされている、そのときなのです。慣用

句的哲学の構想は，そのようなジレンマから抜け出すのに役立つでしょう。

このような一般的な予備的な考察の後，男性的と女性的との区別が伝統においてどのように考えられているか，という問いが立てられます。もしも論理そのものが，男性的，あるいは女性的なものとして考えられるならば，——私たちがみてきたように——それ自身，自然的な種といった特徴を仮定するようなロゴスにつきしたがうことになるという窮境に陥るでしょう。そのような論理は，その諸権限を定義によって取り去られてしまっているという前提に基づくことからして，みずからを解明することも正当化することもできないことになります。したがって，立場を変更して，男性的でもなく，女性的でもないような論理が存在すると仮定することが考えられることになります。一般的なものと特殊なものとの間の垂直の軸を動いている伝統的な見方のうちには，より古いヴァージョンとモダンなヴァージョンとが見出されます。より古いヴァージョンにおいては，男性と女性は性的なパートナーとして相互補完的な配置のうちに現れ，その関係は補い合うことを意図しているわけです。「パートナー」や「補足」ということは文字通りに受け取るべきです。つまり，全体を獲得する［er-gäzen］という部分を持ち合う者［Teilhaber］が問題なのです。性的なパートナーは順応し合って，性の区別を包摂する生の全体を作り上げ，男性と女性の関係は，補完的な関係として描かれるのです。それによれば，女性的なものの関与は，男性的なものの関与と同じ射程をもち，全体的なものは二つの対称的な半分から成り立っています。プラトンの『饗宴』の中のアリストファネスの有名な神話によれば，ゼウスはあらゆる人間を，果物と同じように，二つの半分に切り分けました。そしてふさわしいもう一方を探し求めることが，両半分の配置をめぐって，同性愛的な関係か，異性愛的な関係へと導くことになります。もちろん，この補完性は，伝統の中でおしなべて，階層的な秩序へと歪曲されていきます。たしかに全体－化［Er-gänzung］はある全体を誓うのではあるのですが，この全体は優越関係を許すことになり，ある部分が他の部分に対して優先することになります。そのことから，男性主義的な伝統が生じ，それは，幾世紀もの間ヨーロッパの人間理解の基準となってきたアリストテレスのような著作家において見出されているのです[96]。

階層化は様々な形式をとりますが，そのうちのいくつかを私は以下，明

5 性的身体の多形態論〔Polymorphismus〕

確に取り上げてみます。公共性と家政の区別から始めます。この区別で問題となるのは，決して単なる外的な場所の規定ではなく，むしろ性に固有の場所を割り当てるような社会的な場所が問題なのです。女性は炊事場にその場所を持ち，そして安定性や安全性に気をつかう一方，男性は公共性のうちにあり，外的な交渉を行い，世界を動かします。強さと弱さをめぐる階層化は，生物学的特性と様々に結びつけられます。人は女性的なものについて，弱い性として語り，そしてその際，たいていは戦いや戦争の美徳に関係づけます。心理学的には理性と感情とが区別され，その際，女性には，かなり，全体的なもの，直接的なものに対する感覚としての感情が帰せられ，それに対して男性には理性，差異化の能力，決断力が帰せられます。明らかにここで問題なのは，根本的な型にはまった見方なのであり，それが性差の眼差しを始めから決まった軌道へと導いてしまうのです。

同時に人は悪循環〔*circulus vitiosus*〕，あるいは自己実現的な予言〔*self-fulfilling prophecy*〕の軌道へ迷い込みます。女の子は幼い頃から，以前から例外なくそうであったように，炊事場の番をして，程よく割り当てられた周囲を動き，そして女性的なものを損なわないように口と思いをつつしむように育てられるのであれば，型にはまった見方がほとんどの場合妥当しているというのは，驚くに当たらないことなのです[97]。一般的にいえることは，生活の役割の定義は，何ら外的な規定を与えるのではなく，生活そのもののうちへと介入してくるということです。子供がある決まった役割に固定されるならば，子供はその定義に順応してその役割を果たすというチャンスがでてきます。そしてそのような理論は，その固有の成果によって養われており，自分で引き起こすことになる抵抗力を低く見積もることによって，自滅することもありうるのです。

他の文化からの証拠が，そのような性に特異な行動の指示が，単にヨー

---

[96] Thomas Laqueur（トマス・ラコー）*Auf den Leib geschrieben. Die Inszenierung der Geschlichter von der Antik bis Frewd*（『身体に描かれていること，古代からフロイトまでの性の演出』1992年），42頁以降参照。

[97] 「子供，とりわけ女の子は，早くから自発的で強制されない微笑に慣れるようにしなければならない。なぜなら，顔の表情の明るさが，次第に内面にも刻印を与え，楽しさや好意や社交性の習慣を形成し，好意の徳に近づくことを準備させるからである。」, I. Kant（I. カント），*Anthropologie in pragmatischer Hinsicht*,（『実利的な視点からみた人間学』），ヴァイシュデル版，第6巻，598頁。

ロッパの根源悪が問題となっているのではないことを裏付けています。T. トドロフは，アメリカ大陸の征服に関する彼の著作の中で，新生児に対して，その性を特殊化する物をゆりかごの中におく，例えば，男の子には楯を，女の子には機織り道具をというマヤ文明の古い慣習について報告しています[98]。このような早い時期の配置分けは，後の仕事の割り当てを先取りしているだけではなく，トドロフが示しているように，それ以上のことに関わります。戦争の道具をもつ者は，生の支配者であり，戦争の道具は死を与えるがゆえに，この者が統治するのです。このような極化は第一に，戦士から始まりますが，他の変様した場合もあります。アリストテレスはどちらかといえば経済と政治に着目しており，それは戦闘的なものではなく，むしろ決定を与える理性の指導的機能なのです。別のヴァージョンは，神学に基づいています。すでにギリシア人達は，全く自明なこととして神 ὁ δεός〔*der* Gott 男の神〕について語っています。私たちの伝統でも普通に主なる神〔*Herr*gott〕や父なる神〔Gott*vater*〕について語ります。また精神分析において悪名高い男根願望もまた男性主義的な伝統を告げるものです。男性は，女性がもっていないものをもっているのであって，女性は欠如によって否定的に定義されます。そのような区別のうちに補完性が，二つの部分が同じ重さでないようなあり方で登場してくるのです。このような，決して完全に死に絶えたのではない性のヴァージョンは，その根を全体的な秩序形成の中にもっているのです。

より近代的なヴァージョンは，男性的なものと女性的なものの等置を目指しています。ここには同権ということが，つまり等しい機会と権利を女性に与えるという女性の解放が属しています。シモーヌ・ド・ボーヴォワールはこのような観点において，無論，必ずしも実践的な遂行に関わりはしませんでしたが，理論的な説明に関して終止符を打ちました[99]。二つの性の同権ということが前面にでてくると，それは，身体的なもののある種の過小評価と無視へと導きます。同権ということは権利に関わりますし，

---

98) Tzvetan Todorov（ツベタン・トドロフ），*Die Eroberung Amerikas*（『アメリカの征服』1985年），112頁及び次頁参照。〔邦訳『他者の記号学―アメリカ大陸の征服』，及川馥訳，法政大学出版局，1986年〕．

99) Simone de Veauvoir（シモーヌ・ド・ボーヴォワール），*Das andere Geschlecht*（『異性』1992年），原著1949年．

5 性的身体の多形態論〔Polymorphismus〕

この権利は〔同権という〕定義によって，同一性に結びつきます。等置ということは，権利と義務，公職の認可や就職の機会に関わるような場面で重要なこととなります。このような見方の限界は，等置ということが男性性と女性性の彼岸を動いている，しかも体系的に動いているということのうちにあります。等置ということは，男性や女性における人間に関わっているのであり，女性としての女性や男性としての男性に関わっているのではありません。それは権利主体，市民，経済を生きる市民としての人間に，つまり理性的存在者としての，あるいは人間的な生物としての人間に関わっているのであって，性的存在者としての人間ではないのです。私たちがここで関わっている問題系は，ユダヤ人の解放の問題を思い起こさせます[100]。このユダヤ人の解放は，ユダヤ人が一般に人間的なものにまで自己を高めたというように理解されていますが，しかしそのことによって，特殊なものとしてのユダヤ的なものが，固有の権利を認められることにはなっていないのです。ユダヤ人の解放ということは，マルクスがいっているように，ユダヤ人からの「人間性の解放」を意味しており，最終的にはユダヤ的なものの克服になってしまいます。もし，ユダヤ人が伝統的な結びつきを捨て，非－ユダヤ人が同様にそうすれば，ユダヤ的，あるいはキリスト教的，等々の区別を越えてしまうようなヒューマニズムが浮かび上がってきます。ところで，世界大戦の終わりまでドイツ帝国では，フランス共和国とは違って，ユダヤ人が大学で正教授の職を得ることは，ほとんど不可能でした。例えばゲオルク・ジンメルは，有名なベルリンの学者でしたが，死ぬ少し前にシュトラースブルクで教授職を得たのでした。女性の権利の発展においても同様のことに出会います。ユダヤ人解放の場合，女性の解放と同じように，まずは等しい権利の獲得をめぐって行われています。もちろんこれが唯一のパースペクティブであるなら，性の区別，宗教的な伝統と文化的な伝統との間の区別といった諸々の特殊な区別は，その力と重要性を失ってしまいます。普遍的な権利や規則に，一面的にアクセントをおいてしまうと，性の優位を廃止することによって，性差も同様に色褪せてしまいます。

---

[100] マルクスの早期の作品，*Zur Judenfrage*（『ユダヤ人問題によせて』），〔邦訳，塚城登訳『ユダヤ人問題によせて』岩波書店，1974年〕では，マルクス自身が当事者であるこの問題に取り組んでいます。

しかしながら，等置への傾向が一般的に現実的な同権を目指しているのかどうか，そしてこのような啓蒙的な思惟の背後に，ある一面性が隠されていないかどうか，ということも問われます。フェミニズムの観点からする等置的な思惟に対する批判も存在して，この批判が固執するのは，一般的な（特に男性的，あるいは女性的ではない）論理から出発する論理中心主義は，それはそれで，男性的な思惟と行為の，極めて強力な産物であるということです。等置的な思惟において，唯一，男性と女性にとって共通のものだけが考えられているのならば，まさにこのような一般化のうちにこそ，一面性があるのです。多くの現代の議論で問題にされるのは，性の間の関係ばかりでなく，諸文化間の関係でもありますが，それらの議論が終結する問いは，すべての文化と宗教と性に一つの名前をもたらすことになる一般的な視点から出発して，はたして十分なのかという問いです。このような一般的な基準点そのものの選択のうちに，再び一面性はないのでしょうか。というのも，そのことによって具体的な差異，そしてまた他者の他者性といったものが，包括的な全体へと組み込まれることによって，あるいは一般的な法則のもとに従属することによって，消滅してしまうのではないでしょうか。

　私は，次に，垂直の次元から水平の次元へと移行していきますが，それは，一般的なものと特殊なものとの問題を，この講義の中心テーマに属する例，すなわち人間の身体的な備えという例を基にしながら，解明したいと思います。メルロ＝ポンティは『知覚の現象学』のなかで，五感という人間に備わったものは何を意味しているか，と問うています[101]。このような感覚上の備えに対する必然的な基盤は存在するのか，あるいはそれは

---

　101)「おそらく，ひとは次のように答えるかもしれない―私たちの身体組織は偶然的だ，〈手や足や頭を持たぬ人間を考える〉ことだってできるし，ましてや性器がなくて差し枝と取り木とかによって増殖する人間を考えることもできるはずだ，と。けれどもこんなことが通るのは，手，足，頭，あるいは性器を抽象的なかたちで，つまり活きた機能においてでなしに物質の諸断片として考察している場合，さらには人間についても，コギタチオしか含まぬこれまた抽象的概念しか形成しない場合だけのことである。」『知覚の現象学』198頁，独訳版202頁及び次頁〔邦訳，Ⅰ-280頁〕。このみごとな節で，メルロ＝ポンティは，人間の生殖を植物の世界から例から，それも，ドイツ語の生殖という言葉「Fort-〔先に〕pflanzung〔植えること〕」から引いてくることでコントラストを付けています。今日では，人工授精が導入され，生殖〔先に植えること〕がただ技術の問題に過ぎない地点まで近づいてきています。

5 性的身体の多形態論〔Polymorphismus〕

全く偶然なのでしょうか。メルロ＝ポンティは，人は，手や足や頭のない人間を考えることができるか，という問いをすでに提出していたパスカルの『パンセ』を，引用しています。この問いは，いまだ全くデカルト的に定式されています。なぜなら，物(的身)体は単なる機械であり，思惟する存在者は独立した実体であって，人は思惟する存在者がうまく処理することができるような全く別の物（的身）体機械を考えることができてもいいからです。となれば，物（的身）体的な備えは全く偶然的なものとして考察されうるでしょう。メルロ＝ポンティはパスカルの問いを性的な問題系にまで拡げます。人間は性なしに考えられるでしょうか。人間は多くの植物と同じように，挿し枝や接ぎ木によって生殖していくと考えることができるでしょうか。

　私たちはここでも再び二つの極端な可能性の前に立っています。仮定することができるのは，感性的なもの（性的存在性をも含む）が人間の本質に属しており，合理性や理性一般をいかにして考えるかということをも，ともに規定しているということです。そのように考えるのは，例えばヘーゲルで，彼は，差異が立ち現れてくるところで，決して単なる抽象の道を選ぼうとはしません。彼は，次のようにはいいません。なるほど，男性と女性が存在するが，しかし人間からみて，それは，単なる偶然な二重化の問題である，また，確かに五感がある，しかし一つ多く，あるいは一つ少なく存在することもありうる，とはいわないのです。ヘーゲルの野心は，差異の多様を彼の全体思考の中に取り込み，差異や対立命題から全体を成立させることを目指しています。ですから，ヘーゲルは，男性と女性，兄弟と姉妹，親と子供を人間学のうちで述べている数少ない哲学者なのです。五感もまたヘーゲルの体系のうちにその場を見出します。五感はなかんずく，音楽や絵画や建築芸術や書字芸術のような様々な芸術を区別することにとって必要不可欠なのです。様々な芸術をいわゆる綜合芸術作品に統合しようとすることもできますが，しかしまずはそれらおのおのの芸術は，その活動の場を特殊な感覚領野の洗練化や差異化によって形成するのです。

　諸々の芸術を真剣に受け取るものは誰でも，芸術の多様性を同様に真剣に受け取ります。しかしながらより正確にみてみれば，ここでも再び階層化に突き当たります。カントの人間学においては，嗅覚と味覚は低い感覚として扱われています。なぜならそれらの感覚は，動物的なものと密接に

結びついており，その性質は具体的な物(的身)体の状態に強く結びついているからです。近接感覚にカントは触覚を加えていますが，触覚は相当粗野に現実に関わるとされます。カントにおいては，遠隔感覚がようやくより高い位階を獲得します。しかしここにもまた，ある種の多様性がみられ，絵画芸術は，対象の視覚的知覚において，対象それ自身が具体的な生の諸連関から独立したものとしてはっきりと現すことに役立ちます。音楽は世界領域［Weltsphäre］のハーモニーへの一貫した律調性にとって，有益であったり，情緒的な基底となる気分への近さにとって有益だったりします。したがって五感は真剣に受け取られていますが，それにもかかわらず諸々の差異が階層へと変化し，疑わしい止揚の道に至ることになってしまいます。感覚の秩序は，ここでは性の秩序に等しくなってくるのです。

　本質必然性を含む階層化の考察から，もう一つの極端に陥るのは，パスカルとともに単なる偶然性から出発する場合です。偶然によって私たちは二本の手，二つの目，二本の足をもち[102]，そして偶然に成立したものは，たんに先鋭化され，洗練化され，補完されるだけでなく，任意のものに変化することもできます。しかしこのような感覚器官の単なる偶然性への還元は，様々な感覚が，全く異なっていて，しかもアプリオリに作用する法則性に従属するということを見誤っています。聴覚と視覚は，異なる感覚経路が挿入されていて，聴覚的刺激，視覚的刺激，触覚的刺激は異なった仕方で処理されるということだけで，異なっているのではなく，むしろ音響空間は視空間とは異なった仕方で形態化されています。つまり，色は空間のうちに音響とは異なった仕方で配置されているのです。そして，近さや遠さもまた，ある異なった役割を果たしています。さらに運動系を通して知覚へと入り込んでいくような感覚の多様なリズムがあります。そのことのうちに一つの名前をもつのではない諸感覚の秩序が示されているのです。

　しかし，必然性と偶然性という選択肢は，ここでも最終的なものではあ

---

[102] しかし，二つの手，目，足などの，この二重化は，驚くべきことです。なぜ私たちは，一つの目だけとか，背後にもう一つで，三つの目を持たないのでしょうか，もう一つ手があっても悪くないではないですか。空想をたくましくすることはいくらでもできます。足の代わりにローラーとか四本の足とか，思いつきます。多くは技術的に製作可能です。今日のテクノロジーを考えれば，これらのことは，単なる思考上の遊戯に留まらないのです。

5　性的身体の多形態論〔Polymorphismus〕

りません。メルロ＝ポンティはそもそも感性という備えを純粋にアプリオリなものとしてでもなく，経験的な事実としてでもなく，「実存的な繋留」として問題にしているのです。身体のうちで，偶然性と必然性が結びついています。すなわち，「人間にあっては一切が必然であって，例えば，理性的な存在がまた同時に足で立つ存在でもあり，あるいは手の親指を他の指と対置させることのできる存在でもあるということは，単なる偶然的な符号ではなくて，いずれの事象にも，同じ実存の様式が表示されているのである」[103]。手や親指，そして道具の使用は，ある特定の摑む能力の部分なのです。手の包む運動と同様に，直立歩行は，精神的な活動の働きのために成立する単なる物（的身）体の経過に関係づけられるものではありません。すべてが必然的というのは，そのことを単純にないと考えることはできないという意味です。メルロ＝ポンティは同じ箇所で次のように続けています。「人間にあっては一切が偶然であって，それというのも，人間のこの実存の様式が一切の人間の子供に対して，彼が生まれたときに受け取ったという何らかの本質によってあらかじめ保証されているわけではなく，それは彼の中で，客観的身体の様々な偶然事をつうじて絶えずつくり直されねばならぬからである」。基盤とは，生の経過のなかでたんに展開していくようなエンテレヒー〔生気論における自然因子〕を意味しているわけではありません。生は偶然性に関与しており，「確定されていない動物」としての人間においては，歩くことや視ることさえ，文化的に変様された歩き方や見方に従属するからです。それに相応することが，他の性との交渉にも当てはまります。文化的な儀式が誕生や性交渉や世代にある特定の形式を与えます。したがって，本質的な備えが前もってあるようだ，という意味で，性的であることは絶対に必然的ではないし，また，それは単純に別のものに置き換えられるだろう，という意味で偶然的であるのでもありません。

　フッサールは『イデーンI』において超越論的自我に「事実の必然性」を帰せています[104]。必然性とは，ここでは一般的な法則から派生するも

---

103) 『知覚の現象学』198頁，独訳版203頁〔邦訳，I-280頁〕。手の実践的で象徴的な使用について，André Leroi-Gourhan（ルロワ＝グーラン）の *Hand und Wort*（『手と言葉』1984年），というタイトルのすばらしい作品で読み取るべきことがたくさんあります。手のうまく使うことは，文化を作り上げることに属し，決して偶然的ではないのです。

のではなく，むしろ避けられないということ［Unumgänglichkeit］なのです。すなわち，私は性的にかたどられた身体を避けて通ることができないのは，私が自分自身を「避けて通る」ことができないのと同様であり，なぜ私自身が，私の身体をともなって私であるように存在するのかについては，説得力のある根拠を与えることができないのです。したがって，性の区別というものは思弁的に何か没性的な存在者から導出されるのではありませんが，その区別が単なる偶然性でもないのは，私たちが性を考える場合，私たちは常にそのような区別から出発しているからです。「われ思う」ということにすら，潜在的に性的であることが内在しているのです。大人や子供，男性や女性が「私」という場合，この言葉は形式的な文法からは漏れ落ちてくる様々な音色をそっくり受け取っているのです。

B）水平の次元：固有のものと異他的なもの

水平の次元においては，もはや特殊なものと一般的なものの関係は問題ではなく，むしろ固有性と異他性，あるいは近さと遠さが問題です。ドイツ語では，「自己（Selbst）」と「自なるもの（Selben）」という表現は互いに取り違えてしまうほどに近接しています。同じことがギリシア語の $αὐτός$ にもいえます。それと違って，ラテン語の *ipse*〔自己〕は，*idem*〔同一〕いう語から十分区別されています。自己に関して私はすでに身体性との関連でいくらか述べています。「私自身［Ich selbst］」について語ることは，あらゆる同一化に先立つ自己関係性の契機を指示しています。

　固有のものと異他的なものの区別は，固有の性と異他的な性の区別と一致しているわけではありませんが，その区別は，固有のものと異他的なものの区別によってより強く描かれます。私たちに性差がよく分かるのは，自らを性的に秩序づけることによってなのであり，女の子は男の子にとって少し馴染まないのであり，その逆もそうなのです。このような仕方で区別されるものは，一般的な人間なるものの単なる部分ではありません。「人間が存在して，この人間は，一部は男性で，一部は女性である」というその人自身が，すでに男性的な存在であるか，女性的な存在なのです。私たちは最初から，第三者から出発する区分けに関わるのではなく，固有

104）『フッサール全集』3巻，109頁〔邦訳『イデーンⅠ−Ⅰ』200頁〔訳者補足，原書109頁は誤り，正しくは98頁〕

5 性的身体の多形態論〔Polymorphismus〕 383

の自己が他の自己から自らを排除することによって，自らにおいて自らを整えていくという意味で局限〔*Eingrenzung*〕や除外〔*Ausgrenzung*〕に関わっているのです。局限や除外は，私から逃れるものに関わります。つまりそれは，自己を区別すること〔Sich-Unterscheiden〕を意味していて，強調点は，自己〔Sich〕にあります。最初から中立的な存在がいて，「男性か女性がいる」といっているのではなく，むしろ男性が自分を女性から区別し，女性が自分を男性から区別するのです。性というものは，区別の基準に服従させられるような客観的な所与性ではなく，私は男性であるのであり，常に境界線の一方の側にいて，同時に私は区別をする当人でもあります。私は自分を他者から区別するのです。

　異他性は，目覚めと眠りの交替，あるいは子供から大人への移行，そして健康と病気の相互に働きあっていることなどをとおして明瞭にされます。目覚めと眠りにおいて私は，中立的な立場から，私の物(的身)体はあるときは目覚めており，またあるときは眠っているというように様々な状態のうちにある，と語ることはできません。というのも，いったいこのことを私はどこから話すのか〔と問われることになります〕。私は，常に目覚めた状態から，目覚めつつ眠りについて話しており，その逆ではありません。ここにはある種の非対称性があります。眠りのうちで，目覚めた生は確かに夢の名残に現れますが，目覚めと眠りは通りの両側のようには単純にひっくり返すわけにはいきません。―別の例は，子供と大人の関係です。人は一方か他方の側かのどちらかにいますが，了解が難しい場合に，通訳がいるわけではありません。年齢は，株式市場でのように，互いに交換可能なのではありません。最後の例は健康と病気の対立となります。人は単純に健康であるということはなく，病気から免れていて，病気になることから身を守っているから，健康でいられるのですが，ある意味で，病気と共に生きてもいるのです。健康と病気の境界は変化します。それは重点，あるいは比率の問題であって，明確な分離ではないのです。快復する経過と病気になる経過とは，移行なのであって，そこで自己が変化するのであり，状態の領域を，人が別の部屋に足を踏み入れるように，変えるのではないのです。

不可逆性，非対称，敷居　　区別されることは，ある種の不可逆性と非

対称性のもとにあります。私たちは任意に一方から他方へと移動することはできませんが，このことは，例で示されています。女性が男性から，あるいは男性が女性から区別される場合，そのつど交換できないような仕方で行っているのです。両者はそのつど敷居の一方の側にいて，同時に両方にいるのではありません。

　これまでみてきたように，垂直の次元のうちにはAとBという二つの契機が登場し，それに加えて第三者が登場し，そこから区別が行われます。それに対して水平的なモデルの中で出会う固有のものと異他的なものは，結びつけると同時に分離もする敷居によってわけられています。目覚めながら，私たちは眠りについて話し，眠りながら私たちは目覚めを消化します。しかしながら，この敷居の上方に両方の領野を見渡し，支配しうるような第三者の場所は存在しません。もちろん私は第三者の立場を取ることができ，一般的な視点を妥当なものとすることもできます。私は男性と女性を比較することができ，性，諸言語，諸文化の比較研究というものもあり，学問分野の形式においても比較できます。しかし，この比較ははじめからあるわけではありません。異他的なものの経験が，比較し，一般化するやり方にとっての出発点を形成するのです。この最初の固有性と異他性の差異は，第三者の立場が絶対化されるとき，消滅してしまいます。もしも人間性の発展が存在するということを端的に引き合いに出すとすれば，男性と女性はたかだか全体的な出来事の中の契機となります。それに対して，ここで私が提出しているモデルは，複線的であって，水平的であると同時に垂直的です。個人として私は他者に応答したり，何かを約束したりしますが，この関係は簡単に逆転されたりはしません。その上，私は他者への私の関係を，係争中の事件に判定を下す裁判官が行うように，第三者の目によって考察することもできます。それだけではなく，第三者は，私の語りや行いが一般的な規則のもとにある限りで，常に含蓄的に働いているのです。それにもかかわらず，一方は他方に還元できず，応答することは比較することではなく，比較することは応答することではないのです。

　敷居もまた，媒介するものという意味での第三者ではありません[105]。敷居が逆説的な事象であるのは，敷居は媒介すると同時に分離もするから

---

105) 聴講者の「この場合，敷居そのものが第三者ではないですか」という質問に対する答えです。

5 性的身体の多形態論〔Polymorphismus〕

です。そのことによって敷居は，垂直の軸の基底にある第三者から区別されます。生ける存在（動物［*animal*］）としての人間という性格づけをもう一度，採り上げてみましょう。人間性と動物性はこの場合敷居によっては互いに分離はされず，むしろ動物性はまさしく共通のもの，結合するもの，包括的なものであり，そのうちで差異化が生じます。それにたいして敷居とは，領域が互いから分離され，そして同時に，互いに関係づけられるということのうちにあります。敷居は，媒介を中断することによって媒介するのです。連関は差異そのもののうちに成立し，存しているのです。このことが解明できるのは，問いと答えについての対話の遊動に即してです。問いと答えの間にはいかなる綜合もありません。なぜなら問いと答えは二重の出来事として現れてくるからです。すなわち，ある問いは要求をかかげ，私がそれに答えるのです。綜合がないというのは，特定の配置が繰り返されるような秩序づけられた領野のなかをすでに動いている以外には，綜合はないということです。極端な例は，クロスワードパズルで，ここには解答がすでにあり，それが単に見つけられるだけです。いまだ規格化されておらず，示し合わされた遊びに変化していない問いと答えにおいて，私たちは敷居を横断するのです。休止こそ，語りから語り合いをつくりだします[106]。中断は，あらゆる対話にとって決定的であり，対話の中では，予想もされていなかったことが待ち受けられており，対話の中では，自分固有の，ないし一般的な可能性として予測されないなにかにかかわっているのです。同じことは，再想起の途上へとその最初に戻っていくような対話には当てはまりません。あらゆる対話が対－話［Dia-log］ではないのです。休止と切れ目は，どちらに向かって吹くか決まっていない凪に似ていて，それは，また，振り子運動の静止点に似ていて，そこでは振り子が逆に振れ戻るのか，あるいはそれを超えて回転を始めるのかどうか決まっていません[107]。休止，中断，そして敷居という現象は，外から確定

---

106)「しかし，私の心臓は，休止を通して動いた。(……)」(Paul Celan（パウル・ツェラン），"Aber"（『しかし』))。これに関して，P. Valéry (P. ヴァレリー)，*Cahiers I*（『雑記帳Ⅰ』1973年），1009頁，独訳，第3巻，180頁，「中断すること，——本質的に人間的な特性——啓発的，多くの道があることの証拠」。このことは，M. ブランショの根本思想の一つでもあります。M. Blanchot (M. ブランショ)，*L'entretien infini*（『終わりのない対談』1969年），特に第8章を参照。

107) I. Prigogine/I. Stengers (I. プリゴージン／I. シュテンガー)，*Dialog mit der*

されるのではなく，行為遂行的に，異他的な経験の遂行からの出発においてのみ規定されるのです。ここでは，二重の非対称について語ることができます。男性は女性に，そして女性は男性に関係しますが，一方の関係は他方の関係から逃れており，単純に反対側になることはできないのです。

　このような非対称性が対称性へと変化してしまうことに関して，容易に思いつく例を通常の対話理論やコミュニケーション理論が提供してくれます。そのような理論は，二人の対話のパートナーから出発しますが，その二人は，話し手と聞き手として登場し，いつでもその役割を取り替えることができます。そのことによって差異は，可逆的な機能として扱われます。しかし男性と女性は話し手と聞き手や発信人と受信人のように向き合っているのではなく，「いま私が男，次はお前が，」ということはできず，性差というものは，人が任意に取り替えることができるような性の役割から成立しているのではありません。ここに誤解の源があるのです。なぜなら，人は常に対称性を忍び込ませてしまいがちだからです。私たちが「一方は他方に馴染みがない」（女性は男性に，中国人はドイツ人に，そしてその逆も同じ）というとき，あたかもこの異他性が両方の側で同じであるかのように，そして一方が他方にとって異他的であるのは，その他方がその一方にとって同様に異他的であるかのように振る舞ってしまいます。しかし，好奇心，魅惑，遮蔽，近さと遠さの遊動，つまり異他的なものとの交流において役割を果たすものすべてが，そのまま一律に扱われることはできないのです。どんな形式においても異他的なものとの交流は，文化的な変異があります。例えば異他的なものの文化史がよく示しているように，西欧ではギリシア的なものと野蛮なものとの区別から始まります。他の性との交流は，このような変転から免れていません。

　性的身体の多形態論について　　性的身体の多形態論という話題はメルロ＝ポンティの概念性に遡ります。多形態論は性的身体との関連においては多形性，多様性を意味します。メルロ＝ポンティはこの概念をフロイトに関係づけていますが，フロイトは幼年期の性〔セクシュアリティ〕を多形態的－倒錯的と名づけています。「倒錯」とは，ここでは「正常化され

Natur（『自然との対話』1986年），80頁を参照。

5　性的身体の多形態論〔Polymorphismus〕

ていないこと」を意味し，多形態論とは，幼児期の性において様々な形態形成が与えられていることを意味しています。

　このような多形態性は，家族構造の古典的な記述（例えばアリストテレス）を手がかりにして明らかにされます。私はすでにフロイトのことを示唆しました。エディプスの構造は家族構造を前提しています。レヴィ＝ストロース，彼は彼でフロイトから出発していますが，そのレヴィ＝ストロースは，——すでに述べたように——家族構造の三つの関係軸，すなわち婚姻，血縁，子孫を区別しています。婚姻は，パートナーとしての男性と女性の関係に係わり，血縁は血の共同体にかかわり，子孫は家系に関わります。この三つの軸のどれにも，男性と女性が立ち現れてきます（これは身体性にとっても重要です）。すなわち，女性は娘，姉妹，母として，そして男性は息子，兄弟，父として現れてきます。身体が性的であることを主題化するとき，三つの次元すべてを顧慮しなければなりません。つまり身体とは様々な性的関係と性の役割から編みあげられたものです。家族構造（その場合，単に血の関係だけが考えられているのではありません）は，一つの制度であると同様に，父性，母性，子供であることなのです。どのような文化もどのように人が父や母や子供として生きるかということを規定しています。このことは単純に生物学的な関係なのではなく，装置なのです。養父母もまた，単に実の両親だけでなく，父や母であるのです。以前にはよく知られていた「自然児」という言い方は，公的に認められた夫婦や家族の外で生まれた子供のことでした。このような奇妙な表現は，非婚の男女の間の子供を「野生児」として格下げしているのです。

　性の交渉と生殖　　血縁関係が生殖と関わるのは，共通の両親からの血筋が問題である限りにおいてです。さて，しかし，性交と生殖との関連は，純粋に偶然的なものでしょうか。となれば，それは，身体を単なる偶然性とみなす一つの例となるでしょう。人は事実上特定の連関するものがあるが，しかし人はその関連を互いに分離することもできるともいえるでしょう。それはそうすることもできるというだけでなく，実はそうしているのです。避妊，妊娠回避，堕胎という手段はもちろん決して現代の発明ではなく，そのような手段は常にありました。ただし，この技術は今日，法外にも，人工授精にまで進展していて，その場合，性交と生殖の経過は互い

に分離されていて、性的な関係という間身体性からずっと遠く離れて、ガラスのなかで、試験管で何かがおこっています。しかしだからといって性交と生殖の間の紐帯が完全に切断されているのでしょうか。ここにあるのは、〔性の〕解放なのでしょうか。私はローマ教皇の回勅に関係づけて、性的交流の本来的目的は、子孫をつくることであると告げているつもりはありません。というのも、これに対しては、今日、カトリックの伝統の中にすら、別の立場もあるからです。私はむしろプラトンに戻ろうと思います。彼は単にある特定の家族構造を擁護するのではないかという嫌疑と無縁です。プラトンの『饗宴』においてはエロスと生殖との結合が決定的な契機です。最も広い意味（そこにはあらゆる可能な友好性が含まれます）でのエロス的なものと生殖は、有名なエロスの定義のうちで結びついています。すなわち、エロスとは、τόκος ἐν καλῷ、つまり美しいものにおいて生み出すことなのです[108]。プラトンはその際、ただ子作りだけを考えていたのではなく、行為、作品、理念、すなわち何かがある種の熱狂のもとにあって、単なる必要－目的を持つものを超えた、美しいものの過剰によって引き起こされるようなあらゆる領域について考えているのです。この連関は、ニーチェが見出したのかどうかは知りませんが、子供か本か [*aut liberi aut libri*] という言葉遊びのうちではっきりします。プラトンの考えは、子供と本が一緒に考えられているということのうちにあります。プラトンの場合、『ファイドロス』におけるように、本の「父」としての著者の比喩があるのです。このように、エロス的な生殖は、より広い意味において論じられるのです。

　さて、間人間的なもののうちにとどまってみると、一般的に、エロス的で性的な関係と世代性は交差していることがみえてきます。間身体性、つまり固有の身体の異他的な身体への関係は、私が実際に生活している関係のうちでは同時的なものとして考察されますが、しかしまたそれは通時的に、時間経過の軸にもみられます。息子として、あるいは娘として現れてくる人は、時間を通して身体的関係にあって、同一の世代への帰属性のようにただ同時的であるだけではありません。このことはまた他の性の異他性にもあてはまります。そして三つの役割の対、すなわち男性－女性、

---

108) *Syim*（『饗宴』）, 206b.〔邦訳、プラトン全集 5、鈴木照雄訳、岩波書店、1974年、87頁〕

5 性的身体の多形態論〔Polymorphismus〕

母-息子あるいは父-娘,そして兄弟-姉妹が生じてきます。私は,これらの役割を,そのつど異なった性が登場してくるように分けました。そこで興味深いのは,ここでは血統関係とエロス的で性的な関係が互いに相互に働きあっていることです。ホモセクシュアルの人は,同じ性に方向づけられていて,ヘテロセクシュアルの人は(多くの人が強制的なヘテロセクシュアリティについて語っていますが)異他的な性に向かっているということができます。しかし,事実上,ホモセクシュアルは異他的な性へのある特定の関係のうちにあって,ホモセクシュアルな男性の彼の母への,そしてホモセクシュアルの女性の彼女の父への関係にあるといえます。そして逆に,ヘテロセクシュアルにとっては,特定の箇所で,ホモセクシュアルの関係にある,すなわち父-息子,母-娘の関係のうちのあるということがあてはまります。このことは,単なる形式主義なのではないことは,精神分析が母親との結びつきと父親コンプレックスを明るみに出していることを考えてみれば明らかです。ここで示されているのは,性的関係は婚姻や血縁そして子孫関係によって等しく刻印されているということ,そしてこれら諸領域は,それらが互いになんの関係もないとして,単純に互いに分離されることはできないということです。

性の発生的現象学は,性的身体としての身体そのものが,ある特定の歴史を経過していることを考察してみなければならないでしょう。この歴史の特徴は,ある特定の儀式,例えば割礼の儀式です。この儀式は物(的身)体性への介入であって,文化的な視点が物(的身)体のうちへ書き込まれ,ある特定の生の位相が印づけられるのです。しかしそのような刻印は,割礼の場合のようにナイフによって起こらなければならないわけではなく,衣服や装飾による刻印もあります。私が身体言語についていったことは,性の言語にまで拡張できます。またここにも,歴史的な多様性があります。自我は,——フロイトがいうでしょうが——もともと衝動的な運命の領域に埋め込まれています。人が愛の運命について語ることができるのは,他者への性的な関係が,ある先-過去性によって前もって刻印されている限りにおいてなのであり,この先-過去性とは,自我が過去への自分の立場を決める前に,その自我を刻印しているものなのです。このことから要求の抗争の多様性が生じてきます。父親コンプレックス,母親との結びつき,兄弟姉妹の嫉み,家族の強制は,性的関係のうちにしみ込んでいる諸視点

であって，性の闘争と名づけられているものを部分的に刻印しているものでもあります。男性は，女性のうちに恐らく母親を，そして女性は男性のうちに父親を捜しています。転移ということが生じるのは，固定を通して多くの可能性がそもそも阻止されてしまうことからです。このことが考えられるのは，身体性ないし，性的身体が，兄弟姉妹関係と親－子関係とがパートナーの間の関係をともに刻印していることによって特徴づけられるからです。

　性的存在性が問題になるとき，私たちは往々にして，性的なことや人工授精についてだけ考えがちです。しかし，上に述べられた三つの次元すべてが，歴史にとって規定的なのです。兄弟姉妹関係もまたここでは一つの主題となるでしょう。例えばフランス革命における友愛（fraternité〔兄弟であること〕）の役割について考えてみましょう。なぜ誰も姉妹であることについて語らないのでしょうか。このような一面性が示しているのは，家族構造の特定の軸が，いかに人間的なもの，政治的なものにまで広げられているかということです。性と身体性は私たちの物(的身)体に関わるすべてに該当する解釈史と権力史のうちに埋め込まれているのです。

6　自然な性と人工的な性

現在の議論では，セックスとジェンダーとの間の区別が取り入れられてきました。セックスは生物学的な性として，つまり生物学的－自然的に前もって与えられたものの総体として，そしてジェンダーとは，社会的な役割の意味において，すなわち，文化的に形成される性同一性の意味で用いられています。この区別は，身体と物(的身)体の区別と比較することができます。ジェンダーは身体の次元に対応して，セックスは物(的身)体の次元に対応するでしょう。さて，改めて，いかにして身体と物(的身)体がともに考えられるかという問いを立てられます。以前に扱った問題が再び浮上してきます。私たちは二つの極端な立場を区別することができます。すなわち，文化主義は一面的にジェンダーに方向づけられており，スケープゴートとしてだけ，あるいは批判的コントラストとして登場してくる自然主義は，性的なものを自然のうちに置き入れることになります[109]。身体の，

6 自然な性と人工的な性

あるいは身体―物(的身)体の現象学は、それらに対して中間的な立場を提供します。フッサールは、身体を精神と自然の間の転回箇所として把握していましたが、それは、文化と自然の間ともいえます。身体は、一方かあるいは他方の側面にもたらされることはできません。なぜなら、間身体性、異他的な身体への関係とも、両方の次元、つまりセックスとジェンダーの次元に関与しているからです。

性差に関する現在の議論のうちには、多くの、極めて極端な形式の文化主義がみられます。この文化主義は、構成主義［Konstruktivismus］と結びつき、ジェンダーは構成された性同一性として解釈されるとします。その場合、構成［Konstruktion］という概念は大変あいまいです。性同一性が構成されたものと理解される場合、自然が原材料供給者に格下げされてしまうということが容易に起こります。そして性器は、性的なものにおいて、良くも悪くも必須のものであるような一種のハードウェアであり、物(的身)体は単なる基体であるということになるでしょう。私たちは新たにデカルト主義に突き当たっているのであって、性を人が任意に操作し、改造することができる物(的身)体機械へと還元し、他のすべては、文化的な上部構造ということになるのです。

ジュディス・バトラーの著書『性のうしろめたさ』[110]においてジェンダー、したがって、「性同一性」は文化的に性的であることとして考えられています。著者が、性同一性を「浮遊する人工物」へと還元することから免れているのは、「文化的に構成された装置」を信頼することによってだけなのです。男性的なものと女性的なものは、「文化的に構成されたもの」であって、特定の諸条件のもとで産み出されるものなのです。前もって与えられているものは、情報システムがある種の物理的先行条件を必要としているのと同じように、単に物質的なものに過ぎないのです。このような見方は、ホモセクシュアル、トランスセクシュアル、人工授精がどのように考察されているかということに影響を与えています。ここには繰り返し新たな二元論の問題が浮上してきます。すなわち、物(的身)体は人が何か

---

109) Annemarie Pieper（(アネマリー・ピーパー)、*Aufstand des stillgelegten Geschlechts. Einfühlung in die feministische Ethik*（『静止された性の反乱、フェミニストの倫理への導入』1993年）、55頁以降を参照。

110) 1991年、22頁から24頁。

をつくるところのその何かであるということ，そして，すべて決定的なのは，それによれば，純粋な構成のおかげだというわけです。

　人がそのような構成主義から出発する場合，固有のものと異他的なものとの間の区別はどのようにみえるかということが問われます。答えは次のようなものでしかありえません。すなわち，構成主義的な論理，コード，プログラム，文化的な規則といったものは，あらゆる伝統的な論理と同じように，中性的です。構成主義的な論理は，没性的なのです。それはただ新たな構成の能力，あるいは可能性の限界を知っているだけであって，異他的なものから出発するという要求はもっていません。私たちが何かをつくる材料はいかなる要求ももっていませんし，何かを許容し何かを許容しないということがあっても，形式化可能なのです。

　バトラーはある特定の物(的身)体の政治学を推奨しており，しかも「転倒した物(的身)体行為」を推奨しています。引用してみますと，「それゆえに異他的なもの，首尾一貫しないもの，〈逸脱したもの〉は私たちにある道を開いている。自明なものとして性的なカテゴリー化を引き受けている世界は，根本的には別様にも構成されうるような構成物として理解されるべきである」[111]。異常化が示すのは，私たちの存続している秩序はまた別様でもありうるということです。異常化はこのような秩序の偶然性を示唆しています。これは重要な視点ではありますが，問題はただそれがすべてか，ということです。なぜなら，何かが別様でもありうるという事実からは，決してそれは別様であるべきであるとか，それはまったく別様でもありえるということは，帰結しないからです。

　トランスセクシュアルのミクロ社会学に取り組んでいる別の著者はゲサ・リンデマンです。彼女の『逆説的な性』という著書でいっていることは，私たちの性が演出されているのは，どんな前もって与えられたものもなく，人が芝居を演じるようなものだ，つまり，「私たちがすべて，男であったり女であったりするのは，私たちがそれであるという印象を生じさせているまでの話だ」[112]ということです。さらに解明され，批判されなけ

---

[111]　同上，164頁。

[112]　*Das paradoxe Geschlecht. Transsexualität im Spannungsfeld von Körper, Leib und Gefühl*（『逆説的性，物（的身）体と身体と感情の緊張野におけるトランスセクシュアリティー』1993年），11頁。

6 自然な性と人工的な性

ればならないそのような諸前提が帰結するのは，固有の物(的身)体とこの物(的身)体の体験とが一致しないないようなトランスセクシュアルという現象の記述が，手術の少なくとも間接的な賛意の表明につながっているということです。ここで問題は，「構成」を語ることがいったい何を意味しているかということです。「構成」という語が身体性への関連において用いられるのなら，アルフレッド・シュッツとともに第一層の構成と第二層の構成との間を区別しなければならないでしょう[113]。第一層の構成とは，日常的な行動そのものに備わっているようなもののことで，第二層の構成とは，社会学者が方法論的なやり方によって獲得するもののことです。第一層の構成は，正常化の結果であり，この正常化は，常に既に進行中で，その固有の意味を持ってはいますが，力を殺がれることもあります。例えば言語は，文法学者や言語学者による発見物ではありません。言語的な構成物は言語のうちに，つまり日常言語のうちで成立したのです。しかし，言語は，専門家の視点のもとに，言語学的構造の範例としてだけ考察されるといったことにもなりうるのです。

レジメとして以上の考察から導きだしたいことは，性差というものは性同一性の多様化以上のことを意味しているということです。もし私たちが，多様化，あるいは普遍化されるような諸同一性が存在するということに制限するならば，私たちは固有の感情のナルシシズムと社会テクノロジーが加わったものに留まることになります。それを越えて指示しうるような選択肢は，セクシュアリティーとエロス的であることの領域のうちに，すでに，他在と異他的なものへの関係が存在していて，それがそれに固有な要求をかかげ，私たちを超えて私たちを駆りたてているということ，つまり，プラトンが「エクスタシス」について語ったように，私たちは，性的であることにおいても，エロス的であることにおいても自分自身から外に出ているのであって，単に，一緒になって何かを編み出すような機械の一部のような関係にあるのではないのです。

---

113) Alfred Schütz（アルフレッド・シュッツ），*Gesammelte Aufsätze*（『論文集』1巻），5頁，及び66頁から68頁。

第13回目の講義への付論（レグラ・ジュリアーニ）

自己同一／他在	固有／異他
熟語上の規定	位相的規定
「事実的なもの」，語られたこと把握されたこと，推論されたことという次元の分類の結果	経験すること，語ること，感覚することの次元での遡及的問いの結果
「事実」	「出来事」
自己同一と他在の関係 ＝関係 ＝可逆的，対称的 ＝一般的な視点と区別の 　介在に結合していること	固有と異他との「関係」 ＝自己関係／自己退去 ＝不可逆的，非対称的 ＝経験野と経験の指示野 　に結合していること
自我，人間，学問 哲学 「第三のものの立場」 自己同一　　他在 りんご　　　洋ナシ 男　　　　　女	「内」　　　　　　　「外」 固有　　　　　　　　異他 （男，固有文化，敷居（女，異文化 自我　　　　　　　　他者 故郷世界…）　　　　異他世界…） 〈何から〉　　　　　〈何へ〉
自己同一と他在との間の境界の種類 ＝区分け，優先なしに概念的	固有と異他の間の境界の種類 取り込み／除外
第三者的立場からの分類の境界	敷居＝流入域，固有な「視点」からの区域

これに関して，E. Straus, *Vom Sinn der Sinne*（E. シュトゥラウス『感覚の意味』）247頁以降を参照。「内」と「外」は，遊動空間の現象であること，また，B. Waldenfels, *Der Stachel des Fremden*（B. ヴァルデンフェルス『異他的なるもののとげ』）第2章，内と外の間の敷居において，さらに，*Topologie des Fremden*（『異他的なるものの位相学』）20頁から23頁を参照。

VIII

身体的応答系

　最後の講義は，身体的応答性にあてられますが，これまで検討した諸問題を改めて概観するものでもあります。

　これまでの私の考察は，身体を，精神と自然との間において，動物性と知性との間を縦に結びつけるものとして考察するのではありません。そうではなく，身体が水平的な領層において，自分に固有なものと異他的なものとの間の差異として，どのように，いつもすでに特徴づけられているかに注意していきました。

　性差とエロス的なことを取り扱う際には，身体において自己関係性が現実のものとなってはいても，身体は，そのものとして，異他関係性，すなわち，他の，異他的な身体との関係においてのみ展開するものであることを詳論しました。次に，この考えを，身体性を応答的な身体性として，すなわち，いつもすでに，他者の要求にこたえるような行動の仕方と体験の仕方として解釈することで，さらに強調してみたいと思います。

1　志向性，コミュニケーション性 [Kommunikativität]，応答性[1]

応答性の短めのスケッチで私は，狭義の意味の解答（答えること [to

---

[1] より詳細には，*Antwortregister*（『解答の索引』1994年），327-32頁．さらに，Antwort auf das Fremde. Grundzüge einer responsiven Phänomenologie（「他者への答え，応答的現象学の概要」），B. Waldenfels/I. Därmann（B. ヴァルデンフェルス，I. デルマン編），*Der Anspruch des Anderen*（『他者の要求』1998年）を参照．

answer])としての解答と広義の意味の解答（応答［to respond］）とを区別しています。狭義の意味での解答は，他の人に欠けている情報や知識の仲介を意味し，誰かが私に何かを聞き，私が何かを答える，あるいは，誰かが何かを知らず，彼が私に聞くそのことを知らせたりします。このような意味で，解答は，知の欠損を埋めることといえましょう。この種の解答は，特殊な，また，とくに重要なこととも思えないのは，ここではすでに既存の知識が与えられるだけだからです。それに対して，広義の解答は，そもそも他者の要求に立ち向かう，しかも，個々の点で何を私が与えることになるかは不明のままで，立ち向かうということです。皆さんが何かを聞かれて，尋ね直すこともできますね。ですから，聞き直すことも答えになります。この広義の意味の解答は，ある特定の知識や情報の内容を他の人に与えることに限定されません。広義の解答には，解答を拒む可能性も含まれています。「無解答も解答」ですから，問いを答えなかったり，聞き流したりできます。しかし，皆さんが普通行う，問いに答えることであるのは，他の人がある要求をもって目の前に立っているからであり，仮に皆さんがその要求に応じないとしても，答えようとします。この解答の広義の様式は，言語に制限されるのではなく，無視したり，聞き流すことで，一方が無言でもありうるのです。皆さんは，問いを推測できますし，他者の眼差し〔の意味〕を受け止めることもできます。眼差しの言語は，あからさまな言葉の領域の下層において多彩に繰り広げられ，例えば，電車の中での乗客の間に無言で行き交います。公の生活で使用されるぶしつけな眼差しでさえ，言語の領域以下のある種の論争を展開しています。眼差しの格闘［Blickkampf］とか眼差しのドラマ［Blickdramatik］とかいうのは，このことです。また，解答は，多様な行為の形式をとることも多くあることです。「書くものかしてくれる？」と聞かれたとき，「はい，これ私の！」と口にすることは，あまりなく，あげる身振りが答えになっています。行為そのものが，他の人の依頼や促しに答えます。行為と語りは，相互に絡み合っており，しかも，フッサールが意義志向［Bedeutungsintention］と意義充実［Bedeutungserfüllung］と呼ぶ形式において絡み合っています。語ることと行為との関係は，「行為はその言語上の表現を持つ」という以上に輻輳した関係であり，行為と言語上の表現という関係をいうことができても，行為から語りへの，また語りから行為への移行

1 志向性, コミュニケーション性 [Kommunikativität], 応答性

は, 大変多様なものです。

　これから述べることで重要なのは, 志向性とコミュニケーション性 [Komunikativität] と応答性との違いです。これらにおいて私が了解しているのは, 人間の体験, 行為, 行ないと語りを性格づけるために登用する特定の根本特性ないし根本性格系です。

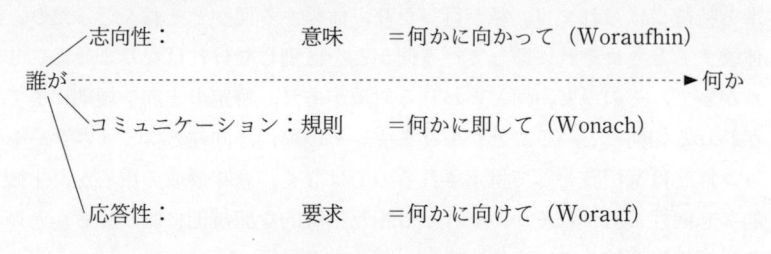

```
           ┌─ 志向性：      意味  ＝何かに向かって（Woraufhin）
           │
誰が ──────┼─ コミュニケーション：規則  ＝何かに即して（Wonach）  ──────► 何か
           │
           └─ 応答性：      要求  ＝何かに向けて（Worauf）
```

図式15 行動の根本特性

志 向 性

志向性は, 現象学で成立して, 解釈学にまで及んでいる根本概念です。この概念は, すべての体験が何かに関係づけられ, この何かを特定の意味で思念しています。身体的行動もまた, 意味を持ち, そこにあったり, なかったりする対象にのみ関わるのではなく, その対象が存在するのは, ある特定のあり方で, 変化するアスペクトと視点のもとに存在しています。志向的意味は, 行動や体験が向かう何かに向かって関与しています。私は, この表現をハイデッガーに依拠しますが, これはすでにアリストテレスに見出されうるものです。現象学で志向性の概念は, 私がある特定の意図をもって, 特定の行動を意図的に行うことを意味するのではありません。なぜなら, それによって「志向性」は, 英語の *intention*〔意図〕の場合の意図を意味する狭い意味で使われることになるからです。志向性とは, 私が行ったり, 行わせたりできる何かのことを意味するのではなく, 志向性とは, いかに何かを行い, 何かを言い, 経験するか, そのあり方と仕方に関係しているのです。この意味で, 志向性は, ある根本性質, 根本特徴であり, 行為や行動そのものに関わり, 繰り返しですが, ある特定の作用を特徴づけるものなのです。志向性の一つの作用が存在するのではなく, 行為の野の諸地平に入り込んでいるものも含めた諸作用からなる一つの志向性が存在するのです。

コミュニケーション性

行為の第二の特徴として私は，コミュニケーション性をあげます。その際，わたしが考えるのは，特に言語分析の領域と，ハーバーマスと彼に関連した研究者にみられる語用論です。中心的な契機は，ここでは規則となります。規則とは，私が何かいったり，行ったりするとき，それに合わせる基準と特徴づけられます。私が行ったり，体験する何かとそれを行ったり，体験するときにそれに即して行う何かとを区別しなければなりません。したがって，そのつど，何といわれる対象があり，特定の志向や規則にあてがわれる如何にということがあります。その際，志向性とコミュニケーション性とは選択肢として呈示されるのではなく，意味形成の重心が，主観的な志向性に置かれるか，それとも相互主観的な諸規則に置かれるかという可能性を意味しています。

応 答 性

応答性と名づける三番目の契機は，他者の要求と結びつきますが，この要求とは，語りかける，アピールするという意味と，要求を掲げるという意味での要求の二つを意味します。英語では，*appel*〔アピール〕という言葉と *claim*〔要求〕という二つの言葉があり，同様に，フランス語でも，*appel*〔呼びかける〕，*exigence*〔強く要求する〕，*revendication*〔請求〕*demande*〔依頼〕などが区別されて使用されます。私が他者の要求というとき，これら二つの意味が一つの言葉に含意されており，誰かが私に語りかけるときの語りかけ方が，すでに，解答することへの要求を含んでいるのです。このことは，すでに言及したように，眼差しによる会話にも妥当するのです。眼差しで傷つけられる人がいるという可能性は，すでに眼差しの段階で要求が現れているということを意味しています。要求は，行動の目的に相応するそこに向けられている何かでなければ，行動の規則に相応する，それに即する何かでもなく，行動の「答えるということ」に先んじる，何かに関してなのです。要求とは，何か特定のことを言ったり，行ったりすることによって，私がそれに関して答える何かに他なりません。すべての言表においてこの三つのアスペクトである，志向性，コミュニケーション性，応答性が区別されます。例えば，誰かが，トルコの国情について述べるとき，他の人はいつでも，「なぜわざわざそのことをいいたい

1 志向性, コミュニケーション性 [Kommunikativität], 応答性

のか。まさにこのことを言葉にしなければならない問題を君はかかえているのか」と聞きただすことができます。このことは, 解釈学にとってもとても大きな役割を果たすものです。ガダマーがいうには, すべての言表は, 答えの性格をもつといいます。ある言表がまさにその連関から遊離してしまうと, まるで精彩のないものとなり, その意味をまったく失うことはなくとも, 多義的であいまいなものになってしまいます。肝心な点が失われてしまいます。そこでは, 非応答的な言表は, 文字通り可能なすべてを意味しうるような脱状況化した行為と同じものとなってしまいます。このことは, しかし, その言表が真であり, 正しいかどうか, それが意味論的にある意味をなしているのか, その妥当性の要求に相応しているのかどうかといった問いとは, 無関係なのです。

応答性を第三の契機として持ち出しましたが, それは, 単に他の二つの契機に付加的に現れるのではなく, 私たちの言葉と行いの重心を全体的に変更するものです。一面的に志向的な意味や包括的な規則から出発するとき, 私たちが他者の要求に出くわすとき経験することを, ある既成の秩序に組み込み, 固有なものにしてしまいます。また, それをある意味の地平へと算入し, はじめから, 「既知の構造」においてその位置をもつことになるか, それを規則のシステムに結び付け, 現存する規則の単なる活用例におとしめることになります。

応答性は意味の地平と規則のシステムを超えています。応答性とはある異他なるものに関わり, 何かを意味において所持したり, 特定の諸規則にしたがったりするときに, それに関して答える何かに関わっています。この何かに関してという応答性, また, 要求の契機がみられるのは, すでに, プラトンが, 哲学の始まりを驚きや不可思議に思うことに結びつける, したがって, 問いつつ反応する出来事とともに始めるときです。当の驚くものが何であるかが説明できるとき, 驚異すべきものは, 解決可能な問題に変化してしまいます。そして, 自分で解決できる問題に, 驚くべきものがあるわけがありません。ヘルマン・リュッベが同様のことを, 学問が平凡で陳腐なものとなってしまう経過について語り, 何らかのものが説明されると, その驚くような性格が失われ, 日常的な, 当たり前の何かになってしまうといいます。プラトンも同じことをいうでしょうか。次第に解かれていくような問題があるといって, 哲学は, 一種の工学のような学問であ

ると，プラトンは，いうでしょうか。決してそういうことはなく，プラトンは，私たちの問いは，私たちから安定を奪い，平安を妨げる，秩序だった状態を破壊するような原状況においてはじまるのだ，ということでしょう。哲学は，それが幸か不幸か，思考が，いつも伝統的な意味の貯えの枠組みや秩序だった方法の軌道を乗り越えるときにこそ，そのような問いに答えるのです。もちろん，プラトンは，彼の驚きへの好みを伴いつつ，私たちの伝統に属するのであり，伝統を単なる伝統にしてしまうような飼いならしに従うことになってしまうということもできます。もし，プラトンが伝統に属するというだけで，プラトンを読むのであれば，その伝統を他の伝統と取り替えても一向差し支えないことになります。あるいは，プラトンをより，強化して，彼が考える事象からして，今日なお熟慮するに足る諸契機から出発するのだということを示すべきなのでしょうか。この解答の何かに関して描写する他の事例は，不安という契機でしょう。この契機は，哲学の発生論において，驚きに似た役割を果たしており，エピクロスや近現代では，キルケゴールやハイデッガーにもみられます。ハイデッガーは，何であるかということのできないような，何かへの不安と明確に述べています[2]。それに即して，ハイデッガーは，不安と恐れを区別し，恐れは不安をある特定の問題に変化させ，あれこれについての恐れをもつことになります。この変化と共に私は，それらの恐れに，いろいろな方策によって備え，それを克服するよう，防御しはじめます。ハイデッガーの考える不安は，自由な本質としての人間の状況に関わるのであり，その本質は，事物がまさにそうあることに関するいかなる確固とした根拠をもつことなく，また，いかなる十分な充足する根拠をもつこともないのです。この偶然性は，不安を生み出し，罪あることと罪にとどまることの独特の感情をも生み出します。なぜなら，自由であることとは，なしえないなにかをともに引き受けることを意味するからです。ハイデッガーは，何かということのできない不安になる何かについて語りますが，それは，何かといえるのであれば，すでに特定の企投に組み入れてしまうことになったからです。同様なのが，何かを言い，行なうときに，自分がそれに関わる，答えの何に関してなのです。

---

2) *Sein und Zeit*, §40（『存在と時間』），〔邦訳『有と時』辻村公一・ハルトムート・ブフナー訳，創文社，1999年，40節〕

2　身体で答えること

次に、身体性の領域に、この志向性とコミュニケーション性、そして応答性の観点を関係づけてみたいと思います。

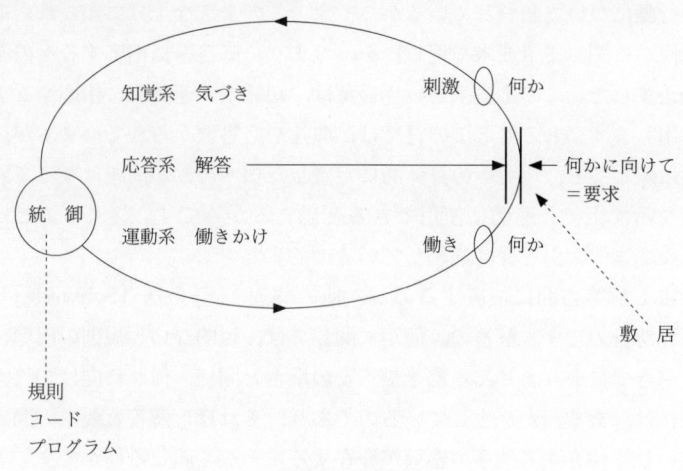

```
        知覚系　気づき        刺激　何か
        応答系　解答　────────→│←─ 何かに向けて
  統御                            ＝要求
        運動系　働きかけ      働き　何か

                                 敷　居
  規則
  コード
  プログラム
```

図式16　応答系

行動の仕方を記述する際、私たちは、普通、知覚系と運動系について語ります。知覚系で気づきの領域が、運動系で働きの領域が描かれます。この区別は、ユクスキュールの区別に遡るものです。気づくとは、選択しつつ何かを知覚することを意味します。この気づきは、生理学的側面からすれば、刺激として記述されます。この刺激は、運動系に影響を与え、何かを引き起こし、起こってくるものが結果であり、効果なのです。円環軌道は、（ヴィクトール・フォン・ヴァイツェッカーの概念によれば）ゲシュタルトクライス〔形態環〕という形式をもちます。自分の働きを通してもたらした諸結果それ自身が、再度、刺激となり、それが自分を規定することになります。刺激から結果に至る単一線条的な因果性は存在せず、環状的な因果性が存在するのは、結果そのものが再び新たな刺激になるからです。私たち自身が周囲世界を変更し、その周囲世界において私たちは自分の方向性を定めるのです。私は、この大変おおざっぱな描写で制御について言

及しました。この制御は，生理学的に見てこのプロセスを導いている脳に遡及しています。「コード」と「プログラム」は，制御経過の規則にあてがわれた，生理学的，および神経学的に活用されている表現ということになるでしょう。このようなプロセスがコードとプログラムを前提にするのは，盲目的な経過ではなく，ある特定の目標状態に方向づけられているからです。生理学的なものの外の領域で規則の概念が必要なのは，規則に即した行動について語られているからです。このような十分に知られたモデルに何かに関して（要求や促し）を，つまり，応答系に相応するものを付け加えました。この応答系という言葉は，知覚系や運動系に相応するように使用します。もともとこの言葉は，典礼や応答歌からきていますが，応答性に際しても，現実への身体的に定着した根本行動が問題になっていることを示す上で，適切に使用できると思えるからです。答えることは，様々な応答的索引を経て経過しているのです[3]。

　要求と解答の間に位置するのが，他の関連で，「敷居［Schwelle］」となづけたものです。解答の，何かに関しては，目的ないし規則の円環に分類すべきではありません。驚きや不安の場合と同様，何かに向けて答えることには，ある何かが生じているのであり，それは，解答と要求の間に綜合ないし，仲介する秩序の審級が介在することなく起こる何かです。この敷居は，区切ることによって結合するのです。

異他的身体性

ここで身体性を，一貫して，他の人の身体に関係する身体性として考察します。異他的身体性とは，「身体的なもの」がそれ自身において「異他的なもの」によって規定されるということを意味しています。このことで，単に多くの物（的身）体があるといった平凡にすぎる事実が理解されてはならず，むしろ，身体は，それ自身において，ある他者性，つまり，自分自身に関する差異を内にもち，同時に他の人の身体に関係づけられているのです。他者性は，身体性そのものの構成に直接かかわるものです。この身体的な応答性を説明する上で，私は，ゲシュタルト心理学から，促し性格という概念を取り出し，適切な促しの複合性へと拡張したいと思います。

　3）　この点に関して，また，この講義の残りの部分に関して，*Antwortregister*（『解答の索引』1994年），第3章10,「身体的応答系」を参照。細部に渡った論証がみられます。

眼差しが交錯するところで，なぜ，すでに感覚の領域で，他者への解答について語りうるのかが，明瞭になるでしょう。

眼差しは，他者をとらえる，ないし，眼差しそのものが他者にとらえられるともいえます。このような眼差しの状況（誰かが私を眺めたり，他の方向をながめたりする）は，言語 – 対話的状況の三項関係とそのまま，同一視することができるでしょうか。そのような三項関係では，誰か，何，誰かに，が存在し，誰か（という話者）が，誰かに（という聞き手に）何か（という事柄）を伝達します。カール・ビューラーの言語機能の図式では，言語に属するのは，いつも，1．呈示される事柄，2．表現する話者，3．他者に向けられたアピール〔促し〕です。この三つの機能は，誰かが誰かに何かを言うという三項関係を形成しています。しかし，眼差しの交換は，普通のコミュニケーションと性格づけることができるでしょうか。私が男の人や女の人をみやるとき，その人が何か見るものや聞くものをくれている，とはいわないでしょう。なぜなら，その人は，私が見る人であり，見合うときには，お互いを見ているからであり，新しい傘といったその人々が自分に示してくれるような何かなのではないからです。この三項関係に対する選択肢として，二項関係，誰かと何かの二項の関係が考えられますが，そこでは誰かが何かを見ることになります。知覚は，よく二項関係として理解され，何かを私が見るとされます。とすると，これは通常の知覚ということになります。では，しかし，コミュニケーションのモデルが機能しないとき，一体どのように，感性の領域に立ち現れるといえるのでしょうか。端的な事柄という事態を超えて，私が誰かを見るということを成立させているものは，何なのでしょうか。私は，他の人の眼差しを見て，他の人の声を聞きます。そのとき私たちは，いまだなお，二項的関係をもち，誰かが誰かの声を聞いたり，誰かを見るとしているようにみているのではないでしょうか。一体，他に，考える可能性があるのでしょうか。

ここで助けになるのは，形態論です。ここで私が特に注目するのは，ベルリンの形態論者，クルト・レヴィン，ヴォルフガング・ケーラーとオランダの教育学者 M. J. ランゲフェルトです。これらの研究者は，事物に促しする性格を帰属させます。ヴォルフガング・ケーラーは，事物から促されていることを，そして，ランゲフェルトは，事物がアピールする性格に

ついて語ります。メルロ＝ポンティは，より単純な表現をとり，「事物もまた，何かをいいたいのだ」[4]といいます。これは，一体，何を意味するのでしょうか。わたしたちは，事物を人格のように考え，私たちに何かを告げるとみなすとき，単なる比喩に陥っているだけなのでしょうか。

クルト・レヴィンは，促しする性格について，幾つかの事例をあげ，「いい天気や特定の風景は，〔私たちを〕散歩に誘う。階段は，二歳の幼児に，登って，飛び降りるようにうながし，ドアは，開けたり，パタンと閉めたりしろ，といい，何かの粒は，拾い集めるよううながし，犬はなぜるよう仕向ける。積み木はそれで遊び，チョコレートやケーキは，食べられたいと思っている。などなど」ここで決定的なのは，ケーキの特定の客観的特性なのではなく，それがつまみ食いに誘っているということです。かわいい犬がなぜるように誘うのも同様です。このような描写は，物に結びついた記述と同一視すべきではありません。クルト・レヴィンは，この事物から発する促しを事物に関わる，事物と何かをするようにうながす促しと解釈します。したがって，M. J. ランゲフェルトは，動名詞［Gerundium］についても語ります。ラテン語文法では，動名詞は，終了形［*faciendum*］のように，すでになされた何か，行いの結果として事実になるといった事実を意味するのではなく，なすべき何かを意味します。これは，事物が何かをなすことを促しするということが表現される言語的形態ということができるでしょう。この促しは，事物がどのように立ち現れてくるかというその様式と仕方に由来しています。

ビューラーが区別する言語機能を考えると，促してくる状況における私たちに訴えかけてくる事物は，三つのすべての機能を同時に体現しているということができます。上に登るように促す階段や，開けられたいと思うドアは，何か（開けることの可能性）を表現にもたらすようにしているということと，（それらがどうあるかを示すことで）私たちに訴えかけてくること，このようにしてそれらの事物は，ある種の自己呈示を演出しているわけです。こうして私は，ドアが開けさせようとするか，しないかをド

---

4) 『知覚の現象学』，»ce que veulen dire les choes...«，レヴィンとケーラーとランゲフェルトに関しては，*Antwortregister*（『解答の索引』1994年），481頁以下，並びに，ケーテ　マイヤー＝ドゥラーベ，*Leiblichkeit nd Sozialität*（『身体性と社会性』1984年），166-68頁を参照。

2 身体で答えること

アに見るわけです。このドアは，その可能性において自己を呈示し，開けるようアピールするのです。もちろん，事物は，急な非常階段や分厚い鉄の扉のように，わたしたちをすくませることもできます。カール・ビューラーは，これに関して，行為の導き［*Handlungsinitien*］，したがって，端緒となる行為について語ります[5]。フッサールは，似たようなつながりにおいて，作用の働きかけ［*Aktregung*］の可能性に関係づけています[6]。これは自分で行使する作用ではなく，その気にさせ，「何かが起こる」ように仕向けるような作用なのです。これらすべては，私の行為が依存するのは，どのように，事物が自分に遭遇するか，その様式と仕方にあります。行為は，事物の促しとともに始まり，自分自身の外から始まります。それは，わたしたちが，喜びや驚きでわれを忘れるといったことがあるのと同じです。このような問題に気づかせるような新たな理論がみられるのは，決して偶然ではありません。しかし，まずもって，旧来の理論の中でこの観点が，どのような箇所でその場所を占めているか，問うてみましょう。古典的な行為論は，目的から出発します。行為の目的は，ドアが開くことにあります。しかし，促しの性格は，未来に達成すべき状態を端的に示唆するのではなく，より大きな開放性がその特徴であり，多くの可能性が同時に提供されています。単に目的を達成することが問題なのではなく，ドアに関することをし始めることが問題なのです。経験の遊動空間が極端にせばまる緊急の状況とか，限界状況を除いて，また，軌道がすでに描かれてしまっている決まりきった行為を除いて，促しの性格は，ある特定の行為が前もって描かれるといったことなく，行為の諸可能性を呼び起こしているのです。誰もドアを開けるように強制することなく，ドアと別のことをすることもでき，ドアによりかかったり，ボールをぶつけて遊んだりできます。

メルロ＝ポンティは，行為論で，特定の行為を規定し，強制することなく，ある行為を行う気にさせる状況があることを強調しています[7]。促しの性格は，有機体，ないし生物の世界とのやりとりから生まれます。このやりとりには，事物がともに関わっています。このやりとりは，私の側の

---

5) K. Bühler（カール・ビューラー），*Ausdruckstorie*（『表現論』1933年），196頁。
6) 『フッサール全集』3巻，205, 281頁。
7) PP 505頁，独訳502頁〔邦訳『知覚の現象学2』，354頁〕

決定や決断や措定によって仕切られるのではなく，事物の中のすでに出来上がっている解決に基づくわけでもなく，目的はこのやりとりの中で形成され，やりとり以前にまえもって与えられているのではないので，いわば，擬似-会話の性格を持っているといえます。目的は取引されるのであり，開かれた状況としてのこの状況は，多くの諸可能性を容認し，再三再四，新たな諸解答を見出すよう仕向けているのです。

象徴に関する過剰

さらに，このような促しの性格は，象徴に関する余剰を体現しています。わたしたちは，えてして，単純に目的合理的行為と象徴的行為との間に線を引きます。目的合理的というのは，他の部屋にはいるためにドアを開けるといった例に示されます（技術上可能なドアの自動的開閉は，目的合理的段階で起こっており，目的行為に結びついているといえます）。象徴的にみると，ドアの開きが新たな経験領域への通路を可能にします。このような区別によって，再度，自然の経過という側と（ドアが開くのは自動的にもできます），象徴的な側との二元論に陥ることになります。これに対して，私は，このような単純な状況でさえ，象徴的余剰が立ち現れていることを示してみたいと思います。カフカの『審判』という話では，田舎での男が法というドアの前で待ちます。「法はすべてに開かれているはずだ」と男は考えます。しかし，この法のドアの前には，入ることを禁じる看守が立っています。これは，いったい，承諾された通路，「原本的に到達不可能な到達性［Zugänglichkeit des original Unzugänglichkeit］」なのでしょうか。いずれにしても，法の到達性〔受け入れられること〕がドアと関連づけられています。中に入ることを許したり，禁じたりするドアは，入ることに関して複数の過剰規定をもっており，単に実生活上の道具であったり，目的のための手段であったりするのではないのです。開くことと閉まること，ある空間が閉じられていることと外を排除していること，この二面が，ドアで問題にされるのです。

他の事例は，クルト・レヴィンの語る階段の例です。フロイト以来，夢の性的言語で梯子や階段がどんな役割を果たしているかわかっています。夢がそのようなことを思いつくことを理解することは，もし階段や急な梯子段が，単に登ったり降りたりできる段のついた木の板にすぎないのなら，

2 身体で答えること

なかなか難しいことでしょう。人を招き入れるような効果によって階段が，登っていく楽しさや，上昇したり，高揚感をもつ楽しさを伝えています。促しの性格は，まさに，子供の遊びにもみられるものです。子供は遊ぶとき，状況が目的に即して要求するものを行うとは限りません。登ることの快さは，特定の設備を目的合理的に，冷静に使うことより，むしろ夢の象徴に近い関係にあり，昇進する人や成り上がり者のがんばりには，呼吸困難をともないつつも，高みの空気を吸う快さが息づいています。大それた飛躍という，ビンスヴァンガーが精神病理の考察で指摘する言葉は，同じように，登ることに関わっており，フロイトは，階段を最もよく使われる性的シンボルに数えています[8]。

これらの事例が明らかにするのは，促しの性格は，自然と特性や文化的象徴に再度，分割されるべきではなく，事物や動物にも，象徴に関する余剰がみられるということなのです。すべての文化は，その動物の象徴系をもち，エジプトには，サルやジャッカルの頭をした神々がいます。事物，動物，構成要素〔エレメント〕は，（フロイトが無意識を形成する際，過剰規定について語るように）過剰に規定されており，それらは，実践上，単に部分的にのみ活用される意味の潜勢力を担っています。日常の貧困化は，この象徴的な余剰の減少にあるのです。「みんなは，もののことをあまりにはっきり言い過ぎる」のです。事物はすべて，それが何であるか，その何かにすぎず，それ以上を超えてあることはないかのようです。目的合理的世界では，事物から遊びに類するものは排除され，事物は，何かに役立つか役立たないかとみられますが，ひとたび既存の習慣が崩れるところでは，把握性格が象徴的な余剰を解き放つことになります。

促しの性格にあって，要求されるものに応じること，ないし，それに答えることは，自発的に行う作用なのではないということが，最後に考えられなければならないことです。私を刺激し，誘いかける何かが立ち現れるという出来事からはじまるのであり，何かが飛び降りるよう促すわけです。この刺激は，自分の力の及ぶものではなく，私がそれに答えることで作用の中にたつのです。促しの性格にみられる刺激は，以前，私が思いつきと

---

[8] Binswanger（ビンスワンガー），*Drei Formen mißglückten Dasein*, Ausgewählte Werke, Bd. 1（『失敗した現存在の三様式』著作集1巻，1992年），および，Freud（フロイト），*Die Traumdeutung*, GWII/III,（『夢解釈』，全集II／III）372頁以降を参照。

か，目立つこととして特徴づけたことと関係しています。知覚はすでに，それに関わる何かが自分に目立つことで始まっています。

　この促しの領野を動く身体は，たえず，全体として活動しています。人は，複数の感覚について語りますが，実は，それでさえ，問題を含むものです。私は，共感覚の領域で，感覚は，五つのプログラムをもつ機械のように，一つ一つ数え上げられうるのではないことを指摘し，もしそうなら，それは，外側から作られたものになってしまい，身体の固有な力動性や自己組織化に相応しなくなってしまいます。身体は常に全体として活動していますが，支配的なものが変化すること自体を排除することはありません。

　次に，支配的なものの変化について，声と眼差しを例にしてはっきりさせたいと思います。口と目と手あるいは性器は，メルロ゠ポンティがある箇所でいうには，身体の紋章［Embleme］である[9]といえます。それらは，身体性が，渦の中でのように互いに引き合っている具体的紋章です。私は，全体が目となったり，声の中を生き，眼差しや手や性差の中を生きるのです。ここで問題になるのは，単なる器官［Organ］ではなく，それを所有したり，目的に即して道具のように利用したりするのではありません。わたしたちが，目は器官や道具であるというとき，字義通りとれば，道具を使える誰か（主観）を前提にしています。しかし，目は，使用できる道具ではなく，わたしを，ちょうど眼差しそのもののように，しっかり見開いたり，用心深く見たり，抜け目なくみたりするようにさせるものなのです。器官として語るのは，二次的な記述に属するのであり，特定の物（的身）体の一部が，それがもつ機能に関して考察されるときなのです。なにはともあれ，改めて，目は自分で使う道具などではなく，見ている目は，見ることそのものであり，聞く耳は，聞くことそのものなのです。メルロ゠ポンティとともに述べることができるように，話す人や書く人は，言語の中で考えるのであり，単に言語を使って考えるのではないのであり[10]，身体はその器官の中で活動しているのであって，器官によって活動しているのではないということもできるでしょう。心は，目を使って見るのでもなけ

　9）　*Le visible et l'invisible p*, 193f〔邦訳『見えるものと見えないもの』滝浦静雄・木田元訳，みすず書房，1989年，206頁〕，また，Melanie　Klein（メラニー・クライン）に言及して，*Keime der Vernunft*（『理性の萌芽』），376頁を参照．

　10）『知覚の現象学』の言語の章を参照〔邦訳『知覚の現象学Ⅰ』第一部Ⅳ〕．

れば，独立した器官として見るのでもなく，見ることは目を住まいにしているようなものなのです。このような意味で，さまざまな感覚は，声，眼差し，手などの紋章において，その体現されたものを見出しているのです[11]。

3 声と反響［エコー］，眼差しと鏡

ここで，声と眼差しという，いわゆる遠隔感覚に考察を絞って，それらが，反響や鏡でどのような特有の二重化を経験しているか，示してみたいと思います。それによって，遠さや疎遠な異他性が自分の身体の神秘にまで及んでいるかがわかります。

　ヘーゲルでは，考えるときには，まず見ることと聞くことは消え去っているのでなければならないといわれます。このことは，ドイツ語では，常套句のようになっています。ここで問われねばならないのは，はたして，聞くことと見ることは，最終的に，それ自身，精神に（あるいは，人が精神と名づけるものに成りきっているのか，ということです。異他的で他者的なものが真実，何かを意味するのであれば，それは，聞くことと見ることそのものを変化させるはずです。そのとき，聞くことと見ることは，支えるところを失うまでに，持続的に根底から揺すぶられることになります。声と眼差しは，特定の出現であり，即座に，だれかれに，帰属させて，その人が声をたてた，声を起こした当人だとか，眼差しが目の内から，光線のようにでてくるとは，いえないものです。声や眼差しは，まずもって，見るという出来事であり，聞くという出来事であり，他者に属するのか，自分自身に属するのか決まった上で生じているのではありません。私の語るのは，自分の眼差しでも他者の眼差しでもなく，出来事としての眼差しと声であり，その出来事に他者と私が参加しているのです。反響と鏡の効果は，声と眼差しに即した二重化です。聞こえたもの，ないし，聞くことが聞かれ，見られたもの，ないし見ることが見られます。この二重化は，

11）これに関して，Jürgen Seewalt（ユルゲン・ゼーヴァルト），*Leib und Symbol*（『身体とシンボル』1992年）を参照。著者は，幼児の身体上の発生について，その象徴的性格を，特に強調している。

偶然なのではなく，身体性に属するのであり，この身体性は，見る世界と聞く世界に帰属することにおいて，いつもある種の二重化を意味しています。つまり，見る人は，自分自身を見ることができ，聞く人は自分自身を聞くことができ，見ることと聞くことは，単に何かが見られたり，聞かれたりすることなのではないのです。

オヴィディウスのメタモルフォーゼでは，ナルシスとエコーという登場人物がいますが，そこでは感覚の自己関係性が神話的な表現を見出しています。ナルシスは，鏡に映り，自分の鏡像に恋することになります。ご存知のように，これはよい結末には至らず，最後には，鏡の泉に落ち，自分自身に没滅してしまいます。他方，妖精エコーは，他の人が何かを言うときだけしか，話せません。反響は，誰かが呼んだり，語りかけてはじめて，現れるのです。神話は，利口な取り計らいで，お互い同士に出くわすことができないような人物を選びました。ナルシスは，自分自身にのみ関わり，自分自身を恋し，他者関係なしの自己関係に責任をもつ一方，妖精エコーは，自己関係なしの他者関係を体現し，他者のうちに，他者を生きるのです。この極端な組み合わせは，オヴィディウスの場合いつもそうであるように，死で終わることはなく，変身で終わります。妖精エコーは，石に変身し，ナルシスは，花に変身します。この変身を通して物語はさらに続いていくのです。この神話は，鏡と反響が感性の内部でいかに強く働いているかを，象徴的に描写しています。鏡と反響は，その現存を，なんらかのときに鏡を発明し，反響効果を発見したというように偶然の状態に負うているのではありません。フロイトは，ナルシスの物語をナルシズムの理論に取り込み，他の人に向かう欲や望みは，常に自己触発を伴って現れることを示しました。他者を求めるときは，同時に，自分自身を望み，欲しているのであり，他者に向かうことには，常に，自己関係も働いているのです。

聞くこと

聞くことのできる領域を考察するにあたって，全領域に渡ることは，到底無理なことです。この全領域は，意味を持つ言葉の響きから，動物の鳴き声，調和のとれた朝の鳥のコンサートや，色々なものがぶつかるときに出る音や物の材質を利用して，例えばガラスをたたいて作った音なども属し

3 声と反響［エコー］，眼差しと鏡

ます。聞くことのできる領域には，楽器も属しており，空気の穴や物の側面や打器が音響を作り出すのに用いられます。ここで突き詰めてみたい唯一の問いは，聞くことが応答的であるということ，すなわち，聞くことが何かに答えているということが働いているとは，いかなることかという問いです。

フッサールの『論理学研究』の第5研究では，「物音がする［es raschelt］」とか，「誰かがドアのベルを鳴らす［jemand klingelt］」といった単純な例ができてきます[12]。「それ［Es］」あるいは，「誰か［jemand］」は，誰と決まっていない志向に帰せられるのであり，まずもって，何が音をたてているのか，誰がならしているのか，いうことはできません。わたしたちは，この出来事の可能な差し出し人や受け取り人が決まらないままという状況に立たされているわけです。このテキストの箇所は，私が要求とか，促しとか，解答として把握しようと試みていることを大変うまく論証している箇所です。このような状況において，まずもって聞くことは，聞き入ることであることがわかります。何かを聞くことには，まずもって，何かに向って聞くということがあるのです。そもそも何かを聞くには，まずもって，それに注意するのでなければなりません。わたしたちは，物音を聞き流すこともできます。わたしたちは，多くの物音，例えば，紙が立てる音や，周りの人が咳払いをしていたりするのを始終，気に留めることなく，聞き流しています[13]。聞き入ることには，したがって，何に関してかという，何を聞くのかということ以上に及んでいることがあるのです。

多くの言語には，聞くことだけでなく，見ることにも，すくなくとも二つの言葉があり，例えば，英語では，傾聴する［*to listen*］と聞く［*to hear*］とがあり，また，よく見る［*to look at*］と見る［*to see*］とがあります。フランス語では，耳を傾ける［*écouter*］と聞く［*entendre*］，よく見る［*regarder*］と見る［*voir*］とがあります。対になる動詞の初めの

---

12) V. *Logische Untersuchung*,（『論理学研究』第5研究，フッサール全集19，I），410頁〔邦訳『論理学研究3』立松弘孝・松井良和訳，みすず書房，1974年，194頁〕を参照。言語に関していえば，これらの文章において問題になっているのは，いわゆる非人称であり，この構造は，すでにフッサールの時代に問題とされており，主観を欠いた文章か，非人称的な主観をともなう文章かが問題にされていました。

13) 通常の物音の背景に，新たに開発された口述録音機は邪魔されてしまい，言葉への変換が満足いくように機能するためには，フィルターを取り付けなければなりません。

動詞は，ドイツ語の「よく聞く [Hören auf]」や「傾聴する [Hinhören]」あるいは，「聞き耳をたてる [Horchen]」に相応し，また，「よく見る [Hinsehen]」あるいは，「じっとみる [Hinschauen]」に相応します。二番目に位置する動詞は，何らかの結果を述べるとき，何かを聞いた [Ich habe etwas gehört.] とか，何かをみた [Ich habe etwas gesehen.] というとき，使用します。よく見るとか，傾聴するとかいうとき，聞きながら，あるいは，見ながら注目すべき何かや目立つ何か，また，聞こえてくる何かに関わるということを，的確に思念しているのです。

　まずもって，聞くことに留まりましょう。自分でよく聞く何かは，ある一定の方向から聞こえてきます。しかし，初めは，聞こえる中身がはっきりせず，何が（特定の何かとして聞く何か）聞こえるか分からず，確かな音の源泉も分かりません。物音が聞こえても，それを同一化することができず，正確にどこから聞こえてくるか，言えません。場合によっては，その音が自分の物(的身)体から来ることもありえ，耳の雑音（耳鳴り）のように，物(的身)体が作り出す音さえあります。聞くこととは，まずは，ある未規定性をもっています。しがたって，聞こえる響きをはじめから空間の中に位置づけることは，ひかえなければなりません。響きは，空間を満たし，空間を形成しつつ，容積を作り上げます。コンサートホールの建築だけでなく，古い教会の丸天井は，そのような響きの形成にふさわしいようにできています。音楽作品は，簡単にどこか，ある空間の中で演奏されるのではなく，その空間は，調整しつつ，強めたり弱めたりしながら，ともに演奏しているとえいえるのです。

　どのようにして，ある特定の何かが聞こえるということになるのでしょうか。ある何かになるためには，繰り返しを通して初めてそうなります。わたしたちは，響きの形態を繰り返し聞いたり，あるいは，物音が，例えば，列車に乗っているときとか金属を溶接するときとか，雨が降っているときとか，ある特定の関連の中で，再三再四立ち現れます。つまり，響きと物音が具現化し，文脈に溶け込みます。慣れ親しんだ状況では，皆さんは，なんなく，「一羽の鳥が葉陰でかさかさ音を立てている」といえます。それがいえるのは，周囲がよく分かっているときです。あるいは，教会の鐘が鳴り，教会を訪れることが期待されるとき，「X 教会の鐘が鳴った」というわけです。わたしたちは，状況を知っていることを通して，何を聞

3 声と反響［エコー］，眼差しと鏡

くのかということの特定の表象をもつのであり，未規定的な「何か[Es]」がある特定の「何か[Etwas]」や「誰か[Jemand]」になるのです。しかし，原状況は，はるかに開かれたものです。カフカの物語『田舎医者』では，夜の鐘が鳴り，誰が鳴らしているのか，分からないままに留まります。そこでは，「一度，夜の鐘の間違った響きに聞き耳を立てるものは，決して回復することはできない」と述べられています。この開かれた状況には，訴えかける「何かに向けて」が属しており，そこに向けて聞き入る何かが何かに向けて促しています。未規定的な何かに向けてが消失するのは，それを同一化するときです。通常の，実生活での世界についての記述では，事物は世界の中に位置づけられますが，本来の知覚の世界には，感性における諸感覚が世界を生み出すということが属しているのです。響きの世界があるのであり，単に世界の中に響きがあるのではありません。色の世界があるのであり，単に世界の中に色があるのではありません。感覚の諸要求のこの段階で立ち現れるものは，相応する生理学的な機関を自由に利用できるという意味で，登録可能なような何かではいまだなく，むしろ，注目したり，しなかったりする何かなのです。

　反響は，より複雑な事態となっています。自分で立てる声や，自分で作る響きを二重のものにします。何かを聞くだけでなく，聞かれたものは，自己自身に関わります。この感覚の二重化は，何かが二つあるということをいうのではありません。それでは反響になりません。反響とは，何かが二度生じるということではなく，何かが二重になる，声がいわば，二重-化［ver-zweit］するということにあります。反響効果は，音楽では，すでに一つの音声でも，小さな変化や音の高さの変化が繰り返されるときに生じます。イチョウの葉は，ゲーテに愛の二つの統一を象徴するものですが，詩人に，「わたしが一つであり，二重である」ことを教えるのです。切れ込みを入れられた二重の葉は，二重化における一つの葉です。わたしたちが出発点にとる二重化する反響の効果は，語ることの中で一つの内的な分割を生じさせます。他の人の声に答えるとき，同時に自分の声が聞こえます。このことの内に，話すことの固有性があることについては，すでにジョージ・ハーバード・ミードが，物(的身)体に結びついた言語活動の記述において注目しています[14]。耳がきこえないこととおしであることは，したがって，共属しており，聞くことのできない人は，難なく話すことを

習う（スイッチが入れられる機械のように）ことはできません。自分が話すのを聞くというのは，自分自身を驚かせる声の自己関係性を意味しています。

わたしは，自分が語や響きとして自分を与えるものを完全に制御できる主人ではありません。話しの反響では，次に位置するもの，すなわち自分固有の声が自分に対してズレて出てきます。それは単純に，そこで自分が話す自分の声であるのではなく，自分の声についての驚きや不可思議さは，自分の声の録音を聞くときだけでなく，すでに，話すことそのものにつきまとっています。

声は，奇妙な事柄です。このような反響効果を考察すると，声は誰かが単純に持つ何かとして現われるのではないことが分かります。まずもって，声は，誰かの声なのではなく，その誰かがその声の中でわたしに出会います。誰なのか分からない人との電話を例にとって，話す人が誰だか分からないままであるとします。この場合，Ｘさんが電話してきた，ということさえできず，誰の声だかいうことのできない声を聞くだけです。電話をかけてきた人は，その声の中でだけ，誰であるかを現します。それで普通になっていることは，電話をかける人は，そのとき，誰であるかをいったり，声で誰であるか分かったりして，最後に，「Ｘさんが電話してきた」と，まるで，その人が電話するのを外から観察したかのように，確定できるのです。そして，再確認した後では，声もまた変わるものです。まるで声それ自身が聞こえるものであるかのような，ちょっと人を驚かせる状況があります。例えば，だれかが，「あなたの声が変わった」と電話でいうときです。そこで，声が単に声の主の作ったものであるのではなく，声の中に他の人や自分たち自身を見出しているのがはっきりします。声は，声それ自身が伝えられるのではなく，語られる中で沈黙のままにとどまるものなのだ，といえるでしょう。声は，聞かれること，聞かれてあることの聞くことのできない出来事であり，聞くことのできるデータの世界の内部の単なる聴覚上の音響なのではありません。これらすべてのことから，聞くこととは，応答しているものであり，何かを何かとして聞き，理解する前に，何かに向けて聞いているのであることが，はっきりするのです。

---

14) *Mind, Self and Society*（『心，自己そして社会』1934年），61頁から68頁参照。

3　声と反響［エコー］，眼差しと鏡　　　　　　　　　　　　　　　　　415

論理(ロゴス)と形相(エイドス)のなかでの聞くことと見ることの消失について

聞くことにあっては，わたしが何かにむけて聞くといってもいいようです。しかし，何かに向けて見るということを，見ることが何かとしてみること以上を意味するというようにいうことができるでしょうか。聞くということと見るということの出来事（そして，そこで答えるということも含めて）を誇張して，隠してしまう二つのやり方があります。聞くことでは，論理への一方的な傾きであり，わたしは自分が理解する何かを聞くのです。この理解できる何かの中で，声は消え去ってしまいます。声はそれ自身，聞かれたものになってしまいます。声は何かがそもそも聞こえるようになるような出来事を現していたにもかかわらずです。そして，眼差しは，——次のことを示したいのですが——苦難にあい，即座に，何か見られたものとして把握されてしまいます。もともとわたしに示される形相や形態から発しているにもかかわらずです。こここそ，眼差しが見られたものの中で消え去ってしまうところなのです。

見ること

見ることをも，主－客－関係から解放するために，もう一度，眼差しを交わすことを考えてみましょう。他の人の眼差しを見るということは，単に「何かをみる」ことではなく，「他の人が何を，どのように見ているかを見る」ことを意味し，「その人が自分をどう見るかをも見て」います。他の人の眼差しは，わたしの世界にある何かではなく，それは起こることであり，その中で一つの世界がわたしに開けたり，閉じたりするのです。

　ここに一つの盲点がたち現れます。しかしそれは，ルーマンが「わたしは，あなたが見ない何かを見る」とみなすときに描いているものとして立ち現れているのではありません。この盲点は，わたしが，自分が見られていることを知っているとき，初めてできるのであり，この「見られていることを知る」ことは，自分で見る，ある対象にされてしまうことはありえません。大変上手に議論しているように見えて，ルーマンは，あまりに早急に決めてしまいます。彼のいう観察者が盲点をもつことと他の観察者を指摘するのは，ただただ，それら観察者が自分自身を完全に観察することができないという理由からです。単に，自分に固有な能力の限界が問題になっているだけです。彼が見落としているのは，わたしが他の人の眼差し

の中に立っている，そして単に，他の人の観察を観察しているのではないという基本的な事実なのです。

　眼差しを交わすことから，眼差しのドラマが生じますが，このことを三段階でスケッチしてみて，答えつつ見ることの問題性格に近づくつもりです。第一の段階は，他の人の中に自分を見るという鏡の眼差しです。これはナルシスの状況です。鏡は他の人の眼でもありえます。わたしはそこに「瞳［pupilla］」という形の自分を見ます。瞳［Pupilla］とは，もともと小さな女の子の形で，ということです。

　このドラマは，鏡の部屋という無限の鏡像化を出発点にとると，わたしが他の人の眼差しを見て，その眼差しは私を見ていて，その眼差しはわたしがその人の眼差しをみているそのわたしを見ている，等々というふうに，より劇的なものとなります。わたしたちは，この無限の鏡像化を，城の中の鏡が向かい合う壁に対置して置かれる部屋で経験します。一つの鏡に他の鏡が映り，そこに初めの鏡が映るといったようにです。この無限の鏡像化には，ある種の不均衡があります。なぜなら，わたしたちは，それぞれ自分の眼差しから出発するのであって，他の人の眼差しからではなく，鏡に映ることはここから始まるのであり，そこから（他の人にとっては，それは他の人のそこからであり，ここからではない）始まるのではありません。無限の鏡像化は，断たれるのであり，それはこの交互の関係において，出発点の偶然性が占める場所はないからです。

　第三の形式は，眼差しの戦いです。わたしが考えるのはサルトルであり，鏡は打ち砕かれるか，映らなくなります[15]。サルトルが出発点に取るのは，追求者の眼差しです。終局の点は，——そこにどこまで到達できるかは，様々ですが——わたしが見る者で他の人が見られたものであるときに到達されたことになります。この客観化しつつ他者を削除するやり方は，サディスム的な変種となっています。マゾヒズム的変種には，逆に，わたしが見られたものであり，他者が見る者であるとき，近づくことになります。鏡の上でのいさかいは，一方が見られたものにすぎず，他方がただ見るものであるときに，終結してしまいます。それは，わたしが完全に他者の眼差しに捕らえられてしまうか，他者を完全に自分の眼差しで取り込むこと

---

　15)『存在と無』の第3部，眼差しについての章を参照。〔邦訳『存在と無』下巻，松浪信三郎訳，人文書院，1999年〕。

3　声と反響［エコー］，眼差しと鏡

を試みるか，ということになります。サルトルは，両方うまくいかないことを示します。なぜなら，他者は，つねに私が作り上げる以上のものであり，私は，つねに，他者が作り上げるもの以上だからです。他者の眼差しは，わたしの世界の中の単なる何かなのではなく，サルトルが主観ないし実存と名づけるものを体現しており，他者の中の非−客観化可能なものなのです。他者を殺害するときでさえ，他者の眼差しは，破壊できるものになるのではなく，殺害した人の眼差しのままに留まります。これらすべては，すでにサルトルにみられるのであり，レヴィナスで始めて言われているのではありません。眼差しの戦いは，他の人をわたしの世界の対象にしたり，逆にわたしが他の人の対象であることを許すという意味で，非人間的な眼差しに近づいてきます。サルトルではこのことが，これまで述べたように，エロスの領域にでも一貫して働いています。サルトルにあっては，見ることと聞くことは，まさに，応答的には考えられることはなく，客観化するものとしての見ることと考えられています。彼は二項的システムである「誰−何」から出発しますが，ただ「何」そのものが再度「誰」であり，この関係が逆になることもあるということです。この主−客−関係は，複数化され，各自，見る者であり，同時に見られるものですが，客観化する眼差しは，一貫して働いています。「何かを見ること」は，「何かを克服すること」であり，この「何か」を自分の企てに組み込むことなのです。

しかし，眼差しの訴えから出発し，答えるという形式をもつ眼差しは，何をいうことができるのでしょうか。眼差しは，「見ている主観がそこに存在する」ということ以上のことを語りえるのであり，様々に異なった眼差しの仕方があるのです。言語行為論はある種の視覚作用論として遂行でき，問う眼差し，脅かしたり，欲に満ちた，誘惑するような，また，不安げな眼差しがみられます。慎重にいえば，言語行為があるのと同様に，眼差しの行為があり，それらは，様々な性格をもち，状況をまったく変化させるものです。このことから眼差しの文法が生成し，眼差しの態度の文法もあり，眼差しの相貌にその表現の呈示がみられます[16]。眼差しが理解し

---

16) 眼差しの態度には三つのことが役割を果たしています。1．まぶたの開け方，2．眼差しの方向，3．眼差しの動きです。まぶたに関しては，とり澄ました眼差しになるのは，まぶたが，穏やかに下がり，見やることはなく，物や他者は見るに値しないかのようであり，眼差しを閉ざすことで自分を保護したいかのようです。眼差しの方向に関しては，物思いに

たり解釈されたりする文章のように考えられているのですが，この同一化は，はっきりした限界にぶつかります。

眼差しの態度と眼差しの仕方の単なる理解を超える事柄は，わたしが他の人の眼差しに居合わせるという事態であり，他の人の眼差しが何かに向けて答えていて，その眼差しの中で世界が新たにわたしに出会っていることを，わたしが見ているのです。絵画にはこれらに関する大変印象深い事例がみられます。ゴヤの残酷な戦争の絵や，デラクロアの冥府の川を超えるダンテの渡河の絵では，驚愕に見開かれた眼のみが爛々とし，その眼が見るのがその眼差しからのみ，ありありと推測されうるのです。ここで問題になっているのは，間接的絵画の諸形式であり，それは，見えるもののなかに見えないものを見えるようにしているのです。

眼差しの交わりの円環運動は，サルトルで明確な最終的表現をもつことになりますが，他者の眼差しが，理解の技術や支配の策術を超えるなにかを見えさせるとき，壊れてしまいます。聞くことと同様に，わたしたちは，ある出来事にぶつかり，何かが眼差しに届き，目立つものとなるのです[17]。眼差しで起こることは，わたしの行使する視覚行為以上のものなのです。わたしたちは，眼差しの野を生きていますが，それは，みつめたり，眼をそらしたり，なにかを制御する作用を行使する主観が存在することを意味するのではありません。視覚行為は，いつもすでに，正常化と習得することの特定のあり方に遡及するのであり，そのあり方を通して「野生の」眼差しが抑制されているのです。

何かが見えるものとなり，わたしたちの見ることに訴えるということが始まります。それに加えて，他の人がわたしたちを眺めるだけでなく，メルロ＝ポンティが繰り返し援用している画家のことばとして，事物そのものがわたしを眺め，関わってくる，ということもあります[18]。この言い方

ふけるような中世後期のマドンナの絵画にみられる落し眼がみられ，恭順な態度ですが，この態度は，従属性に貶められたり，疑心に変転したりする可能性もあります。眼差しの動きに関しては，生き生きしていたり，緩慢な動きだったり，落ち着かない動きになったりします。これについては，Ph. Lersch (Ph. レルシュ), *Gesicht und Seele*（『顔と心』1955年）を参照。

17) 英語の打つ〔*striking*〕という言葉や，フランス語の心を打つ〔*frappant*〕という言葉は，目立つという性格に相応するのですが，ここでは，決してあたりさわりのない，穏やかな交換の経過が問題になっているのではないことが示唆されています。

18) *Le visible et l'invisible*（『見えるものと見えないもの』）183頁〔邦訳，195頁〕，

は，単なる比喩に聞こえます。事物を人格のようにみれば，事物も眺めることができたりするかもしれませんが，それを字義通りとれば，私たちは，アニミズムに終わるか，事物の人格化に陥るようにみえます。しかし，このような見方は，わたしが見ることを意のままにできるのではないという事態と矛盾しています。事物もわたしを見つめるということは，わたしが単純に主導しているのではなく，「何かが見えるようになる」ということを意味します。何かが自分に目立つようになるとは，わたしの行使するいかなる作用でもありません。このことは，ほとんどすべての現象学者に妥当し，多くの他の理論家も否定することはないでしょう。問題は，ただこのことから十分な帰結を導いているかどうかなのです。「何かが目立つ」ということは，初めに観察の作用があるということなのではなく，観察の中で，自分に目立つものを規定し，枠取りを決定しようと試みることを意味します。したがって，観察の立脚点を出発点にしようとすることは，社会心理学的にいって，幾分か素朴に過ぎるのです。観察の立脚点は，すでに高みに位置する立場であり，そこには，作用としての見ることのモデルないし機能的な視覚操作が根底になっているのです。

　最後に，眼差しには，到達できない遠さが属しています。声について，それは語られたことのなかの語られなかったものであるといわれました。声そのものは，言い表されることなのではなく，言うことという出来事に属します。同じような意味で，眼差しは，世界の中の何かとして見えるものとなるような何かではなく，見えるものにすることは，眼差しの出来事を遡及的に眺めてはじめて生じるものです。眼差しそのものは，いつも見えたものを超えているのであり，声が，語られたことを超えてひろがっているのと同様です。

4　感覚のエトス

最後に示したいのは，感性論，感性の理論は，すでに気概〔エトス〕と関係しており，単なる，中性的な意味での記述に留まっているのではないと

及び，わたしの *Sinnesschwellen*（『感覚の敷居』）128-30頁を参照。

いうことです。しかし，感覚を道徳の問題にすることでもなければ，共同体に即するようにしたり，規律を押し付けようとするのではありません。それに関しては，十分に歴史上の事例があり，例えば，どこをみつめてよいか，悪いかが，学ばれる眼差しの訓練があります。わたしが問題にしようとするのは，そのような感覚の道徳化とか，規律化なのではなく，逆に，私たちがエトスと呼ぶもの，いかに生きるべきか，いかなる要求がわたしたちを待ちうけているのか，どのようにして結びつきや傷つけあうということが生じるのか，ということが，すでに耳を傾けたり，じっとみるといった段階で，つまり，感覚の段階で生じさせていることなのです。エトスは，感覚の段階で始まります[19]。わたしは，聞き入ることや，じっと見ることについて言及しました。聞き入ったりじっと見ることは，いつも，部分的に無視したり，聞き過ごすこと，すなわち，完全に充足することのない他の人の要求に関わっていることを意味します。聞き入ることやじっと見ることが，無視したり，聞き過ごしたりすることを含んでいるということは，他の人の要求がはっきりするとことであり，他の人の要求は，すべての規範や価値や判断より，したがってすべての妥当性への固執よりも先であることを意味しています。要求は，その要求が正当であるかどうかという問いよりも先に立ち現れているのです。じっと見ることと聞き入ることは，特定の規範が適用されるための条件なのであり，この根本的な状況は，前もって存在する規範からしては，理解できないのです。わたしが何も見ないのであれば，何かをすることは必要はありません。「知らぬが仏〔知らないことは自分を熱くすることはない，Was ich nicht weiß, macht mich nicht heiß.〕」と諺でもいいます。この諺も，他の多くの諺と同様，ある観点を際立たせ，他の観点は見過ごします。このことは，便宜主義的な半分の真理に導くだけで，この諺を逆にしてみて，眼差しに込められた熱を冷やしてみることもできるのです。すると，「自分を熱くしないことは，知らないことだ」という観点に変わります。眼差しは，政治のそれ固有の形式を展開するのです。ヒットラーのもとで，すべてのドイツ人がユダヤ人を殺害することに快感を感じたというのでは決してありません。し

---

[19] このことに関して，メルロ＝ポンティとレヴィナスとの連関において，最近刊行された著書として，Antje Kapust（A.カプスト），*Berührung ohne Berührung*（『触れずに触れること』1999年）を参照。

かし，多くの市民は，それを見過ごしました。一部は不安から，一部は無関心から，一部はねたみ（「他人が一時，痛い目にあうのも悪くない」）から。しかし，この無視は，イデオロギー以前に存在したものです。後になって，なぜそうしたのかについて理由をあげるのですが，より先にあったのは，この無視であり，わたしたちが自分たち男や女が立っていたかもしれないような状況に煩わされないようにしたことなのです。

耳 と 顔

感覚の領域では，このエトスは聴覚を通して特に強く現れています。次のような図式がこの聴覚が，いかに記述の上で弱まっていくものか，明らかにしようとするものです。

```
    他の人が語るのを聞く
      他の人の語るのを理解する
        他の人の語りに答える
          他の人の語ることと自分が語ることの間の了解
選択肢として：何かを聞くことに対する何かに向けて聞くこと
```

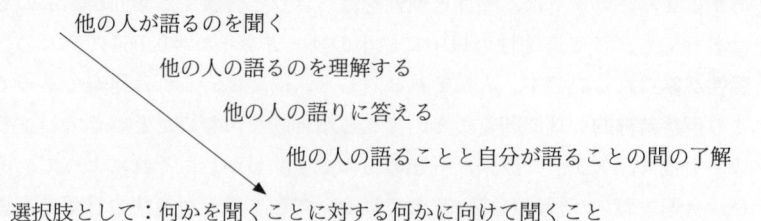

図式17　聴覚と理解

　他の人の声を聞き，理解することが，初めにあり，他の人の声に答えるのが真ん中あたりにあり，最後に語り合いが一致するとき了解が結果することになります。この段階づけは，基づけ関係としてあり，必ずしも時間の前後関係として理解する必要はありません。

　これに対して対置させる，わたしの選択肢は，「何かについて聞くこと」は，同時にすでに，「何かに向けて聞くこと」であるというものです。それとともに，この図式で第三段階に位置する他の人の語りに答えることは，すでに第一段階の聞くことで始まっています。「よく聞け！」という単純な命令は，同時にそれに向けて聞くことなしに，聞くことはできません。この命令を聞くときには，わたしたちは，そもそも，それに関わっているのです。このことがよりはっきりするのは，この命令をいじわるく否定形で表現し，「聞くな！」というときです。この，それ自身に遡及的に関わる命令は，あの悪評高いダブルバインドに陥ることになります。どんな風

に反応しようとも，間違った反応でしかありえません。聞かない人は，命令を聞いていて，命令〔の内容〕に背きます。聞かないことはすまい，とすれば，命令を聞いていないことになり，同様に，命令に背くことになります。この板ばさみが生じるのは，わたしたちが，いずれにしても，答えている，この場合，正しく答えることができないようなときにも，答えていることからです。そのような板ばさみの記述はベイトソンとヴァツラヴィックにみられます[20]。しかし，カントにも，聴覚が道徳の中心に現われている箇所があります[21]。カントは，良心の声について語ります。実践的理性には，「聴覚を澄ます」ことができるだけです。実践的理性を根拠づけたり，演繹したりすることはできません。「良心を持つ」とは，良心の声に聞く耳をもつということであり，声そのものが根拠づけられることはありません。カントは，感性と理性をはっきりと分離する傾向があるのではあっても，ここ道徳性の只中に微小の〔一グレイン＝0.064グラムの〕感性がみられるのです。人はそれに対して，即座に，これは比喩であって，この声は精神的な耳で聞くことのできる精神的な声なのだというでしょう。この主張は，プラトン以来，既知のものです。しかし，それによって，再び，合理主義化が行われているのではないでしょうか。道徳の言語は，感覚がともに語ることなしに，そもそも可能なのでしょうか。

　人間の顔は，レヴィナスにあって中心に位置しますが，同様に感性の次元に関係しています。この言葉に相応するギリシア語の $πρόσωπον$（＝$πρός+ὄψις$）は，字義通りには，「に対して見やっているもの〔Entgegenblickende〕」を意味します。同時にこの語は，仮面，役をも意味し，今日使用されるラテン語の persona にあたるギリシア語の原型です。顔は他者に向かう中心的な物(的身)体の区域（口や目のあたり）となっています。顔は，狭い意味でも，広い意味でも理解されることができます。狭い意味での顔は，特に刺激的でもなく，人間の正面の顔だったり，動物の顔だったいします。顔を観察し，顔を解釈し，――情報学的に訓練された心理学で無味乾燥に実施されています――顔を情報の源泉として使用することもでき，コンピュータを通してそれに手を加えることもできます。こ

---

20) P. Watzlawick u a, (P. ヴァツラヴィック他)，*menschliche Kommunikation*（『人間のコミュニケーション』）1969年）参照。

21) *Metaphysik der Sitten*（『道徳形而上学』），徳論，序文，XII，§13を参照。

の狭い意味での顔について，それは世界の中で見えるなにかであり，特定の特徴をもった形態であり，再認され，同一化されることになる，ということができます。

　広い意味での顔は，それに対して，見えるものになる何かではなく，何かを見させるようにする要求です。それは，わたしが誰かの前にでること，顔そのものが，審級となり，そこでのわたしの行動が見つめられることを意味しています。この広い意味での顔は，ある意味で近づきがたさや接触しがたさをもっています。レヴィナスにとっては，他の人の顔は，「お前は，殺人はしない」[22]いっているといいます。他の人の顔（一般的な法からではなく）から，倫理的な抵抗が由来しています。レヴィナスがそれで思念しているのは，明らかに，人は他者を殺すことはできないということではありません。しかし，他者を殺すとは，他者を世界から抹消するということではありません。他者は単純に消滅させることのできる何かなのではありません。「お前は，殺人はしない」という命令は，わたしの権能の限界を超えています。他の人，他の顔,自分に向けられたまなざしは，わたしの権能を破壊します。他の人の眼差しとは，例えば，コンピューターで実行されるような，自分の可能性のさらなる拡張を意味するのではありません。コンピューターを制御して他者の機能を自分の機能に取り込むことができます。他者の他者性とは，まさに，わたしの諸可能性を，それが他者を通して問いに付されるという意味で，打ち砕くものに他ならないのです。他者の顔とは，——フッサールの言葉では，このような連関で使われてはいないのですが——「身体的な不在」の逆説であるといいます。フッサールは，知覚との連関で，常に，事物の「身体的な現在」について語ります。他の人の顔とは，それに対して，身体的な不在なのです。他者の不在は，わたしに対して身を引くものですが，この身を引くものは，それ自身，現在的なのです。レヴィナスはしたがって，顔の非-現象性についても語ります。ここで，注意は，注意深さと尊敬へと移行します。尊敬の契機は，注目することとつながりがあり，尊敬するとは，眼差し，聞き入ること，じっと見ることと関連しています。ここでは単なる焦点を合わせる（わたしは何かに集中する）という意味での注意について語られているの

---

[22] *Totalité et Infini*（『全体性と無限』1961年），173頁。〔邦訳『全体性と無限』合田正人訳，国文社，1988年〕

ではなく，注意が注意深さになるとは，他の人の要求に対応して注意深くなるのであり，注意深く他の人の不在に答えるということなのです。

　最後に取り上げる例は，この問題系が他の文化にも存在することを示しうるものです。著名な竹内という演出家は，(30回「今日の夕べ」と弟子に言わせるロシアの演出家とは違って）演劇練習生に後ろ向きに，話しかけられるように立たせます。背中をみせてたっている相手に話しかけなければなりません。ここでは，話しかけるもの同士が眼を見合うことはありません。互いに，他の人が顔の表情を通して応答していることが分からず，他の人同士，どのように見合っているのかも見えません。この練習の意図するところは，他の人に，語りかけの仕方を通して語りかけられていると感じるように，話しかけることなのです[23]。この特別な感性の訓練で明らかになるのは，顔とは，誰かを正面から見なければならないというのではなく，そこに在って－不在であること［Anwesenheit-Abwesenheit］と関係しており，それは，他の人を全体において性格づけるものなのです。

　感覚のエトスとは，わたしたちが，感性にまで及ぶあり方で，他のものや他の人から要求されているということを意味しており，つまりは，自分の身体そのものは，すでにいつも，異他性によって特徴づけられているということなのです。身体性は，一方で，自己が把握の及ぶものではないこと，すなわち，わたしがいること，わたしが自分に結び付けられると同時に，自分から身を引いていること，つまり，鏡や反響で，はっきりと現れ，響いている自分自身における異他性を意味しているのです。この自分自身への異他性の中で，他方，他の人への遠－近［Fern-Nähe］が立ち現れます。自己関係は，ほかのところから発生する他者関係へと自分を記入しているのです。

---

　23) これに関して，I. Yamaguchi（山口一郎），*Ki als leibhaftige Vernunft*〔邦訳『文化を生きる身体』知泉書館，近刊〕，1997年，第4章の3を参照。著者は，極東文化の諸経験や実践を議論に組み込むことを通して，身体性の間文化哲学の解明に努めています。

文 献 表

* 著者は性，名をアルファベット順に示す。
* 邦訳のあるものは可能な限り原著の後に記した。
* 同著の訳が複数あるものに関しても読者の便宜を図り，可能な限り記載した。
* タイトルは原則として邦訳されているものに従う。但し，未訳の場合や文脈上既刊本と変えざるを得ない場合は，訳者の判断にて訳出し，適宜変更した。
* 下記の略記を用いる。
    dt.：ドイツ語版　　HG., hrsg.：編集

Adorno, Th. W.（アドルノ，Th. W.）
　Noten zur Literatur, in: *Gesammelte Schriften*, Bd. II, Frankfurt am Main, 1974〔邦訳『文学ノート』三光長治他訳，イザラ書房，1978年〕.
Arendt, H.（アーレント，ハンナ）
　Vita ackiva oder Vom tätigen Leben, München, 1981〔『活動的生(活)』〕.
Aristoteles（アリストテレス）
　Metaphysik〔邦訳『形而上学』出隆訳，出隆監修，アリストテレス全集12，岩波書店，1968年〕.
　Nik, Ethik〔邦訳『ニコマコス倫理学』加藤信朗訳，出隆監修，アリストテレス全集13，岩波書店，1973年〕.
　De Anima〔邦訳『霊魂論』山本光雄訳，出隆監修，アリストテレス全集6，岩波書店，1968年〕.
　De partibus animalium〔邦訳『動物部分論』島崎三郎訳，アリストテレス全集8，岩波書店，1969年〕.
Augustins（アウグスティヌス）
　Confessions〔邦訳『告白』服部英次郎訳，岩波書店，1985，1992，岩波文庫〕.
Austin, J. L.（オースティン，J. L.）
　Sense and Sensibilia, Oxford, 1962〔邦訳『知覚の言語』丹治・守屋訳，勁草書房，1984年〕.
Baschlard, G.（バシュラール，ガストン）
　La poétique de l'espace, Paris, 1957. dt.: *Poetik des Raumes*, übersetzt von M. Bischoff, Frankfurt am Mein, 1975〔邦訳『空間の詩学』岩村行雄訳，思潮社，1969年〕.
　Le nouvel esprit scientifique, Paris 1973. dt.: *Der neue wisssenschaftliche Geist*, übersetzt von M. Bischoff, Frankfurt am Main, 1988〔邦訳『新しい科学的精神』関根克彦訳，筑摩書房，2002年〕.

Bachtin, B. (バフチン, B.)
  »Das Wort im Roman«, in: *Die Ästhetik des Wortes*, hrsg. von R. Grübel, übersetzt von R. Grübel und S. Reese, Frankfurt am Main, 1979〔『言葉の美学』所収, 邦訳「小説の中の言葉」伊藤一郎訳, 平凡社, 1996年〕.
Beauvoir, S. de (ボーヴォワール, S. de)
  Das andere Geschlecht. Sitte und Sexus der Frau, übersetzt von U. Aumüller und G. Osterwald, Reinbek bei Hamburg, 1992〔『第二の性』,『ボーヴォワール著作集』全9巻, 朝吹三吉他訳, 人文書院, 1966-67〕.
Becker-Schmidt, R. und G.-A. Knapp (ベッカー＝シュミット, R.・クナップ, G.-A.)
  Geschlechtertrennung – Geschlechterdifferenz. Suchbewegungen sozialen Lernens, Bonn, 1987〔『性の分離, 性差, 人づき合いの傾向』〕.
Beckett, S. (ベケット, S.)
  Stirrings Still, New York, Blue Moon Books, 1988〔『なおのうごめき』,『ベケット戯曲全集』安堂・高橋訳〕.
Binswanger, L. (ビンスワンガー, ルートヴィヒ)
  Über Psychotherapie, in: Ausgewählte Werke, Bd. 3. hrsg. von M. Herzog, Heidelberg, 1992-1994〔『精神療法について』〕.
Bischof, N. (ビショッフ, N.)
  »Erkenntnistheoretische Grundlagenprobleme der Wahrnehmungspsychologie«, in: Thomae, I/I, 1966〔『知覚心理学の認識理論的根本問題』〕.
Blanchot, M. (ブランショ, M.)
  L'entretien infini, Paris, 1969〔『終わりのない対談』〕.
Boehm, G. (ベーム, G.)
  Paul Cezanne, Montagne Sainte-Victoire: eine Kunst-Monographie, Frankfurt am Main, 1988〔『ポール・セザンヌ, サント・ヴィクトワール山。芸術に関するモノグラフィー』〕.
Bourne, L. E. und B. R. Eksland (ブルネ, L. E.・エクスランド, B. R.)
  Einführung in die Psychologie, Eschborn, 1992〔『心理学入門』〕.
Bröckling, U. (ブレックリング, U.)
  Disziplin. Soziologie und Geschichte militärlischer Gehorsams-produktion, Müenchen, 1997〔『軍紀』〕.
Bühler, K. (ビューラー, カール)
  Ausdruckstheorie, das System an der Geschichte aufgezeigt, Jena: Gustav Fischer, 1933〔『表現理論』〕.
  Sprachtheorie, Stuttgart/New York, 1982〔邦訳『言語理論　言語の叙述機能』脇阪豊ほか訳, クロノス, 1983年〕.
Butler, J. (バトラー, J.)
  Das Unbehagen der Geschlecher, übersetzt von K, Menke, Frankfurt am Main, 1991〔『性の不快さ』独訳, メンケ, K. 1991年〕

Körper von Gewicht. Die diskursiven Grenzen des Geschlechts, übersetzt von K. Wördemann, Berlin, 1995〔『重さのある物(的身)体』独訳, ヴェルドマン, K. 1995年〕

»Geschlechtsideologie und phänomenologische Beschreibung.—Eine feministische Kritik an Merleau-Pontys Phänomenologie der Wahrnehmung«, in: Stoller/Vetter 1997〔「性のイデオロギーと現象学的記述 メルロ＝ポンティの『知覚の現象学』に対するフェミニズムの批判」, シュトラー／フェッター(共編), 1997年所収〕.

Buytendijk, F. J. J.（ボイテンデイク, F. J. J.）

Mensch und Tier, Hamburg, 1958〔邦訳『人間と動物 比較心理学の視点から』濱中淑彦訳, みすず書房, 1995年〕.

Carnap, R.（カルナップ, R.）

Scheinprobleme in der Philosophie. Das Fremdpsychische und der Realismusstreit, Frankfurt am Main, 1966〔『哲学における仮象問題, 他者の心的なものと実在論論争』〕.

Chisholm, R.（チザム, R.）

Die erste Person, übersetzt von D. Münch, Frankfurt am Main, 1992〔『一人称』〕.

Chomsky, N.（チョムスキー, N.）

Cartesianische Linguistik, übersetzt von R. Kruse, Tübingen, 1971〔『デカルト的言語学』1971年〕.

Danto, A.（ダントー, A.）

Analytical Philosophy of Action, Cambridge, 1973〔『行為の分析哲学』〕.

Descartes, R.（デカルト, ルネ）

Meditationes de prima philosophia, Lateinisch-Deutsch, Hamburg, 1977〔邦訳『省察』所雄章訳, 増補版デカルト著作集2, 白水社, 2001年, 邦訳『省察』野田責編, 井上・森訳, 中公バックス デカルト所収, 中央公論社, 1978年〕.

Elias, N.（エリアス, N.）

Die Gesellschaft der Individuen, Frankfurt am Main, 1987〔『諸個人の社会』〕.

Engel, A. K., und P. König（エンゲル, A. K.・ケーニヒ, P.）

»Das neurobiologische Wahrnehmungsparadigma«, in: P. Gold und A. K. Engel (Hg), *Der Mensch in der Perspektive der Kognitionswissenschaften*, Frankfrut am Main, 1998〔「神経生理学的知覚のパラダイム」, ゴールド・エンゲル編『認知科学のパースペクティブにおける人間』〕.

Fabeck, H. v.（ファベック, H. v.）

An den Grenzen der Phänomenologie, München, 1994〔『現象学の限界において』〕.

Fischer, M.（フィッシャー, M.）

Differente Wissensfelder—Einheitlicher Vernunftraum über Husserls Begriff der Einstellung, München, 1985〔『異なる知の領域－フッサールの態度概念に

関する統一的理性空間』〕.
Foucault, M.（フーコー，M.）
Der Wille zum Wissen, Frankfurt am Main, 1977〔邦訳『知への意志』渡辺守章訳，新潮社，1986年〕.
Freud, S.（フロイト，ジークムント）
Gesammelte Werke (GW), London/Frankfurt am Main, 1940ff.〔『フロイト全集』続刊中，邦訳『S. フロイト　エロス論集』(性理論三篇所収) 中山元編訳，ちくま学芸文庫，1997年，邦訳『フロイト著作集4　日常生活の精神病理学他』井村恒郎，人文書院，1983年〕.
Führ, E., und H. Friesen, A. Sommer (Hg)（フュール，E.・フリーゼン，H.・ゾンマー，A. 編）
Architektur im Zwischenreich von Kunst und Alltag, Münster, 1997〔『文化と日常の中間領域にある建築』〕.
Gadamer, H.-G.（ガダマー，H.-G.）
Wahrheit und Methode, Tübingen, 1965〔邦訳『真理と方法I』轡田他訳，法政大学出版局，1986年〕.
Gamm, G.（ガム，G.）
Flucht aus der Kategorie. Die Positivierung der Unbestimmtheit als Ausgang aus der Moderne, Frankfurt am Main, 1944〔『カテゴリーからの逃亡。現代の出発点としての未規定性の積極化』〕.
Goethe, J. W. von.（ゲーテ，J. W. v.）
Farbenlehre〔邦訳『色彩論』木村直司訳，筑摩書房，2001年〕.
Giuliani, R.（ジュリアーニ，R.）
»Der übergangene Leib: Simone de Beauvoir, Luce Irigaray und Judith Butler«, in: *Phänomenologische Forschungen*, Neue Folge 2 (1997/I)〔「無視された身体　シモーヌ・ドゥ・ボーヴォワール，ルース・イリガライ，ジュディス・バトラー」，『現象学研究』続編2，1997年/1所収〕.
Goldstein, K.（ゴルトシュタイン，クルト）
Der Aufbau des Organismus, Den Haag, 1934〔邦訳『生体の機能－心理学と生理学の間』村上・黒丸訳，みすず書房，1970年〕.
Gurwitsch, A.（グールヴィッチ，A.）
Das Bewußtseinsfeld, übersetzt von W. D. Fröhlich, Berlin/New York, 1975〔『意識野』〕.
»Die mitmenschlichen Begegnungen in der Milieuwelt«, hrsg. und eingeleitet von A. Métraux Berlin, 1977: in *Phanomenologisch-psychologische Forschungen Bd. 16*〔「環境世界における人と人の出会い」『現象学的－心理学的研究』16〕.
Habermas, J.（ハーバーマス，J.）
Theorie des kommunikativen Handelns, 2Bde., Frankfurt am Main, 1981〔『コミュニケーション的行為の理論』〕.

文献表　　　　　　　　　　　　　　　　　　　　　　　　　　429

Haken, H.（ハーケン，H.）
　Synergetik, Berlin, 1983〔『共働系』第2版，1983年〕．
Heidegger, M.（ハイデッガー，マルティン）
　Vorträge und Aufsätze, Pfullingen, 1954〔『講演と論文』〕．
　Sein und Zeit, Tuebingen, 1953〔邦訳『有と時』辻村公一・ハルトムート・ブフナー訳，ハイデッガー全集2，創文社，1997年，邦訳『存在と時間』原佑・渡辺二郎訳，中公バックス　ハイデガー所収，中央公論社，1980年〕．
Held, K.（ヘルト，K.）
　Heraklit, Parmenides und der Anfang von Wissenschaft und Philosophie, Berlin/New York, 1980〔『ヘラクレイトス，パルメニデスおよび学問と哲学の始まり』〕．
Henry, M.（アンリ，M.）
　Phénoménologie matérielle, Paris, 1990〔邦訳『実質的現象学』中敬夫・野村直正・吉永和加訳，法政大学出版局，2000年〕．
Hijiya-Kirschnereit, I.（ヒジヤ＝キルシェネライト，I.）
　Das Ende der Exotik. Zur japanischen Kultur und Gesellschaft der Gegenwart, Frankfurt am Main, 1988（『異国的なものの終焉　日本文化と現在の社会』）．
Hörmann, H.（ヘルマン，H.）
　Meinen und Verstehen, Frankfurt am Main, 1978〔『思念することと理解すること』〕．
Hume, D.（ヒューム，D.）
　Ein Traktat über die menschliche Natur〔『人性論』土岐邦夫訳，中央公論社，1980年〕
Husserl, E.（フッサール，エトムント）
　Husserliana, Den Haag/Dordrecht, 1950ff.〔『フッサール全集（フッサリアーナ）』続刊中〕．
　全集1：*Cartesianische Meditation und Pariser Vorträge*, hersg. von S. Strasser, 1950〔邦訳『デカルト的省察』浜渦辰二訳，岩波文庫，2001年，邦訳『デカルト的省察』細谷恒夫責編，船橋弘訳，中公バックス　ブレンターノ・フッサール所収，中央公論社，1980年〕．
　全集4：*Ideen zu einer reinen Phänomenologie und phänomenologischen Philosophie. Zweites Buch: Phänomenologische Untersuchungen zur Konstitution*, hrsg. von M. Biemel, 1952〔邦訳『イデーンⅡ-Ⅰ』立松弘孝・別所良美訳，みすず書房，2001年〕．
　全集6：*Die Krisis der europäischen Wissenschaften und die transzendentale Phänomenologie. Eine Einleitung in die phänomenologische Philosophie*, hrsg. von W. Biemel, 1954〔邦訳『ヨーロッパ諸科学の危機と超越論的現象学』細谷・木田訳，中公文庫，1995年〕．
　全集10：*Zur Phänomenologie des inneren Zeitbewußtseins*, hrsg. von R. Boehm, 1966〔邦訳『内的時間意識の現象学』立松弘孝訳，みすず書房，1999

年〕.

全集11：*Analysen zur passiven Synthesis. Aus Vorlesungen-und Forschungs-manuskripten 1918-1926*, hrsg. von M. Fleischer, 1966〔邦訳『受動的綜合の分析』山口一郎・田村京子訳, 国文社, 1997年〕.

全集19-1/2：*Logische Untersuchungen. Zweiter Band: Untersuchungen zur Phänomenologie und Theorie der Erkenntnis*. Erster Teil und Zweiter Teil, hersg. von Panzer, 1984〔邦訳『論理学研究1-4』立松・松井・赤松訳, みすず書房, 1999年〕.

Erfahrung und Urteil, Hamburg, 1972〔邦訳『経験と判断』長谷川宏訳, 河出書房新社, 1999年〕.

Irigaray, L.（イリガライ, L.）

Das Geschlecht, das nicht eins ist, Berlin, 1979〔邦訳『一つではない女の性』小野ゆり子訳, 1987年, 勁草書房〕.

Jakobson, R.（ヤコブソン, R.）

Kindersprache, Aphasie und allgemeine Lautgesetze, Frankfurt am Main, 1969〔『幼児言語, 失語症, および一般音韻法則』〕.

James, W.（ジェームス, W.）

The Principles of Psychology, 2Bde., New York, 1950〔『心理学の諸原理』〕.

Kamlah, W. und P. Lorenzen（カムラー, W.・ローレンツェン, P.）

Logische Propädeutik, oder, Vorschule des vernunftigen Redens, Revidierte Ausgabe. Bibliographisches Institut, 1967〔『論理学入門ないし理性的語りの入門書』〕.

Kant, I.（カント, イマニュエル）

Werke (in sechs Bänden), hrsg. von W. Weischedel, Darmstadt, 1963〔『カント全集』〕.

〔邦訳『実践理性批判』坂部・伊古田・平田訳, カント全集7, 岩波書店, 2000年, 邦訳『実践理性批判』波多野・宮本・篠田訳, 岩波文庫, 1979年〕

〔邦訳『人間学』渋谷治美訳, カント全集15, 岩波書店, 2003年, 邦訳『人間学』山下・坂部訳, カント全集, 理想社, 1966年〕

〔邦訳『人倫の形而上学』樽井・池尾訳, カント全集11, 岩波書店, 2002年〕.

Kapust, K.（カプスト, K.）

Berührung ohne Berührung. Ethik und Ontorogie bei M. Merleau-Ponty und E. Levinas, München, 1999〔『触れずに触れること　メルロ＝ポンティとレヴィナスの倫理学と存在論』〕.

Katz, D.（カッツ, ダーヴィット）

Der Aufbau der Tastwelt, Leipzig, 1925〔邦訳『触覚の世界』東山・岩切訳, 新曜社, 2003年〕.

Kienzle, B., H., Pape (Hg.)（キーンツレ, B.・パペ, H. 共編）

Dimension des Selbst, Frankfurt am Main, 1991〔『自己の諸次元』〕.

Koffka, K.（コフカ, K.）

Die Grundlagen der psychischen Entwicklung, Darmstadt, 1966〔『心の発達の基礎』〕.

Köhler, W.(ケーラー，W.)

Nachweis einfacher Strukturfunktionen beim Schimpansen und beim Haushuhn, Berlin, 1918〔『チンパンジーと鶏における単純な構造機能の証明』〕.

Intelligenzprüfungen an Menschenaffen, Berlin/Göttingen/Heidelberg, 1921〔『類人猿の知性試験』〕.

Kutschmann, W.(クッチュマン，W.)

Der Naturwisenschftler und sein Körper, Frankfurt am Main, 1986〔『自然科学者とその物(的身)体』〕.

Lacan, J.(ラカン，J.)

Écrits, Paris, 1966〔邦訳『エクリ』宮本忠雄他共訳，弘文堂，1972-81年〕.

Laplanche, J. und J.-B., Pontails(ラプランシュ，J.・J.-B. ポンタリス)

Das Vokabular der Psychonanalyse, Frankfurt am Main, 1972〔邦訳『精神分析用語辞典』村上仁監訳，新井清［ほか］訳，みすず書房，1977年〕.

Laqueur, Th.(ラクエール，Th.)

Auf den Leib geschrieben. Die Inszenierung der Geschlechter von der Antike bis Freud, Frankfurt am Main/New York, 1992〔『記述された身体：古代からフロイトまでの性の演出』〕.

Leroi-Gourhan, A.(ルロワ＝グーラン，A.)

Le Geste et la Parole, dt.: *Hand und Wort*, übersetzt von M. Bischoff, Frankfurt am Main, 1984〔邦訳『身ぶりと言葉』荒木亨訳，新潮社，1973年〕.

Lersch, Ph.(レルシュ，Ph.)

Gesicht und Seele, München/Basel, 1955〔『顔と心』〕.

Levinas, E.(レヴィナス，E.)

Der Spur des Anderen, Freiburg/München, 1983〔『他者の痕跡』，邦訳『実存の発見』所収，佐藤真理人他訳，法政大学出版局，1996年〕.

Totalité et infini, Den Haag, 1961. dt.: *Totalität und Unendlichkeit*, übersetzt von W. N. Krewani, Freiburg/München, 1987.〔邦訳『全体性と無限』，合田正人訳，国文社，1988年〕.

Lévi-Straus, C.(レヴィ＝ストロース，C.)

Die elementaren Strukturen der Verwandschaft, Frankfurt am Main, 1981〔邦訳『親族の基本構造』馬渕専一・田島節夫監訳，番町書房，1977年〕.

Liebsch, B.(リーブシュ，B.)

Spuren einer anderen Natur. Piaget, Merleau-Ponty und die ontogenetischen Prozesse, München, 1992〔『他なる自然の痕跡。ピアジェ，メルロ＝ポンティと個体発生的プロセス』〕.

Lindemann, G.(リンデマン，G.)

Das paradoxe Geschlecht. Transsexualität in Spannungsfeld von Körper, Leib und Gefühl, Frankfurt am Main,1993〔『逆説的な性，物(的身)体と身体と感情の緊張野におけるトランスセクシュアリィー』〕.

Lurija, A. R. (ルリヤ，A. R.)

Die historische Bedingtheit individueller Erkenntnisprozesse, hrsg. von J. Lompscher und Métraux, Weinheim, 1986〔『個々人の認識過程の歴史的条件性』〕.

Marx, K. (マルクス，K.)

Grundrisse der Kritik der politischen Ökonomie, Berlin, 1953〔『政治的経済批判概要』〕.

und F. Engels, Werke (MEW), Berlin, 1957ff.〔エンゲルス共著『著作集』〕.

Mead, G. H. (ミード，G. H.)

Mind, Self and Society, dt.: Geist, Identität und Gesellschaft, übersetzt von U. Pacher, Frankfurt am Main, 1973〔邦訳『精神・自我・社会』河村望訳，1995年，人間の科学社〕.

Merleau-Ponty, M. (メルロ＝ポンティ，モーリス)

Phénoménologie de la perception, Paris, 1945. dt.: *Phänomenologie der Wahrnehmung*, übersetzt von R. Boehm, Berlin, 1966〔邦訳『知覚の現象学Ⅰ・2』竹内・小木・木田・宮本訳，みすず書房，1967年(Ⅰ)，74年(2)，『知覚の現象学』中島盛夫訳，法政大学出版局，1982年〕.

La structure du comportement, Paris, 1949. dt.: *Die Struktur des Verhaltens*, übersetzt von B. Waldenfels, Berlin, 1976〔邦訳『行動の構造』滝浦・木田訳，みすず書房，1964年〕.

Signes, Paris, 1960〔邦訳『シーニュ1・2』竹内芳郎監訳，みすず書房，1969，70年〕.

Le visible et l'invisible, Paris, 1964. dt.: *Das Sichtbare und das Unsichtbare*, übersetzt von R. Giuliani und B. Wardenfels, München, 1986〔邦訳『見えるものと見えないもの』滝浦・木田訳，みすず書房，1989年〕.

Das Auge und der Geist, übersetzt von H. W. Arendt, Hamburg, 1984〔邦訳『眼と精神』滝浦・木田訳，みすず書房，1966年〕.

Merleau-Ponty à la Sorbonne. Résumé de cours 1942-1952, Grenoble 1988. dt.: *Keime der Vernunft*, hrsg. von B. Waldenfels, übersetzt von A. Kapust, München, 1994〔独訳『理性の萌芽』〕.

Métraux, A. und Wardenfels, B. (Hg) (メトロー，A.・ヴァルデンフェルス，ベルンハルト編)

Leibhaftige Vernunft. Spuren von Merleau-Pontys Denken, München, 1986〔『有体的理性』〕.

Meyer, Ph. (マイヤー，Ph.)

L'œil et le cerveau, Paris, 1997〔『目と脳』〕.

Meyer-Drave, K. (マイヤー＝ドゥラーヴェ，K.)

Leiblichkeit und Sozialität, München, 1984〔『身体性と社会性』〕.

文 献 表 433

: »Zähmung eines wilden Denkens? Piaget und Merleau-Ponty zur Entwicklung der Rationalität« in: Métraux/Waldenfels, 1986〔「野生の思考を抑制するとは？　合理性の展開に関するピアジェとメルロ=ポンティ」〕.
Menschen im Spiegel ihrer Maschinen, München, 1996〔『機械の鏡の中の人間』〕.

Minkowski, E. (ミンコフスキー, E.)
Le temps vécu, Neuchâtel, 1968. dt.: *Die gelebte Zeit*, 2Bde., übersetzt von M. Perrez und L. Kayser, 2Bde., Salzburg 1971/72〔邦訳『生きられる時間Ⅰ』中江・清水訳, みすず書房, 1973年〕.

Musil, R. (ムージル, R.)
Der Mann ohne Eigenschaften, Reinbeck bei Hamburg, 1978〔邦訳『特性のない男』加藤二郎訳, ムージル著作集1巻, 松籟社, 1992年〕.

Nietzsche, F. (ニーチェ, フリードリッヒ)
Kritische Studienausgabe (KSA), hrsg. von G. Colli und M. Montinari, Berlin, 1980.
Menschliches, Allzumenschliches〔邦訳『人間的な，あまりに人間的』池尾健一訳, ニーチェ全集5, ちくま学芸文庫, 1994年〕.
Also sprach Zarathustra〔『ツァラトゥストラはこう言った』吉沢伝三郎訳, ニーチェ全集9-10, ちくま学芸文庫, 1993年〕.

O'neil, G. (オネイル, G.)
Die fünf Körper. Medikalisierte Gesellschaft und Vergesellschaftung des Leibes, München, 1990〔『五つの物(的身)体　医学化された社会と身体の社会化』〕.

Pawlow, I, P. (パブロフ, I. P.)
Zur Phänomenologie des hypnotischen Zustandes beim Hund (gemeinsam mit Dr. M. K. Petrowa) (sämtliche Werke, Bd. III/2), Berlin, 1953〔『犬における催眠状態の生理学』〕.

Pieper, A. (ピーパー, A.)
Aufstand des stillgelegten Geschlechts. Einfürung in die feministische Ethik, Freiburg/Basel/Wien, 1993〔『静止された性の反乱　フェミニストの倫理への導入』〕.

Platon (プラトン)
Sophistes〔邦訳『ソピステス』藤沢令夫訳, 岩波書店, プラトン全集3, 1976年〕.
Phaidoros〔邦訳『パイドロス』藤沢令夫訳, 岩波書店, プラトン全集5, 1974年〕.
Symposion〔邦訳『饗宴』鈴木照雄訳, 岩波書店, プラトン全集5, 1974年〕.
Republic〔邦訳『国家』藤沢令夫訳, 岩波文庫, 1979年〕.

Plessner, H. (プレスナー, H.)
Lachen und Weinen (in: Gesammelte Schriften, Bd. VII), Frankfurt am Main, 1982〔邦訳『笑いと泣きの人間学』滝浦静雄他訳, 紀伊国屋書店, 1984年〕.

Plügge, H.(プリュッゲ, H.)
　Der Mensch und sein Leib, Tübingen, 1967〔『人間と身体』〕.
Postl, G.(ポストゥル, G.)
　Weibliches Sprechen. Feministische Entwürfe zu Sprache und Geschlecht, Wien, 1991〔『女性が語ること　言語と性に関するフェミニストの構想』〕.
Prigogine, I. und Stengers, I.(プリゴジン, I.・シュテンガース, I.)
　Dialog mit der Natur, München, 1986〔『自然との対話』〕.
Ricœur, P.(リクール, ポール)
　La métaphore vive, Paris, 1975. dt.: *Die lebendige Metapher*, übersetzt von R. Rochlitz, München, 1986〔邦訳『生きた隠喩』久米博訳, 岩波書店, 1984年〕.
Ryle, G.(ライル, G.)
　Der Begriff des Geistes, übersetzt von K. Baier, Stuttgart, 1969〔邦訳『精神の概念』坂本他訳, みすず書房, 1987年〕
Sartre, J.-P.(サルトル, ジャン-ポール)
　L'être et le néant, Paris, 1943. dt.: *Das Sein und das Nichts*, übersetzt von T. König, Reinbeck, 1991〔邦訳『存在と無』上・下, 松浪信三郎訳, 人文書院, 1999年〕.
Schapp, W.(シャップ, W.)
　Beiträge zur Phänomenologie der Wahrnehmung (1910), Erlangen, 1926〔『知覚の現象学への寄与』〕.
Sharlau, I.(シャーラウ, I.)
　Erkenntnistheorie als Wissenschaft: Streitpunkte zwischen Husserl, Gurwitsch, Merleau-Ponty und Piaget, München, 1998〔『学問としての認識理論。フッサール, グールヴィッチ, メルロ＝ポンティとピアジェの対立点』〕.
Scheler, M.(シェーラー, マックス)
　Der Formalismus in der Ethik und die materiale Wertethik (Gesammelte Werke, Bd. 2), Bern/München, 1966〔邦訳『倫理における形式主義と実質的価値倫理学』上, 吉沢伝三郎他訳, シェーラー著作集10, 白水社, 1976年〕.
　Wesen und Formen der Sympathie (Gesammelte Werke, Bd. 7), Bern/München, 1973〔邦訳『同情の本質と諸形式』青木・小林訳, シェーラー著作集8, 白水社, 1976年〕.
　Die Stellung des Menschen im Kosmos (Gesammelte Werke, Bd. 9), Bern/München, 1976〔邦訳『宇宙における人間の地位・哲学的世界観』亀井裕他訳, シェーラー著作集13, 白水社, 1977年〕.
Schilder, P.(シルダー, P.)
　Das Körperschema, Berlin, 1923〔『身体図式』〕.
Schipperges, H.(シッペルゲス, H.)
　Kosmos Anthoropos: Entwürfe zu einer Philosophie des Leibes, Stuttgart, 1981〔『宇宙　人間学　身体の哲学への試み』〕.
Schmitz, H.(シュミッツ, ヘルマン)

System der Philosophie, 2. Bd., Ⅰ. Teil: Der Leib, Bonn, 1965〔『哲学の体系』〕.
Der unerschöpfliche Gegnstand, Bonn, 1990〔『汲み尽くせない対象』〕.
:»Leibliche und personale Konkurrenz im Selbstbewußtsein«, in: Kiezle/Pape, 1991〔「自己意識における身体と人格の競合」キーンツレ, B. ・パペ, H. 編, 所収〕.
Schneewind, K. A. (Hg)（シュネーヴィント, K. A. 編）
Wissenschaftstheoretische Grundlagen der Psychologie, München, 1977〔『心理学の学問論的基礎』〕.
Schütz, A.（シュッツ, アルフレッド）
Das Problem der Relevanz, Frankfurt am Main, 1971〔邦訳『社会的現実の問題』渡部光他訳, アルフレッド・シュッツ著作集1, マルジュ社, 1983年〕.
Gesammelte Aufsätze, 3Bde., Den Haag, 1971-72〔邦訳『現象学的社会学の応用』桜井厚訳, 御茶の水書房, 1980年〕.
und Luckmann, Th.（リュックマン, Th.）
Strukturen Der Lebenswelt, Neuwied/Darmstadt, 1975〔『生活世界の構造』〕.
Seewald, J.（ゼーヴァルト, J.）
Leib und Symbol. Ein sinnversehender Zugang zur kindlichen Entwicklung, München, 1992〔『身体と象徴 子供の発達への意味了解的な接近』〕.
Sepp, H. R.（ゼップ, ハンス・ライナー）
:»Geschlechterdifferenz−ein Thema für Husserls Phänomenologie?«, in: Stoller/Vetter, 1997〔『性差−フッサール現象学のテーマであるのか』〕.
Serres, M.（セール, ミッシェル）
Le contrat social, Paris, 1990. dt. von H. H. Henschen: *Der Naturvertrag*, Frankfurt am Main, 1994〔邦訳『自然契約』及川・米山訳, 法政大学出版局, 1994年〕.
Simmel, G.（ジンメル, ゲオルク）
:»Philosophie der Mode« (in: Gesamtausgabe, Bd. 10), Frankfurt am Main, 1995〔「モードの哲学」〕.
Soziologie (Gesamtausgabe, Bd. 11), Frankfurt am Main, 1992〔邦訳『社会学 下』居安正訳, 白水社, 1994年〕
Skinner, B. F.（スキナー, B. F.）
Science and Human Behavior, New York/London, 1965〔『科学と人間の行動』〕.
Snell, B.（スネル, B.）
Die Entdeckung des Geistes, Hamburg, 1955〔邦訳『精神の発見：ギリシア人におけるヨーロッパ的思考の発生に関する研究』新井靖一訳, 創文社, 1974年〕.
Specht, R.（シュペヒト, R.）
Commercium Mentis et Corporis. Über Kausalvorstellungen im Cartesianismus, Stuttgart 1966〔『精神と物体の交流 デカルト主義の因果表象を超えて』〕.

René Descartes in Selbstzeugnissen und Bilddokumenten, Reinbeck, 1980 〔『自己証言と人物像の記録におけるデカルト』〕.

Spitz, R. A.（スピッツ，R. A.）
Vom Säugling zum Kleinkind, Stuttgart, 1967 〔『乳児から幼児へ』〕.

Stegmuller, W.（シュテークミュラー，W.）
Probleme und Resultate der Wissenschaftstheorie und Analytischen Philosophie, I, Berlin/Heidelberg/New York, 1969 〔邦訳『現代哲学の主潮流』2，竹尾治一郎他訳，中森・竹尾監修，法政大学出版局，1981年〕.

Stoller, S. und Vetter, H. (Hg)（シュトラー，S.・フェッター，H. 編）
Phänomenologie und Geschlechterdifferenz, Wien, 1997 〔『現象学と性差』〕.

Straus, E.（シュトラウス，E.）
Vom Sinn der Sinne, Berlin/New York/Heidelberg, 1956 〔『感覚の意味』〕.

Thomae, H. (Hg)（トマエ，H. 編）
Handbuch der Psychologie, Bd. 1/2, Göttingen, 1966 〔『心理学ハンドブック』〕.

Todorov, T.（トドロフ，T）
Die Eroberung Amerikas. Das Problem des Anderen, übersetzt von W. Böhringer, Frankfurt am Main, 1985 〔邦訳『他者の記号学―アメリカ大陸の征服』及川馥訳，法政大学出版局，1986年〕.

Uexküll, J. v.（ユクスキュル，J. v.）
Theoretische Biologie (1928), Frankfurt am Main, 1973 〔『理論的生物学』〕.

und G. Kriszat（クリサート，G.）
Streifzüge durch die Umwelten vom Tieren und Menschen. Bedeutungslehre, Frankfurt am Main, 1983 〔邦訳『生物から見た世界』日高・野田訳，新思索社，1995年〕.

Valéry, P.（ヴァレリー，P.）
Œuvres (Pléiade), 2Bde., Paris, 1957, 1960 〔『ヴァレリー全集』2巻〕.
Cahiers, 2Bde., Paris, 1973-74. dt.: *Cahiers/Herfte*, 6Bde., Frankfurt am Main, 1987-93 〔『雑記帳Ⅰ』〕.

Varela, J. V. und Thompson, E. mit Rosh, E.（ヴァレラ，J.，トンプソン，E.，ロッシュ，E.）
Der mittlere Weg der Erkenntnis, übersetzt von H. G. Holl, Bern/München/Wien, 1992 〔邦訳『身体化された心―仏教思想からのエナクティヴ・アプローチ』田中靖夫訳，工作舎，2001年〕.

Waldenfels, B.（ヴァルデンフェルス，ベルンハルト）
Der Spielraum des Verhaltens, Frankfurt am Main, 1980 〔邦訳『行動の空間』新田義弘他訳，白水社，1987年〕.
Phänomenologie in Frankreich, Frankfurt am Main (1983), 1998 〔『フランスの現象学』〕.
Ordnung im Zwielicht, Frankfurt am Main, 1987 〔『薄明のなかの秩序』〕.
Der Stachel des Fremden, Frankfurt am Main, 1990 〔『他者の棘』〕.

Antwortregister, Frankfurt am Main, 1994〔『解答の索引』〕.
Deutsch-Französische Gedankengänge, Frankfurt am Main, 1995〔『ドイツとフランスの思考連関』〕.
Topographie des Fremden. Studien zur Phänomenologie des Fremden, Bd. 1, Frankfurt am Main, 1997〔『他者のトポグラフィー』〕.
Grenzen der Normalisierung. Studien zur Phänomenologie des Fremden, Bd. 2, Frankfurt am Main, 1998〔『正常化の境界』〕.
Sinnesschwellen. Studien zur Phänomenologie des Fremden, Bd. 3, Frankfurt am Main, 1999〔『意味の敷居』〕.
Vielstimmigkeit der Rede. Studien zur Phänomenologie des Fremden, Bd. 4, Frankfurt am Main, 1999〔『語りの多声性』〕.
und I. Därmann, *Der Anspruch des Anderen. Perspektiven Phänomenologischer Ethik*, München, 1998〔『他者の要求』〕.

Watson, J. B. (ワトソン, J. B.)
Behaviorism, London/New York 1930. dt.: *Behaviorismus*, übersetzt von L. Kruse, Köln/Berlin, 1968〔『行動主義』〕.

Watzlawick, P., Beavin, J. H. und Jackson, D. D. (ヴァツラビック, P., ビービン, J. H., ジャクソン, D. D.)
Menschliche Kommunikation, Bern/Stuttgart/Wien, 1969〔『人間のコミュニケーション』〕.

Weizsäcker, V. v. (ヴァイツゼッカー, V. v.)
Der Gestaltkreis (1940), Frankfurt am Main, 1973〔邦訳『ゲシュタルトクライス』木村・濱中訳, みすず書房, 2001年〕.

Wenzel, H. (ヴェンツェル, H.)
Hören und Sehen, Schrift und Bild Kultur und Gedachtnis im Mittelalter, München, 1995〔『聞くことと見ること, 文字と絵』〕.

Winnicott, D. W. (ウィニコット, D. W.)
Vom Spiel zur Kreativität, übersetzt von M. Ermann, Stuttgart, 1979〔『遊びから創造性へ』〕.

Wittgenstein, L. (ヴィットゲンシュタイン, L.)
Philosophische Untersuchungen, Frankfurt am Main, 1960〔邦訳『哲学探究』藤本隆志訳, ウィトゲンシュタイン全集8, 大修館書店, 1976年〕.

Wright, G. H. v. (ウリクト, G. H. v.)
Erklären und Verstehen, übersetzt von G. Grewendorf und G. Meggle, Frankfurt am Main, 1974〔邦訳『説明と理解』丸山・木岡訳, 産業図書, 1984年〕.

Yamaguchi, I. (山口一郎)
Ki als leibhaftige Vernunft. Beitrag zur interkulturellen Phänomenologie der Leiblichkeit, München, 1997〔邦語版『文化を生きる身体』知泉書館, 近刊〕.

詳細目次

(第1講義,1996年10月22日)

前置き,根本現象としての身体性(3)　世界関係,自己関係,他者関係(5)　講義の全体的構図(7)

I　身体の謎

1　日常的なイメージと言語形式
私たちがいかに身体について語るかに関しての三つの注解(10)

2　世界身体から自然物(的身)体へ
古代と近代における身体と物(的身)体(12)

3　物(的身)体としての身体と幻影肢の例
心理物理的実在論の物(的身)体事物としての身体(18)　知覚の錯誤としての幻影肢というデカルトの解釈(21)　メルロ＝ポンティの反論とその複合された理論(22)

4　「特別な種類の事物」としての身体,「私の身体」
a)自分の身体の恒常性　自分の身体への視角(27)　鏡像の異他性(28)　動物の場合の鏡像実験(30)　ダニエル・ブーレンの展示会(31)　見る場所と語りの場所(32)　b)二重感覚,見ることと触れること,自己関係(32)

(第2講義,1996年10月29日)

c)情動性(35)　d)キネステーゼ的感覚,生の特徴としての自己運動(36)　e)意志器官としての身体,手の機能(38)　古典的哲学における表象された身体(38)　身体の現象学の対置されるプログラム(39)

5　作動する身体,両義性,自己関係,自己退去,他者関係
a)両義性,二義性,多義性(40)　b)自己関係,感じることとしてのコギト,自己関係を一面的に注視することによる限界(41)　c)自己退去と他者関係,鏡,反響,疲労そして他者の眼差しの野(サルトル)(41)

II　感覚することと知覚すること

1　知覚の文脈性と恒常性仮定批判
感覚の点性と単純性(45)　恒常性仮定の諸前提とそれに対する反論

(47)，1 経験論的証明（ケーラーの鶏による実験）(48)，2 錯覚図形 (50)
経験の積極的な未規定性と多義性 (57)　　形態知覚の文化依存性 (59)

2　形態形成および構造形成としての知覚

存在の発生学 (63)　　注意 (64)　　色を見ること (64)　　知覚のシンタクス (65)　　構造と形態 (66)　　差別 (70)　　相貌 (70)　　意味と意義 (71)

（第 3 講義，1996年11月 5 日）

要約：形態化の経過としての知覚 (72)　　諸規範の発生について (73)　　現代の知覚論 (76)

3　世界における自己感覚と自己運動

『純粋理性批判』における触発，つまり単なる中性化された感覚 sensatio としての感覚すること (78)　　線条的因果モデル VS 円環モデル (79)　　経験論的及び心理学的経験に基づく例証 (80)　　色は第二次性質か？ (81)　　ゴルトシュタイン，色は動的色価をもつ。世界に向かうこととしての伸張と世界を阻むこととしての屈曲 (84)　　認識論と行為論への厳密な分離に抗して (85)　　ダヴィット・カッツの触覚の世界 (85)　　経験論的及び心理学的所見の解釈 (86)，その三つの視点，1 実存の仕方の具体態としての感覚質 (86)，2 感覚することと感覚されることとの循環について (88)，3 交換は相互の秩序づけを前提にする (89)　　魔法をかけることと脱神秘化 (91)

4　感覚の数多性と共感覚

ヒュームとカント，感覚の数多性は，与えられたものであり，統一は，連合を通して生じるか，あるいは，措定される (93)　　これに対する選択肢は，数多性が自己差異化を通して生じることである (94)　　共感覚のテストケース (94)　　共感覚は通常の事例であって例外ではない (95)　　ジネルギー（共働）的システムとしての身体 (96)

5　諸々の性質，諸事物，諸対象

カントの知覚判断と経験判断 (98)　　経験の段階 1 感覚すること（エレメント〔諸元素〕）(99)，2 知覚すること（事物，事物の恒常性と正常知覚）(102)，3 認識すること（経験判断，諸対象）(103)

（第 4 講義，1996年11月12日）

補足的注解 1 先世界，生活世界と自然そのもの (104)　　動物は「事物」に関わっているか？ ケーラーのチンパンジーによる実験 (105)　　エルヴィン・シュトラウス，感覚のスペクトル，状態性と対象性 (106)　　騒音と目の眩み (108)，2 感覚し，知覚し，認識する主観 (109)，3 指示連関の充満としての文脈性について (111)

III 空間時間的方位づけと身体運動

プラトンとアリストテレスを振り返ること，コスモスの自己運動（113）

1 身体図式と身体による場所の占有（116）

行為と運動（116）　物（的身）体の統一（119）　位置感覚と局所感覚と力動感覚（120）　身体図式の規定に関する三つの端緒，連合主義的，形態論的，力動的接近の仕方（120）　状況空間性と地点空間性，方位づけられた空間と同質的空間（121）

（第5講義，1996年11月19日）

身体図式についての補足的注解　a）空間前置詞（125）　b）身体図式の社会的及び文化的視点（127）　c）身体図式の発生について（128）

2 身体的運動の時間性

身体的運動の空間性と時間性の平行化（130）　円環運動と線条的運動（131）　方向づけられた時間と同質的時間（132）　目的と終了状態（134）　行為を規定することとしての信念と欲求と意志（135）　アリストテレスとゼノン，運動とは移行である（136）　目的づけが欠けることからする諸問題，1 いかなる成功も失敗もないこと（136），2 基礎行為は理解しがたいこと（137），3 歴史の考察を例とする線条的時間の音律化（138）　エルヴィン・シュトラウス，「区切りが第一の問題である」こと（140）

3 摑むことと指し示すこと

ゴルトシュタインとシュナイダーの症例（140）　バランスを取ることとしての正常性（143）　a）経験論的解釈（145）　b）主知主義的解釈（146）　具体的，抽象的，ないし，カテゴリー的態度（147）　距離をとる能力としての正常性（149）　c）メルロ＝ポンティによるゴルトシュタイン批判，「実存」の概念（151）

（第6講義，1996年11月26日）

4 身体的運動の志向性

階層モデルと円環モデル（154）　事例，色名喪失症（155），軍隊式挨拶（155），統合失調症，進行麻痺症（156）　ベケット，Stirrings Still／『いまなお，もはやなく』　反射弓と志向弓，運動としての思惟（157）

IV 自発性と習慣

1 合理主義的学習理論と経験主義的学習理論

行いを通しての学習（アリストテレス）（163）　部分的反応の連続としての行動（164）　試行錯誤〔trial and error〕を通しての学習，適応として

の学習（166）　　パブロフ，ワトソン，スキナーに対する学問論的注解（167）　　ケーラー，ボイテンデイク，エルヴィン・シュトラウス以来の行動主義に対する反論（168）　　チョムスキーの転回（173）　　獄中のソクラテス（175）

2　構造の身体移入としての習慣
一般的能力の獲得としての学習（178）　　新たなものの創造としての学習（178）　　身体化した知（181）

（第7講義，1996年12月3日）

3　知覚構造の習得としての学習
知覚上の習慣（183）　　例，色の知覚（183）　　運動図式としての身体図式（185）　　J. ピアジェにおける脱中心化について（187）　　不可逆性の反例（189）　　文脈から自由な方向づけと文脈的方向づけ（191）　　メルロ＝ポンティの理性の一極化に対する批判（192）　　構造の多形態論（フロイト）（193）

4　現勢的身体性と習慣的身体性，状況と世界
状況と世界（194）　　静態的並びに発生現象学（195）　　分かることとできること，沈殿化と習慣化（196）　　慣れるとは，ある一つの世界が発生することを意味する（198）　　能動的獲得と受動的獲得（199）　　個体発生と系統発生（199）　　忘れることと学んだことを忘れること（200）　　現勢的身体と習慣的身体（202）

5　虚像的〔ヴァーチャル〕な身体性と自発性
ギリシア人における自由？（205）　　身体不自由な人が他人を救助しようという，M. シェーラーの例（206）　　カントの理論的態度と実践的態度（207）　　メルロ＝ポンティ，形態化としての自由，遊動空間内の運動としての自由，演出としての自由（209）　　カントの寄託〔Depositum〕（210）　　動物は自由か？（211）　　観点の多様性としての自由，両義性許容度としての，また，可能的なものの感覚としての自由（213）

（第8講義，1996年12月10日）

要約：a）構造の内部の自由（216）　　b）すべての秩序の偶然性は，状況が決して最終的に図式化可能ではないことを意味する（217）　　c）自由と不自由の段階的差異，恣意性と状況への固執性との間の自由，抽象的行動と具体主義的行動との間の自由，欲求行為とステレオタイプの行為の間の自由（217）　　d）固定的に結びついていない可能性の周辺としての遊動空間（221）　　e）自発性と芸術（222）　　f）カントにおける自発性の概念について（223）　　g）演出された自由（224）

V　身体的表現

1　内と外の間にある障壁
アリストテレスの相貌学（226）　　カール・ビューラーの表現理論（227）　二元論的表現理論（228）　　怒りの表情（229）　　感情移入，取り込み，投射（231）　　シェーラーによる共感（232）　　統合的行動理論（233）　　取り込みの限界（233）

2　意味の現実化としての表現，失声症の例
ビンスワンガーによる失声症（238）　　身体言語としての会話の拒絶（240）　言語喪失と忘れること（241）　　怒りの反復可能性？（243）　　芸術における意味の実現（244）

（第9講義，1997年1月7日）

3　身体言語
物(的身)体の言語への関わり方の四つの形式　　a）言語内的物(的身)体性（248）　　b）準言語的物(的身)体性（249）　　c）パラ言語的物(的身)体性，語ることと語られること（250）　　d）言語外的物(的身)体性（253）　身体言語は，言語か？（255）　　怒りは命題的内実をもつのか？（256）　ハーバーマスのコミュニケーション行為の理論における物(的身)体運動（257）

4　表現世界といわゆるアニミズム
アニミズム非難（260）　　三つの反論（261）　　チェスのコンピュータ（263）

VI　転換箇所としての身体

1　方法上の中間考察
ニーチェ，ベケット，フッサールによる導入（265）

2　文化と自然の間の身体
A）人格主義的態度と自然主義的態度，作動する身体と物体事物（267）　語や像との対比における身体（269）　　自己二重化（270）　　身体－物(的身)体と物体事物（271）　　文化と自然の相互内属（272）

（第10講義，1997年1月14日）

自己分裂という自然化と精神化（275）　　分裂と統合失調症（277）　　見るものと見えるものの不一致（279）

3　自分の身体としての身体
コギトと思惟するもの（281）
B）行為遂行的態度と事実確認的態度，身体的な「私」の語りと身体的

「私」に関する語り（282）

Ⅶ　自分の身体と他者の身体

1　自己関係と他者関係
自己関係と他者関係の多様態（285）。他者関係に先立つ自己関係？（287）　a）ヘルマン・シュミッツの身体の理論について（288）　b）ギリシア人，経験主義，そして現象学における感覚することへの歴史的な中間考察（294）　c）ヘルマン・シュミッツの身体現象学への最終的な批判（300）

（第11講義，1997年1月21日）

2　自分の身体と他者の身体との交差としての間身体性
自己関係における他者関係，独語と対話（308）　　間身体性と間世界性（310），感覚することにおける両者，行為，手作業，空間性，会話における間身体性と間世界性（312）　　生きられた共通性（316）　　時間と空間における能動的綜合と受動的綜合（320）　　伝統的な知覚主観について（322）　　顔と顔（333）　　会話における共住［Kohabitation］から共働［Kooperation］へ〔の展開〕（325）　　情報モデル（327）　　クライスト，バフチン，ハーバーマス（328）

3　世代性
世代（330）　　世代の継起（331）　　幼児の癒合状態と家族の構造（333）　　投射と取り込み（335）　　模倣と移行現象（336）　　エディプス・コンプレックスとエレクトラ・コンプレックス（339）

（第12講義，1997年1月28日）

4　エロス的で性的な欲望
アリストテレスのZoon politikon〔ポリスの中で生きている生物〕の新たな翻訳「人間は，自分の同類を持つ存在である」（342）　　自らの外に出てしまうこととしてのプラトンのエロス（343）　　雰囲気的なものとしてのセクシュアリティー（345）　　フロイトにおける性的象徴系（345）　　メルロ＝ポンティの実存分析（347）　　二元論的見地と生理学的記述における欲望，セクシュアリティー，情動性（348）　　現象学的見地からする解離（350）　　シュナイダーの症例に対するジュディス・バトラー（352）　　エロス的－性的志向性，事物を露呈する欲望，性的図式（353）　　病理学の役割（356）

5　性的身体の多形態論
性別の文法　a）属性としての男性的と女性的であること（358）　b）性質としての男性的と女性的（359）　c）形態学的概念（361）　d）冠詞（362）　e）人称代名詞（365）　f）多様な性の役割（366）　　男性と女性について語ること／男性と女性として語ること（367）

(第13講義，1997年2月4日)

性的身体の多形態論の要約

A）垂直の次元，一般的なものと特殊なもの，自なるものと他なるもの（369） 男性的なものと女性的なものとの経験論的，あるいは，超越論的性格？ 性的に中性的な論理，あるいは性によって異なる論理？（370） 男性主義とフェミニズム（372） 排他的なフェミニズムと慣用的なフェミニズム（372） 性別関係の補完化と階層化（374） 階層化の様々な形式（375） 男性と女性の等置（376） 女性開放とユダヤ人開放（377） 挿入的考察，五感は必然的か偶然か？（378） 偶然性と必然性の結びつき（380）

B）水平の次元，固有のものと異他的なもの，固有な性と異他的性（382） 目覚めと眠り，大人と子供，健康と病気，等の比較（383） 不可逆性，非対称，敷居（383） 性的身体の多形態論について（レヴィ＝ストロース）（386） 性の交渉と生殖（387）

6 **自然な性と人工的な性**

性とジェンダー（390） ジュディス・バトラーにおける性別の構成（391） ゲサ・リンデマンにおけるトランスセクシュアリティー（392）

第13回目の講義への付論（394）

Ⅷ 身体的応答系

(第14講義，1997年2月11日)

1 **志向性とコミュニケーション性から応答性へ**

「答えること」の二義性（395） 志向性（397），コミュニケーション性（398） 応答性（398）

2 **身体で答えること**

知覚系，運動系，応答系（401） 異他的身体性，促す性格（402） 象徴に関する過剰（406） 身体の紋章（408）

3 **声と反響，眼差しと鏡**

ナルシスとエコー（410） 聞こえることとよく聞くこと（411） エコー（413） 論理と形相における聞くことと見ることの消失（415） 眼差しを交わすこと（415） 事物の眺め（418）

4 **感覚のエトス**

よく見ることとよく聞くこと，そして，他者の要求（420） 耳と顔（421） 近づきがたさと接触しがたさ（423）

監訳者あとがき

　この本は，原著の編者が述べているように，元ボッフム大学教授ベルンハルト・ヴァルデンフェルスの身体について講じた数回の講義をまとめたものです。監訳者両人は，留学中，ヴァルデンフェルスの講義を聴講することができました。ヴァルデンフェルスは，退官後ますます生産的に，毎年，著作を論述していますが，ズールカンプ社での学術文庫（STV）で出版された『行動の空間 (Der Spielraum des Verhalten)』以降，彼の著作の原理的考察を巡る論述の密度の高さには定評があり，読者に熟読と熟考を迫る特性をもちます。それに対して，ヴァルデンフェルスの講義は，彼の大変幅の広い関心に即した具体例を豊富に援用した，分かりやすく，説得力のある講義として，いつも大変多くの聴講者が詰めかけていました。

　身体の現象学のこの講義は，フッサールとメルロ＝ポンティの身体現象の分析を土台にした，自然，文化，歴史の全体の中で生きている身体を包括的に，しかも諸現象の生成の源泉であり続けている逆説的事態としての身体を，その原理的側面の根底に到達する厳密さで描ききっています。現象学の学としての特性である，具体的現象に即した分析の具体性と分かりやすさ，そして論理そのものの生成をも考察に取り込む原理的徹底さが，この本の中に縦横に発揮され，躍動しています。この著作は，メルロ＝ポンティの『知覚の現象学』に続く，身体の現象学に関する画期的な著作といえます。

　訳出にあたっては，前半ⅠからⅣまでを山口が，後半ⅤからⅧまでを鷲田がそれぞれ監訳を担当し，翻訳は以下のように分担しました。

　　　　中山純一　　　　　　　　　　第Ⅰ章
　　　　稲垣　諭　　　　　　　　　　第Ⅱ章
　　　　下　恭子　　　　　　　　　　第Ⅲ章
　　　　中山純一・稲垣　諭　　　　　第Ⅳ章

三村尚彦	第Ⅴ章，第Ⅵ章
家高 洋	第Ⅶ章1-4
紀平知樹	第Ⅶ章5-6，第Ⅷ章

訳出後，前半と後半を監訳者が交換して，内容のチェックと講義の口調の統一を図りました．文献表の作成にあたっては，稲垣諭，中山純一が中心になり，また人名索引と事項索引の作成にあたっては，紀平知樹が主要な作業を行いました．

　この本が，大変重厚で広範にわたるヴァルデンフェルスの思考の一端を読者の皆さんに提示でき，後続する翻訳の一契機となれば，訳者，監訳者にとって訳出の課題を果たせたことになります．大変厳しい学術書出版にあたって，本著出版の意義をご理解くださった知泉書館の小山光夫氏及び出版実務にあたってお世話をいただいた髙野文子さんに心よりの感謝を申し上げます．

2004年3月

山口一郎，鷲田清一

人名索引

アーレント（Arendt. H.）　106, 333
アインシュタイン（Einstein, A.）　109
アウグスティヌス（Augustinus）　242, 322
アドルノ（Adorno, Th. W.）　88
アリストテレス（Aristoteles）　5, 9, 13, 37-38, 77-78, 96, 98, 110, 114, 115, 121, 126, 134-36, 153, 197-98, 163-64, 171, 226, 252, 265, 287-88, 313, 342, 347
アリストファーネス（Aristophanes）　374
アンリ（Henry, M.）　299
イリガライ（Irigaray, L.）　368
ヴァイツゼッカー（Weizsäcker, V. v.）　79, 209, 401
ヴァツラビック（Watzlawick, P.）　422
ヴァレラ（Varela, J. V.）　43, 159, 184, 208-09
ヴァレリー（Varéry, P.）　88, 101, 116, 131, 180, 224
ヴィットゲンシュタイン（Wittgenstein, L.）　25, 58, 64, 158-59, 225, 232, 236
ウィニコット（Winnicott, D. W.）　364
ヴェーデキント（Wedekind, F.）　68
ウェルギリウス（Vergil）　259
ヴェルナー（Werner, H.）　95
ヴェンツェル（Wenzel, H.）　251
ヴォルテール（Voltaire）　301
ウリクト（Wright, G. H. v.）　135
ヴント（Wundt, W.）　231, 250
エアー（Ayer, A. J.）　232
エクストランド（Ekstrand, B. R.）　51
エピクロス（Epikur）　400
エリアス（Elias, N.）　311-12
エリザベート王妃　17

エンゲル（Engel, A. K.）　44
エンペドクレス（Empedokles）　346
オヴィディウス（Ovid）　410
オースティン（Austin, J. L.）　53, 232, 282
オネイル（ÓNeill, J.）　8

カイヨワ（Caillois, R.）　323
ガダマー（Gadamer, H.-G.）　320, 399
カッシラー（Cassirer, E.）　66, 142, 333
カッツ（Katz, D.）　85
カフカ（Kafka, F.）　245, 406, 413
カプスト（Kapust, A.）　420
ガム（Gamm, G.）　57
カムラー（Kamlah, W.）　248
ガリレオ（Galilei, G.）　37, 61, 272, 282
カルナップ（Carnap, R.）　231
カンギレム（Canguilhem, G.）　143
カント（Kant, I.）　78-79, 93-94, 103 -04, 106-07, 122, 133, 207-08, 210, 223, 283, 297, 299, 302, 318, 375, 379
キューン（Kühn, R.）　299
キルケゴール（Kierkegaard, S.）　400
キーンツレ（Kienzle, B.）　288
グールヴィッチ（Gurwitsch, A.）　43, 53, 64, 76, 142, 210, 232
クッチュマン（Kutschmann, W.）　275
クナップ（Knapp, G.-A.）　214
クラーゲス（Klages, L.）　294
クライスト（Kleist, H. v.）　328
クライン（Klein, M.）　408
クライン（Klein, Y.）　360
グラウマン（Graumann, C. F.）　43
クラパレデ（Claparède, E.）　334

人名索引

クリサート (Kriszat, G.) 54
ゲーテ (Goethe, W. v.) 26, 81-82, 84, 292, 413
ケーニヒ (König, P.) 44
ケーラー (Köhler, W.) 48-50, 56, 65, 105 以下, 168-70, 173, 214, 403
ゲルプ (Gelb, A.) 141-42
コーラー (Kohler, I.) 180
コフカ (Koffka, K.) 58, 64, 69
ゴヤ (Goya, F. Y. de) 418
ゴルトシュタイン (Goldstein, K.) 7, 73, 83-84, 96, 141-55, 214, 217-18, 351-54

ザックス (Sacks, O.) 142
サッポー (Sappho) 191
サルトル (Sartre, J.-P.) 11, 129, 212, 325, 416-418
シェークスピア (Shakespeare, W.) 189, 226
ジェームズ (James, W.) 70, 282
シェーラー (Scheler, M.) 10-11, 45, 66, 80, 206-07, 214-15, 305, 313, 354-55
シェリング (Schelling, F. W. J.) 192, 346
シッペルゲス (Schipperges, H.) 10
シャップ (Schapp, W.) 95
シャーラウ (Scharlau, I) 187
ジャン・パウル (Jean Paul) 98
シュッツ (Schütz, A.) 201, 210, 315, 331, 393
シュテークミュラー (Stegmüller, W.) 135
シュテンガー (Stenger, I.) 385
シュトゥンプ (Stumpf, C.) 65
シュトラー (Stoller, S.) 352
シュトラウス (Straus, E.) 32, 45, 69, 80, 90, 94-95, 104, 106, 165, 168, 233, 293, 298, 309, 394
シュピッツァー (Spitzer, M.) 289
シュペヒト (Specht, R.) 20

シュミッツ (Schmitz, H.) 118, 288 -95, 299-308
ジュリアーニ (Giuliani, R.) 353
ショーペンハウアー (Schopenhauer, A) 10, 313
シラー (Schiller, F.) 216, 304
シルダー (Schilder, P.) 22, 119-20
ジンメル (Simmel, G.) 254, 345, 377
スキナー (Skinner, B. F.) 49, 135, 167
スタニスラフスキー (Stanislawski, S.) 255
ステラ (Stella, F.) 72
スネル (Snell, B.) 127
スピッツ (Spitz, R. A.) 259
スピノザ (Spinoza, B. de) 70, 202, 304, 306
ゼーヴァルト (Seewald, J.) 333, 409
セザンヌ (Cézanne, P.) 102, 184, 245
ゼップ (Sepp, H. R.) 372
ゼノン (Zenon) 136, 139, 287-88
セール (Serres, M.) 90
ソクラテス (Sokrates) 175-76
ソシュール (Saussure, F. de) 70, 362
ソフォクレス (Sophokles) 336
ゾンマー (Sommer, A.) 162

竹内敏晴 424
ダンテ (Dante) 347, 418
ダントー (Danto) 137
チザム (Chisholm, R.) 29
チョムスキー (Chomsky, N.) 174
ツェラン (Celan, P.) 385
ディルタイ (Dilthey. W.) 299
デカルト (Descartes, R.) 13-22, 27, 35, 40-42, 88, 109, 118-19, 122, 131, 140, 176, 205-06, 226, 230, 246, 262, 267, 276-78, 281-83, 285, 306-07, 312, 332, 350
デリダ (Derrida, J.) 187, 373
ドストエフスキー (Dostojewski, F.) 329

人名索引

トドロフ (Todorov, T.)　376
トマス (Thomas v. Aquin)　90
トマス (Thomas, W. L.)　210
ドラクロア (Delacroix)　418
トンプソン (Thompson, E.)　184, 209

ナボコフ (Nabokov, V.)　97
ニーチェ (Nietzsche, F.)　10, 18, 56, 63, 98, 131, 222, 245, 265, 388
ニュートン (Newton, I.)　81
ノバーリス (Novalis)　10

ハーケン (Haken, H.)　314
ハーバーマス (Habermas, J.)　111, 117, 188, 257, 260, 329-30, 398
ハイゼンベルク (Heisenberg, W.)　277
ハイデッガー (Heidegger, M.)　11, 117, 122-23, 161, 194, 209, 297-98, 309-10, 314-15, 397, 400
ハクスレー (Huxley. A. L.)　184, 168
バシュラール (Bachelard, G.)　101, 109, 124, 189-90
パスカル (Pascal, B.)　351, 379-80
バタイユ (Bataille, G.)　323
バトラー (Butler, J.)　352-53, 391-92
バフチン (Bachtin, M. M.)　328-29
パブロフ (Pawlow, I. P.)　165-68, 213
パペ (Pape, H.)　288
パラケルスス (Paracelsus)　10
ピアジェ (Piaget, J.)　111, 186-88, 192, 260, 334
ピーパー (Pieper, A.)　390
ヒジヤ＝キルシェネライト (Hijiya-Kirschnereit, I.)　366
ビショッフ (Bischof, N.)　46, 120
ヒューム (Hume, D.)　15-16, 45-46, 62-63, 69, 73, 93, 135, 139, 165, 198, 234, 295, 318
ビューラー (Bühler, Ch.)　337
ビューラー (Bühler, K.)　126, 174,

249, 255, 258, 325, 337, 403-04
ビンスワンガー (Binswanger, L.)　239, 246, 405
ファベック (Fabeck, H. v.)　344
フィッシャー (Fischer, M.)　267
ブーバー (Buber, M.)　310
ブーレン (Buren, D.)　14, 31
フェッター (Vetter, H.)　352, 358, 372
フェルメール (Vermeer, J.)　84
フォイエルバッハ (Feuerbach, L.)　10
フーコー (Foucault, M.)　8, 357
フッサール (Husserl, E.)　10, 27-28, 35-36, 36-39, 49-50, 55, 63, 72, 76, 85, 102, 122, 132, 139, 158, 194-199, 203, 209, 219-20, 224, 232-235, 240, 267, 271-273, 275-279, 281, 296-301, 395-96, 317-21, 330, 354
フュール (Führ, E.)　162
プラトン (Platon)　9, 13, 37, 74, 108, 113-15, 163, 175, 244, 247, 276, 309, 321, 342-44, 346, 369, 374, 388, 393, 399-400, 422
フランクリン (Franklin, B.)　106
ブランショ (Blanchot, M.)　385
フリーゼン (Friesen, H.)　162
プリゴジン (Prigogine, I.)　385
プリュッゲ (Plügge, H.)　23
プルースト (Proust, M.)　86, 101, 244
プルタルコス (Plutarch)　226
ブルネ (Bourne, L. E.)　51
フレーゲ (Frege, S.)　191, 270
プレスナー (Plessner, H.)　10, 94, 305, 311
ブレックリング (Bröckling, U.)　127
ブレヒト (Brecht, B.)　254
フロイト (Freud, S.)　25, 120, 143, 185, 191, 193-94, 222, 232, 240, 308, 339-40, 343-45, 356, 361, 386, 389, 406-07, 410
ブローデル (Braudel, F.)　138

フローベール (Flaubert, G.)　316
ベイトソン (Bateson, G.)　422
ヘーゲル (Hegel, G. W. F.)　10, 304
ベートーベン (Beethoven, L. van)　244
ベーム (Boehm, G.)　102
ベッカー＝シュミット (Becker-Schmidt, R.)　214
ベケット (Beckett, S.)　157, 266
ヘッド (Head, H.)　119
ペトロワ (Petrowa, M. K.)　168
ベヌッシ (Benussi, V.)　53
ヘラクレイトス (Heraklit)　189
ベルグソン (Bergson, H.)　62
ヘルダーリン (Hölderlin, F.)　316, 346
ヘルト (Held, K.)　189
ヘルベルト (Herbert, Z.)　332
ヘルマン (Hörmann, H.)　174
ベンヤミン (Benjamin, W.)　202
ボイテンデイク (Buytendijk, F. J. J.)　31, 34, 168
ボーヴォワール (Beauvoir, S. de)　376
ボードレール (Baudelaire, Ch.)　98
ポストゥル (Postl, G.)　366, 368
ホッブス (Hobbes, Th.)　313
ホメロス (Homer)　128, 192
ポランニー (Polanyi, M.)　181
ホルクハイマー (Horkheimer, M.)　142
ポルピュリオス (Porphyrius)　370
ポンタリス (Pontalis, J.-B.)　231, 335, 337-39

マイヤー (Meyer, Ph.)　44
マイヤー＝ドゥラーヴェ (Meyer-Drawe, K.)　8, 187, 221, 404
マッハ (Mach, E.)　28-29, 32, 280
マルクス (Marx, K.)　63, 106, 110, 180, 217, 377
ミード (Mead, G. H.)　282, 413

ミショット (Michotte, A.)　71
ミンコフスキー (Minkowski, E.)　156, 356
ムージル (Musil, R.)　29, 214, 219, 222
メシアン (Messiaen, O.)　97
メトロー (Métraux, A.)　43, 232
メルロ＝ポンティ (Merleau-Ponty)　7, 11-12, 21-24, 26, 28, 34, 40, 43, 55, 57-58, 62-66, 72-75, 80, 83, 84, 86-92, 94-96, 104, 111, 143, 161, 165, 170, 172, 174, 179, 184, 186-87, 192-93, 201, 203, 208-09, 211-12, 215, 222, 224, 233, 238-41, 244, 246, 250, 259, 261, 273, 279, 292, 305, 310-12, 317, 319-20, 323-27, 329-30, 332-37, 339, 341, 344, 347, 353-54, 358, 378, 381-82, 386, 404-05

ヤコブソン (Jakobson, R.)　255
ヤストロウ (Jastrow, J.)　57-59
山口一郎　310, 424
ユクスキュル (Uexküll, J. v.)　53-54, 80, 401
ユング (Jung, C. G.)　339

ライヒ (Reich, W.)　349
ライプニッツ (Leibniz, G. W.)　20
ライル (Ryle, G.)　232, 299
ラカン (Lacan, J.)　32, 119, 128, 339
ラクエール (Laqueur, Th.)　127
ラコー (Laqueur, Th.)　374
ラプランシュ (Laplanche, J.)　231, 335, 337-38
ランゲフェルト (Langeveld, M. J.)　403-04
リープシュ (Liebsch, B.)　187
リクール (Ricoeur, P.)　98
リップス (Lipps, Th.)　231
リュッベ (Lübbe, H.)　399
リンデマン (Lindemann, G.)　392
ルーマン (Luhmann, N.)　345, 415

人名索引

ルソー（Rousseau, J.-J.）　301-02, 313, 347
ルックマン（Luckmann, Th.）　201
ルリヤ（Lurija, A. R.）　59, 77
ルロワ＝グーラン（Leori-Gourhan, A.）　252, 381
レヴィ＝ストロース（Lévi-Strauss, C.）　340, 367, 387

レヴィナス（Levinas, E.）　324, 368, 417, 420, 423-24
レヴィン（Lewin, K.）　49, 403-04, 406
レルシュ（Lersch, Ph.）　418
ローレンツェン（Lorenzen, P.）　248
ロック（Locke, J.）　81

ワトソン（Watson, J. B.）　167

事項索引

ア 行

間 Zwischen　310-01
　──の世界 Zwischenwelt　259
アニミズム Animismus　113, 260, 363, 419
アピール Appell（事物の der Dinge）　403
誤り Fehler（良い gute, 生産的／愚かな produktive/törichte）　69, 194
暗黙知 tacit knowledge　181
怒り Zorn　256-58
意義 Bedeutung, 意味 Sinn　71-72
移行現象 Transitivismus　336-37
移行対象 Übergangsobjekte　364
異他的運動性 Heterosomatik　402
痛みの経験 Schmerzerfahrung　14, 17, 35-36, 234, 299, 106-08, 317, 402
痛みを感じる機械 Schmerzmaschine　35-36
一極化 Monopolisierung（理性の der Vernunft）　192, 280
色
　──と行動 Farbverhalten　83-85
　──のシステム Farbsystem　65
　──の象徴系 Farbsymbolik　83
　──を学ぶこと Farbenlernen　183-84
インセストタブー Inzestschranke　340
隠喩理論 Metapherntheorien　97-98
飢え Hunger, 乾き Durst　296, 355
促す性格 Aufforderungscharakter　402-07
運動（方向づけられた／円環的）Bewegung als gerichtete/kreisende　131
　──感覚 Kinästhese　36-37
　──志向 Bewegungsintention　157
　──知覚 Bewegungswahrnehmung　71, 118
エディプスコンプレクス／エレクトラコンプレクス Ödipus-/Elektrakomplex　339-341
エレメント〔元素〕Elemente　99, 360
エロス Eros, エロチシズム Erotik　342-48, 354-57, 388, 393
円環モデル Kreismodelle　79-80, 85, 154, 401
演劇芸術 Schauspielkunst　219, 244, 255
応答系 Responsorium　402
応答性 Responsivität　398-99
覆い合い Überdeckung, 転移 Übertragung　336-38
行うことができる Tunkönnen, 行うことを意志する Tunwollen　206-07
驚くこと Staunen　400
オルガノンモデル Organon-Modell（言語の der Sprache）　255
音楽 Musik（音符と演奏の間の zwischen Aufzeichnung und Aufuhrüng）　244
　──と言語 Musik und Sprache　250
　──の演奏 Musizieren　179-81, 185-86, 314
音感 Gehör, 絶対音感 absolutes　61-62
音声システム Lautsystem　65

事項索引

カ 行

快／不快 Wohlbefinden/Mißbefinden
  291, 296
外界／内世界 Außen-/Innenwelt 232
絵画 Malerei, 抽象的 abstrakte 72
  間接的 indirekte —— 418
下位言語 Subsprache 251
外国語／母国語 Fremdsprache/
  Muttersprache 200, 235
階層モデル Schichtenmodell 153-54,
  176
解放 Emanzipation (女性の／ユダヤ人
  der Frauen/der Juden) 377-78
カイロス Kairos 115
会話 Gespräch (情報交換としての／共
  働としての als Informationsaustausch/als Kooperation) 309, 316, 325-28
顔 Gesicht, Antlitz 70-71, 75, 262,
  323-24, 422-24
  ——の認知 Gesichterkennung (コン
  ピュータによる durch Computer)
  75, 188-91, 327
可逆性／不可逆性 Reversibilität/
  Irreversibilität 188-91, 327
書くこと Schreiben 218, 245, 249-52
学習 Lernen (新たな創造としての als
  Neuschöpfung) 178
  ——機械的な mechanisches 171-72
  ——構造的な strukturales 173
  ——野生の wildes 182
  ——／学んだことを忘れること／Verlernen 193, 200-01
獲得 Erwerb (能動的／受動的 aktiver/
  passiver) 199-200, 202
仮想的状況 Als-ob-Situation 144,
  148, 155
語ること／語られること Sagen/Gesagtes
  251, 368

可能性感覚 Möglichkeitssinn／現実感覚
  Wirklichkeitssinn 219-20
可能性の野 Möglichkeitsfeld 147-48, 219
神 Gott (第一動者としての als Erster
  Beweger) 346-47
神 (父なる) Gottvater 376
絡み合ったもの Geflecht, 絡み合い
  Verflechtung 311-12
感覚 Sinn, 感性 Sinnlichkeit 88
  ——／感覚すること Empfindung/
  Empfinden 45-46, 78-79, 90-91,
  294-301
関係 Relationen (知覚された wahrgenommene) 49-50
観察 Beobachtung, 観察の立脚点
  Beobachterstandpunt 122, 150, 419
冠詞 Geschlechtsworter 362
感情 Gefühl 313-14, 356
  ——と知 356
感情移入 Einfühlung 231
感じる sentio 41
感じること Fühlen (志向的 intentionale)
  354
間身体性 Zwischenleiblichkeit 310-01
感知すること Spüren 289-94
キアスム Chiasmus 311
記憶 (喪失) Gedächtnis(schwund)
  201
機械 Maschine 230
聞くこと／理解 Hören/Verstehen
  421
聞くこと／よく聞くこと／聞き逃すこと
  Hören/Hinhören/Weghören 411
記号 Zeichen (弁別的な diakritische)
  70
傷 Verletzung 107-08, 286
基礎行為 Basishandlungen 137
規範 Norm, 規範性 Normalität 73-75
共観 Synopsis 321

共感覚 Synästhesie　94-97
鏡像（行動）Spiegel（verhatlten）
　28-32, 96-97, 128, 278, 416
兄弟姉妹の位置 Geschwisterpositionen
　191
共通感覚 Koinaisthesis　291
共通性 Gemeinsamkeit（生きられた gelebte, 非形式的な informelle, 先志向的な vorintentionelle）　316-17
共働 Synergie　96, 314
虚像性 Virtualität　214, 220
空間, 空間経験 Raumerfahrung
空間 Raum（方向づけられた／同質的／メートル orientierter/homogener/metrischer）　122, 124-25, 132, 136
空間計測 Raummessung　108-09
　——象徴系 Raumsymbolik　345
　——性 Räumlichkeit（共通の gemeinsame）　317
　——前置詞 Raumpräpositionen
　125-26
偶然性 Kontingenz　217, 380-01
区切ること Zäsur（経験において in der Erfahrung）　69
比べること Vergleichen　60-61
形態（形成）Gestalt（bildung）　50, 66-70
形態変換 Umgestaltung　58, 212, 217
幻影肢 Phantomglied　20-26, 120-21, 152
幻覚 Halluzination　21, 207
言語 Sprache（性の der Geschlechter）　367-68
健康 Gesundheit　73
言語獲得 Spracherwerb　251, 181, 236
言語抑圧 Sprachverdrängung, 話すことの拒否 Sprachverweigerung　240
現象学 Phänomenologie（静態的 statische／発生的 genetische）　195
原テキスト Urtext（知覚の der Wahrnehmung）　65
行為 Handeln（演出としての als Inszenieren）　209, 224
　——と物（的身）体運動 und Körperbewegung　15-16, 257
行為の導き Hnadlungsinitien　405
恒常性仮定 Konstanzannahme　47-49, 52, 55-56, 76
構成主義 Konstruktivismus　203, 305, 391-92
構造（形成）Struktur（bildung）　62, 66-67
行動 Verhalten　234
　——主義 Behaviorismus　44, 164, 233
声 Stimme（聞く出来事としての als Hörereignis）　409, 413-14
　良心の—— des Gewissens　422
（エゴ）コギト（ego）cogito　16, 41, 281, 283, 331-32
告発の強制 Geständniszwang　357
ここ Hier（身体的 als leibliches）　121-23, 125-26
　——／そこ Dort　126, 130
　——, 語り手の場所としての als Ort des Sprechers　250
コスモロジー Kosmologie（古代の archaische）　91-92, 345-47, 360
個体 Individuum, 個体化 Individualisierung, 個体化の程度 Individuierungsgrad　62-63, 312
答えること Antworten　395
コミュニケーション Kommunikation（自然との mit der Natur）　90-91
　——性 Kommunikativität　398
固有性／異他性 Eigenheit/Fremdheit　307-08
　局限と除外を通しての durch Ein-und Ausgrenzung ——　382-83
痕跡 Spur（他者の des Anderen）　323
コントラスト Kontrast　118, 235

事項索引

サ　行

指し示すこと Zeigen, 指示野 Zeigfeld, 指示語 Zeigwörter　126, 140, 144-46, 151-52, 249
雑音 Geräusch　412
錯覚 Täuschung（知覚における in der Wahrnehmung），錯覚図形 Täuschungsfiguren　50-61
差別 discrimination　70
作用 Aktion／受苦 Passion　89
自我 Ich（一人称としての als erste Person）　281
　──言表の経過の／言表の内実の des Aussagevorgangs/des Aussagegehalts　271
　──一般 überhaupt, 自我性 Ichheit　283
　──性に特殊な geschlechterspezifisches　365
時間 Zeit（方向を持つ／同一形式の）orientierte/homogene　133
時間 Zeit（移行現象としての als Übergangsphänomen）　136, 321-33
時間の分岐化 Zeitgliederung　138-40
敷居 Schwelle　383-84
色価 Farbwerte　82
色名喪失症 Farbennamenamnesie　155
事況／事情 Sachlage/Sachverhalt　49-50
次元 Dimension, （第三の dritte）　75, 151, 368-70, 384-85
自己／自なるもの Selbst/Selbes　382-83
志向弓 Bogen, intentionaler　157
試行錯誤 trial and error　166-71
志向性 Intentionalität　397
　運動的 motorische ──　157
　性的 sexeulle ──　354
自己運動 Selbstbewegung（身体的 leibliche）　115-16, 125
自己関係 Selbstbezug, 自己退去 Selbstentzug, 他者関係 Fremdbezug　40-42
　他者関係に先立つ──／の中の自己関係 Selbstbezug vor dem/im Fremdbezug ──　285-287, 293, 303, 308-311
自己触発 Selbstaffektion　297, 307
自己組織化 Selbstorganisation, 自己規則化 Selbstregelung　67-68, 94
自己二重化 Selbstverdoppelung（身体の des Leibes）　270
自己分裂 Selbstspaltung（身体の des Leibes）　275-78
自然 Natur（本としての als Buch）　227
　──そのもの an sich, 単なる自然 bloße Natur　104, 204, 272, 306
　──と技術 und Technik　119
　──と文化 und Kultur　92, 203-04
　──化／精神化 Naturalisierung/Spiritualisierung　275-77
　作動する fungierende ──　273
　わたしの meine ──　273
質 Qualia, 性質 Qualitäten　46, 98-101, 104, 359
　第一次 primäre ──　103
実験室の諸条件 Laboratoriumsbedingungen　62, 168-69
失声症 Aphonie　238-41
実存のスコラ哲学 Scholastik der Existenz　26
自なるもの／他なるもの Selbes/Anderes（境界を設けることによる durch Abgrenzung）　369-70
自発性 Spontaneität　216, 223
写真の像 Photobild　29-30
自由 Freiheit（形態変換としての als Umgestaltung）　212
　意志の因果性としての als Willenskausalität ──　206-07

状況における in Situation —— 210-11
政治的 politische —— 206
周囲世界 Umwelt（有機体の eines Organismus） 89
習慣化 Habitualisierung 196-97
主観的／超主観的／相互主観的／内主観的 subjetiv/transsubjektiv/intersubjektiv/intrasubjektiv 318-20
障害（知覚の Störung der Wahrnehmung, 行動の des Verhaltens） 35-36, 107-08, 142, 146-47
状況 Situation 121-22, 147-50, 210-11, 406
条件づけ Konditionierung 165-66
症状 Symptom 240
情態性 Befindlichkeit 297-98
冗談 Witz 221-22
象徴的過剰 Symbolischer Überschuß 406-07
衝動 Drang 355
情動（性）Affekt (ivität) 触発 Affektion 35-36, 78, 91, 177, 295, 297, 348
神経現象学 Neurophänomenologie 44
心身医学 Psychosomatik 26
身心論 Leib-Seele-Theorien 20
身体 Leib（偉大な理性としての als große Vernunft） 18
—— と自然 und Natur 203
—— と像／語 und Bild/Wort 90, 269
—— 文化的／自然的 kultureller/natürlicher 203
—— 私の meiner 16-17, 27, 281
—— 移入 Einverleibung 185
—— 言語 Körpersprache 253-57
—— 図式 Körperschema 119-21, 118-129, 185
作動する ——／物（的身）体（事物）fungierende/Körper (ding) 9-12, 40, 267-68

転換箇所としての als Umschlagstelle —— 266, 273, 305, 391
身体／物（的身）体 Leib/Körper（ソフト／ハードとしての als Software/Hardware） 10-12, 40, 204, 268, 304
身体－物（的身）体 Leibkörper 271, 305
シンタクス Syntax（知覚的 perzeptive） 58, 65
心理物理学 Psychophysik（古典的 klassische） 18-20
睡眠 Schlaf 86-87
ステレオタイプ Stereotypen 218, 263
スペクトル Spektrum（感覚の der Sinne） 106
住むこと Wohnen 161
性 Geschlecht（事物の der Dinge） 362
自然の natürliches ——／人為的 künstliches（セックス／ジェンダー sex/gender） 390
生 Leben（純粋な内在としての als reine Immanenz） 299, 307-08
自己運動としての als Selbstbewegung 37, 113
聖遺物 Reliquien 365
生活世界 Lebenswelt 104
性器 Genitalien 340
正常性／正常化 Normalität/Normalisierung 55, 102, 111, 193
正常性／病理学 Normalität/Pathologie 143, 150, 152
正常知覚 Orthoästhesie 55, 102
生殖 Fortpflanzung, Zeugung 378, 387
精神感応 Teleperzeption 123
精神分析 Psychoanalyse, 実存的 existentielle, 存在論的 ontologische 347
性関係 Geschlechterverhältnis（補足的 komplementär, 階層的 hierarchisch, 同等の egalitär） 374-78

事項索引

性的
　——象徵系 Sexualsymbolik　345
　——身体 Geschlechtsleib　389
　——存在性 Geschlechtlichkeit（経験論的／超越論的 empirische/transzendentale）　372
　——な図式 Sexualschemata　355
　——物(的身)体 Sexualkörper　357
性の違い Geschlechtsunterschiede（言語における in der Sprache）　365-69
性の役割 Geschlechterrollen（家族内の in der Familie）　366-67, 387-90
生命政治学 Biopolitik　357
世界 Welt（形成済みの fertige, 真の wahre）　55-56
　——／周囲世界／Umwelt　214-15
世界身体 Weltleib, 世界霊魂 Weltseele　12-13, 113
セクシュアリティー Sexualität　357
　人間の menschliche ——　349
　雰囲気としての als Atmosphäre——　344
世代 Generationen, 世代性 Generativität　330-31
接触を阻むもの Unantastbarkeit, 近寄りがたいもの Unnahbarkeit　323
先世界 Vorwelt　104
全体性 Ganzheit　66-67
綜合 Synthesis（能動的／受動的 aktive/passive）　320-22, 326
相互主観性 Intersubjektivität（二重化としての als Verdoppelung）　343
相貌 Physiognomie　70, 226, 259, 262, 300, 323
遡行的な問い Rückfrage　300

タ　行

体験 Erlebnisse（志向的／非志向的 intentionale/nicht intentionale）　296
　先志向的 vorintentionale ——　300
第三のもの Dritter, Drittes　368-70, 384
態度 Einstellung（抽象的 abstrakte, カテゴリー的／具体的 kategoriale/konkrete）　147-50, 217, 306
　行為遂行的／事実確認的 perfomative/konstative ——　282
　人格主義的／自然主義的 personalistische/naturalistische ——　267, 272
対話／独話 Dialog/Monolog　309
多形態論 Polymorphismus, 多形倒錯的 polymorphpervers　193, 358, 386
立場 Position（脱中心的 exzentrische）　273
脱コンテクスト化 Dekotextualisierung　60-61
脱人格化 Depersonalisierung, 脱現実化 Derealisierung　27, 278
脱身体化 Entleiblichung　284
統合破綻 Desintergretation, 解離 Dissoziation　150-53, 351, 356
多義性（経験の）Vieldeutigkeit der Erfahrung　111-12, 213-14
誰でも Jedermann　318
単純／複雑 einfach/komplex　44, 46-47, 163-64, 167-68
誕生 Geburt　332-33
ダンスの運動 Tanzbewegung　101, 131, 224
男性主義 Maskulinismus　372
男性的／女性的 männlich/weiblich　358-62
知 Wissen（身体化された inkorporiertes）　181
チェスのコンピュータ Schachcomputer　263
知覚判断／経験判断 Wahrnehmung-/Erfahrungsurteil　98-99, 103
秩序 Ordnung（理性の／生の der Ver-

nunft/des Lebens) 17-18
注意 Aufmerksamkeit 63,67
注意深さ Achtsamkeit, 敬意 Achtung 423-4
抽象 Abstraktion（補足的 ergänzend）39,276
——生きられた gelebte 62
中心化／脱中心化 Zentrierung/Dezentrierung 187-88
沈殿化 Sedimentierung 196-97
摑むこと Greifen 140,144-46,150-52
図一地 Figur-Grund 69,149
手 Hand 33-34,38,248,252
デカルト主義 Cartesianismus（私たちの文化の存続部分としての als Bestandteil unserer Kultur） 118
　生きられた gelebter —— 266
出来事 Ereignis（聞けるようになる／見えるようになる des Hörbar-/Sichtbarwerdens） 407,415,418-19
転回 Wende（認知論的 cognitive） 76
問いと答え Frage und Antwort（対話における im Gespräch） 385
　経験における in der Erfahrung —— 89
道具の使用 Werkzeuggebrauch 105-06,181
動詞 Verben（再帰 reflexive） 90-91,309
動物性 Animalität, 精神性 Geistigkeit 154,156,212,356
動物の象徴系 Tiersymbolik 407
動名詞 Gerundivum 404
共に感じること Mitempfinden, 喜び合うこと Mitfreude, 同情 Mitleid 313
トランスセクシュアリティー Transsexualität 391-93
取り込み／投射 Introjektion/Projektion 231,260-61,335

ナ　行

内省 Introspektion 233,237
名前 Name, 名前をつけること Namensgebung 42,303,333-35
ナルシズム Narzißmus 410
肉 chair 11
二元論 Dualismus（デカルト的 cartesianischer） 13-14,275
二重感覚 Doppelempfindung 32-35
日常世界 Alltagswelt 198
人間一動物 Mensch-Tier（比較における im Vergleich） 30,34,105-06,172-73,211-16,279
認知主義 Kognitivismus 174,185
脳（命令系統としての）Gehirn als Befehlsstelle 176

ハ　行

パースペクティヴ Perspektive 319-20
場所 Ort（測定の der Messung） 275,277
　眼差しの, 語りの des Blicks, der Rede —— 32
話す身振り Sprachgebärde 249
発生学 Genealogie 63
パトス Pathos 295
反響 Echo 34,413-14
反射 Reflexion（条件的, 無条件的） 164-66,278
反射（弓）Reflex（bogen） 19,157
反省 Reflexion（身体的一感性的 leiblich-sinnliche） 33-34,278
反復 Wiederholung, 反復可能性 Wiederholbarkeit 107,234,243,256,412
非対称性 Asymmetrie（固有のものと異他的なものの von Eigenem und Fremden） 383-84

事項索引　　　　　　　　　　　　　　　　　　　　461

二重の doppelte —— 386
人見知り Fremdeln　70
表-現／印-象 Aus-druck/Ein-druck　240
病気 Krankheit（統合破綻としての／動物的段階への後退としての als Desintegration/als Rückfall auf eine animalische Stufe）　150-54
表現 Ausdruck（内と外の二元論としての als Dualismus von Innen und Außen）　228-31
　　——の脱主観化 Entsubjektivierung des　258
　　意味の実現化としての als Realisierung von Sinn ——　240, 245
表現質 Ausdrucksqualitäten　100, 238
疲労 Müdigkeit　41, 286, 296
物(的身)体
　　——間の会話 Korpergespräch　258
　　——機械 Körpermaschine　119, 230, 262, 379, 391
　　——の象徴系 Körpersymbolik　127
　　——の政治学 Körperpolitik　392
　　——の備え Körperausstattung（人間の menschliche）　378-82
　　——の歴史 Köpregeschichte, 物(的身)体の儀式 Körperrituale　174, 340, 390
不安 Angst　400
フェミニズム Feminismus（排他的／慣用的 exklusiver/idiomatischer）　372
服飾 Kleidung　129, 254, 364
物神化 Fetischisierung　364
物理学 Physik, 動物の tierische　170
普遍性 Universalität（普遍化なしの ohne Universalisierung）　111-12
文化依存性 Kulturabhängigkeit（見ることの des Sehens）　59-60, 76-77
文化主義 Kulturalismus　105, 390
文法 Grammatik　182
文脈性 Kontextualität　43, 111

分裂 Spaltung, 統合失調症 Schizophrenie　27, 156, 278
ボヴァリズム Bovarysmus　316
歩行 Gang, 行くこと Gehen　68, 116, 124, 180, 381
ポリローグ Polylog　328
マーク Marken　248

　　　　　　　マ　行

眼差し Blick（見るという出来事としての als Sehereignis）　31, 324, 409, 415-19
　　——の言語 Blicksprache, 眼差しの対話 Blickgespräch　396
　　——の政治学 Blickpolitik　420
　　——の態度 Blickeinstellung　418
　　事物の der Dinge ——　419
　　他者の der Anderen ——　396, 403, 415-19
　　野生の wilder ——　418
未規定性（経験における）Unbestimmtheit in der Erfahrung　56-57, 63, 413
魅力 Attraktion（エロス的な erotische）　348
見る（として-）Sehen-als　58
　　——二つの眼球で doppeläugig　94
見ること／よく見ること／見過ごすこと Sehen/Hinsehen/Wegsehen　412, 420
目立つこと Auffälligkeit　408, 418
目と耳 Auge und Ohr（身体的／精神的 leiblich/geistig）　244, 247, 276
盲点 blinder Fleck　31, 415
目的 Ziel（行為の von Handlungen）　133-40
模倣 Mimesis, 模倣主義 Mimetismus　336
紋章 Emblem, 身体的 leibliches　183, 408

ヤ 行

野蛮な思惟 barbarisches Denken　192
遊戯行動 Spielverhatlen　215
遊動空間 Spielraum　124, 130, 158, 221
癒合状態 Synkretismus　333-34
夢の象徴系 Traumsymbolik　345, 407
要求 Anspruch（他者の des Anderen）　420
幼年時代 Kindheit（先歴史としての als Vorgeschichte）　302
欲望 Begehren　343, 348-50, 354-56
呼びかけ Anruf，仕掛ける Antun　297

ラ 行

理解 Verstehen（他者の行動の des fremden Verhaltens）　323

リズム Rhysmus（運動の der Bewegung, 言葉の der Sprache, 時間の der Zeit）　68, 84-85, 115, 138, 172
両義性 Ambiguität（身体の des Leibes）　40, 273
──許容度 Ambiguitätstoleranz　213
歴史 Geschichte 138, 140
──／先歴史 Vorgeschichte　199, 201-02, 277
事物の── der Dinge　195
身体の── des Leibes　202

ワ 行

忘れること Vergessen　25, 20-21, 241-42
「私」の語り Ich-Rede　282
私は動く ich bewege mich　158
私はできる ich kann　158, 181, 196

監訳者，訳者紹介
山口一郎（やまぐち・いちろう）　1947年生まれ，東洋大学教授
鷲田清一（わしだ・きよかず）　1949年生まれ，大谷大学教授，大阪大学名誉教授
三村尚彦（みむら・なおひこ）　1964年生まれ，関西大学教授
家高　洋（いえたか・ひろし）　1966年生まれ，関西学院大学非常勤講師
紀平知樹（きひら・ともき）　1969年生まれ，兵庫医療大学准教授
下　恭子（しも・きょうこ）　1969-2003年，元東洋大学非常勤講師
稲垣　諭（いながき・さとし）　1974年生まれ，立教大学兼任講師
中山純一（なかやま・じゅんいち）　1975年生まれ，東洋大学非常勤講師

〔講義・身体の現象学〕　　　　　　　　　　　ISBN978-4-901654-30-2
2004年4月25日　第1刷発行
2012年8月10日　第2刷発行

監訳者　山口一郎
　　　　鷲田清一
発行者　小山光夫
印刷者　藤原良成

発行所　〒113-0033 東京都文京区本郷1-13-2
　　　　電話(3814)6161　振替00120-6-117170
　　　　http://www.chisen.co.jp
　　　　株式会社 知泉書館

Printed in Japan　　　　　　印刷・製本／藤原印刷